Sabrina Marsch

Makroökonomie I

Einführung in die Volkswirtschaftliche Gesamtrechnung

3. Auflage

Brutto - ohne Abzug von Steuern

Netto ← Alles

Bruttosozialprodukt
Jahresergebnis des
Wirtschaftsprozesses in
einem Staat

Physica-Lehrbuch

Basler, Herbert
Aufgabensammlung zur statistischen Methodenlehre und Wahrscheinlichkeitsrechnung
4. Aufl. 1991. 190 S.

Basler, Herbert
Grundbegriffe der Wahrscheinlichkeitsrechnung und statistischen Methodenlehre
1. Aufl. 1994. X, 292 S.

Bloech, Jürgen u. a.
Einführung in die Produktion
2. Aufl. 1993. XX, 410 S.

Dillmann, Roland
Statistik I
1990. XVIII, 270 S.

Dillmann, Rolan
Statistik II
1990. XIII, 253 S.

Eilenberger, Guido
Finanzierungsentscheidungen multinationaler Unternehmungen
2. Aufl. 1987. 356 S.

Endres, Alfred
Ökonomische Grundlagen des Haftungsrechts
1991. XIX, 216 S.

Fahrion, Roland
Wirtschaftsinformatik
Grundlagen und Anwendungen
1989. XIII, 597 S.

Ferschl, Franz
Deskriptive Statistik
3. Aufl. 1985. 308 S.

Gabriel, Roland / Begau, Klaus / Knittel, Friedrich / Taday, Holger
Büroinformations- und -kommunikationssysteme
Aufgaben, Systeme, Anwendungen
1994. X, 148 S.

Gemper, Bodo B.
Wirtschaftspolitik
1994. XVIII, 196 S.

Hax, Herbert
Investitionstheorie
5. Aufl. korrigierter Nachdruck 1993. 208 S.

Heno, Rudolf
Jahresabschluß nach Handels- und Steuerrecht
1994. XVI, 390 S.

Huch, Burkard
Einführung in die Kostenrechnung
8. Aufl. 1986. 299 S.

Huch, Burkard u. a.
Rechnungswesen-orientiertes Controlling
Ein Leitfaden für Studium und Praxis
2. Aufl. 1995. XXVI, 431 S.

Kistner, Klaus-Peter
Produktions- und Kostentheorie
2. Aufl. 1993. XII, 293 S.

Kistner, Klaus-Peter
Optimierungsmethoden
Einführung in die Unternehmensforschung für Wirtschaftswissenschaftler
2. Aufl. 1993. XII, 222 S.

Kistner, Klaus - Peter und Steven, Marion
Produktionsplanung
2. Aufl. 1993. XII, 361 S.

Kistner, Klaus-Peter und Steven Marion
Betriebswirtschaftslehre im Grundstudium
Band 1: Produktion, Absatz, Finanzierung
1994. XIV, 455 S.

Kraft, Manfred u. a.
Statistische Methoden
2. Aufl. 1992. XII, 232 S.

Nissen, Hans Peter
Makroökonomie I
3. Aufl. 1995. XXII, 331 S.

Peemöller, Volker und März, Thomas
Sonderbilanzen
1986. X, 182 S.

Schneeweiß, Hans
Ökonometrie
4. Aufl. 1990. 394 S.

Schulte, Karl Werner
Wirtschaftlichkeitsrechnung
4. Aufl. 1986. 196 S.

Sesselmeier, Werner
Blauermel, Gregor
Arbeitsmarkttheorien
1990. X, 222 S.

Steven Marion
Hierarchische Produktionsplanung
2. Aufl. 1994. X, 262 S.

Swoboda, Peter
Betriebliche Finanzierung
3. Aufl. 1994. 305 S.

Vogt, Herbert
Einführung in die Wirtschaftsmathematik
6. Aufl. 1988. 250 S.

Vogt, Herbert
Aufgaben und Beispiele zur Wirtschaftsmathematik
2. Aufl. 1988. 184 S.

Weise, Peter u. a.
Neue Mikroökonomie
3. Aufl. 1993. X, 506 S.

Zweifel, Peter und Heller, Robert H.
Internationaler Handel
Theorie und Empirie
2. Aufl. 1992. XXI, 403 S.

Hans-Peter Nissen

Makroökonomie I

Einführung in die Volkswirtschaftliche Gesamtrechnung

3., neu bearbeitete und erweiterte Auflage

Mit 69 Abbildungen

Physica-Verlag
Ein Unternehmen
des Springer-Verlags

Prof. Dr. Hans-Peter Nissen
FB 5-Wirtschaftswissenschaften
Universität Gesamthochschule Paderborn
Warburger Str. 100
D-33098 Paderborn

Die Deutsche Bibliothek - CIP-Einheitsaufnahme

Nissen, Hans-Peter:
Makroökonomie / Hans-Peter Nissen. - Heidelberg : Physica-Verl.
(Physica-Lehrbuch)

1. Einführung in die volkswirtschaftliche Gesamtrechnung. - 3., neu bearb. und erw. Aufl. - 1995
ISBN 3-7908-0876-8

ISBN 3-7908-0876-8 Physica-Verlag Heidelberg
ISBN 3-7908-0600-5 2. Auflage Physica-Verlag Heidelberg

88/2202-5 4 3 2 1 0 - Gedruckt auf säurefreiem Papier

VORWORT ZUR DRITTEN AUFLAGE

Dieses Buch wendet sich an volkswirtschaftlich interessierte Leser, die sich über grundlegende gesamtwirtschaftliche Zusammenhänge informieren wollen (oder müssen). Es ist zugeschnitten auf das Grundstudium der Wirtschaftswissenschaften an Universitäten, dürfte sich aber auch für Fachhochschulen eignen. Diese dritte Auflage der Einführung in die Volkswirtschaftliche Gesamtrechnung (VGR) ist gründlich überarbeitet und aktualisiert worden.

Im **Teil I** werden Grundlagen des Instrumentariums der VGR, der volkswirtschaftlichen Terminologie und der volkswirtschaftlichen Kreislaufzusammenhänge gelegt - unter der Einschränkung auf ein Modell der "Geschlossenen Volkswirtschaft ohne Staat". Steht nicht viel Zeit zur Verfügung (2-3 Doppelstunden) kann das Studium dieses Teils bereits hinreichend sein. Wirtschaftswissenschaftliche Vorkenntnisse werden in diesem Teil nicht vorausgesetzt, sondern "vom Stande Null" beginnend zügig entwickelt. Auch kann der Leser aus jedem Kapitel des ersten Teils in den Teil II "springen". Studenten, mit entsprechenden Vorkenntnissen können gleich mit dem Hauptteil II beginnen.

Im **Teil II** geht es gewissermaßen um den "harten Kern" der eigentlichen VGR. Mithilfe des zentralen Kontenschemas einer modernen VGR werden die wichtigsten volkswirtschaftlichen Kreislaufzusammenhänge für "eine offene Volkswirtschaft mit Staat" systematisch erarbeitet und zunächst die gesamtwirtschaftlichen Größen: Inlandsprodukt, Volkseinkommen, Sozialprodukt entwickelt und weiter differenziert. Der "trockene Stoff" der Konten wird zum einen durch zahlreiche Schaubilder aufgelockert, zum anderen durch in den Text eingestreute "empirische Boxen" wirklichkeitsnah illustriert. Der Teil II führt schließlich zur Präsentation der Entstehungs-, Verteilungs- und Verwendungsrechnung des Sozialprodukts der Bundesrepublik Deutschland. Den Abschluß dieses Teils bildet eine unter Wohlfahrtsgesichtspunkten geführte kritische Würdigung des Sozialproduktkonzepts.

Im **Teil III** werden sogenannte Ergänzungsrechnungen zur VGR vorgestellt. Zunächst geht es um die Berechnung "realer" Größen, sodann um die Ableitung zusätzlicher, volkswirtschaftlicher Indikatoren. Die folgenden Kapitel dieses Teils greifen z.T. Informationen über Wirtschaftsbeziehungen wieder auf, die im "VGR-System" durch die Konsolidierung der Konten verloren gingen (die Input-Output-Tabelle, die Finanzierungsrechnung, die Zahlungsbilanz). Im Kapitel "Geld und Geldmenge" wird der "Güterproduktion" die "Produktion von Geld" gegenübergestellt. Auch dieser Teil schließt mit einer kritischen Reflexion ab. Der Titel des letzten Kapitels "Zur Öko-Bilanz" deutet bereits die Zielrichtung an: Wie müßte die VGR weiterentwickelt werden, wenn sie über rein ökonomische Zusammenhänge hinaus die immer drängender werdenden Umweltprobleme in ihrem Rechnungswesen mit einbeziehen sollte?

Der **Teil IV** konzentriert sich mit einem wirtschafts-historischen Rückblick auf die Entwicklungsgeschichte der modernen VGR. Zum besseren Verständnis (auch der historischen Begrifflichkeit) wird das Analyseraster der modernen VGR mit den "historischen Vorläufern" kontrastiert. Ein kritischer Vergleich zeigt, wie die jeweiligen gesellschaftlichen Systeme und ihre zentralen wirtschaftstheoretischen wie -politischen Fragestellungen zu Unterschieden im Rechnungswesen führten, wodurch die prinzipielle "Raum-Zeit-Bedingtheit" wirtschaftswissenschaftlicher Erkenntnisse unterstrichen wird. Der historische Rückblick schließt mit einem zukunftsgerichteten Ausblick auf die gemeinsamen Bestrebungen Internationaler Organisationen, ein international vergleichbares VGR-System weltweit einzuführen. Diese Bestrebungen werden unter anderem deshalb bedeutsam, weil immer häufiger internationale wirtschaftspolitische Entscheidungen auf Bezugsgrößen nationaler volkswirtschaftlicher Gesamtrechnungen zurückgreifen.

Für den Autor eines Lehrbuches ist es nicht unwichtig, das Layout, die Größe der Schaubilder, ihre Anordnung im Text usw. selbst bestimmen zu können - bzw. es zu müssen, da die Verlage heutzutage die Abgabe "druckfertiger" Manuskripte erwarten. Zwar lassen sich so überfrachtete Graphiken vermeiden, die nur mit Hilfe einer Lupe zu entschlüsseln sind; auch läßt sich verhindern, daß sich didaktische Zusammenhänge durch den Seitenumbruch technisch wieder auflösen, doch ist die drucktechnische Aufbereitung auch arbeitsreich und mühsam zugleich. Ohne die kräftige Unterstützung meines Mitarbeiterteams wäre diese Arbeit nicht zu leisten gewesen. Mein besonderer Dank gilt bei der Erstellung dieser dritten Auflage Herrn Dipl. Volkswirt Franz-Martin Wieneke, der sich neben der kritischen Durchsicht des Manuskripts auch inhaltlich bei der Gestaltung der empirischen Boxen engagierte; Herrn Dipl. Volkswirt Franz-Josef Rose, der das Manuskript ebenfalls kritisch durchsah und Vorlagen zu einigen Ergänzungsrechnungen einbrachte; Frau stud.rer.pol. Gefion Fischer und Frau stud.rer.pol. Anna Meinart, die geduldig den Computer bedienten und die Software verschiedener Programme zu einem einheitlichen Manuskript mixten. In Teamarbeit haben wir die frühere Facharbeit gelernter Setzer zu schätzen gelernt. Gerne würden wir die Kostenersparnis an den Leser weitergeben - doch die Antwort auf die Frage wo diese verblieben ist, fällt in den Bereich der Mikroökonomie...

Die verbliebenen Unzulänglichkeiten und Fehler hingegen gehen allein zu Lasten des Verfassers. Der geschätzte Leser hat es aber auch dieses Mal in der Hand, das Buch noch weiter zu verbessern - in zukünftigen Auflagen...

Paderborn, Mai 1995 — Hans-Peter Nissen

Inhaltsübersicht

Detailliertes Inhaltsverzeichnis

II Zentrale Elemente der Volkswirtschaftlichen Gesamtrechnung

Allgemeines Abkürzungsverzeichnis

A	=	Ausland
AB	=	Außenbeitrag
Anl.	=	Anlagen
aU	=	andere Unternehmen
BIP_F	=	Bruttoinlandsprodukt zu Faktorkosten
BIP_M	=	Bruttoinlandsprodukt zu Marktpreisen
C	=	Konsumgüterausgaben
D	=	Abschreibung
DIB	=	Bilanz der Direktinvestitionen
DLB	=	Dienstleistungsbilanz
E	=	Einkommenskonto
EP	=	Endprodukt
Ex^{G+D}	=	Export von Gütern und Dienstleistungen
F	=	Finanzierungskonto
FD	=	Finanzierungsdefizit
FLB	=	Faktorleistungsbilanz
Fo	=	Forderungen
FÜ	=	Finanzierungsüberschuß
GB	=	Grundbilanz
GDB	=	Gold- und Devisenbilanz
H	=	Private Haushalte
HB	=	Handelsbilanz
I^b	=	Bruttoinvestition
$I^n = I$	=	Nettoinvestition
Ire	=	Re-Investition
Im^{G+D}	=	Import von Gütern und Dienstleistungen
IWF	=	Internationaler Währungsfonds
K	=	Kredit
KB	=	Kapitalbilanz
KKVB	=	Kurzfristige Kapitalverkehrsbilanz
KVB	=	Kapitalverkehrsbilanz
L	=	Lagerbestände
LB	=	Leistungsbilanz
LKVB	=	Langfristige Kapitalverkehrsbilanz
LÜB	=	Laufende Übertragungsbilanz
NAV	=	Nettoauslandsvermögensposition

NFE	=	Nettofaktoreinkommen
NIP_F	=	Nettoinlandsprodukt zu Faktorkosten
NIP_M	=	Nettoinlansprodkukt zu Marktpreisen
O	=	Organisationen ohne Erwerbscharakter
OB	=	Overall Balance
OECD	=	Organization for Economic Co-operation and Development
P	=	Produktionskonto
PA	=	Produktionsapparat
PEP	=	Potentielle Erwerbspersonen
PW	=	Produktionswert
RV	=	Reinvermögen
RVÄ	=	Reinvermögensänderungskonto
S	=	Ersparnis
SKB	=	Bilanz sonstiger Kapitalbeziehungen
St	=	Staat
SV	=	Sachvermögen
t	=	Periode
T^d	=	direkte Steuern
T^i	=	indirekte Steuern
Tr	=	Transferzahlungen
U	=	Unternehmung
ÜB	=	Übertragungsbilanz
UN	=	United Nations
V	=	Vorleistung
VÄ	=	Vermögensänderungskonto
Vb	=	Verbindlichkeiten
VGR	=	Volkswirtschaftliche Gesamtrechnung
VR	=	Vermögensrechnung
VÜB	=	Vermögensübertragungsbilanz
VW	=	Volkswirtschaft
WPB	=	Wertpapierbilanz
WS	=	Wertschöpfung
Y	=	Faktoreinkommen
Y_F^b	=	Bruttosozialprodukt zu Faktorkosten
Y_M^b	=	Bruttosozialprodukt zu Marktpreisen
Y_F^n	=	Nettosozialprodukt zu Faktorkosten
Y_M^n	=	Nettosozialprodukt zu Marktpreisen

$Y^{H}_{ges.}$	=	Verbleibendes Einkommen des privaten Sektors
Y^{pr}	=	Einkommen des privaten Sektors
$Y_{verf.}$	=	verfügbares Einkommen
Z	=	Subventionen

Abkürzungsverzeichnis zum Kapitel 14:

aET	=	abhängige Erwerbstätige
AK	=	Arbeitskoeffizient
AL	=	Arbeitslose
ALreg	=	registrierte Arbeitslose
ALQ	=	Arbeitslosenquote
AP	=	Arbeitsproduktivität
BAV	=	Bruttoanlagevermögen
EP	=	Erwerbspersonen
EPP	=	Erwerbspersonenpotential
ET	=	Erwerbstätige
ExQ	=	Exportquote
GQ	=	Gewinnquote
ImQ	=	Importquote
IQ	=	Investitionsquote
KI	=	Kapitalintensität
KK	=	Kapitalkoeffizient
KP	=	Kapitalproduktivität
LQ	=	Bruttolohnquote
LSK	=	Lohnstückkosten (Lohnkosten je Produkteinheit)
NEP	=	Nicht-Erwerbspersonen
NET	=	Nicht-Erwerbstätige
OG	=	Offenheitsgrad
P	=	Preis bzw. Preisindex
PS	=	Pendlersaldo
sET	=	selbständige Erwerbstätige
SQ	=	Sparquote
StQ	=	Staatsquote

TQ	=	Steuerquote
Y*	=	Gesamtwirtschaftliches Produktionspotential
λ	=	Produktionspotential

Abkürzungsverzeichnis zu Francois Quesnay (Kapitel 20):

d	=	distributiver Sektor
M	=	Manufakturen
N	=	Nahrungsmittel
p	=	produktiver Sektor
R	=	Rohstoffe
s	=	steriler Sektor

Abkürzungsverzeichnis zu Karl Marx (Kapitel 21):

c	=	konstantes Kapital
m	=	Mehrwert
v	=	variables Kapital
w	=	Wert

Schaubilder - Verzeichnis

Boxen - Verzeichnis

Abschnitt I

Grundlagen zur Volkswirtschaftlichen Gesamtrechnung (VGR)

1 Von den Wirtschaftswissenschaften - zum Instrumentarium der Volkswirtschaftlichen Gesamtrechnung

1.1 Was ist Wirtschaftswissenschaft?

Der Versuch, eine genaue und zudem noch kurze Definition des Begriffes "Wirtschaftswissenschaft" geben zu wollen, ist kein leichtes Unterfangen. Im weitesten Sinne kann man sagen, "economics is what economists do", wobei wir aus dieser Tautologie nur herauskämen, wenn wir wüßten, was Ökonomen tun. Im Zentrum wirtschaftswissenschaftlichen Erkenntnisinteresses stehen Fragen, die sich auf die Versorgung einer Gesellschaft mit Gütern konzentrieren: Welche Güter produziert eine Gesellschaft, in welchen Mengen, auf welche Art und Weise und für wen? Warum stellt sich der Produktionsprozeß so dar, wie er ist und nicht anders? Wie wird sich der Wirtschaftsprozeß in Zukunft entwickeln? Welche alternativen ökonomischen Wahl- und Handlungsmöglichkeiten stehen einer Gesellschaft zur Verfügung? Die Wirtschaftswissenschaft will den Wirtschaftsprozeß

- beschreiben, wie er sich in einer abgelaufenen Periode abgespielt hat,
- erklären, warum er sich so und nicht anders ereignet hat,
- prognostizieren, wie er sich künftig entwickeln wird, und
- alternative Handlungs- und Entwicklungswege aufzeigen.

Die Beschreibung des Wirtschaftsprozesses ist immer eine "ex-post" Betrachtung, d.h. wir schauen zurück und stellen die wirtschaftlich relevanten Daten in systematischer Form zusammen. Welche Daten allerdings für "wirtschaftlich relevant" gehalten werden, das sagt uns erst eine Theorie: Das Meer empirischer Fakten ist unbegrenzt, erst was im Netz der Theorie herausgefischt wird, kann näher untersucht werden. Doch wie ist das Netz zu knüpfen, damit die unwichtigen Fakten hindurchschlüpfen können und die wichtigen darin hängenbleiben? Dieser Frage geht in gewisser Weise die makroökonomische Theorie nach in der sogenannten "ex-ante" Betrachtung, die sich auf Ursache-Wirkungszusammenhänge konzentriert. Auf der Grundlage empirischen Materials können mit Hilfe der Theorien auch Prognosen über zukünftige Entwicklungen gewagt werden. Die wissenschaftliche Politikberatung vollzieht den Schritt von der positiven zur normativen, d.h. von der beschreibenden zur empfehlenden Wissenschaft und zeigt alternative Handlungs- und Entwicklungswege.

Die Mikroökonomie stellt sich diesen Aufgaben in bezug auf individuelle Wirtschaftssubjekte (die einzelnen privaten Haushalte und Unternehmungen sowie staatliche Entscheidungsträger). Die Makroökonomie richtet ihren Blick auf die Gesamtheit aller Wirtschaftssubjekte einer Volkswirtschaft. Ihr wichtigstes Merkmal ist, daß sie Wirtschaftssubjekte mit ähnlichen ökonomischen Verhaltensweisen zu Gruppen von Wirtschaftssubjekten zusammenfaßt und die Beziehungen zwischen diesen "Aggregaten" zum Gegenstand ihrer Analyse macht.

Die ökonomischen Probleme kreisen zentral um die Frage, wie letztendlich die menschlichen Bedürfnisse durch Zurverfügungstellung entsprechender Mittel befriedigt werden können. Stoffliche, aber auch immaterielle Mittel, die für den Menschen einen Nutzen stiften und der Bedürfnisbefriedigung dienen, werden Güter und Dienstleistungen genannt.

Je höher die Befriedigung der Bedürfnisse, desto größer ist die individuelle Wohlfahrt. Sind die Bedürfnisse höher als die Menge der Mittel, die zu ihrer Befriedigung zur Verfügung stehen, ergibt sich die Notwendigkeit des Wirtschaftens, d.h. des planvollen Umgangs mit knappen Mitteln für alternative Verwendungs- und Verteilungszwecke.

Die Bedürfnisse lassen sich grob in Grundbedürfnisse, wie lebensnotwendige Nahrung, Kleidung, Wohnung, Bildung, Gesundheit und stets feiner zu differenzierende Kulturbedürfnisse unterscheiden, wie Sport, Musik, Unterhaltung, Erholung, politische und gesellschaftliche Selbstbestimmung und Selbstverwirklichung. Im Zuge "kultureller Veredelung" kann dann z.B. das Grundbedürfnis "Durst" mit dem Gut "Whisky Soda" befriedigt werden, das Bedürfnis nach Mobilität mit einem Jaguar-Sportwagen.

Güter werden nach verschiedenen Gesichtspunkten unterschieden: Freie Güter sind solche, die ohne Produktionskosten zu verursachen (unbegrenzt) zur Verfügung stehen. Ökonomische Güter sind solche, die erst produziert werden müssen. Man unterscheidet sie weiter nach:

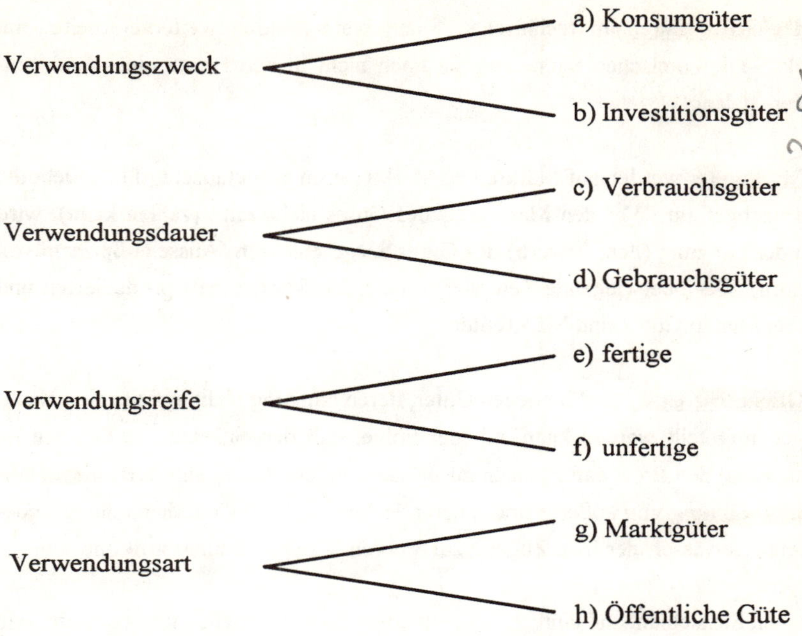

a) Konsumgüter sind alle Güter, die ein Haushalt erwirbt (mit Ausnahme von Eigenheimen).

b) Investitionsgüter sind zum einen sogenannte Anlagen (wie z.B. Fabrikgebäude, Maschinen, Geräte, Werkzeuge) als auch Lagerbestände (wie z.B. Roh-, Hilfs-, Betriebsstoffe, Halb- und Fertigfabrikate).

c) Verbrauchsgüter sind Güter, die in einem einmaligen Konsum- oder Produktionsakt untergehen (Butter, Brot, Bier werden beim Konsumieren vernichtet; Mehl geht in der Bäckerei in den Backwaren unter).

d) Gebrauchsgüter sind Güter, die mehrere Konsum- oder Produktionsakte überstehen, d.h. erneut verwendet werden (z.B. die Maschine in einem Betrieb, der Kühlschrank in einem Haushalt).

e) Fertige Güter: Güter sind technisch fertig, wenn sie den Produktionsprozeß einer Unternehmung verlassen, makroökonomisch erst, wenn sie als Endprodukte einem Endnachfrager zur Verfügung stehen d.h. nicht mehr weiter verarbeitet werden.

f) Unfertige Güter im technischen Sinne werden noch weiterverarbeitet, im (makro-)ökonomischen Sinne sind sie noch nicht in den Besitz eines Endnachfragers gelangt.

g) Marktgüter werden auf Märkten zu Marktpreisen ausgetauscht, d.h. angeboten und nachgefragt. Wer den Marktpreis des Gutes nicht zahlt (zahlen kann), wird von der Nutzung (dem Erwerb) des Gutes ausgeschlossen (Ausschlußprinzip von Preisen). Der überwiegende Teil aller in einer Marktwirtschaft produzierten und nachgefragten Güter sind Marktgüter.

h) Öffentliche Güter sind hingegen Güter, deren Nutzung nicht auf einzelne Nachfrager aufgeteilt werden kann, mit der Folge, daß der einzelne das Gut nutzen kann, ohne den Preis dafür zahlen zu müssen. Solche Güter sind z.B. die staatliche Gewährung von äußerer und innerer Sicherheit, die Wiederherstellung unbelasteter Gewässer, der freie Zugang zur Verkehrs- oder Bildungsstruktur.

Bsp.

Machen Sie sich anhand einiger Beispiele mit dieser Unterscheidung vertraut: Wie würden Sie die Flasche Bier einordnen, die Sie abendlich trinken?
Sicherlich ist die Flasche Bier ein Konsumgut, und zwar ein fertiges Konsumgut, aber ist es ein Gebrauchs- oder ein Verbrauchsgut? Der Inhalt der Flasche, das Bier, ist ein Verbrauchsgut. In dem Augenblick, in dem Sie es schlucken, ist das Gut vernichtet. Die Flasche jedoch, in der sich das Bier befindet, ist ein Gebrauchsgut; sie kann erneut zur Füllung an die Brauerei zurückgegeben werden und dient damit mehreren Produktions- und Konsumakten (wobei davon ausgegangen wird, daß Sie als umweltbewußter Student "recycling"-Flaschen verwenden). Der Kühlschrank, in dem Sie diese Flasche Bier gekühlt haben, ist hingegen ein Gebrauchsgut, aber da er sich im Besitz eines privaten Haushaltes befindet, ist er gleichzeitig ein Konsumgut. Der gleiche Kühlschrank, etwa in einem Imbißstand, wäre hingegen ein Investitionsgut. Auch kann der Kühlschrank seinen "Status" verändern: wird der von einer Kühlschrankfabrik produzierte Kühlschrank zunächst gelagert, stellt er eine Lagerinvestition der Fabrik dar (ein technisch fertiges, ökonomisch unfertiges Gebrauchsgut). Verkauft die Fabrik den Kühlschrank in der nächsten Periode an einen Haushalt (Endnachfrager) wird der Kühlschrank zum Konsumgut.

Vielen Gütern kann man aufgrund ihrer technischen Gestalt nicht ansehen, welchem Verwendungszweck sie dienen. Um sie als Konsum- oder Investitionsgut bezeichnen zu können, kommt es mithin darauf an, zu wissen, wie sie letztlich verwendet werden. Ein Gut, das von einem Haushalt erworben wird, ist in jedem !

Fall ein Konsumgut. Es gibt andere Güter, wie zum Beispiel ein Industrieroboter, ein Baukran, ein Schiffsdock, die unzweifelhaft ausschließlich für Investitionszwecke und damit zum Einsatz im weiteren Produktionsprozeß hergestellt wurden. Kein Haushalt würde sich vernünftigerweise derartige Güter privat anschaffen.

Wir haben die Güter in freie und ökonomische Güter unterschieden. Freie Güter werden von der Natur geliefert und stehen, gemessen an den menschlichen Bedürfnissen, prinzipiell unbegrenzt zur Verfügung. Ökonomische Güter hingegen müssen erst produziert werden und sind in der Regel knapp im Vergleich zu den menschlichen Bedürfnissen, die sie zu befriedigen haben. Ein freies Gut war bis vor wenigen Jahrzehnten zum Beispiel das kristallklare Wasser der Donau und des Rheins, das sich sowohl zum Baden als auch zum Trinken vorzüglich eignete. Heute können Sie das "Wasser des Rheins" nur noch in Liedern besingen. Sie sollten es aber im Interesse Ihrer Gesundheit weder direkt zum Trinken benutzen, noch dem Beispiel des Umweltministers Klaus Töpfer folgen und darin baden (auch er wagte dies nur kurz und dazu im Neoprenschutzanzug). Trinkwasser aus dem Rhein muß erst in aufwendigen Produktionsverfahren gewonnen werden. Hingegen könnten bei entsprechenden Aufbereitungsanlagen jährlich Tausende von Tonnen an Chemikalien, Salzen und Metallen aus dem Rhein wiedergewonnen werden.

Ein lebenswichtiges freies Gut ist nach wie vor die Luft. Mancherorts wird jedoch die Luft bereits durch Smog ersetzt. Auch hier wurden aufwendige Produktionsverfahren notwendig, um den Smog wieder in "reine Luft" zu verwandeln, wie zum Beispiel durch das Programm "Blauer Himmel über der Ruhr": Man entledigte sich der umweltverschmutzenden Abgase aus den Schloten der Industrie durch entsprechende Verlängerung der Schornsteine, wodurch ein besserer Abzug der Abgase erreicht wurde. Zwar wurde die Luft über der Ruhr fortan besser, jedoch waren die Abgase nicht etwa vernichtet worden, sondern lediglich durch die Atmosphäre und die höheren Winde in andere Regionen verteilt worden. Die schwedischen Wälder reagierten auf dieses deutsche "Exportgut" entsprechend sauer: Die Mischung aus Stickoxyden und Wasser ist bekannt geworden als saurer Regen. (Mittlerweile sind allerdings auch Filteranlagen in die Schlote eingebaut worden, die die Abgase reinigen.) Aus diesen wenigen Bemerkungen wird bereits deutlich, daß die Produktion von Gütern häufig mit der Produktion von Abfallprodukten einhergeht. Im englischen Sprachraum unterscheidet man "goods" und "bads": Gute Güter, die der Bedürfnisbefriedigung dienen und schlechte Güter, die die Bedürfnisse negativ beeinträchtigen. Auch zeigt das

BSP.

Beispiel daß der "Blaue Himmel" über der Ruhr ein öffentliches Gut ist, das von allen Bewohnern dieser Region genutzt wird, ohne daß sie für dieses Gut direkt bezahlen müßten.

Dienstleistungen sind Güter (im weiteren Sinne), deren herausragendes Unterscheidungskriterium zu den soeben besprochenen Gütern im engeren Sinne, den "Waren", darin besteht, daß sie immateriell und nicht lagerfähig sind! Sie werden mit ihrer Produktion sofort verbraucht: Hierzu zählen die Behandlung des Arztes/der Ärztin, das Haareschneiden (die Dauerwelle legen) des Friseurs/der Friseurin, die Beratung des Rechtsanwalts/der Rechtsanwältin, der Unterricht des Dozenten/der Dozentin, Kreditberatungsleistungen, Abwicklung finanzieller Transaktionen durch Banken, Darbietungen eines Symphonieorchesters oder einer Rock-Band... (überlegen Sie weitere Beispiele). Im internationalen Handel (insbesondere beim Verkauf von Maschinen oder ganzen Fabrikanlagen) wird das eigentliche Exportgut häufig im Paket mit (technischen) Serviceleistungen der Bedienung der Maschine bzw. der Installation der Fabrikanlage angeboten.

1.2 Was ist die Volkswirtschaftliche Gesamtrechnung?

Aus der Betriebswirtschaftslehre ist Ihnen bekannt, daß im betrieblichen Rechnungswesen alle ökonomischen Vorgänge eines Betriebes bzw. einer Unternehmung in systematischer Weise erfaßt werden. Im Zentrum steht dabei die betriebliche Erfolgsrechnung - die Gewinn- und Verlustrechnung -, die das Betriebsergebnis ermittelt. Die Volkswirtschaftliche Gesamtrechnung behandelt in gewisserweise die gesamte Volkswirtschaft wie eine einzige riesige Unternehmung, deren Erfolgsrechnung die Volkswirtschaftliche Gesamtrechnung ist. Sie gipfelt in der Ermittlung des "Sozialproduktes". Dieses Sozialprodukt ist mithin die Summe aller Güter und Dienstleistungen, die von sämtlichen Unternehmungen einer Volkswirtschaft in einem Jahr produziert worden ist - und noch ein bißchen mehr oder weniger ...[1] Die Summe der Leistungseinkommen aller Einkommensbezieher in der "Großunternehmung Volkswirtschaft" wird als das "Volkseinkommen"[2] ausgewiesen.

Die Höhe des Sozialproduktes und seine jährlichen Veränderungsraten geben wichtige Aufschlüsse über die gesamtwirtschaftliche Entwicklung eines Landes

[1] Vgl. Kapitel 8 für die genaue Definition.
[2] Die genaue Definition finden Sie in Kapitel 7.

und Hinweise über die Notwendigkeit wirtschaftspolitischer, insbesondere konjunkturpolitischer, Steuerungen durch den Staat. Da die VGR eine "Erfolgsrechnung" ist, erlaubt sie in der gleichen Weise Rückschlüsse und Bewertungen des Erfolges vorangegangener Wirtschaftspolitiken. In der Tat wurde das volkswirtschaftliche Rechnungswesen insbesondere deshalb entwickelt und in den letzten Jahrzehnten zunächst in allen Industrieländern (und danach auch in den meisten Entwicklungsländern) eingeführt, um einer aktiven Wirtschaftspolitik des Staates die zur Planung und zur Erfolgskontrolle erforderlichen Daten bereitzustellen.

Wird das in der VGR erfaßte Zahlenmaterial nach Wirtschaftssektoren zusammengestellt wie z.B. Landwirtschaft, verarbeitendes Gewerbe (Industrie, Baugewerbe), Dienstleistungsunternehmen (Banken und Versicherungen, Handel und Verkehr) erhält man Antwort auf die Frage, wie groß der Anteil der Sektoren an der Entstehung des Sozialproduktes ist. Ein Vergleich dieser volkswirtschaftlichen Informationen über mehrere Jahre hinweg führt zu Erkenntnissen welche Branchen wachsen oder schrumpfen, wie sich also die Produktionsstruktur eines Landes verändert.

Nun ist es nicht nur wichtig zu wissen, wo welcher Teil des Sozialproduktes produziert wird, sondern auch, wozu das entstandene Sozialprodukt verwendet wird: für den privaten Konsum, für die Schwer- und Rüstungsindustrie oder für produktive Investitionen. Schließlich geht es auch um die Frage, wie das Sozialprodukt respektive das Volkseinkommen "auf das Volk" verteilt wird. Konzentriert sich das Einkommen in den Händen weniger Reicher oder verteilt es sich relativ gleichmäßig auf die gesamte Bevölkerung?

Die Entstehungs-, Verwendungs- und Verteilungsrechnungen sind Bestandteil der VGR. Darüber hinaus lassen sich weitere wichtige ökonomische Indikatoren aus der VGR ableiten.[3] Leider sind die ökonomischen Daten der VGR nur bedingt geeignet, Auskunft über die "Wohlfahrt" der Bevölkerung eines Landes zu geben. Vielmehr muß das "Sozialprodukt-Konzept" sehr kritisch gewürdigt werden, ob und in welchem Umfang "mehr Sozialprodukt" gleichgesetzt werden kann mit "mehr Wohlstand".[4] Das gesteigerte Umweltbewußtsein und die daraus hervorgegangene Umweltpolitik stellen neue Anforderungen an ein gesellschaftliches Rechnungswesen. Das rein "ökonomistische" Konzept erweist sich als zu eng. Weder der einzelne Betrieb internalisiert in seiner betrieblichen Rechnungslegung

---

[3] Vgl. auch Teil III Kapitel 14.
[4] Vgl. Kapitel 13 und 14.

die von ihm verursachten externen Kosten (z.B. die mit der Produktion von Gütern einhergehende Produktion von Abgasen oder Abwässern) noch die aus dieser Rechnung hervorgehende VGR leistet dieses. Wie wäre die VGR auszugestalten, um über die Ökonomie hinausgehend auch die Ökologie miteinzubeziehen?[5]

1.3 Das ex-post Instrumentarium

Die systematische Zusammenstellung der volkswirtschaftlichen Daten für die VGR erfolgt im wesentlichen in vier Techniken:

◆Gleichungen ◆Konten ◆Kreisläufen ◆Matrizen.

Die Darstellungsweisen sind inhaltlich identisch und lediglich methodisch verschieden: Eine mathematische Gleichung zeichnet sich dadurch aus, daß alle Posten, die auf der linken Seite einer Gleichung stehen, größengleich sind allen Posten, die auf der rechten Seite stehen:

$$(1) \qquad a + b + c = d + e + f$$

Die Kontendarstellung stammt aus der Buchhaltung. Der Buchhalter schreibt die einzelnen Positionen nicht nebeneinander und verbindet sie mit einem Gleichheitszeichen, sondern er schreibt sie untereinander und verbindet sie mit einem "T". Als Konto (mit einem Zahlenbeispiel versehen) sieht die Gleichung (1) wie folgt aus:

Konto

Soll			Haben
a	100	300	d
b	200	200	e
c	300	100	f
	$\sum$ 600	$\sum$ 600	

Die linke Seite eines Kontos nennt man Sollseite, die rechte Seite Habenseite. Auf einem Konto werden Stromgrößen bzw. Bestandsänderungen erfaßt (z.B. Einnahmen pro Jahr, Ausgaben pro Jahr). Es können aber auch Vermögensbe-

[5] Vgl. Kapitel 19.

stände in "T" - Form gegenübergestellt werden, dann bezeichnet man die Seiten mit Aktiva und Passiva und das "T" heißt nicht mehr "Konto" sondern "Bilanz". Im Gegensatz zu den Stromgrößen beziehen sich Bestände auf einen Zeitpunkt (z.B. den 31. Dezember eines Jahres) und nicht auf eine Zeitperiode (z.B. Einkommen pro Monat, Gewinn pro Jahr).

Im folgenden Beispiel werden drei Pole definiert, und daraus ein Kreislaufbild abgeleitet:

Bei den Ausdrücken a_1 bis f_1 handelt es sich um Stromgrößen. Die Ströme lassen sich am anschaulichsten durch ein Kreislaufbild darstellen, das sowohl die Pole enthält, zwischen denen die Ströme fließen, als auch die Ströme selbst:

Schaubild 1 - 1: Kreislaufbild 1

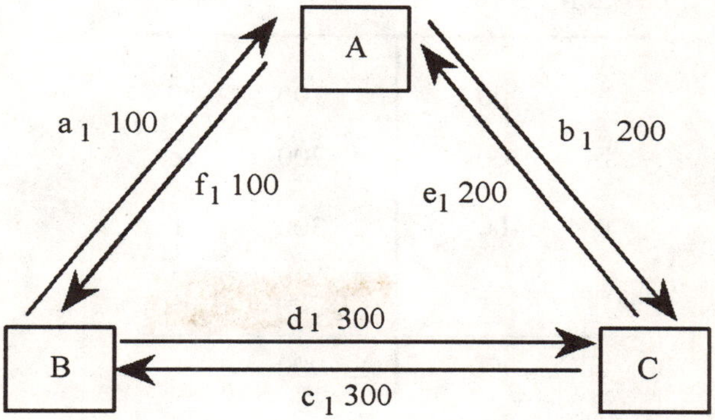

Bei diesen Kreislaufzusammenhängen ergeben sich folgende Konten für die einzelnen Pole:

A

200	b_1	a_1	100
100	f_1	e_1	200
300			300

B

100	a_1	c_1	300
300	d_1	f_1	100
400			400

C

300	c_1	b_1	200
200	e_1	d_1	300
500			500

Auf der Habenseite werden alle Ströme erfaßt, die in den Pol hineinfließen, auf der Soll-Seite alle die hinausfließen. Bei den Strömen soll es sich immer um monetäre Ströme handeln! D.h., die realen Gütermengen werden mit ihren Preisen gewichtet (das Produkt aus Menge mal zugehörigem Preis gebildet) und diese in

Geldeinheiten ausgedrückten Werte werden als Ströme erfaßt. Die Angaben von z.B. Birnen, Äpfeln, Büchern, Autos lassen sich nur in Form ihres Geldwertes zusammenfassen. Die von uns verwendeten Kreisläufe sind stets sogenannte "geschlossene Kreisläufe".

Handelt es sich bei den zugrundeliegenden Daten um eine Ungleichung, dann wird diese in der Buchhaltung durch Einfügen eines Saldos in eine Gleichung verwandelt :

(2) $a + b + c > d + e + f$ wird zu

(3) $a + b + c = d + e + f + s$ wobei gilt

(4) $s = \text{Saldo} = a + b + c - (d + e + f)$

Im T-Konto sieht das wie folgt aus:

Soll		Haben	
a	200	100	d
b	300	200	e
c	400	300	f
		300	s
	Σ 900	Σ 900	

Überwiegt die Sollseite, steht der Saldo, der beide Seiten zum Ausgleich bringt, im Haben, überwiegt die Habenseite, steht er im Soll.

Betrachten wir nun wieder die Kreislaufbeziehungen zwischen den Polen A, B, C, so müssen sich die in jeden Pol hineinfließenden und aus jedem Pol herausfließenden Ströme nicht notwendigerweise in jedem Pol vollständig ausgleichen. Vielmehr können bei allen (oder einigen) Polen Salden auftreten, d.h., daß entweder die hineinfließenden Ströme oder die herausfließenden überwiegen. In einem geschlossenen Kreislaufsystem gleichen sich sämtliche Salden aller Pole gerade aus. Um das deutlich zu machen, fügen wir in den ursprünglichen Basiskreislauf einen weiteren Pol ein, den wir hier zunächst "Saldenausgleichspol" (SAP) nennen wollen:

Schaubild 1 - 2: Kreislaufbild 2

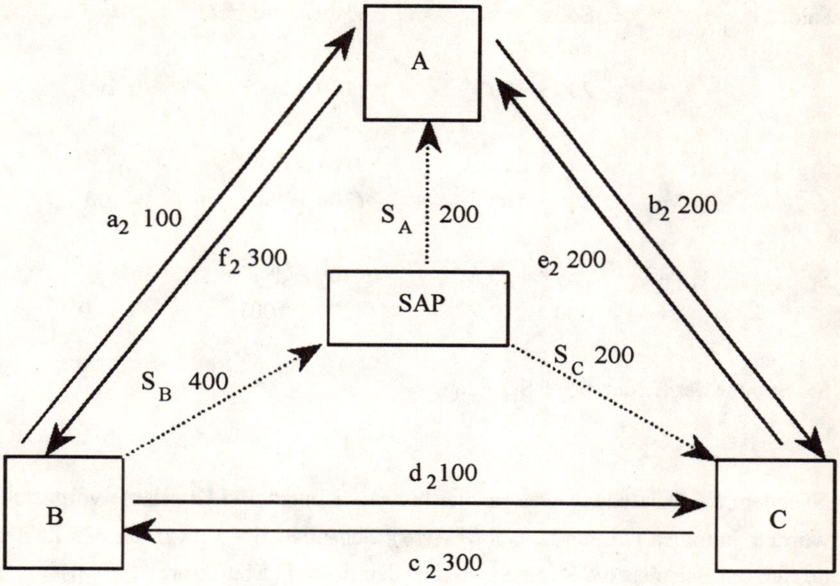

In Kontendarstellung sehen die einzelnen Pole wie folgt aus:

A

200	b_2	a_2	100
300	f_2	e_2	200
		S_A	200
500			500

B

100	a_2	c_2	300
100	d_2	f_2	300
400	S_B		
600			600

C

300	c_2	b_2	200
200	e_2	d_2	100
		S_C	200
500			500

SAP

200	S_A	S_B	400
200	S_C		
400			400

Die Salden berechnen sich als Differenz zwischen Soll- und Habenseite:

Saldo	=	Sollseite	-	Habenseite		
S_A	=	$b_2 + f_2$	-	$(a_2 + e_2)$		
	=	200 + 300	-	(100 + 200)	=	+ 200
S_B	=	$a_2 + d_2$	-	$(c_2 + f_2)$		
	=	100 + 100	-	(300 + 300)	=	- 400
S_C	=	$c_2 + e_2$	-	$(b_2 + d_2)$		
	=	300 + 200	-	(200 + 100)	=	+ 200
Sie Summe der Salden $S_A + S_B + S_C$					=	0

Nachdem die Darstellungsweisen Gleichungen, Konten und Kreisläufe vorgestellt wurden, kommen wir nun zu den Matrizen. Schaubild: 1 - 3 zeigt mit den Zahlen des letzten Beispiels die Ströme zwischen den Polen in Matrixform:

Schaubild 1 - 3: Matrix

Pole

	an / von	A	B	C	Summe (der aus den Polen heraus-fließenden Ströme)
Pole	A	—	f_2 300	b_2 200	500
	B	a_2 100	—	d_2 100	200
	C	e_2 200	c_2 300	—	500
	Summe (der in die Pole hineinfließen-den Ströme)	300	600	300	1200

Diese Darstellung bietet sich immer dann an, wenn die Zahl der Pole und der zwischen ihnen fließenden Ströme so groß wird, daß die anderen Darstellungsformen unübersichtlich werden. Wir werden auf diese Form erst in dem Kapitel näher eingehen, das sich mit der "Input-Output" Tabelle beschäftigt.

2 Von Wirtschaftssektoren zum Wirtschaftskreislauf

2.1 Die Unternehmung und ihr Umfeld

In diesem Kapitel wollen wir wesentliche Kreislaufzusammenhänge einer Volkswirtschaft kennenlernen. Dazu treffen wir eine Reihe von Vereinfachungen gegenüber der wirklichen Welt, d.h. wir konstruieren ein "Modell" einer Volkswirtschaft. Die erste Annahme ist, daß diese Volkswirtschaft lediglich aus zwei Gruppen von Wirtschaftssubjekten besteht: den Unternehmungen, die in ihren Betriebsstätten die Produktion von Gütern und Dienstleistungen organisieren, und den privaten Haushalten, die den Unternehmungen ihre Arbeitskraft und ihr Vermögen zur Verfügung stellen und dafür Entgelt in Form von Löhnen und Gehältern oder sonstigen Einkommen (z.B. Zins-, Miet-, Pacht- oder Gewinneinnahmen) beziehen. Zweitens wird vom Staat (und seinen wirtschaftlichen Einflüssen) hier abgesehen. Drittens werden ebensowenig außenwirtschaftliche Transaktionen berücksichtigt. Das skizzierte Modell beschreibt also eine "geschlossene Volkswirtschaft ohne staatliche ökonomische Aktivität". Jede einzelne Unternehmung steht in dieser Volkswirtschaft in ökonomischen Beziehungen zu anderen Unternehmungen und zu privaten Haushalten (vgl. Schaubild 2-1). Wir wollen dieses Umfeld die "ökonomische Umwelt" der Unternehmung nennen. Jede Unternehmung kauft von anderen Unternehmungen Güter und Dienstleistungen, die sie im eigenen Produktionsprozeß verbraucht. Man nennt diese Güter auch "Vorleistungen" (V) (siehe 2-1). Als Produktionsergebnis stellt sie neue Produkte her, die sie an andere Unternehmungen und/oder an Haushalte verkauft. Man nennt den Geldwert der produzierten Güter auch "Produktionswert" (**PW**).

Der von einer Unternehmung zur Produktion von Gütern eingesetzte Produktionsapparat (z.B. die landwirtschaftlichen Maschinen eines Bauernhofes, Geräte und Gebäude) nutzt sich durch den Produktionsprozeß ab. Diese Abnutzung wird als "Abschreibung" (**D**) erfaßt und in den Verkaufswert hineingerechnet. Im allgemeinen geht der Verkaufswert über den Wert der eingekauften Vorleistungen (Roh-, Hilfs-, Betriebsstoffe) und des "Werteverzehrs" am Produktionsapparat (den Abschreibungen) hinaus: Die

Differenz ist die "Wertschöpfung" (WS) der Unternehmung. Sie fließt in Form von Einkommen an die Haushalte. (Von Unternehmungen mit eigener Rechtspersönlichkeit, die Gewinne auch selbst einbehalten können, wird an dieser Stelle abgesehen.)

Der Geldwert eines Einkaufs ist eine Ausgabe, der Geldwert eines Verkaufs ist eine Einnahme. Die Begriffe "Einzahlung" und "Auszahlung" beziehen sich hingegen auf reine kassenmäßige Vorgänge. Zur Verdeutlichung: Mit einem Einkauf entsteht im selben Augenblick eine Ausgabe, aber nicht notwendigerweise eine Auszahlung. Diese kann z.B. sehr wohl später erfolgen.

Schaubild 2-1: Außenbeziehungen einer Unternehmung

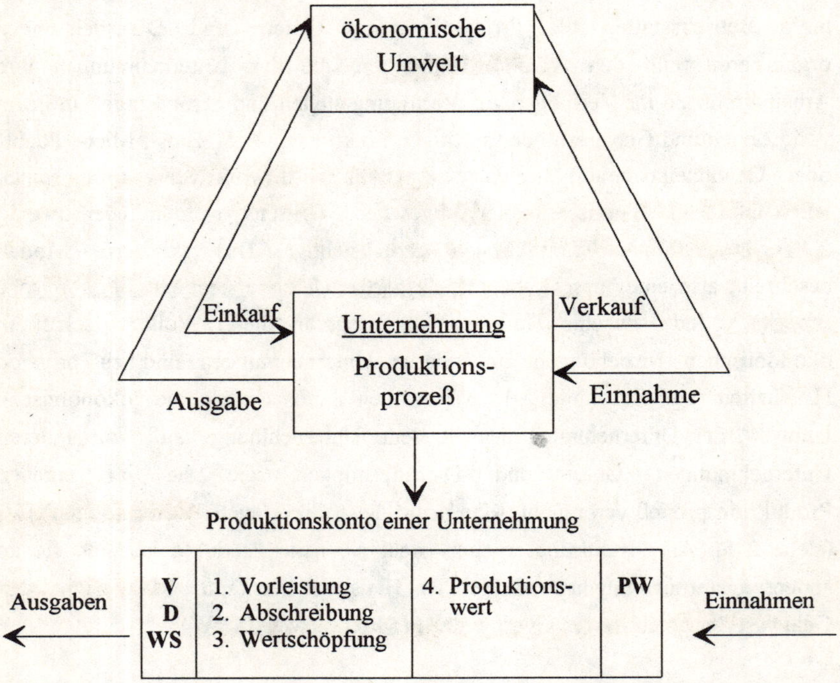

2.2 Volkswirtschaftlicher Produktionsprozeß über drei Stufen

Wir stellen uns jetzt einen Produktionsablauf vor, der den Sektor Unternehmungen in drei aufeinanderfolgende Produktionsstufen unterteilt. Diese Produktionsstufen können beispielsweise sein:

I. Grundstoffproduktion (U_{GP})
Beispiel: die Produktion von Getreide

II. Zwischenproduktion (U_{ZP})
Beispiel: die Produktion von Mehl

III. Endproduktion (U_{EP})
Beispiel: die Produktion von Brot

I. Grundstoffproduktion (U_{GP})

Nehmen wir an, die Unternehmung U_{GP} sei ein landwirtschaftlicher Betrieb und das Produkt (der Produktionswert) bestünde aus Getreide im Werte von 100 Geldeinheiten (PW_{GP} = 100 GE). Durch den Verkauf des Getreides an eine Mühle erzielt der landwirtschaftliche Betrieb Einnahmen von 100 GE. Dem steht die Abnutzung des eingesetzten landwirtschaftlichen Produktionsapparates gegenüber, die als Abschreibung (D_{GP}) erfaßt wird und im Produktionswert wertmäßig enthalten ist. Zur Vereinfachung nehmen wir an, daß diese Unternehmung keine Vorleistungen einkauft.

Darüber hinaus entstehen Leistungseinkommen bzw. Faktoreinkommen (als Entgelt für bereitgestellte Produktionsfaktoren), die die Wertschöpfung darstellen (WS_{GP}). Diese Wertschöpfung fließt den privaten Haushalten zu, die in diesem landwirtschaftlichen Betrieb tätig sind (z.B. in Form von Löhnen, Gehältern und Gewinnen):

Produktionskonto der Unternehmung U_{GP}
(landwirtschaftlicher Betrieb)

1. Abschreibungen auf die Produktionsanlagen (D_{GP} = 40) 2. Löhne und Gehälter der Beschäftigten (einschließlich des Gewinns des Eigentümers) = Wertschöpfung (WS_{GP} = 60)	3. Verkauf des Getreides an den Mühlbetrieb = Produktionswert (PW_{GP} = 100)
100	100

II. Zwischenproduktion (UZP)

Die Mühle mahlt Mehl, das sie an die Unternehmung UEP, eine Bäckerei, verkauft. Der Verkaufserlös ist identisch mit dem Produktionswert der Unternehmung UZP (**PW**$_{ZP}$). Für den Mühlbetrieb stellt das eingekaufte Getreide, das im Produktionsprozeß zu Mehl gemahlen wird, eine Vorleistung dar (**V**$^{GP}_{ZP}$)[1]. In diesem Produktionswert stecken der produktionsbedingte Werteverzehr am Produktionsapparat Mühle (**D**$_{ZP}$) sowie die Wertschöpfung der Unternehmung (**WS**$_{ZP}$), die in Form von Löhnen, Gehältern und Gewinnen den Haushalten zufließen, die dort beschäftigt sind bzw. Eigentumsrechte halten.

Produktionskonto der Unternehmung **U**$_{ZP}$ (Mühlbetrieb)

1. Einkauf des Getreides von **U**$_{GP}$ Vorleistungen (**V**$^{GP}_{ZP}$ = 100) 2. Abschreibungen auf die Produktionsanlagen (**D**$_{ZP}$ = 20) 3. Wertschöpfung = Löhne, Gehälter, Gewinne (**WS**$_{ZP}$ = 40)	4. Verkauf des Mehls an die Bäckerei = Produktionswert (**PW**$_{ZP}$ =160)
160	160

III. Endproduktion (UEP)

Die dritte Produktionsstufe, das Unternehmen UEP - die Bäckerei -, stellt aus dem Mehl Brot her und verkauft dieses Fertigprodukt an die privaten Haushalte oder bildet Lagervorräte. Das Mehl ist als Vorleistung in die Produktion des Brotes eingegangen (**V**$^{ZP}_{EP}$). Die Abschreibung (**D**$_{EP}$) für die Abnutzung am Produktionsapparat der Bäckerei ist ebenso im Produktionswert (**PW**$_{EP}$) enthalten wie die Wertschöpfung dieser Unternehmung (**WS**$_{EP}$). Auch diese Wertschöpfung fließt in Form von Löhnen, Gehältern und Gewinnen an private Haushalte.

[1]Die Indexierung ist so zu lesen, daß ein monetärer Strom von dem unten indexierten Wirtschaftssubjekt zu dem oben indexierten Wirtschaftssubjekt fließt.

Produktionskonto der Unternehmung U_{EP} (Bäckerei)

1. Einkauf des Mehls von U_{GP} und Einsatz des Mehls als Vorleistung: ($V_{EP}^{ZP} = 160$) 2. Abschreibung auf die Produktionsanlagen ($D_{EP} = 20$) 3. Wertschöpfung = Löhne, Gehälter, Gewinne ($WS_{EP} = 20$)	4. Produktionswert ($PW_{EP} = 200$) * Verkauf des Endproduktes als Konsumgüter an Haushalte (C) * oder Investitionsgüter an Unternehmen (Im Fall der Bäckerei können die Investitionen aus selbsterstellten Lagerinvestitionen bestehen ($I_{L\,EP}$)
200	200

Welche Gütermengen und welches Einkommen sind eigentlich der Volkswirtschaft im Zuge dieses arbeitsteiligen Produktionsprozesses letztendlich zugeflossen?

Addieren wir die Produktionswerte sämtlicher Unternehmen auf, also Getreide plus Mehl plus Brot, erhalten wir den gesamten Produktionswert dieser drei Produktionsstufen. Sehen wir von dem Beispiel Landwirtschaft, Mühle, Bäckerei ab und stellen uns stattdessen darunter die Gesamtheit aller Unternehmen der Grundstoffproduktion, Zwischengüterproduktion und Endproduktion vor, dann wäre die ausgewiesene Summe gleich dem gesamtwirtschaftlichen Produktionswert. Doch ist diese Gütermenge der Volkswirtschaft nicht zugeflossen.

Vielmehr ist das Getreide als Vorleistung im Mehl enthalten und das Mehl wiederum als Vorleistung im Brot. Letztendlich ist in der Volkswirtschaft lediglich das Brot bzw. das Endprodukt erstellt worden. Das Brot kann entweder an die Haushalte verkauft werden oder von der Bäckerei gelagert werden. Im letzten Fall werden Lagerinvestitionen gebildet. Sieht man von diesem didaktischen Beispiel ab und betrachtet die Einteilung einer Volkswirtschaft in Unternehmungen der Grundstoff-, Zwischen- und Endprodukt-Herstellung, so werden als Endprodukte Investitionsgüter und Konsumgüter produziert. Wie das Endprodukt zwischen Investitions- und Konsumgüter aufgeteilt wird, läßt sich aber erst sagen, nachdem wir die zweite Seite der Güterproduktion betrachtet haben: die Wertschöpfung, d.h. die Entstehung und Verwendung von Einkommen.

Schaubild 2-2: Produktionsprozeß über drei Stufen

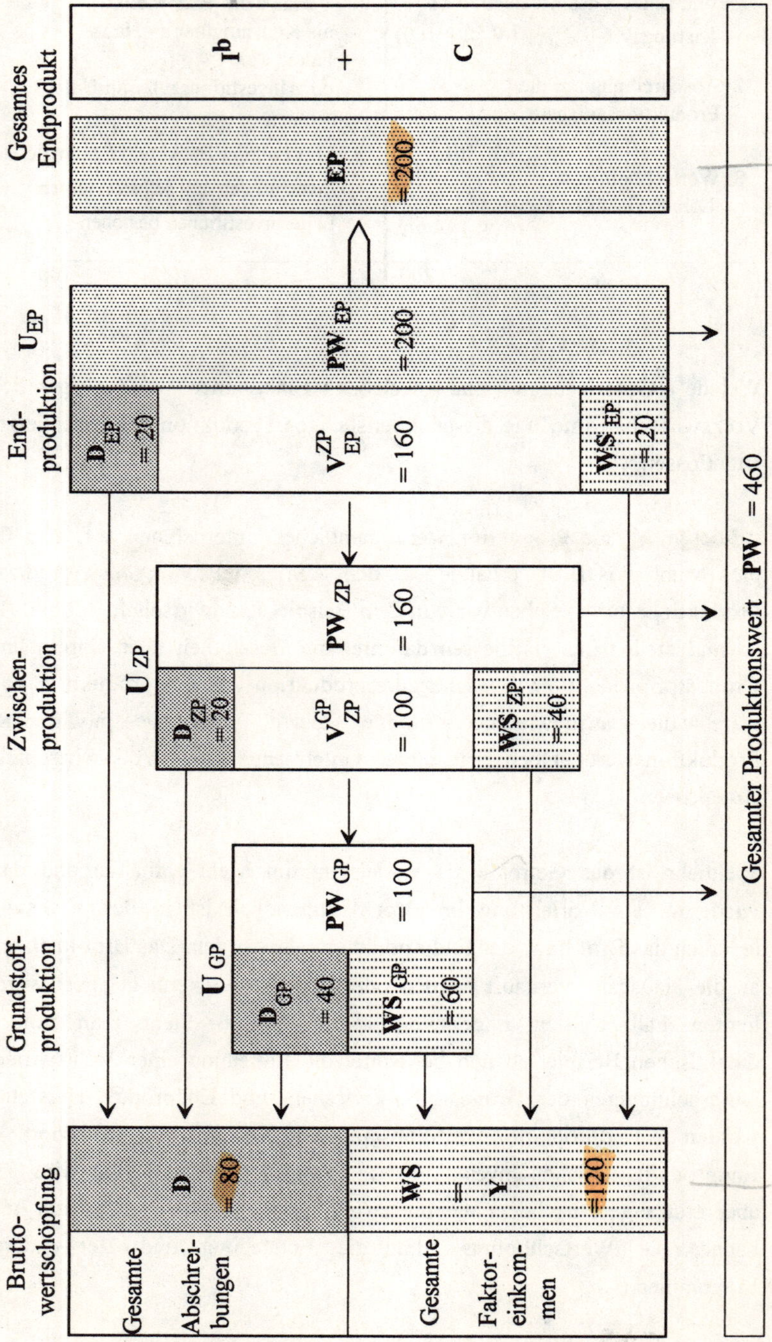

Im Zuge des arbeitsteiligen Produktionsprozesses sind nicht nur Güter entstanden, sondern auch Einkommen. Die Summe der Wertschöpfungen ist den privaten Haushalten als Faktoreinkommen zugeflossen. Die Summe der Abschreibungen ist (als Ausgleich für den produktionsbedingten Werteverzehr am eingesetzten Produktionsapparat) den Unternehmungen zugeflossen. Es zeigt sich, daß das Faktoreinkommen zuzüglich der Abschreibungssumme (die sogenannte Bruttowertschöpfung) größengleich dem Endprodukt ist. Auf dem zusammengefaßten Produktionskonto dieser drei Unternehmen läßt sich der volkswirtschaftliche Produktionsprozeß und sein Ergebnis noch einmal im Überblick illustrieren (vgl. Schaubild 2 - 2).

Das aggregierte und konsolidierte Produktionskonto

Auf der Habenseite des aggregierten Produktionskontos (vgl. Schaubild 2 - 3) ist die Güterproduktion aufgeführt, betriebswirtschaftlich gesprochen der Ertrag. Auf der Sollseite stehen alle Positionen, die in die Güterproduktion eingeflossen sind, also die Vorleistungen, Abschreibungen und die Faktorleistungen. Es zeigt sich dabei wieder, daß die Produktionswerte der Unternehmungen $\mathbf{U}_{GP}$ und $\mathbf{U}_{ZP}$ in demselben gesamtwirtschaftlichen Produktionsprozeß jeweils von der nachgelagerten Unternehmung als Vorleistungen eingesetzt worden sind, Soll- und Habenpositionen auf dem zusammengefaßten Konto sich also gegenseitig aufheben.

Ein verkürztes Produktionskonto beginnt unterhalb dieser Buchungspositionen beim zweiten Doppelstrich. Es heißt konsolidiertes Produktionskonto. Der Produktionswert $\mathbf{PW}_{EP}$ auf der Habenseite stellt das Endprodukt dieser Produktionsprozesse dar. Auf der Soll-Seite des konsolidierten Produktionskontos werden Abschreibungen und Wertschöpfungen von allen drei Sektoren erfaßt. Diese Wertschöpfungen ergeben in ihrer Summe die Faktoreinkommen, die sämtlichen an der Produktion beteiligten Wirtschaftssubjekten zufließen, d.h. den Unternehmer- sowie den Arbeitnehmerhaushalten.

Konsolidiertes Produktionskonto

Abschreibungen $\mathbf{D} = 80$	Endprodukt
Wertschöpfung $\mathbf{WS} = 120$	$\mathbf{EP} = 200$ ⟨ $\mathbf{I}^b$ Investitionsgüter $\mathbf{C}$ Konsumgüter

Schaubild 2- 3: Das aggregierte und konsolidierte Produktionskonto

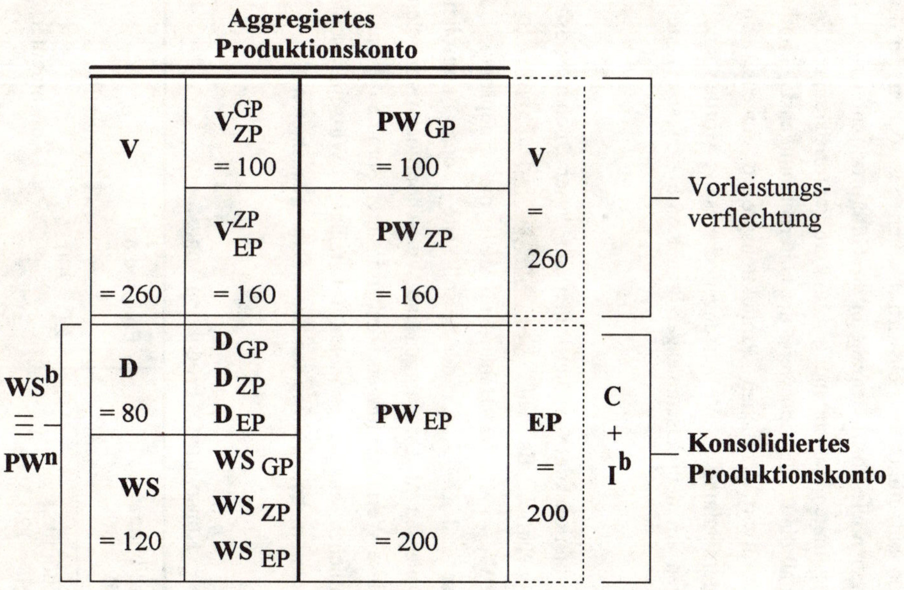

V + D + WS = PW = 460

WS^b = Bruttowertschöpfung ≡ ("Netto")Produktionswert = $PW^n \equiv PW_{EP}$

Aggregierte Werte:

(1) Der Produktionswert

$$PW = PW_{GP} + PW_{ZP} + PW_{EP}$$
$$PW = 100 + 160 + 200 = \underline{\underline{460}}$$

(2) Das Endprodukt

$$EP = PW - V$$
$$EP = 460 - 260 = \underline{\underline{200}}$$

(3) Die Wertschöpfung

$$WS = WS_{GP} + WS_{ZP} + WS_{EP}$$
$$WS = 60 + 40 + 20 = \underline{\underline{120}}$$

oder

$$WS = EP - D$$
$$WS = 200 - 80 = 120$$

(4) Die Abschreibung

$$D = D_{GP} + D_{ZP} + D_{EP}$$
$$D = 40 + 20 + 20 = \underline{\underline{80}}$$

Über die Verwendung dieses Endproduktes kann noch keine Aussage gemacht werden. Wir wollen zwei Verwendungsmöglichkeiten unterscheiden: Konsumgüter und Investitionsgüter. Im Extremfall kann das gesamte Endprodukt konsumiert oder investiert werden. Es gelten folgende Beziehungen:

Das Endprodukt **(EP)** ist die Summe aus Konsumgütern **(C)** und Investitionsgütern **(I^b)**

(1) $\mathbf{EP = C + I^b}$ (Endprodukt)

Die in einer Periode produzierten Produktionsmittel heißen Bruttoinvestitionen **(I^b)**. Sie setzen sich zusammen aus Produktionsanlagen **($I^b_{Anl.}$)** und Lagerinvestitionen **(I_L)**. Es gilt also:

(2) $\mathbf{I^b = I^b_{Anl.} + I_L}$. (Bruttoinvestition)

Im Falle des Bäckers kann davon ausgegangen werden, daß er keine Anlagen produziert, sondern nur Backwaren, die er z.T. selbst auf Lager nimmt. Es ist:

(3) $\mathbf{I^b_{Anl.}} = 0$ und damit $\mathbf{I^b = I_L}$

Als Nettoinvestition **(I)** ist definiert:

(4) $\mathbf{I = I^b - D}$ (Netto-Investition)

Merke: Die produzierten Investitionsgüter heißen "Bruttoinvestitionen" **(I^b)**. Der Begriff "Nettoinvestition" (**I** oder **I^n**) ist eine Rechengröße, nämlich die Differenz aus Bruttoinvestitionen minus Abschreibungen. Abschreibungen können aber nur von den Produktionsanlagen vorgenommen werden, da sich Lagerbestände ja nicht im Zuge des Produktionsprozesses abnutzen. Es gibt also neben der Brutto-Anlageinvestition auch eine Netto-Anlageinvestition. Sie ist definiert als:

(5) $\mathbf{I^n_{Anl.} = I^b_{Anl.} - D}$ (Netto-Anlageinvestition)

Als Re-Investition **(Ire)** versteht man den Anteil der Bruttoinvestition, der die Abschreibungen wertmäßig ausgleicht. Die Re-Investition kann daher maximal den Wert der Abschreibungen umfassen. Für den Fall, daß die Bruttoinvestition kleiner ist als die Abschreibungen, ist notwendigerweise auch die Re-Investition kleiner als die Abschreibungen. Es gilt also:

(6) $\mathbf{I^{re}} \leq \mathbf{D}$

(7) $\mathbf{I^{re}} = \mathbf{D}$ bei $\mathbf{I^{b}} \geq \mathbf{D}$

(8) $\mathbf{I^{re}} = \mathbf{I^{b}}$ bei $\mathbf{I^{b}} \leq \mathbf{D}$

Die Wertschöpfung (**WS**) läßt sich direkt auf dem Produktionskonto ablesen bzw. unter Verwendung der Gleichungen (1) und (4) wie folgt ermitteln:

(9) $\mathbf{WS} = \mathbf{EP} - \mathbf{D} = \mathbf{C} + \mathbf{I^{b}} - \mathbf{D} = \mathbf{C} + \mathbf{I}$

Wir fragen uns, welche unterschiedlichen Konsequenzen verschiedene Aufteilungen des Endproduktes haben. Im Schaubild 2 - 4 sind auf der Ordinate die Brutto-Investitionsgüter und auf der Abszisse die Konsumgüter abgetragen. Besteht das gesamte Endprodukt ausschließlich aus Investitionsgütern, erhalten wir als maximalen Wert für die Bruttoinvestitionen den Wert $\mathbf{I^{b}}_{max} = 200 = \mathbf{EP}$. Dann ist $\mathbf{C} = 0$. Besteht das gesamte Endprodukt ausschließlich aus Konsumgütern, erhalten wir den Wert $\mathbf{C}_{max} = 200 = \mathbf{EP}$ und $\mathbf{I^{b}} = 0$. Die Verbindungslinie zwischen $\mathbf{I^{b}}_{max}$ und $\mathbf{C}_{max}$ gibt sämtliche Kombinationen der Aufteilung des Endproduktes auf die beiden Güterarten wieder. Vergleichen Sie dazu auch das Schaubild 2 - 4 und das Zahlenbeispiel der dazugehörigen Tabelle.

Die ersten beiden Spalten der Tabelle ergänzen sich zum Wert des Endproduktes **EP** = 200. Mit steigendem Konsum nehmen die Bruttoinvestitionen ab. Wichtig ist uns ein Blick in die Spalten 3 und 4. Die Nettoinvestitionen können von + 120 bis - 80 reichen. Sollten überhaupt keine Bruttoinvestitionen getätigt werden (Fall E) erleidet der Produktionsapparat einen Werteverzehr in Höhe von **D** = 80, der durch keine Re-Investition ausgeglichen wird. Der Produktionsapparat schrumpft. Der Fall C markiert die Bedingung, bei der die Bruttoinvestition gleich der Abschreibung ist und damit in vollem Umfang eine Re-Investition darstellt. Der Produktionsapparat bleibt dabei (wertmäßig) unverändert, denn die Nettoinvestition ist Null.

Schaubild 2- 4: Aufteilung des Endproduktes zwischen Konsum- und Investitionsgütern

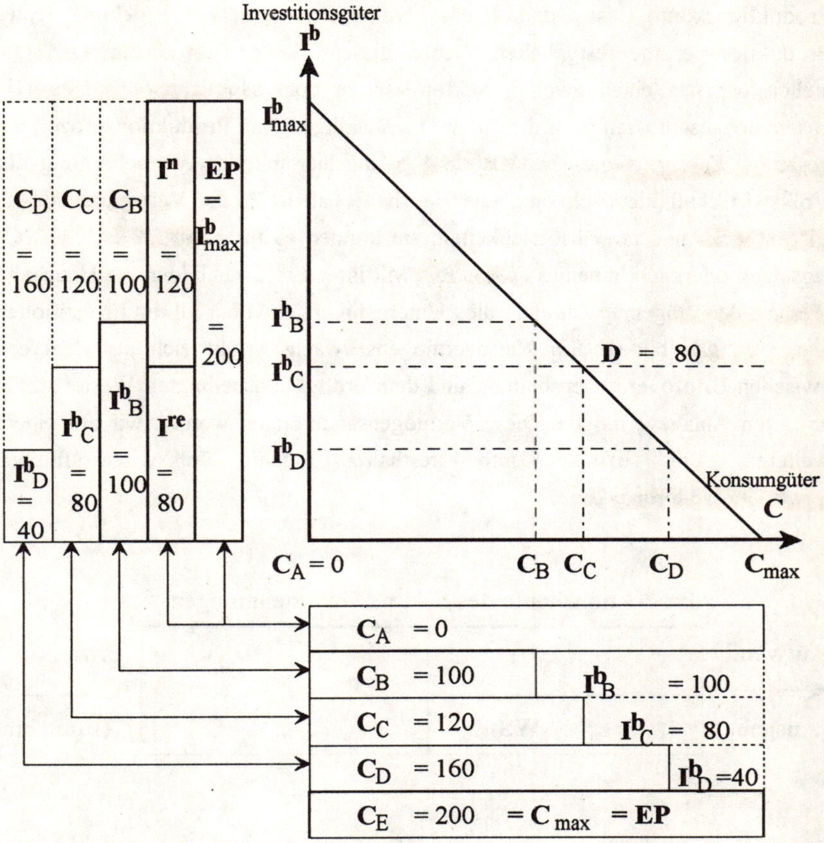

Fälle	C	I^b	I^n	Ire	D
A: **C = 0**	0	200	120	80	80
B: **C < EP-D**	100	100	20	80	80
C: **C = EP-D**	120	80	0	80	80
D: **C > EP-D**	160	40	- 40	40	80
E: **C = EP**	200	0	- 80	0	80
EP = C + I^b = 200			**$I^n = I^b$ -D**	**$I^{re} \leq$ D**	

2.3 Der volkswirtschaftliche Kreislauf

Wir stellen uns jetzt vor, daß die drei Produktionsstufen Grundstoffproduktion, Zwischenproduktion, Endproduktion die gesamte Produktion einer Volkswirtschaft umfassen. Auf dem aggregierten und konsolidierten Produktionskonto ist dann das volkswirtschaftliche Ergebnis einer Produktionsperiode festgehalten. Neben diesem Sektor Unternehmungen (**U**) stellen wir uns einen zweiten Sektor vor, in dem sämtliche Haushalte (**H**) zusammengeschlossen sind, die durch ihre Beteiligung am Produktionsprozeß die gesamten Faktoreinkommen (Y) beziehen, die hier mit der Wertschöpfung der Volkswirtschaft identisch sind. Die Haushalte haben für die Verwendung ihres Einkommens nur zwei Möglichkeiten: sie können es für Konsumausgaben (**C**) einsetzen oder sie können es sparen (S). Mit ihrer Ersparnis bilden die Haushalte (Finanz-)Vermögen, während die Unternehmungen über ihre Investitionen Realvermögen bilden. Ein Nettovermögenszuwachs ergibt sich als Differenz zwischen Bruttovermögensbildung und dem produktionsbedingten Werteverzehr am alten Anlagevermögen. Diese Vermögensänderungen werden wir auf einem weiteren Pol bzw. Konto festhalten: dem volkswirtschaftlichen Vermögensänderungskonto.

Produktionskonto des Sektors Unternehmungen

Aufwand ← (Ausgabe)				Ertrag ← (Einnahme)
	D	**EP**	$\mathbf{I^b}$	
	WS		**C**	

Einkommenskonto des Sektors Haushalte

Einkom-mensver- ← wendung			Einkommen ←
	S	**Y** ≡ **WS**	
	C		

(Brutto) Vermögensänderungskonto

Brutto- ← Vermögens-bildung			Finanzierungs- ← mittel
	$\mathbf{I^b}$	**D**	
		S	

Die Beziehungen in dieser Volkswirtschaft lassen sich wie folgt ausdrücken:

(1)	**EP**	=	**C**	+	$\mathbf{I^b}$			(Produktionskonto U)
(2)	**WS**	=	**C**	+	$\mathbf{I^b}$	-	**D**	(Produktionskonto U)
(3)	**Y**	=	**C**	+	**S**			(Einkommenskonto H)
(4)	**Y**	≡	**WS**					(ex definitione)
(5)	**C**	+	**S**	=	**C**	+	$\mathbf{I^b}$ - **D**	(folgt aus 2 + 3 + 4)
(6)	**S**	=	$\mathbf{I^b}$	-	**D**			(folgt aus 5)
(7)	**I**	=	$\mathbf{I^b}$	-	**D**			(ex definitione)
(8)	**S**	=	**I**					(aus 6 und 7)

Ersparnis	=	Nettoinvestition
S	=	**I**

Als zentrales Ergebnis halten wir fest, daß in einer geschlossenen Volkswirtschaft (ohne staatliche ökonomische Aktivität) die Ersparnis der Haushalte in jeder Periode größengleich ist der von den Unternehmungen durchgeführten Nettoinvestition! Dieses Ergebnis läßt sich auch auf dem Vermögensänderungskonto ablesen. Allerdings sagt die Gleichung **S = I** nichts darüber aus, wie groß die Ersparnis und mithin die Nettoinvestition ist. Untersuchen wir zunächst einmal die theoretischen Grenzen:

a) Die maximale Ersparnis wäre dann gegeben, wenn die Haushalte ihr gesamtes Einkommen sparten und demzufolge überhaupt keine Konsumausgaben tätigten. [Ihre laufenden Konsumbedürfnisse könnten sie in diesem Fall nur durch den Konsum eigener (in vorangegangenen Perioden gehorteter) Konsumgüter befriedigen.] Die Bedingung dafür lautet:

(9)	**Y**	=	**C** + **S**	für **C** = 0 gilt:
(10)	**Y**	=	$\mathbf{S}_{max}$	und wegen **S** = **I**
(11)	**Y**	=	$\mathbf{I}_{max}$	

Ergebnis: die maximal mögliche Ersparnis (und damit auch die maximal mögliche Nettoinvestition) ist durch die Höhe der Wertschöpfung (des Volkseinkommens) gegeben.

b) Die minimale Nettoinvestition und entsprechend die minimale Ersparnis liegt dann vor, wenn die Unternehmungen überhaupt keine Bruttoinvestitionen tätigten und das gesamte Endprodukt aus Konsumgütern bestünde. Die Bedingung dafür lautet:

(12) $\mathbf{I} = \mathbf{I^b} - \mathbf{D}$ mit $\mathbf{I^b} = 0$ gilt:

(13) $\mathbf{I} = -\mathbf{D} = \mathbf{I}_{min}$ und wegen $\mathbf{S} = \mathbf{I}$:

(14) $\mathbf{S}_{min} = -\mathbf{D} = \mathbf{I}_{min}$

Ergebnis: Die Minimalwerte für Ersparnis und Nettoinvestition sind negativ aber äußerstenfalls bis zum Umfang der (negativen) Abschreibungen! In diesem Fall entsparen die Haushalte und desinvestieren die Unternehmungen: Es werden ausschließlich Konsumgüter produziert und nicht einmal die Abnutzung des Produktionsapparates wird re-investiert, so daß das Produktivvermögen schrumpft.

Fassen wir die beiden Teilergebnisse zusammen: Ersparnis und Nettoinvestitionen können in einer geschlossenen Volkswirtschaft (ohne Staat) sowohl positiv als auch negativ sein, aber sie können in beide Richtungen bestimmte Grenzen nicht überschreiten. Sie müssen zwischen folgenden Werten liegen:

Minimum				Maximum
$-\mathbf{D}$	$\leq$	$(\mathbf{S} = \mathbf{I})$	$\leq$	$\mathbf{Y}$

Welche gesamtwirtschaftlichen Beziehungen bestehen zwischen den drei Polen Unternehmungen, Haushalte und Vermögensänderung? Bei der Beantwortung dieser Frage wollen wir (unter Beachtung der soeben aufgezeigten theoretischen Grenzen) drei Fälle unterscheiden:

1) Eine stationäre Volkswirtschaft: $\mathbf{S} = 0$ und $\mathbf{I} = 0$
Das gesamte Faktoreinkommen wird von den Haushalten für Konsumausgaben ausgegeben.

2) Eine wachsende Volkswirtschaft: $\mathbf{S} > 0$ und $\mathbf{I} > 0$
Die Haushalte sparen einen Teil ihrer Faktoreinkommen (leisten also Konsumverzicht), die Unternehmen bilden positive Nettoinvestitionen.

3) Eine schrumpfende Volkswirtschaft: $S < 0$ und $I < 0$
Die Haushalte entsparen, konsumieren also über ihr laufendes Faktoreinkommen hinaus, die Unternehmungen desinvestieren (verringern also ihr Produktivvermögen).

Fall 1: Das Faktoreinkommen wird vollständig für Konsumausgaben verwendet (stationäre Wirtschaft) ($S = I = 0$)

Ausgangspunkt dieser Untersuchung ist stets der Unternehmenssektor, da dort im Zuge der Güterproduktion Güter und Einkommen entstehen. Wir übernehmen das aggregierte und konsolidierte Produktionskonto aus dem Beispiel des dreistufigen Produktionsprozesses. Dem Endprodukt (**EP** = 200 GE) steht eine gleich große "Bruttowertschöpfung" gegenüber, die sich aus der gesamtwirtschaftlichen Abschreibungssumme (**D** = 80 GE) und der eigentlichen Wertschöpfung (oder auch Nettowertschöpfung) in Höhe von **WS** = 120 GE zusammensetzt. Die Wertschöpfung[2] fließt als Faktoreinkommen vollständig an die Haushalte und diese verwenden ihre Einkommen in diesem Fall wiederum vollständig für Konsumgüterausgaben. Die Unternehmen erzielen also in Höhe ihrer Faktorkosten Erlöse aus dem Verkauf von Konsumgütern (**Y**= **C** = 120 GE).

Die im Wert des Endproduktes enthaltene Abschreibungssumme (**D** = 80 GE) gleicht wertmäßig gerade den durch den Produktionsprozeß verursachten Nutzenentzug am vorhandenen Produktionsapparat aus. Die Unternehmen verwenden diese Einnahmen zur Finanzierung ihrer Bruttoinvestition (I^b = 80 GE). Diese Transaktionen werden auf dem volkswirtschaftlichen Vermögensänderungskonto verbucht. Schauen wir uns jetzt die Beziehungen zwischen diesen drei Polen im Zusammenhang an (vgl. Schaubild 2 - 5).

Bedingt durch die Annahme, daß die Bruttoinvestitionen in voller Höhe Re-Investitionen sind, die die Abschreibungen gerade ausgleichen, kann die Vermögensänderungsrechnung auch vernachlässigt werden, denn die Nettoinvestition ist gleich Null. Das Kreislaufmodell läßt sich dann zu einem Basiskreislauf vereinfachen. Zwischen Unternehmen und Haushalten, den beiden Sektoren oder Polen, fließen folgende Ströme (vgl. Schaubild 2 - 6):

- ein realer Strom bestehend aus den Faktorleistungen, die die Haushalte den Unternehmungen zur Verfügung stellen und den Konsumgütern, die die Unternehmungen dafür an die Haushalte liefern;

---

2 Wenn von Wertschöpfung die Rede ist, ist immer die Nettowertschöpfung gemeint.

Schaubild 2-5

Fall 1:

Geschlossene Volkswirtschaft ohne Staat (stationär)

a) Kontendarstellung

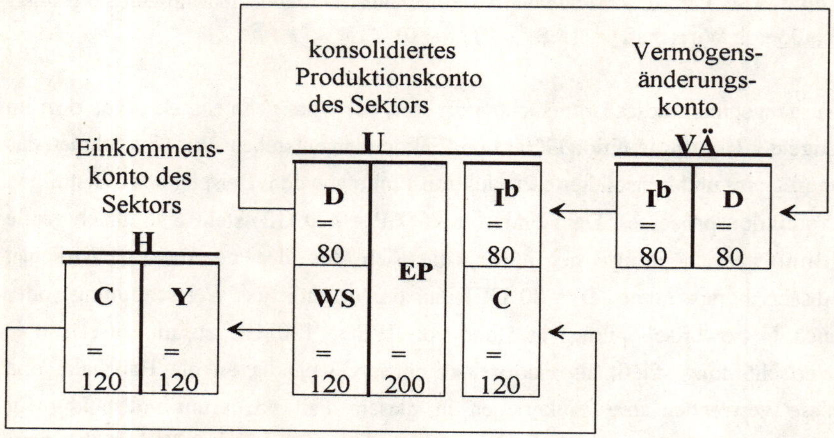

b) Kreislaufdarstellung

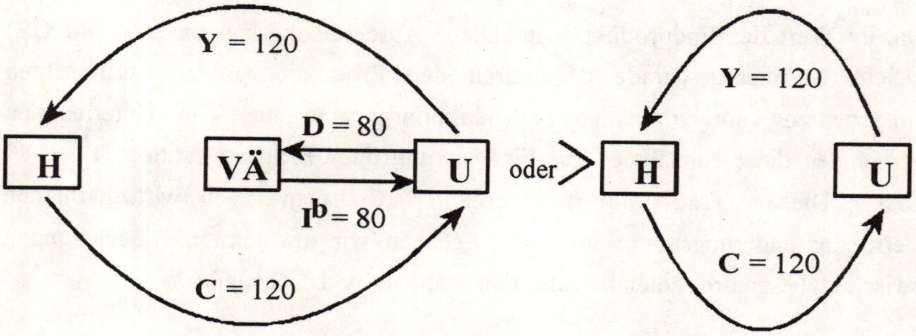

c) Gleichungsdarstellung

U: (1) $WS + D = I^b + C$

(2) $Y = WS$

(3) $Y = I^b - D + C$

(4) $Y = I + C$

H: (5) $Y = C$

(4), (5): $I + C = C$ ⟹ $I = 0$

VÄ: (6) $I^b = D$

(7) $I = I^b - D$

(8) $I = 0$

$I^{re} = D = 80$

- ein monetärer Strom bestehend aus dem Einkommen, das die Haushalte von den Unternehmen beziehen (als Entgelt für die von ihnen zur Verfügung gestellten "realen" Faktorleistungen) und den Konsumgüterausgaben, die den Unternehmen zufließen (als Entgelt für die an die Haushalte verkauften realen Konsumgüter).

Eine stationäre Wirtschaft (im Sinne eines stagnierenden, d.h. im Zeitablauf konstant bleibenden Produktionsapparates) ist für moderne Volkswirtschaften nicht typisch. Dennoch können auch sie sich zeitweise (im Zuge eines Konjunkturzyklus) in einer solchen Situation befinden. Nur in traditionellen Gesellschaften ist ein Zustand der Nichtentwicklung, d.h. hier eines nicht wachsenden Produktionsapparates dauerhaft.

Schaubild 2-6:

Basis - Kreislauf einer geschlossenen, stationären Volkswirtschaft ohne Staat

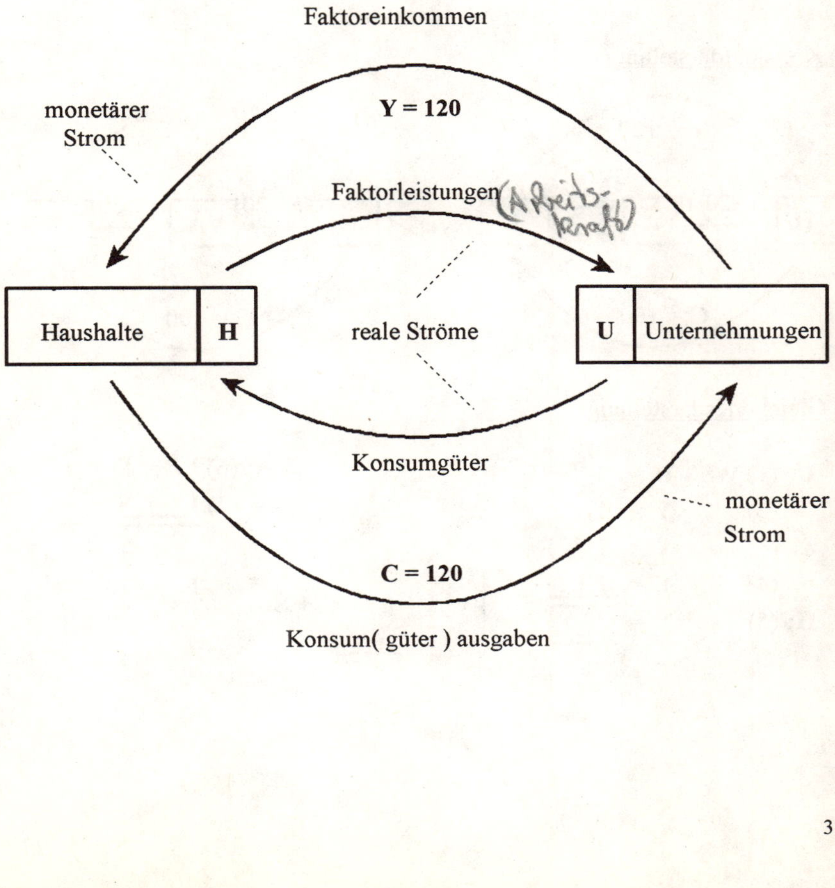

Fall 2: **Schaubild 2-7:**

Geschlossene Volkswirtschaft ohne Staat (wachsend)
- Haushalte sparen, Unternehmen bilden Nettoinvestitionen-

a) Kontendarstellung

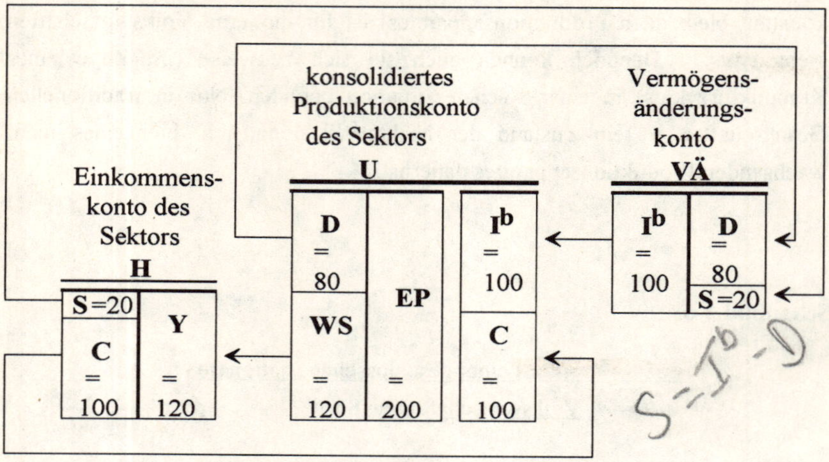

b) Kreislaufdarstellung

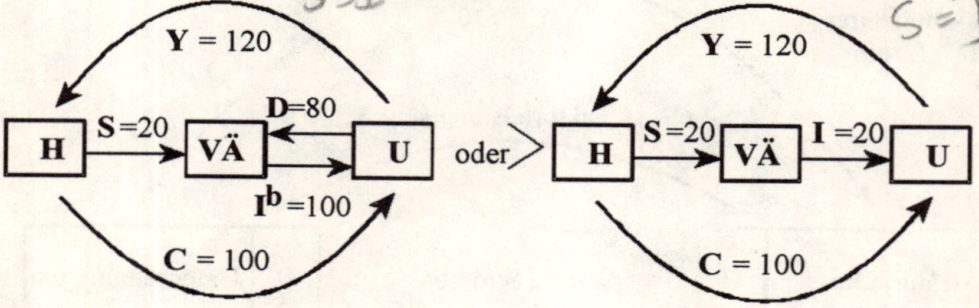

c) Gleichungsdarstellung

U: (1) $WS + D = I^b + C$

(2) $Y = WS$

(3) $Y = I^b - D + C$

(4) $Y = \underline{\underline{I + C}}$

H: (5) $Y = \underline{\underline{C + S}}$

$I + C = C + S$

$\underline{\underline{I = S}}$

VÄ: (6) $I^b = D + S$

(7) $\underline{\underline{I = S}}$

$S = 20$

$I = 20$

$I^{re} = D = 80$

Fall 2: Die Haushalte sparen, die Unternehmen bilden positive Nettoinvestitionen (wachsende Wirtschaft) $(\mathbf{S} > 0, \mathbf{I} > 0)$

Die Haushalte verwenden das ihnen zugeflossene Faktoreinkommen nicht vollständig für die Nachfrage nach Konsumgütern, sondern sparen einen Teil ihres Einkommens (Sparen = Nichtkonsum). Dieses hat zur Konsequenz, daß die Unternehmen Bruttoinvestitionen bilden, die über die Abschreibungen hinausgehen. Ob sie diese Investitionen geplant haben oder ob sie überraschenderweise auf diesen Gütern "sitzengeblieben" sind, spielt in diesem Zusammenhang keine Rolle. Dieses Problem wird erst in der ex-ante Theorie relevant. In unserem beschriebenen Beispiel würde das Endprodukt im Werte von 200 GE zum Teil zunächst dazu dienen, wertmäßig (nicht unbedingt physisch identisch) den produktionsbedingten Werteverzehr auszugleichen. Das verbleibende Nettoprodukt wird jetzt jedoch nicht mehr vollständig von den Haushalten nachgefragt, da sie nur einen Teil ihres Einkommens für Konsumausgaben verwenden. In einer wachsenden Wirtschaft ist die Ersparnis positiv, daraus folgt eine positive Nettoinvestition. Moderne Volkswirtschaften sind dadurch gekennzeichnet, daß sie ihren Produktionsapparat permanent vergrößern. Schauen wir uns das zugehörige Kreislaufbild an (vgl. Schaubild 2 - 7).

Fall 3: Die Haushalte entsparen (schrumpfende Wirtschaft) $(\mathbf{S} < 0, \mathbf{I} < 0)$

In diesem Fall sind die laufenden Konsumausgaben der Haushalte höher als ihre laufenden Einkommen: Sie entsparen. Volkswirtschaftlich ist die Verhaltensweise gleichbedeutend mit einer negativen Nettoinvestition in Höhe des "entsparten" Betrages. Man spricht auch von einer schrumpfenden Wirtschaft.

Nehmen wir an, das Faktoreinkommen der Haushalte beträgt nach wie vor 120 GE, ihr Konsum betrage jedoch 160 GE. Um diesen Konsum finanzieren zu können, müssen Vermögenswerte aufgelöst werden. Wie erfolgt das im volkswirtschaftlichen Zusammenhang? Der im Zuge des Produktionsprozesses eintretende Vermögensverlust am Produktionsapparat, der durch die Abschreibungen erfaßt wird, wird nicht in gleicher Höhe durch Bruttoinvestitionen ersetzt. Vielmehr finanzieren die Abschreibungen einen Teil des Konsums, nämlich in Höhe der Differenz $\mathbf{C} - \mathbf{Y}$. Schauen wir uns die Zusammenhänge in dem Schaubild 2 - 8 an.

Fall 3: **Schaubild 2- 8:**

Geschlossene Volkswirtschaft ohne Staat (schrumpfend)

- Haushalte entsparen -

a) Kontendarstellung

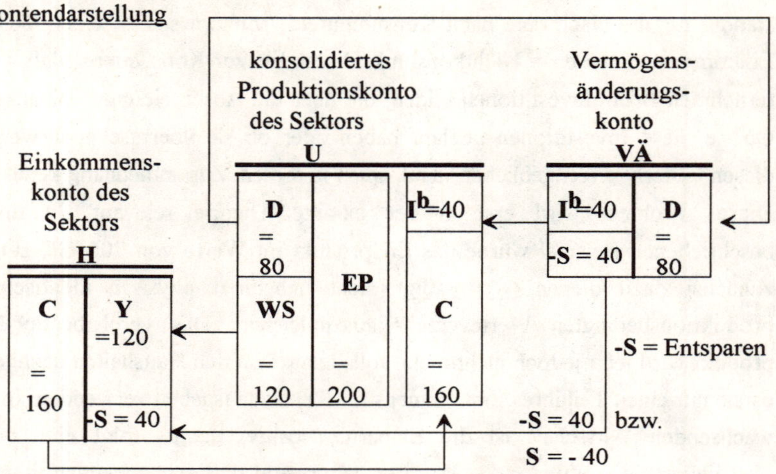

b) Kreislaufdarstellung

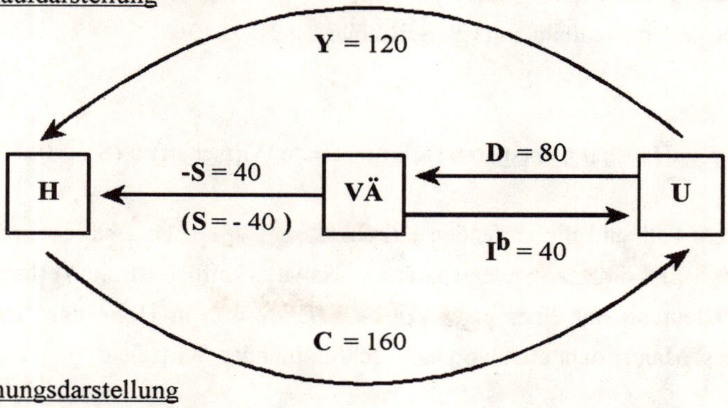

c) Gleichungsdarstellung

U: (1) $WS + D = I^b + C$

(2) $Y = WS$

(3) $Y = I^b - D + C$

(4) $Y = I + C$

H: (5) $Y = C + S$

(4) und (5): $I + C = C + S$, $I = S$

VÄ: (6) $I^b + (-S) = D$

(7) $I^b = D + S$

(8) $I^b - D = S$

(9) $I = S$

$S = -40$

$I = -40$

$I^{re} = I^b = 40$

- S = Entsparen (negative Ersparnis)

Allgemein gilt:						Es sind:				
	S	=	**I**			I^b	=	40		
	I	=	I^b	-	**D**	**I**	=	I^b	-	**D**
wenn	0	<	I^b	<	**D**		=	40	-	80
dann ist	**I**	<	0			**I**	=	-40		
und wegen	**S**	=	**I**			**I**	=	**S**		
ist auch	**S**	<	0			**S**	=	-40		

Der Minimalwert für Ersparnis und Nettoinvestiton (= Maximum des Entsparens) ist dann erreicht, wenn in einer geschlossenen Volkswirtschaft überhaupt keine Bruttoinvestitionen getätigt werden und die gesamten Abschreibungen zur Finanzierung von Konsumgütern verwendet werden. In unserem Beispiel könnte der Konsum maximal bis zur Höhe des gesamten Endproduktes von 200 GE ausgedehnt werden. Der Produktionsapparat würde sich dann pro Periode um die Abschreibungen in Höhe von 80 GE verkleinern. Eine Abnahme des Produktionsapparates vollzieht sich in modernen Volkswirtschaften nur anläßlich einer scharfen konjunkturellen Rezession.

Die ehemaligen sozialistischen Länder waren unter Einbehalt in der Endphase ihrer Existenz dadurch gekennzeichnet, daß sie den Konsumstandard (privaten und staatlichen) nur durch den Abbau ihrer produktiven Substanz aufrechterhalten konnten. Dauerhaft ist diese Situation von keiner Wirtschaft durchzuhalten.

Resumée der wichtigsten Ergebnisse

Halten wir noch einmal die wichtigsten Ergebnisse für eine geschlossene Volkswirtschaft ohne staatliche Aktivitäten fest. (Im folgenden werden wiederum die Zahlenwerte des dreistufigen Modells zugrundegelegt.) Die Wertschöpfung dieser Volkswirtschaften (bzw. die Summe ihrer Faktoreinkommen) können wir auf drei verschiedene Arten berechnen:

- Nach der realen Methode bestimmen wir das "real" produzierte Endprodukt, das durch die Abschreibungen zu korrigieren war, um den tatsächlichen Güterzuwachs zu ermitteln:

(1) $\mathbf{Y} = \mathbf{EP} - \mathbf{D} = 200 - 80 = 120$

- Nach der Methode der Wertschöpfung werden in den einzelnen Unternehmen die jeweiligen Wertschöpfungen ermittelt und addiert:

(2) $\mathbf{Y} = \mathbf{WS}_{GP} + \mathbf{WS}_{ZP} + \mathbf{WS}_{EP} = \mathbf{WS}$

(3) $\mathbf{Y} = 60 + 40 + 20 = 120$

- Nach der personellen Methode wird die Wertschöpfung ermittelt, indem bei den einzelnen Haushalten (i) die dort anfallenden Faktoreinkommen erfaßt und addiert werden:

(4) $\mathbf{Y} = \sum_{i=1}^{n} \mathbf{Y}_i = 120$

Die Wertschöpfung entsteht im Zuge der Güterproduktion in den einzelnen Wirtschaftssektoren. In gleicher Höhe werden Faktoreinkommen gezahlt, die für die Nachfrage nach den produzierten Gütern verwendet werden. Nach der Verwendung der produzierten Güter teilt sich die Wertschöpfung auf in:

$$\left.\begin{array}{l}(5)\ \mathbf{Y} = \mathbf{C} + \mathbf{I} \\ (6)\ \mathbf{Y} = \mathbf{C} + \mathbf{S}\end{array}\right\} \quad (7) \quad \mathbf{S} = \mathbf{I}$$

Nach der Verwendung der Faktoreinkommen zerfällt die Wertschöpfung in die Kategorien: **C** und **S**. D.h. der Teil des Einkommens, der nicht zum Kauf von Konsumgütern ausgegeben wurde, ist ex definitione gespart worden. Aus diesen beiden Gleichungen ergibt sich die (mathematisch natürlich sehr einfach zu entwickelnde, ökonomisch aber überaus bedeutsame) fundamentale Beziehung, die besagt, daß in einer geschlossenen Volkswirtschaft die Ersparnis immer größengleich der Nettoinvestition ist und zwar "ex-post", d.h. nach Ablauf einer bestimmten Periode. Diese Periode kann von beliebiger Länge sein, die Relation gilt mithin zu jedem Zeitpunkt.

2.4 Gleichheit versus Gleichgewicht

Ökonomische Gleichheit, wie wir sie mit der ex-post-Gleichung **S = I** kennengelernt haben, ist nicht zu verwechseln mit ökonomischem Gleichgewicht! Der Gleichgewichtsbegriff wird uns ausführlich in der makroökonomischen Theorie beschäftigen, er ist ein typisches "ex-ante"-Phänomen und besagt folgendes: Gleichgewicht herrscht in einem Wirtschaftssystem immer dann, wenn die zu Beginn des Wirtschaftsablaufs (ex-ante) von den einzelnen Wirtschaftssubjekten aufgestellten Wirtschaftspläne nach Ablauf dieser Wirtschaftsperiode (ex-post) auch tatsächlich realisiert wurden. Dann nämlich hat kein Wirtschaftssubjekt Veranlassung seine Pläne zu verändern. Diese Systeme sind mithin dann im Gleichgewicht, wenn die tatsächliche (ex-post) Ersparnis größengleich der (ex-ante) geplanten ist und wenn die tatsächliche (ex-post) Investition größengleich der (ex-ante) geplanten ist. Die ex-post-Gleichheit stellt auf das tatsächlich zu beobachtende Wirtschaftsergebnis ab und liefert keine Aufschlüsse, ob dieses Ergebnis auch mit den Wirtschaftsplänen in Einklang steht.

Die außerordentlich wichtige Unterscheidung zwischen Gleichheit (im ex-post Sinne) und Gleichgewicht (im ex-ante Sinne) mag folgendes Beispiel illustrieren: Die Unternehmungen planen eine Güterproduktion (ohne Vorleistungen gerechnet) im Umfang von 200 Geldeinheiten (GE). Sie rechnen mit einem Absatz in Höhe von je 100 GE für Konsum- und Investitionsgüter. Aufgrund dieser Pläne wird die Produktion durchgeführt. Im Zuge des Produktionsprozesses ergibt sich ein Werteverzehr am bestehenden Produktionsapparat von 80 GE und eine Wertschöpfung von 120 GE, die den Haushalten an Faktoreinkommen zufließt.
Die Haushalte entscheiden gemäß ihren Wirtschaftsplänen über die Aufteilung ihres Einkommens in Konsumausgaben und Ersparnis. Sollten sie tatsächlich (wie von den Unternehmen antizipiert) in Höhe von 100 GE Konsumgüter nachfragen und entsprechend 20 GE sparen, ist nicht nur eine (ex-post) Gleichheit gegeben, sondern auch ein (ex-ante) Gleichgewicht: die Wirtschaftspläne (über die ja Unternehmen und Haushalte vollkommen unabhängig voneinander entscheiden) stimmen überein! Sollten die Haushalte (wie wir im folgenden Beispiel unterstellen wollen) entscheiden, für lediglich 80 GE Konsumgüter nachzufragen und 40 GE zu sparen, dann erfahren die Unternehmen eine Überraschung: Sie verkaufen "tatsächlich" weniger Konsumgüter als sie ursprünglich (bei der Produktionsaufnahme) planten. Da diese Güter aber produziert worden sind (in ihrem Umfang ist auch eine entsprechende Wertschöpfung entstanden), jedoch nicht abgesetzt werden können, müssen sie notwendigerweise im Unternehmenssektor verbleiben - als ungeplante Lagerinvestition (vgl. Schaubild 2 - 9).

Die Tatsache, daß sich die Wirtschaftspläne der Unternehmen nicht realisieren, wird zu Planveränderungen führen: Sie werden zukünftig die Produktion von Konsumgütern reduzieren (z.B. auf das Niveau von 80 GE). Dadurch entsteht jedoch eine entsprechend geringere Wertschöpfung. Das Einkommen der Haushalte geht zurück und wird einen Einfluß auf ihre Wirtschaftspläne nehmen, d.h. die Haushalte werden möglicherweise ihre zukünftigen Konsumausgaben weiter reduzieren usw. Die Volkswirtschaft ist solange im Ungleichgewicht, bis

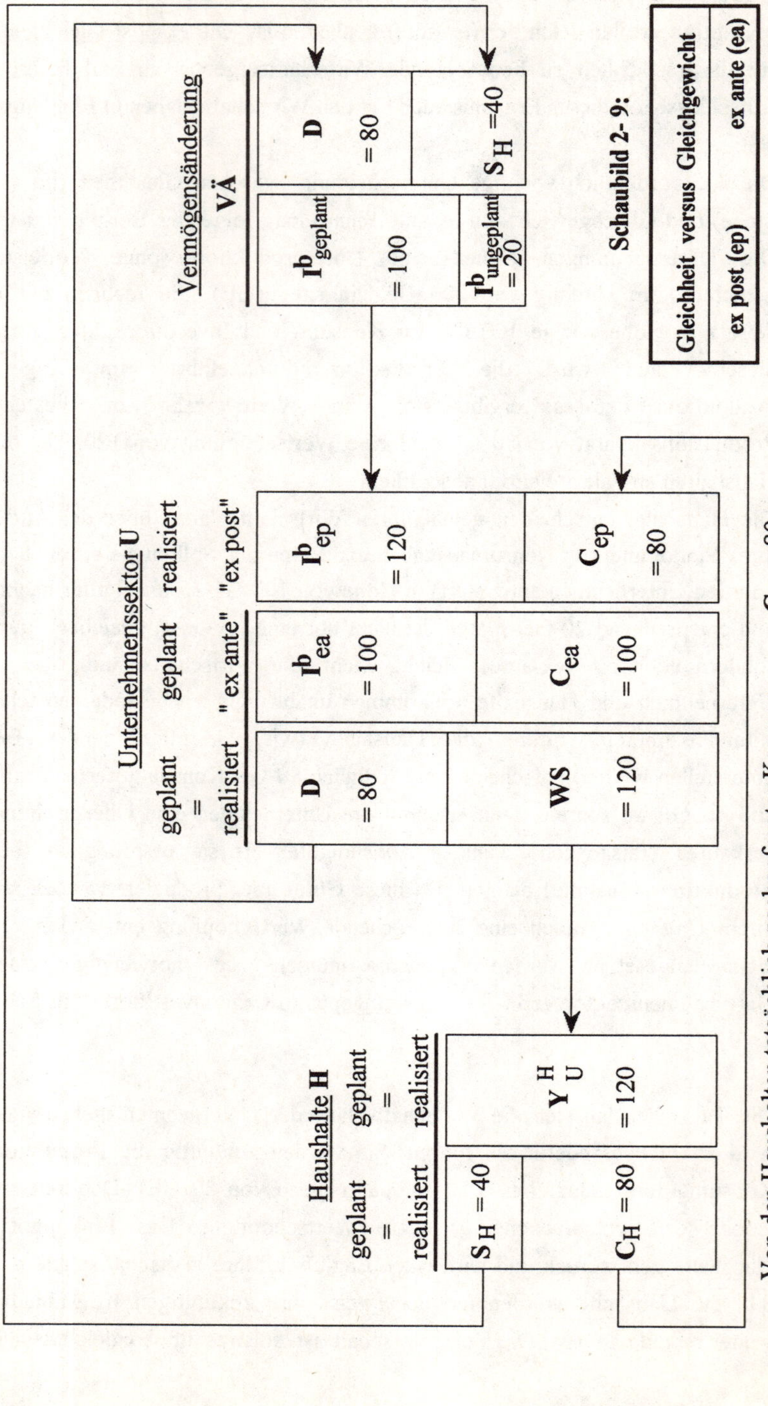

Schaubild 2- 9:

Gleichheit	versus Gleichgewicht
ex post (ep)	ex ante (ea)

die Wirtschaftspläne (der Unternehmen und der Haushalte) wieder miteinander kompatibel werden.

In der ex-post-Rechnung merken wir von diesen Ungleichgewichten überhaupt nichts! Wir halten hier lediglich die realisierten ex-post-Werte fest, so wie sie sich bei buchhalterisch genauer Erfassung aus den Vergangenheitswerten ergeben. Aus den ex-post-Gleichungen können Sie deshalb auch keine kausalen Schlüsse ziehen!

2.5 Unternehmer- versus Arbeitnehmereinkommen

Wir hatten bei den bisherigen Betrachtungen den Unternehmenssektor in drei Subsektoren unterteilt, die wir anschließend wieder aggregierten. Im folgenden wollen wir den Sektor Haushalte in die Subsektoren Unternehmerhaushalte (**UH**) und Nicht-Unternehmer-Haushalte (**NUH**) unterteilen und die Beziehungen untersuchen, die sich daraus für die Volkswirtschaft ergeben: Die im Unternehmenssektor entstandene Wertschöpfung wird z.T. als kontraktbestimmtes Faktoreinkommen an die Nicht-Unternehmer-Haushalte ausgeschüttet (d.h. aufgrund der Arbeitsverträge zwischen Unternehmungen und Nicht-Unternehmerhaushalten und z.T. als residualbestimmtes Einkommen (Gewinne) an die **UH** ausgeschüttet (d.h. der Teil der Wertschöpfung, der die kontraktbestimmten Einkommen übersteigt).

Es gelten die folgenden Beziehungen:

(1) $\mathbf{S} = \mathbf{I}$

(2) $\mathbf{S} = \mathbf{S_{UH}} + \mathbf{S_{NUH}}$

(3) $\mathbf{Y_{UH}} = \mathbf{C_{UH}} + \mathbf{S_{UH}}$

(4) $\mathbf{S_{UH}} = \mathbf{Y_{UH}} - \mathbf{C_{UH}}$

(5) $\mathbf{S_{UH}} = \mathbf{I} - \mathbf{S_{NUH}}$ (aus 1 + 2)

(6) $\mathbf{Y_{UH}} = \mathbf{I} - \mathbf{S_{NUH}} + \mathbf{C_{UH}}$ (aus 4 + 5)

Diese Relation besagt, daß die Unternehmereinkommen ($\mathbf{Y_{UH}}$) gleich sind der Summe aus den von ihnen selbst nachgefragten Nettoinvestitionen und Konsumausgaben ($\mathbf{C_{UH}}$), vermindert um die Ersparnisse der Nicht-Unternehmer

(S_{NUH}). Zweifellos ist aus dieser Gleichung zu schließen, daß eine Erhöhung der Investitionen, z.B. von 100 auf 120 GE, (bei Konstanz der Konsumausgaben der Unternehmerhaushalte sowie der Ersparnis der Nicht-Unternehmerhaushalte) die Gewinneinkommen der Unternehmer um 20 GE erhöht. Ebenso gilt, daß eine Erhöhung der Ersparnis der Nicht-Unternehmerhaushalte (z.B. um 20 GE) die Gewinne entsprechend sinken läßt, wenn Investitionen und Unternehmerkonsum konstant bleiben. Schließlich kann eine Steigerung des Unternehmerkonsums zur gleichgroßen Erhöhung der Gewinne führen, wenn die Investitionen und die Ersparnisse der Nicht-Unternehmerhaushalte unverändert bleiben.

Die ceteris paribus Konditionalität der obigen Beziehungsanalysen hat hier besonderes Gewicht, denn wie Sie aus den vorangegangenen Erläuterungen zu "Gleichheit versus Gleichgewicht" wissen, eignen sich ex-post-Gleichungen nicht zur Analyse kausaler Zusammenhänge. Dort zeigte sich, daß eine Erhöhung der Investitionen z.B. bei gleichzeitiger Erhöhung der Ersparnis der Nicht-Unternehmerhaushalte das Gesamteinkommen und damit auch die Unternehmergewinne unverändert läßt. Allerdings wurden dadurch die Wirtschaftspläne nicht erfüllt mit der Konsequenz, daß sich der Wirtschaftsprozeß in zukünftigen Perioden verändert und entsprechend veränderte Ergebnisse hervorbringen wird. Dennoch markiert die Verteilungsgleichung (6) eine zweite wichtige ex-post Beziehung, die bereits bei Karl Marx eine wichtige Rolle spielte, der unterstellte, daß die Nicht Unternehmerhaushalte eine Ersparnis von Null haben (vgl. auch Kapitel 21). Dann würde sich die Gleichung (6) zu Gleichung (7) verändern:

$$(7) \quad Y_{UH} = I + C_{UH}.$$

3 Ökonomische Aktivitäten der Unternehmung und des Haushalts

3.1 Die ökonomischen Aktivitäten der Unternehmung im Überblick

Im ersten Kapitel haben wir erfahren, daß das Ziel ökonomischen Handelns letztlich darin besteht, Güter bereitzustellen, die ihrerseits zur Befriedigung menschlicher Bedürfnisse führen. Wir nennen diese Güter Konsumgüter. Wie das zweite Kapitel zeigte, erfolgt ihre Produktion durch mehr oder weniger lange Produktionsumwege: ein Rohstoff durchläuft viele Produktionsprozesse bis er als fertiges Konsumgut zu einem Haushalt gelangt. In allen Produktionsstufen werden Produktionsmittel zur Verarbeitung eingesetzt. Diese Produktionsmittel sind aber ebenfalls zu produzieren. Wie erfolgt in einer arbeitsteiligen Volkswirtschaft die Produktion von Gütern und welche ökonomischen Aktivitäten müssen die Unternehmungen zu diesem Zwecke entfalten?

Güter (die z.B. ein Haushalt erwirbt) werden in einer Vielzahl von Unternehmungen produziert, die sich zum Zwecke der Produktion besonderer Produktionsstätten bedienen: den Betrieben. Während Unternehmungen rein juristische und organisatorische Einheiten darstellen, sind Betriebe technische Produktionsapparate: Sie sind eine jeweils betriebsspezifische Anordnung von sachlichen Produktionsmitteln dauerhafter Art, wie z.B. Gebäuden, Maschinen, Geräten. Auch diese Produktionsmittel sind ihrerseits erst produziert worden. Das Ziel der Konsumgüterproduktion wird in modernen, arbeitsteiligen und diversifizierten Volkswirtschaften erst auf dem Produktionsumweg der Produktionsmittelproduktion erreicht.

Die Produktion von Gütern - ob Investitionsgüter oder Konsumgüter - erfolgt mithin im wesentlichen durch Unternehmungen. Aus diesem Grunde sollen in diesem Kapitel die ökonomischen Aktivitäten der Unternehmungen betrachtet werden. Wir stellen die ökonomischen Aktivitäten der Unternehmung in den Rahmen des "Modells einer geschlossenen Volkswirtschaft ohne Staat", d.h. wir sehen von ökonomischen Aktivitäten mit dem Ausland ab und ziehen auch staatliche Aktivitäten nicht in Betracht. Vor Aufnahme und nach Beendigung des Produktionsprozesses wird der Bestand des Produktivvermögens der

Unternehmung bilanziert. Die Veränderung der Bilanz ist das Ergebnis ökonomischer Aktivitäten, die jeweils auf speziellen Unternehmenskonten verbucht werden. Es ergibt sich folgende Sequenz:

- Anfangsbilanz (Bilanzierung des Produktivvermögens),
- Durchführung des Produktionsprozesses auf dem Produktionskonto,
- Verwendung einbehaltener Gewinne auf dem Einkommenskonto,
- Veränderung des Vermögens auf dem Vermögensänderungskonto,
- Finanzierung der Vermögensbildung auf dem Finanzierungskonto,
- Endbilanz (Bilanzierung des Produktivvermögens).

3.2 Produktivvermögen und Vermögensbilanz

Das Produktivvermögen z.B. einer Automobilfabrik umfaßt das Gelände (Boden), auf dem sich die Fabrik- und Verwaltungsgebäude, die Lagerhallen und (Lager-) Parkplätze befinden. Die Fabrikgebäude sind mit Fließbändern, Robotern, Schweiß- und Stanzgeräten und zahlreichen anderen Maschinen ausgestattet. In den Lagerhallen lagern Vorräte an Stahlblech und Autoreifen, Polstersitzen und Fenstergläsern, Lacken und Schrauben, aber auch Kohle und Erdöl zur eigenen Energieerzeugung. In den Verwaltungsgebäuden befinden sich Schreibmaschinen, Tischcomputer und Rechenanlagen, Vorräte an Schreibpapier und Schreibgeräten. Das Produktivvermögen (oder auch Sachvermögen) dieser Unternehmung setzt sich also aus Gebäuden und Maschinen (den dauerhaften Produktionsmitteln, die wir auch "Produktionsapparat" nennen) und den Lagerbeständen (Roh-, Hilfs-, Betriebsstoffen, Halb- und Fertigfabrikaten, den nicht dauerhaften Produktionsmitteln) zusammen. Man unterteilt es also in Sachanlagen und Vorräte.

Das Produktivvermögen einer Unternehmung wird in der Vermögensbilanz festgehalten. Eine Vermögensbilanz stellt zu einem bestimmten Zeitpunkt jeweils am Anfang oder am Ende einer Produktionsperiode (im Rahmen der volkswirtschaftlichen Gesamtrechnung ein Kalenderjahr) den Vermögensbestand einer Unternehmung zusammen. Sie enthält auf der Aktivseite der Bilanz neben dem Produktivvermögen auch das Finanzvermögen einer Unternehmung.

Das Finanzvermögen setzt sich aus dem Finanzanlage- und dem Finanzumlaufvermögen zusammen. Finanzanlagen sind dauerhafter Natur und bestehen beispielsweise aus dauerhaften Beteiligungen an anderen Unternehmen (z.B. hält

Unternehmung A ein Aktienpaket der Unternehmung B). Das Finanzumlaufvermögen resultiert z.B. aus Geschäften des laufenden Produktionsprozesses: Verkauf von Gütern gegen Kasse / gegen Handelswechsel / gegen Kredit. Diesen Forderungen stehen Verbindlichkeiten gegenüber, die auf der Passivseite der Bilanz erscheinen, z.B. Schulden gegenüber anderen Unternehmungen (wie z.B. Banken) oder gegenüber Haushalten.

Als Nettofinanzposition bezeichnet man die Differenz aus Forderungen (Summe aus Finanzanlagen plus Finanzumlaufvermögen) und eigenen Verbindlichkeiten (wobei man diese ihrer Fälligkeit nach in lang- und kurzfristige unterteilt). Das Reinvermögen oder Eigenkapital ist die Differenz aus den gesamten Aktiva einer Unternehmung und deren Verbindlichkeiten (vgl. auch Schaubild 3 - 1).

Die Unternehmungen bilanzieren ihr Vermögen nach zwei unterschiedlichen Versionen:

a) Sie bilden als Aktiva die Kategorien Anlage- und Umlaufvermögen. Zu den Anlagen zählen neben den Sachanlagen (technischer Produktionsapparat) auch die Finanzanlagen (dauerhafte Vermögensverflechtungen mit anderen Unternehmungen). Das Umlaufvermögen enthält kurzfristig fällige (veränderbare) Vermögenswerte, wie Lagerbestände und kurzfristige Forderungen, die z.B. aus den Gütertransaktionen resultieren (z.B. Kasse, Bankguthaben). Diese Darstellungsform wird vom warenproduzierenden Gewerbe (Industrie) bevorzugt.

b) Die Unternehmungen gruppieren ihre Aktiva in Realvermögen und Finanzvermögen. Sie fassen dann Sachanlagen und Vorräte zusammen sowie kurz- und langfristige Forderungen. Diese Darstellungsform wird von Dienstleistungsunternehmen insbesondere des Finanzsektors bevorzugt (Banken und Versicherungen). Zwischen den Bilanzierungsarten a) und b) besteht inhaltlich kein Unterschied!

Die einzelnen Vermögenspositionen sind für verschiedene Wirtschaftssubjekte von unterschiedlicher Bedeutung: Produktionsunternehmungen haben einen sehr hohen Bestand an Realvermögen und relativ geringe Bestände an Finanzaktiva oder -passiva. Bei Banken ist es genau umgekehrt: Sehr großen Beständen an Forderungen und Verbindlichkeiten stehen relativ geringe Sachanlagen gegenüber.

Veränderungen in den Bilanzen (zwischen zwei Stichtagen) ergeben eine Veränderungsbilanz.

Schaubild 3 - 1:

a)

Bilanz einer Unternehmung

Aktiva	**Passiva**
1. Anlagevermögen (AV)	3. Verbindlichkeiten (Vb)
1.1 Sachanlagen (SA)	3.1 langfristig (lVb)
1.2 Finanzanlagen (FA)	3.2 kurzfristig (kVb)
2. Umlaufvermögen (UV)	4. Eigenkapital (EK)
2.1 Vorräte (VU)	4.1 Grundkapital (GK)
2.2 Finanzumlaufvermögen (FU)	4.2. Rücklagen (Rl)

b)

Bilanz einer Unternehmung
(Alternative Gruppierung der Aktiva)

Aktiva	**Passiva**
1. Sachvermögen (SV)	3. Verbindlichkeiten (Vb)
1.1 Sachanlagen (SA)	4. Reinvermögen (Saldo) (EK = RV)
1.2 Vorräte (VU)	
2. Forderungen (Fo)	
2.1 Finanzanlagen (FA)	
2.2 Finanzumlaufvermögen (FU)	

c)

Veränderungsbilanz

Anfangsbestand
+ Zugang
- Abgang

= Endbestand

BOX: 3 - 1 Unternehmensbilanzen

Konzernabschluß (Kurzfassung)

zum 30. September 1993
in Millionen DM

Bilanz Siemens Welt

Aktiva	30.9.1993
Anlagevermögen	
Immaterielle Vermögensgegenstände	277
Sachanlagen	
Anschaffungs- und Herstellungskosten	45 774
Kumulierte Abschreibungen	- 28 855
	16 919
Finanzanlagen	3 726
	20 922
Umlaufvermögen	
Vorräte	25 087
Erhaltene Anzahlungen	- 19 859
	5 228
Forderungen und Sonstige Vermögensgegenstände	
Forderungen aus Lieferungen und Leistungen	14 713
Übrige Forderungen und Sonstige Vermögensgegenstände	12 740
	27 453
Wertpapiere und Schuldscheine	18 233
Flüssige Mittel	3 580
	54 494
Rechnungsabgrenzungsposten	66
Summe Aktiva	75 482

Passiva	30.9.1993
Eigenkapital	
Gezeichnetes Kapital	
Stammaktien (Gesamtstimmenzahl 55 050 425)	2 753
Vorzugsaktien (Gesamtstimmenzahl 923 634)	46
	2 799
Kapitalrücklage	8 605
Gewinnrücklagen	7 953
Konzerngewinn	728
Anteile in Fremdbesitz	1 407
Unterschied aus Währungsumrechnung	- 966
	20 526
Rückstellungen	
Pensionen und ähnliche Verpflichtungen	16 012
Übrige Rückstellungen	20 322
	36 334
Finanzschulden	4 645
Andere Verbindlichkeiten	
Verbindlichkeiten aus Lieferungen und Leistungen	5 964
Übrige Verbindlichkeiten	7 524
	13 488
Rechnungsabgrenzungsposten	489
Summe Passiva	75 482

Bilanz

Aus dem Jahresabschluß 1991 der Dresdner Bank AG und des Konzerns

Aktivseite	Konzern Stand 31. 12. 91 Mio DM	Konzern Veränderungen in %	AG Stand 31. 12. 91 Mio DM	AG Veränderungen in %
Barreserve	8 990	– 8,5	7 979	– 3,4
Wechsel	1 036	– 26,8	551	– 37,0
Forderungen an Kreditinstitute	47 751	– 8,9	39 770	– 6,4
Schatzwechsel und U-Schätze	331	– 78,5	294	– 76,5
Anleihen und Schuldverschreibungen sowie Andere Wertpapiere	25 884	+ 22,2	20 175	+ 21,4
Forderungen an Kunden	131 879	+ 9,8	109 482	+ 12,4
Langfristige Ausleihungen im Hypothekenbankgeschäft einschl. Zinsen	63 065	+ 2,0	–	–,–
Andere Posten	15 909	+ 6,7	13 313	+ 1,2
Bilanzsumme	294 845	+ 4,1	191 564	+ 6,4

Passivseite	Konzern Stand 31. 12. 91 Mio DM	Konzern Veränderungen in %	AG Stand 31. 12. 91 Mio DM	AG Veränderungen in %
Verbindlichkeiten gegenüber Kreditinstituten	40 245	+ 1,2	28 567	– 8,7
Verbindlichkeiten gegenüber anderen Gläubigern	143 907	+ 4,5	128 710	+ 10,1
Schuldverschreibungen	20 142	– 0,4	14 136	+ 5,9
Verbindlichkeiten im Hypothekenbankgeschäft einschl. Zinsen	65 993	+ 4,6	–	–,–
Eigenkapital	10 813	+ 7,2	9 629	+ 7,8
Andere Posten	13 745	+ 10,6	10 522	+ 9,6
Bilanzsumme	294 845	+ 4,1	191 564	+ 6,4

3.3 Produktionsprozeß und Produktionskonto

3.3.1 Der Produktionsprozeß

Der Produktionsapparat (die Ausstattung mit Sachanlagen) einer Unternehmung erzeugt für sich genommen noch keine Güter. Erst eine spezifische (technisch-ökonomische) Kombination zwischen Produktionsapparat und menschlicher Arbeit setzt den Produktionsprozeß in Gang, der z.B. aus Stahlblech, Polstersitzen, Gummireifen, Farbe usw. Automobile erzeugt. Der Produktionsprozeß ist mithin ein technischer Vorgang, der Produktivleistungen (input) in (Fertig-) Erzeugnisse (output) verwandelt. Er erstreckt sich im Zeitablauf. Input und output sind Stromgrößen, sie werden pro Zeiteinheit gemessen. Wir unterstellen immer eine Periode von einem Jahr.

Der Unternehmer wird den Produktionsprozeß jedoch nicht allein nach dem technischen, sondern vor allem nach dem ökonomischen Prinzip durchführen: Ein bestimmter output ist mit einem Minimum an input herzustellen bzw. mit einem bestimmten input ist ein Maximum an output zu erzeugen. Die eingesetzten und produzierten Mengen sind jeweils mit ihren zugehörigen Preisen zu gewichten, d.h. input und output verändern sich von rein technischen Mengen zu ökonomischen Werten (Mengen mal zugehörige Preise).

Der Produktionapparat ist hingegen eine Bestandsgröße, die den Bestand an Sachanlagen zu einem bestimmten Zeitpunkt wiedergibt, gewöhnlich zu Beginn oder am Ende des Produktionsprozesses. Zwischen zwei Erfassungszeitpunkten erfährt der Produktionsapparat Veränderungen, die durch den Produktionsprozeß selbst und durch die Ergebnisse des Produktionsprozesses hervorgerufen werden: Zum einen nutzt sich der Produktionsapparat im Zuge des Produktionsprozesses ab; zum anderen dient das Produktionsergebnis z.T. dazu, die eigenen Sachanlagen (durch selbsterstellte Bruttoanlageinvestitionen) zu erhöhen.

Das Produktivvermögen der Unternehmung besteht aus den Sachanlagen (Produktionsapparat) und den Vorräten. Vorräte sind (zumindest in einem bestimmten von Unternehmung zu Unternehmung unterschiedlichen Umfang) für die Durchführung eines reibungslosen Produktionsprozesses notwendig.

Wie sieht nun der mit Hilfe des zu Beginn einer Produktionsperiode vorhandenen Produktivvermögens durchgeführte Produktionsprozeß aus?

Schaubild 3 - 2: Produktionsprozeß

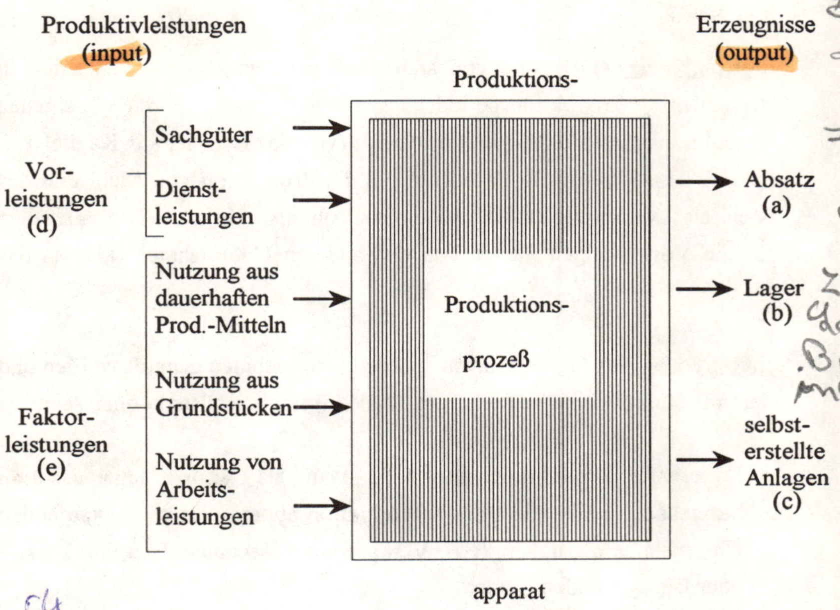

Sehen wir zunächst die output-Seite an: Der output ist das Ergebnis des Produktionsprozesses einer Periode, d.h. die Gesamtheit aller in einer Periode von einem Unternehmen produzierten Güter. Diese Güter können entweder abgesetzt (verkauft) werden (a) oder im eigenen Unternehmen verbleiben (b + c).

a) Hinsichtlich des Absatzes kann das Unternehmen zweifelsfrei feststellen, an wen es welche Gütermengen zu welchen Preisen verkauft hat. Das Produkt aus abgesetzter Menge mal Preis pro Mengeneinheit heißt auch Umsatz bzw. Verkaufserlös. Die Abnehmer können sein:

- private Haushalte **(H)**,
- andere Unternehmungen **(aU)**,

Aus der Sicht der verkaufenden Unternehmung ist es jedoch nicht immer zweifelsfrei feststellbar, wozu die abgesetzten Güter vom jeweiligen Abnehmer verwendet werden. Hier bestehen folgende Verwendungsmöglichkeiten:

- Konsumgüter: sobald ein Gut von einem privaten Haushalt gekauft wird, ist es ex definitione ein Konsumgut. (Die Konsumausgaben fließen von Haushalt H an das Unternehmen U: $\mathbf{C}_H^U$).

- Vorleistungen: Güter, die von anderen Unternehmungen gekauft und in derselben Produktionsperiode erneut in deren eigenen Produktionsprozessen eingesetzt werden (vgl. das Beispiel aus Kapitel 1.4, in dem das Getreide als Vorleistung in die Produktion von Mehl und das Mehl als Vorleistung in die Produktion von Brot eingeht). Die Ausgaben für die Vorleistungen fließen von den anderen Unternehmen (aU) an das produzierende: $\mathbf{V}_{aU}^U$,

- Investitionsgüter: Güter, die von anderen Unternehmen gekauft werden und deren Produktivvermögen erhöhen. Diese Investitionsgüter können sein:

  - Dauerhafte Produktionsmittel, die man als Bruttoanlageinvestition bezeichnet und die den Produktionsapparat der einkaufenden Unternehmung erhöhen, (z.B. Verkauf von Maschinen, Bau von Fabrik- oder Bürogebäuden), oder
  - nicht dauerhafte Produktionsmittel, die die Lagerbestände (an Roh-, Hilfs- oder Betriebsstoffen) der einkaufenden Unternehmung erhöhen und Vorprodukte darstellen, da diese Güter im Gegensatz zu den Vorleistungen erst in einer zukünftigen Produktionsperiode zum Einsatz kommen, (z.B. beim Verkauf von Tuch an eine Schneiderei, die dieses Tuch zunächst lagert, um es erst in der nächsten Periode zu Kleidern zu vernähen. Vernähte sie das Tuch in derselben Periode, in der sie es einkauft, wäre es eine Vorleistung).

b) Ein Teil der Erzeugnisse wird nicht abgesetzt, sondern verbleibt im Unternehmen als selbsterstellte Lagerinvestition. Handelt es sich dabei um Produkte, die zwar in demselben Unternehmen erzeugt, aber erst zu einem späteren Zeitpunkt im Produktionsprozeß erneut bearbeitet werden sollen, dann sind es Zwischenprodukte. Sollen sie zu einem späteren Zeitpunkt verkauft werden, so tätigt die Unternehmung Lagerinvestitionen von Fertigprodukten. Die Lagerinvestitionen erhöhen das Produktivvermögen des Unternehmens (aber nicht den Produktionsapparat).

c) Ein Teil der nicht abgesetzten Erzeugnisse kann aus selbsterstellten Produktionsanlagen bestehen, die man auch Bruttoanlageinvestitionen nennt. Selbsterstellte Anlagen erhöhen den Produktionsapparat einer Unternehmung (z.B. kann eine Maschinenfabrik auch Maschinen herstellen, die sie selbst für ihren eigenen zukünftigen Produktionsprozeß benötigt).

Sehen wir uns jetzt die Input-Seite des Produktionsprozesses an. Die Gesamtheit der Produktivleistungen, die im Produktionsprozeß eingesetzt werden, nennt man Input. Sie bestehen aus Vorleistungen und Faktorleistungen.

d) Vorleistungen sind Güter und Dienstleistungen, die von anderen Unternehmen produziert worden sind und in derselben Periode erneut in einem weiteren Produktionsprozeß (nämlich in dem der diese Vorleistungen einkaufenden Unternehmung) eingesetzt werden und in den Erzeugnissen dieser Unternehmung aufgehen (z.B. das Mehl im Fertigprodukt Brot, das Stahlblech als Karosserie im Automobil; die Reinigung der Büroräume durch eine Reinigungsfirma ist ebenso Bestandteil des Fertigproduktes wie die Dienstleistung eines Betriebsberaters).

e) Faktorleistungen werden von den drei (volkswirtschaftlichen) Produktionsfaktoren Kapital, Boden, Arbeit abgegeben. Diese Faktoren gehen selbst nicht in das Fertigprodukt ein, sondern lediglich die Leistungen, die sie im Produktionsprozeß abgeben: Das eingesetzte (Produzentensach-) Kapital (d.h. die Sachanlagen wie z.B. Maschinen, Geräte, Gebäude) erfährt im Zuge des Produktionsprozesses einen Verschleiß, den wir durch Abschreibungen erfassen. Der eingesetzte Boden gibt z.B. in der landwirtschaftlichen Produktion Nutzungen ab für den Anbau der Pflanzen. Der Boden selbst bleibt natürlich erhalten und geht nicht in die Ernte ein. Auch dient der Boden als Standort für die Produktionsanlagen. Ohne seine Nutzung ist mithin keine Produktion möglich. Die im Produktionsprozeß beschäftigten Menschen geben ihre Arbeitsleistungen ab, damit der Produktionsapparat überhaupt betrieben werden kann. Die Arbeitskraft selbst regeneriert sich in der Nicht-Arbeitszeit und bleibt erhalten. Nur Max und Moritz passierte am Ende ihrer Streiche das Mißgeschick, im Produktionsprozeß unterzugehen - als Gänsefutter.

Schaubild 3 - 3:

Ergebnis des Produktionsprozesses einer Unternehmung
(in monetären Größen)

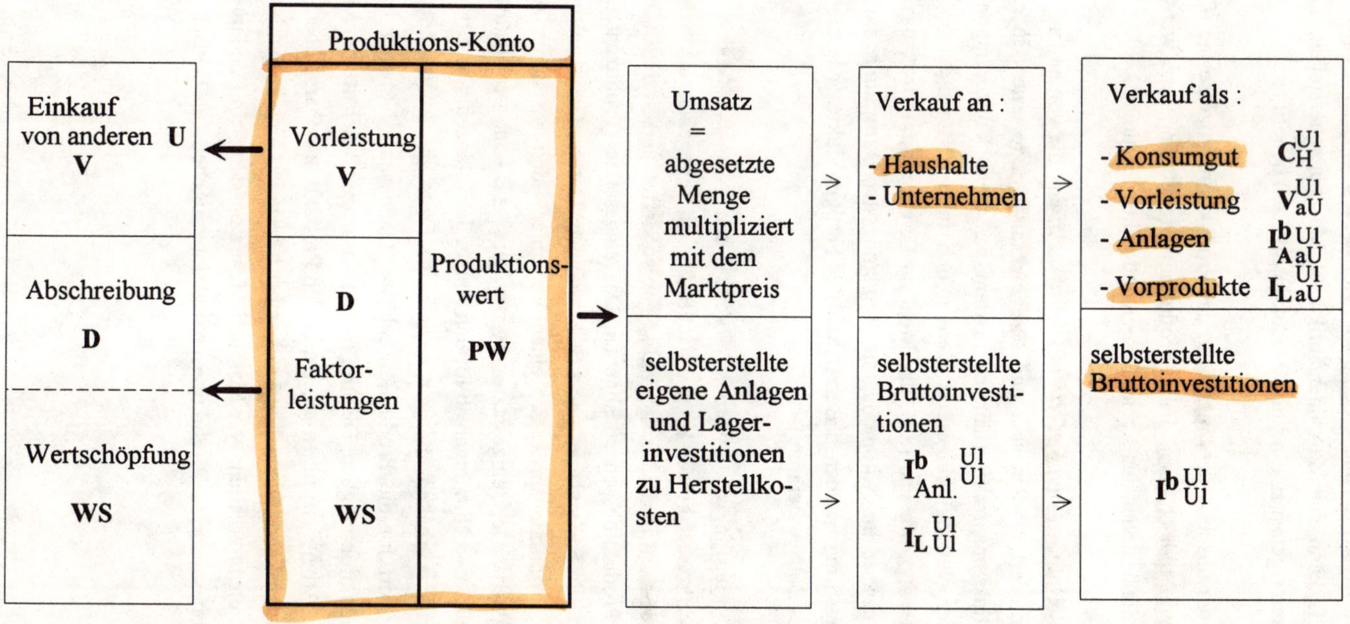

3.3.2 Das Produktionskonto am Beispiel einer Unternehmung

Der soeben beschriebene Produktionsprozeß wird nun buchhalterisch auf dem Produktionskonto einer Beispiel-Unternehmung festgehalten. Betriebswirtschaftlich entspricht es zum großen Teil dem Gewinn- und Verlustkonto einer Unternehmung, enthält aber lediglich diejenigen Größen, die mit der Produktion von Gütern unmittelbar im Zusammenhang stehen (siehe auch Box 3 - 2, S. 57):

So finden sich auf der Sollseite des Produktionskontos die Einkäufe von Roh-, Hilfs- und Betriebsstoffen, die gleichzeitig im eigenen Produktionsprozeß weiterverarbeitet worden sind, die sogenannten Vorleistungen. (Einkäufe, die darüber hinausgehen, erhöhen die Vorräte und werden als Vorprodukte (Lagerinvestitionen) auf dem Vermögensänderungskonto der Unternehmung verbucht.) Als zweite Position finden sich auf der Sollseite die Abschreibungen, die den Werteverzehr durch Abnutzung des Produktionsapparates ausgleichen. Die Dritte Position erfaßt die Wertschöpfung, die aus der Durchführung des Produktionsprozesses hervorgeht und die in Form von Löhnen, Mieten, Pachten, Zinsen und Gewinnen den jeweiligen Eigentümern der entsprechenden Produktionsfaktoren zufließt. Dieses Einkommen heißt deshalb auch Faktorentgelt oder Leistungseinkommen, um es von Einkommen zu unterscheiden, die ohne gleichzeitige Abgabe einer produktiven Leistung entstehen (wie z.B. Rentenzahlungen). Auf dem Gewinn- und Verlustkonto erscheinen auch Gewinne aus Beteiligungen an anderen Unternehmungen, Kapital- und Geldanlagen sowie Spekulationsgewinne und -verluste. Sie haben mit der Produktion von Gütern in dieser Unternehmung aber nichts zu tun und fehlen daher auf dem Produktionskonto. Schauen wir uns ein solches Produktionskonto näher an (vgl. Schaubild 3 - 3).

Stellen wir uns ein Unternehmen vor, bei dem es sich wiederum um eine Automobilfabrik handeln möge und das wir U1 nennen wollen. Dieses Unternehmen produziert Automobile, die es im wesentlichen sofort an seine Händler im In- und Ausland verkauft, in Ausnahmefällen vielleicht auch direkt an private Haushalte oder an den Staat (Bundeswehrfahrzeuge, Staatskarossen der Regierung). Die Gesamtheit der Verkaufserlöse macht den Umsatz aus, er ist wertmäßig das Produkt aus abgesetzter Menge mal Preis pro Mengeneinheit. Für das Produktions-Unternehmen ist der Umsatz die entscheidende Größe, nicht die Verwendung der abgesetzten Produkte durch die Käufer, worüber es i.d.R. keine (vollständigen) Informationen hat. Die detaillierte Untergliederung der Haben-Seite des Produktionskontos ist praktisch erst aus volkswirtschaftlicher Sicht möglich, d.h. sie setzt die Information voraus, wofür die Kunden dieser Unternehmung die von ihnen nachgefragten Güter tatsächlich verwendet haben.

Die verkauften Automobile können sein:
- Konsumgüter, wenn private Haushalte ihr Automobil direkt von der Automobilfabrik beziehen,
- Investitionsgüter, wenn Unternehmen das Automobil erwerben und als Geschäftsfahrzeug einsetzen,
- Vorprodukte (Lagerinvestitionen anderer Unternehmen), wenn die Automobile z.B. von selbständigen Händlern gekauft aber nicht sofort weiterverkauft sondern auf Lager genommen werden.
- Vorleistungen, wenn sie z.B. von einem Autohändler gekauft und weiterverkauft werden oder wenn sie zum Zwecke der Durchführung eines crash-Tests vom ADAC gekauft und vernichtet werden.

Automobile, die nicht verkauft werden konnten (sollten), bilden einen Lagerzugang an Fertigprodukten. Automobile, die in der Vorperiode auf Lager genommen wurden und in dieser Periode verkauft werden, erscheinen als Lagerabgang. Darüberhinaus gibt es noch selbsterstellte Lagerzugänge an Halbfabrikaten: z.B. sind in der laufenden Periode aus eingekauften Stahlblechen (Vorleistungen) Karosserien gestanzt worden, die aber nicht mehr zu fertigen Automobilen weiterverarbeitet wurden, sondern auf Lager genommen wurden. Zu den Lagerabgängen gehören neben der Bestandsminderung an Fertigprodukten und Halbfabrikaten auch Bestandsminderung sämtlicher (in vorangegangenen Perioden von anderen Unternehmen eingekauften und auf Lager genommenen) Roh-, Hilfs- und Betriebsstoffe. Diese Güter werden wie die Vorleistungen im Produktionsprozeß eingesetzt, jedoch nicht wie diese auf der Sollseite des Produktionskontos verbucht, sondern auf der Habenseite mit negativem Vorzeichen. Die selbsterstellten Lagerinvestitionen sind eine Saldogröße, nämlich die Differenz zwischen Lagerzu- und Lagerabgängen. Überwiegen die Lagerabgänge in einer Periode wird die selbsterstellte Lagerinvestition negativ.

selbsterstellte Lager-investitionen	=	Lagerzugänge an selbsterstellten Gütern	-	Lagerabgänge

$$I_{L\,U1}^{U1} = I_{L\,U1}^{+\,U1} - I_{L\,U1}^{-\,U1}$$ [1]

[1] Die Indizes sind wie folgt zu lesen: Es fließt ein monetärer Strom vom Vermögensänderungskonto U1 an das Produktionskonto U1.

Sollte die Automobilfabrik neben Fahrzeugen z.B. auch Werkzeugmaschinen oder Industrieroboter herstellen, um sie in ihrem eigenen Fertigungsprozeß zur Automobilproduktion einzusetzen, so sind das <u>selbsterstellte Anlagen</u> bzw. selbsterstellte Brutto-Anlageinvestitionen. Man geht davon aus, daß diese Güter in der laufenden Periode hergestellt und in der darauf folgenden Periode im Produktionsprozeß eingesetzt werden.

Schaubild 3 - 4: Von U1 produzierte Investitionsgüter

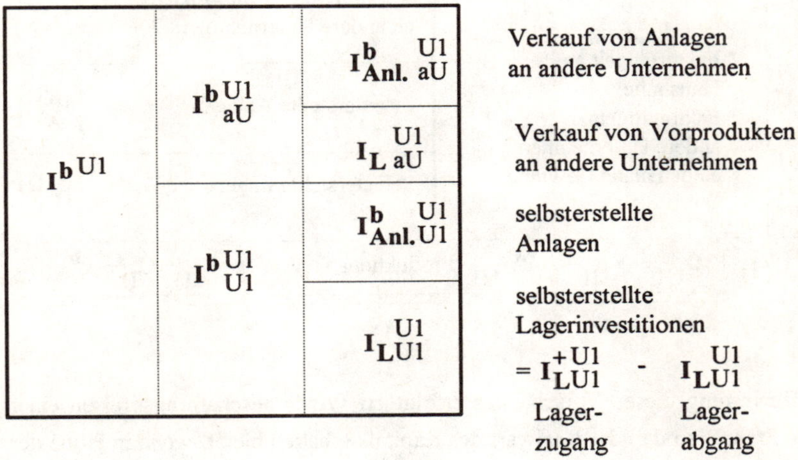

Damit kommen wir zur Sollseite des Produktionskontos. Hier werden alle "Input"-Faktoren wertmäßig erfaßt, die zur Erzeugung des "Output" eingesetzt wurden. Als erstes halten wir hier die soeben erwähnten <u>Vorleistungen</u> **(V)** fest. Die Fertigstellung eines Automobiles setzt die Zulieferung vieler Güter voraus (Roh-, Hilfs-, Betriebsstoffe). Stahlbleche werden vom Stahlwerk bezogen, Autolack aus einer Farbenfabrik, Autoreifen aus einer Reifenfabrik, Sitzpolster aus einer Möbelfabrik usw. Die vielfältigsten Zulieferer produzieren für die Autofabrik. Ihre Erzeugnisse gehen im Zuge des Produktionsprozesses in dem neuen Produkt "Automobil" unter.

In den Montagehallen der Autofabrik wird mit Hilfe von Maschinen, Fließbändern usw. das Endprodukt Automobil hergestellt. Im Zuge dieses Produktionsprozesses geben die eingesetzten Maschinen, aber auch Gebäude, Nutzungen ab. Kann eine Stanze insgesamt 100.000 Karosserien stanzen bevor sie schrottreif ist, dann geht in jede Karosserie 1/100.000-stel ihres Wertes ein. Dieser produktionstechnische Verschleiß wird durch die <u>Abschreibung</u> **(D)** erfaßt.

Produktionskonto der Unternehmung U1

V^{aU}_{U1}	Einkauf von Vorleistungen von anderen Unternehmen	Verkauf von Vorleistungen an andere Unternehmen	V^{U1}_{aU}
D^{U1}_{U1}	Abschreibungen auf die im Produktionsprozeß eingesetzten dauerhaften Produktionsmittel	Verkauf von Konsumgütern an Haushalte	C^{U1}_{H}
		Verkauf von Produktionsanlagen an andere Unternehmen	$I^{b\,U1}_{AaU}$
Y^{H}_{U1} Y^{aU}_{U1} Y^{U1}_{U1}	Wertschöpfung: * Faktorentgelt an Haushalte * Faktorentgelt an andere Unternehmen * einbehaltene Gewinne	Verkauf von Vorprodukten an andere Unternehmen	$I_{L}{}^{U1}_{aU}$
		Selbsterstellte Anlagen	$I^{b\,U1}_{AU1}$
		Selbsterstellte Lagervorräte	$I_{L}{}^{U1}_{U1}$

$$V_{U1} + D_{U1} + Y_{U1} = PW_{U1} \text{ (Produktionswert) } = V_{aU} + C_{H} + I^{b}$$

Die Bewertung dieses Verschleißes erfolgt zu Wiederbeschaffungspreisen einer neuen Stanze, so daß der Realwert des Kapitals erhalten bleibt, wenn in Höhe der Abschreibungen re-investiert wird.

Die Summe aus Verkaufserlösen aus der laufenden Produktion, selbsterstellten Lager- und Anlageinvestitionen ist der Produktionswert (**PW**) dieser Unternehmung. Man nennt ihn auch "Brutto"-Produktionswert (**PW^b**), um damit zum Ausdruck zu bringen, daß in diesem Wert Güter enthalten sind, die zuvor bereits von anderen Unternehmen produziert worden sind, nämlich die Vorleistungen: Bruttoproduktionswert minus der im Produktionsprozeß eingesetzten (also auf der Sollseite des Produktionskontos verbuchten!) Vorleistungen ergeben dann den Nettoproduktionswert (**PW^n**). Diese Größe ist wiederum identisch mit der "Bruttowertschöpfung" der Unternehmung (**WS^b**): Der Teil des Bruttoproduktionswertes, der die Vorleistungen übersteigt, ist von der betrachteten Unternehmung als zusätzlicher Wert ("value added") "geschöpft" worden. Allerdings erfolgte gleichzeitig ein Werteverzehr (Verschleiß des Produktionsapparates), der durch Abschreibungen erfaßt wird. Bringt man diesen produktionsbedingten Werteverzehr in Abzug von der Bruttowertschöpfung, erhält man die Nettowertschöpfung (**WS**). Wenn die verschiedenen "Brutto- und Nettobegriffe"

Sie verwirrt haben sollten, schauen Sie sich die Zusammenhänge noch einmal auf dem Konto an:.

Produktionskonto einer Unternehmung

	Vorleistungen **V**	(Brutto-) Produktionswert **PW (bzw. PW^b)**
Netto-Produktionswert **PW^n** $\equiv$ bzw. Bruttowertschöpfung **WS^b**	Abschreibung **D**	
	Wertschöpfung **WS**	

Die (Netto-)Wertschöpfung (WS) ist die Differenz aus dem (Brutto-) Produktionswert (Habenseite des Produktionskontos) und den eingesetzten Vorleistungen und Abschreibungen. Sie besteht aus der Summe sämtlicher Faktoreinkommen, die im Zuge des Produktionsprozesses entstanden sind und den verschiedenen Faktorbesitzern zufließen, in Form von Löhnen und Gehältern, Mieten, Pachten, Zinsen und Gewinnen. Die Entgelte für Löhne, Gehälter, Mieten, Pachten, Zinsen sind in der Regel durch Verträge (= Kontrakte) geregelt, sie heißen aus diesem Grunde auch kontraktbestimmte Einkommen (Y^{kon}). Die Gewinne ergeben sich als Saldo bzw. Restgröße (= Residuum) auf dem Produktionskonto. Sie heißen deswegen auch Residualeinkommen (Y^{res}).

Löhne und Gehälter sind Kontrakteinkommen, die abhängig Beschäftigte aufgrund eines Arbeitsvertrages erhalten; an die Vermieter von Gebäuden müssen Mieten (aufgrund eines Mietvertrages) gezahlt werden; an die Verpächter von Land, auf dem die Fabrikhallen stehen, Pacht (gemäß Pachtvertrag); an diejenigen, die der Unternehmung Fremdkapital zur Verfügung stellen, werden Zinsen gezahlt (laut Kreditvertrag). Den Eigentümern der Unternehmen steht schließlich als Residualeinkommen der Gewinn zu. Diese Restgröße kann allerdings auch negativ werden. Sie heißt dann Verlust.

Bei den einzelnen Komponenten der Wertschöpfung ist zu unterscheiden, wem diese Faktoreinkommen zufließen. Löhne und Gehälter fließen in der Regel abhängig Beschäftigten zu (den Nicht-Unternehmer-Haushalten).

Schaubild 3 - 5:

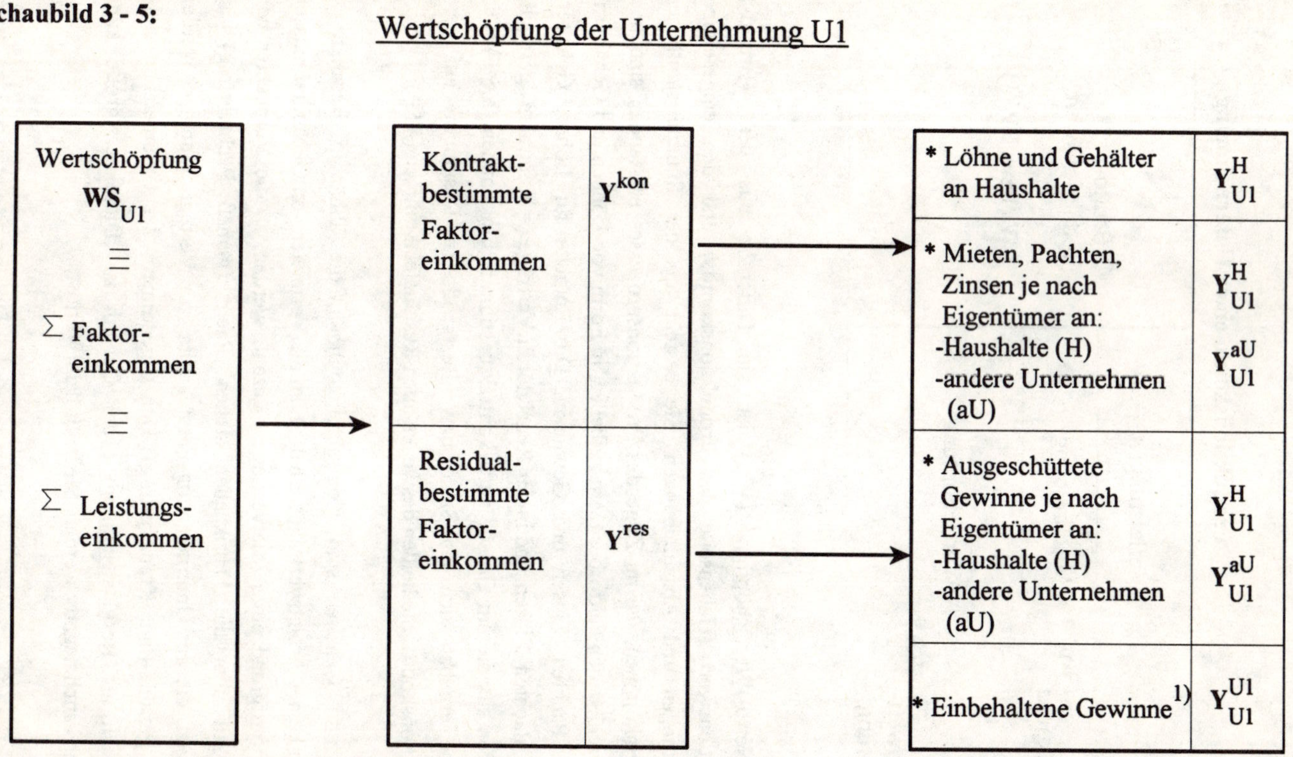

Die Indizes sind so zu lesen, daß die monetären Ströme vom unten indizierten Wirtschaftssubjekt (Wirtschaftssektor) an den oben indizierten fließen.

1) Nur bei Unternehmen mit eigener Rechtspersönlichkeit möglich

BOX: 3 - 2: Gewinn- und Verlustrechnung von Unternehmungen

Gewinn- und Verlustrechnung Siemens Welt

1. Oktober 1992 bis 30. September 1993 in Millionen DM

	1992/93	1991/92
Umsatzerlöse	81 648	78 509
Umsatzkosten	- 56 949	- 53 894
Bruttoergebnis vom Umsatz	24 699	24 615
Forschungs- und Entwicklungskosten	- 7 698	- 7 554
Vertriebskosten	- 13 342	- 12 733
Allgemeine Verwaltungskosten	- 2 528	- 2 535
Sonstige betriebliche Erträge	2 382	2 333
Sonstige betriebliche Aufwendungen	- 2 456	- 1 903
Beteiligungsergebnis	122	56
Zinsergebnis	1 019	1 027
Übriges Finanzergebnis	714	- 109
Ergebnis der gewöhnlichen Geschäftstätigkeit	2 912	3 197
Ertragsteuern	- 930	- 1 242
Jahresüberschuß	1 982	1 955

Aus dem Jahresabschluß 1991 der Dresdner Bank AG und des Konzerns

	Konzern 1991 Mio DM	Konzern Veränderungen	AG 1991 Mio DM	AG Veränderungen
Erträge		in %		in %
Zinsüberschuß	5 388,7	+ 13,9	4 301,0	+ 25,4
Provisionsüberschuß	2 003,6	+ 8,6	1 592,8	+ 15,3
Zwischensumme	7 392,3	+ 12,4	5 893,8	+ 22,5
		in Mio DM		in Mio DM
Andere Erträge einschließlich der Erträge aus der Auflösung von Rückstellungen im Kreditgeschäft	547,7	− 533,0	403,1	− 447,4
Übrige Erträge	97,9	− 35,0	84,1	− 7,4
Summe	8 037,9	+ 249,8	6 381,0	+ 627,7
Aufwendungen		in %		in %
Personalaufwand	3 447,4	+ 12,0	2 849,6	+ 20,7
Sachaufwand für das Bankgeschäft	1 345,8	+ 13,2	1 191,7	+ 22,6
Laufende Abschreibungen auf Sachanlagen	381,5	+ 7,9	292,0	+ 9,5
Zwischensumme	5 174,7	+ 12,0	4 333,3	+ 20,4
		in Mio DM		in Mio DM
Abschreibungen und Wertberichtigungen auf Forderungen und Wertpapiere sowie Zuführungen zu Rückstellungen im Kreditgeschäft	1 201,4	− 29,5	737,4	+ 39,4
Steuern	662,2	+ 55,7	467,0	+ 81,4
Übrige Aufwendungen	347,7	− 60,4	235,3	− 5,1
Jahresüberschuß	651,9	− 269,3	608,0	− 222,9
Summe	8 037,9	+ 249,8	6 381,0	+ 627,7
Teilbetriebsergebnis	2 217,6	+ 264,5	1 560,5	+ 347,6

Mieten, Pachten, Zinsen und verteilte Gewinne können an private Haushalte (**H**) (vorwiegend Unternehmer-Haushalte), oder an andere Unternehmen (**U**) fließen, je nach dem, wer die jeweiligen Eigentumsrechte an den Produktionsfaktoren hält. Private Unternehmer-Haushalte erhalten sowohl Löhne und Gehälter, wenn sie in ihren Unternehmen selbst tätig sind, als auch Gewinne als Eigentümer ihrer Unternehmung. Arbeitnehmer-Haushalte erhalten ausgeschüttete Gewinnanteile nur insoweit, als sie über Kapitalanteile von Unternehmungen verfügen (vgl. Schaubild 3 - 5).

3.4 Einkommensverwendung und Einkommenskonto

Der in einer Unternehmung entstandene Gewinn fließt i.d.R. direkt dem Unternehmer-Haushalt als Faktorentgelt zu. Nur Unternehmungen mit eigener Rechtspersönlichkeit (z.B. Aktiengesellschaften, GmbHs und KGaA) können Gewinnanteile auch einbehalten. Diese einbehaltenen Gewinne finden sich auf ihrem Einkommenskonto wieder. Die einbehaltenen Gewinne sind unter den hier getroffenen Annahmen (geschlossene Volkswirtschaft ohne Staat) gleich der Ersparnis der Unternehmung. Die meisten der über 3 Millionen Unternehmungen in Deutschland haben keine eigene Rechtspersönlichkeit, sondern sind Personengesellschaften. Für sie entfällt die Existenz eines Einkommenskontos. Ihre Gewinne fließen ausschließlich an die Unternehmer-Haushalte. Die umsatzgrößten Unternehmen sind hingegen Kapitalgesellschaften, also Unternehmen mit eigener Rechtspersönlichkeit.

Einkommenskonto der Unternehmung U1

S^{U1}_{U1}	Ersparnis S an Vermögensänd. kto. U1 vom Eink. kto U1	Einbehaltene Gewinne Y an Eink. kto. U1 vom Prod. kto. U1	Y^{U1}_{U1}

3.5 Vermögensänderung

Das vorhandene Produktivvermögen der Unternehmung U1 setzt sich aus den Anlagen und Vorräten zusammen, die es in der Vergangenheit akkumuliert hat. Dieser Vermögensbestand verändert sich im Zeitablauf (gemessen als Differenz zwischen zwei Erfassungszeitpunkten) durch Zu- und Abgänge. Das Anlagevermögen erhöht sich durch Zugänge neuer Bruttoanlageinvestitionen und verringert sich durch die Abschreibungen (am alten Anlagebestand). Die Lagerbestände erhöhen sich durch Neuzugänge und vermindern sich durch Lagerentnahmen. Die Differenz wird als Lagerinvestition erfaßt.

1. Das Bruttoanlagevermögen erhöht sich a) durch die aus dem eigenen Produktionsprozeß stammenden selbsterstellten Anlagen $\mathbf{I}^{\mathbf{b}}_{\mathbf{Anl.}}{}^{\mathrm{U1}}_{\mathrm{U1}}$. Das Symbol ist wie folgt zu lesen: Es fließt in Höhe der selbsterstellten Bruttoanlageinvestition ein monetärer (Ausgaben-) Strom vom Vermögensänderungskonto des Unternehmens U1 an das Produktionskonto U1 und b) durch Einkauf dauerhafter Produktionsmittel von anderen Unternehmen $\mathbf{I}^{\mathbf{b}}_{\mathbf{Anl.}}{}^{\mathrm{aU}}_{\mathrm{U1}}$. Diese Investitionsgüter finden sich auf den Produktionskonten der jeweiligen Lieferanten-Firmen und stellen einen Teil deren Umsatzes dar. Bei dem investierenden Unternehmen U1 werden sie auf dem Vermögensänderungskonto verbucht. (Die Unternehmung U1 könnte auch einen Teil ihres Anlagevermögens verkaufen: Liquidierung von Zweigwerken, Verkauf von Maschinen zwecks Verkleinerung des Betriebes oder zwecks Modernisierung. Doch stehen diese Vermögensübertragungen nicht im Zusammenhang mit dem normalen Produktionsprozeß. Deshalb wollen wir hier von dieser Möglichkeit absehen.) Die Veränderung der Bruttoanlageinvestition von U1 wird damit :

Gesamte Brutto-Anlageinvestition = selbsterstellte Anlagen + eingekaufte Anlagen

$$(1) \quad \mathbf{I}^{\mathbf{b}}_{\mathbf{Anl.}\,\mathrm{U1}} = \mathbf{I}^{\mathbf{b}}_{\mathbf{Anl.}}{}^{\mathrm{U1}}_{\mathrm{U1}} + \mathbf{I}^{\mathbf{b}}_{\mathbf{Anl.}}{}^{\mathrm{aU}}_{\mathrm{U1}}$$

Gesamte Netto-Anlageinvestition = Brutto-Anlageinvestition - Abschreibungen

$$(2) \quad \mathbf{I}^{\mathbf{n}}_{\mathbf{Anl.}} = \mathbf{I}^{\mathbf{b}}_{\mathbf{Anl.}} - \mathbf{D}$$

2. Das Produktivvermögen verändert sich zum zweiten durch Veränderungen im Lagerbestand an Roh-, Hilfs-, Betriebsstoffen, Halb- und Fertigfabrikaten. Diese Lagerbestände sind z.T. erforderlich, um einen reibungslosen Produktionsprozeß zu ermöglichen, z.T. ungewollt erfolgt (weil sich bestimmmte Produkte nicht in den geplanten Mengen oder zu den erwarteten Preisen verkaufen ließen). Hierbei ist zu beachten, daß die Lagerinvestition als Lagerbestandsänderung und damit als eine Saldogröße definiert ist, d.h. Lagerinvestitionen sind Lagerzugänge minus Lagerabgänge. Die Lagerinvestitionen sind positiv, wenn die Zugänge die Abgänge überwiegen.

Auch bei den Lagerbeständen ist zu unterscheiden, ob sie aus der eigenen Produktion gebildet oder von anderen Unternehmen eingekauft wurden. Wir haben bereits beim Produktionsprozeß gesehen, daß das Unternehmen U1 eigene (selbsterstellte) Vorräte produziert: Halb- oder Fertigprodukte, die es erst in späteren Perioden weiterverarbeitet oder verkauft. (Der Index ist wie folgt zu lesen: der monetäre Strom für die Zugänge an selbsterstellten Lagerinvestitionen fließt von U1 (Vermögensänderungskonto) an U1 (Produktionskonto): $\mathbf{I}^{+\,U1}_{L\,U1}$). Im Zuge des Produktionsprozesses werden aber auch Roh-, Hilfs- und Betriebsstoffe sowie Halbfabrikate aus Lagerbeständen entnommen und weiterverarbeitet sowie Fertigfabrikate verkauft. Unabhängig davon, ob die Lagervorräte ursprünglich aus der eigenen Produktion stammen oder von andern Unternehmen eingekauft wurden, werden sie als Bestandsminderung erfaßt $\mathbf{I}^{-\,U1}_{L\,U1}$.

Die Unternehmung U1 kauft Roh-, Hilfs- und Betriebsstoffe von anderen Unternehmungen ein, die sie in der Regel als Vorleistungen im eigenen Produktionsprozeß einsetzt. Nur die darüberhinausgehenden Einkäufe verwendet sie zur Aufstockung der Lagerbestände. (Der Index ist wie folgt zu lesen: der monetäre Strom für die Lagerinvestitionen fließt von U1 (Vermögensänderungskonto) an andere Unternehmen (Produktionskonto a.U.): $\mathbf{I}^{aU}_{L\,U1}$). Es gelten mithin folgende Beziehungen:

Gesamte Lagerinvestition	=	selbsterstellte Lagerinvestition	+	eingekaufte Lagerinvestition

$$(3) \qquad \mathbf{I}_{LU1} = \mathbf{I}^{U1}_{L\,U1} + \mathbf{I}^{aU}_{L\,U1}$$

Selbsterstellte Lagerinvestition	=	selbsterstellte Lagerzugänge	-	Lagerabgänge (aus vormals selbsterstellten oder eingekauften Vorräten)

$$(4) \qquad \mathbf{I}^{U1}_{L\,U1} = \mathbf{I}^{+\,U1}_{L\,U1} - \mathbf{I}^{-\,U1}_{L\,U1}$$

Damit wird (3) zu (5):

$$(5) \qquad \mathbf{I}_{LU1} = \mathbf{I}^{+\,U1}_{L\,U1} - \mathbf{I}^{-\,U1}_{L\,U1} + \mathbf{I}^{aU}_{L\,U1}$$

Die von der Unternehmung U1 durchgeführte Bruttoinvestition ist die Summe aus der Bruttoanlage- und der Lagerinvestition:

$$(6) \qquad \mathbf{I}^{b}_{U1} = \mathbf{I}^{b}_{Anl.\,U1} + \mathbf{I}_{LU1}$$

Schaubild 3 - 6: Von U1 investierte Investitionsgüter

I^{b}_{U1}	$I^{b\,aU}_{U1}$	$I^{b\ \ aU}_{Anl.\,U1}$	von anderen Unternehmen eingekaufte Anlagen
		$I^{aU}_{L\ U1}$	von anderen Unternehmen eingekaufte Vorprodukte
	$I^{b\,U1}_{U1}$	$I^{b\ \ U1}_{Anl.\,U1}$	selbsterstellte Anlagen
		$I^{U1}_{L\,U1}$	selbsterstellte Lager $= I^{+\,U1}_{L\,U1} - I^{-\,U1}_{L\,U1}$ (Lager-zugang, Lager-abgang)

Lagerinvestition

$I_{LU1} = I^{U1}_{LU1} + I^{aU}_{LU1}$

$I_{LU1} = I^{+\,U1}_{L\,U1} - I^{-\,U1}_{L\,U1} + I^{aU}_{LU1}$

Bruttoanlageinvestition

$I^{b}_{Anl.\,U1} = I^{b\ \ U1}_{Anl.\,U1} + I^{b\ \ aU}_{Anl.\,U1}$

Nettoanlageinvestition

$I_{Anl.U1} = I^{b}_{Anl.\,U1} - D_{U1}$

Bruttoinvestition

$I^{b}_{U1} = I^{b}_{Anl.\,U1} + I_{LU1}$

Nettoinvestition

$I_{U1} = I^{b}_{U1} - D_{U1}$

$I_{U1} = I_{Anl.U1} + I_{LU1}$

Re-Investition $I^{re} \leq D$

$I^{re} = D$ bei $I^{b} > D$

$I^{re} = I^{b}$ bei $I^{b} < D$

Die von der Unternehmung U1 durchgeführte Nettoinvestition ist:

(7) $\quad I^n_{U1} = I^b_{U1} - D_{U1}$

(8) $\quad I^n_{U1} = I^n_{Anl.U1} + I_{LU1}$

3. Die Finanzierung dieser Vermögensbildung erfolgt zum Teil durch die Mittel, die als Abschreibung auf dem Produktionskonto ausgewiesen sind, und auf dem Vermögensänderungskonto gegengebucht werden: $\mathbf{D}^{U1}_{U1}$.

4. Auf dem Einkommenskonto (das nur für Unternehmen mit eigener Rechtspersönlichkeit wie z.B. Aktiengesellschaften existiert), werden die einbehaltenen Gewinne auf der Habenseite verbucht. Als Saldo in derselben Höhe ergibt sich auf der Sollseite des Einkommenskontos die Ersparnis des Unternehmens U1, die auf dem Vermögensänderungskonto gegengebucht wird, da sie zur Finanzierung der Bruttoinvestitionen verwendet wird: $\mathbf{S}^{U1}_{U1}$.

5. Gewöhnlich sind die (unter 3 und 4 genannten) eigenen Finanzquellen unzureichend, um die gesamten Bruttoinvestitionen finanzieren zu können. Es entsteht ein Finanzierungsdefizit: $\mathbf{FD}^{U1}_{U1}$. Das Vermögensänderungskonto hat folgendes Aussehen:

Vermögensänderungskonto U1

$I^{b\;U1}_{Anl.U1}$	1. $I^{b}_{Anl.U1}$	Brutto-investitionen I^{b}_{U1}	3. Abschreibungen	D^{U1}_{U1}
$I^{b\;aU}_{Anl.U1}$			4. Ersparnisse	S^{U1}_{U1}
I^{U1}_{LU1}	2. I_{LU1}		5. Finanzierungsdefizit	FD^{U1}_{U1}
I^{aU}_{LU1}				

Mit dem Finanzierungskonto können wir die ökonomischen Aktivitäten einer Unternehmung abschließen. Das Finanzierungsdefizit des Vermögensänderungskontos wird hier übernommen und auf der Sollseite des Finanzierungskontos gegengebucht. Auf der Habenseite finden sich die Finanzierungsquellen: Kredite, die U1 von anderen Unternehmen (z.B. Banken) erhält $\mathbf{K}^{U1}_{aU}$ oder bei Haushalten aufnimmt $\mathbf{K}^{U}_{H}$. Aus der Sicht von U1 ist die Kreditaufnahme identisch mit einer Zunahme von Verbindlichkeiten. Trotz eines

Finanzierungsdefizits kann U1 auch Kredite gewähren (z.B. Lieferantenkredite an andere Unternehmen: $\mathbf{K}^{aU}_{U1}$ oder Konsumentenkredite an private Haushalte $\mathbf{K}^{U1}_{H}$). Diese Kredite stellen eine Zunahme von Forderungen für U1 dar. Sie stehen auf der Sollseite und müssen betragsmäßig ebenso wie das ursprüngliche Finanzierungsdefizit von den aufgenommenen Krediten ausgeglichen werden.

Finanzierungskonto U1

$\mathbf{FD}_{U1}$	$\mathbf{FD}^{U1}_{U1}$	Finanzierungsdefizit	Kreditaufnahme (Zunahme der Verbindlichkeiten)	$\mathbf{K}^{U1}_{aU}$ $\mathbf{K}^{U1}_{H}$	$\mathbf{K}^{U1}$
$\mathbf{K}_{U1}$	$\mathbf{K}^{aU}_{U1}$ $\mathbf{K}^{H}_{U1}$	Kreditvergabe an andere Wirtschafts-subjekte (Zunahme von Forderungen)			

Die Indizes sind wie folgt zu lesen: Es fließt ein monetärer Strom

$\mathbf{I}^{b}_{\mathbf{Anl.}}$ U1: an Produktionskonto U1
U1: vom Vermögensänderungskonto U

$\mathbf{I}^{b}_{\mathbf{Anl.}}$ aU: an Produktionskonto anderer Unternehmen
U1: vom Vermögensänderungskonto U1

$\mathbf{IL}^{U1}_{U1}$ U1: an Produktionskonto U1
U1: vom Vermögensänderungskonto U

$\mathbf{IL}^{aU}_{U1}$ aU: an Produktionskonto anderer Unternehmen
U1: vom Vermögensänderungskonto U1

$\mathbf{D}^{U1}_{U1}$ U1: an Vermögensänderungskonto U1
U1: vom Produktionskonto U1

$\mathbf{S}^{U1}_{U1}$ U1: an Vermögensänderungskonto U1
U1: vom Einkommenskonto U1

$\mathbf{FD}^{U1}_{U1}$ U1: an Vermögensänderungskonto U
U1: vom Finanzierungskonto U1

$\mathbf{K}^{aU}_{U1}$ aU: an Finanzierungskonto anderer Unternehmen
U1: vom Finanzierungskonto U1

$\mathbf{K}^{H}_{U1}$ H: an Finanzierungskonto H
U1: vom Finanzierungskonto U

$\mathbf{K}^{U1}_{aU}$ U1: an Finanzierungskonto U1
aU: vom Finanzierungskonto anderer Unternehmen

$\mathbf{K}^{U1}_{H}$ U1: am Finanzierungskonto U1
H: vom Finanzierungskonto H

Schaubild 3 - 7: Das Kontensystem der Unternehmung U1

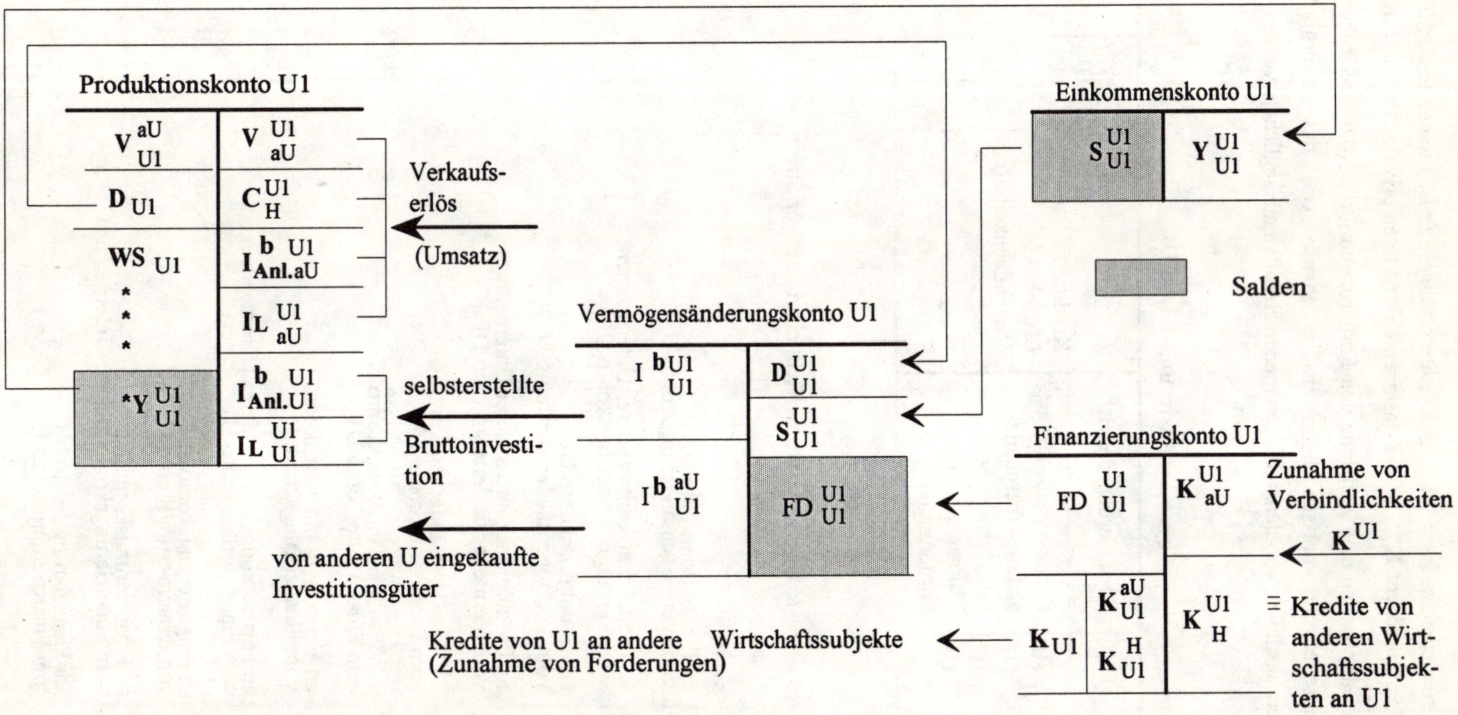

Darstellung der "monetären Ströme" vom unten zum oben indizierten Wirtschaftssubjekt / bzw. Konto

3.6 Die ökonomischen Aktivitäten der privaten Haushalte

Auch Haushalte können, ähnlich den Unternehmen, ihre Vermögenswerte in einer Bilanz zusammenstellen und die Ergebnisse ihrer ökonomischen Aktivitäten in einer Veränderungsbilanz erfassen. Derartige Haushaltsbilanzen bezeichnet man allerdings i.d.R. als "Vermögensaufstellung". Eine solche Aufstellung könnte wie folgt aussehen:

Vermögensaufstellung eines Haushaltes

Aktiva	Passiva
1. Eigenheim 2. Wohnungseinrichtung 3. Automobil 4. Wertpapiere 5. Guthaben auf dem Bankkonto 6. Bargeld	7. Hypothek 8. Kredit der Bank 9. Verbindlichkeiten gegenüber Verwandten 10. Reinvermögen = Saldo: Aktiva (1-6) minus Passiva (7-9)

bzw.

SV	Sachvermögen (1 + 2 + 3)	Verbindlichkeiten (7 + 8 + 9)	**Vb**
Fo	Forderungen (4 + 5 + 6)	Reinvermögen (10)	**RV**

Während der Rechnungsperiode würde sich diese Aufstellung verändern. Es ist:

$$\Delta \mathbf{RV} = \Delta \mathbf{SV} + \Delta \mathbf{Fo} - \Delta \mathbf{Vb}$$

Die ökonomischen Aktivitäten der Haushalte bestehen darin, daß sie im Produktionsprozeß der Unternehmen Leistungseinkommen erzielen und diese für Konsumausgaben und zur Ersparnisbildung verwenden. Mit ihrer Ersparnis bilden sie Finanzvermögen, das sie für den Erwerb von Forderungen (gegenüber den Unternehmen) verwenden. Diese Aktivitäten werden auf ihren Einkommens-, Vermögensänderungs- und Finanzierungskonten verbucht. Schauen wir uns die Aktivitäten auf den einzelnen Konten an:

Einkommenskonto des Haushalts H1

C_{H1}^{U}	4) Ausgaben für Konsumgüter	1) Löhne und Gehälter 2) An H1 ausgeschüttete Gewinne 3) Zins-, Miet- und Pachteinnahmen	Y_{U}^{H1}
S_{H1}	5) Saldo = Ersparnisse		

Vermögensänderungskonto des Haushalts H1

$FÜ_{H1}$	Finanzierungs-überschuß	Ersparnisse	S_{H1}

Finanzierungskonto des Haushalts H1

K_{H1}^{U}	Erwerb von Forderungen (Kredite an U)	Finanzierungs-überschuß	$FÜ_{H1}$

Schaubild 3- 8: <u>Die ökonomischen Aktivitäten des Haushalts H1 im Zusammenhang</u>

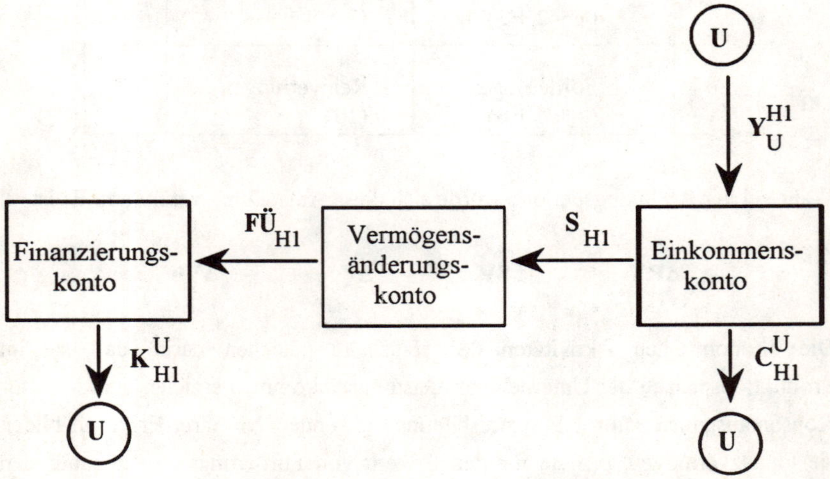

4 Ein Zwei-Sektoren-Modell: 2 Unternehmungen und 2 Haushalte

4.1 Die Modellannahmen

In diesem Abschnitt untersuchen wir die ökonomischen Beziehungen in einem volkswirtschaftlichen Modell, das aus nur zwei Unternehmungen und nur zwei Haushalten bestehen soll. Es handelt sich also nach wie vor um eine sogenannte "geschlossene Volkswirtschaft ohne staatliche Aktivität". Die Modellbetrachtung dieses Kapitels dient dem Zweck die Vorgänge der "Aggregation" gleicher ökonomischer Aktivitäten oder gleicher ökonomischer Akteure und die "Konsolidierung" der zugehörigen Konten darzustellen.[1]

Wir wollen unser Modell wie folgt interpretieren:
Die Volkswirtschaft bestehe aus zwei Abteilungen von Unternehmungen: U1 sei die Produktionsmittelabteilung. Hierin seien sämtliche Unternehmungen zusammengeschlossen, die Produktionsmittel produzieren. U2 sei die Konsumgüterabteilung. Hierin seien sämtliche Unternehmungen zusammengeschlossen, die Konsumgüter herstellen. Die Haushalte sollen aus zwei Gruppen bestehen: H1 seien Arbeitnehmerhaushalte, deren Faktoreinkommen kontraktbestimmt sind (per Arbeitsvertrag festgelegte Löhne und Gehälter). H2 seien Unternehmerhaushalte deren Faktoreinkommen die residualbestimmten Gewinne sind. In unserem Modell werden die Gewinne sämtlich ausgeschüttet (die Unternehmen seien also Personal- und keine Kapitalgesellschaften mit eigener Rechtspersönlichkeit), wodurch die Einkommenskonten der Unternehmungen entfallen. Die ökonomischen Aktivitäten der Unternehmungen beziehen sich auf die Produktion von Gütern, die Vermögensbildung und ihre Finanzierung. Die Haushalte produzieren selbst keine Güter. Ihre Aktivitäten bestehen aus: der Verwendung ihrer Einkommen, der Vermögensbildung und ihrer Finanzierung. Diese ökonomischen Aktivitäten werden auf entsprechenden Konten erfaßt. Wir ordnen diese Konten in Matrixform an, was, wie sich noch zeigen läßt, vorteilhaft ist. Das Beste ist es, wir schauen uns jetzt die Modell-Volkswirtschaft, so wie sie in den Konten abgebildet wird, genauer an.

---

[1] Der Leser kann dieses Kapitel auch überschlagen und diese Vorgänge der Aggregation und Konsolidierung direkt im Teil II studieren.

4.2 Der Unternehmenssektor

a) Die Produktionskonten der Unternehmen

Die Unternehmung U1 produziert sowohl Roh-, Hilfs-, und Betriebsstoffe als auch dauerhafte Produktionsmittel. Der Produktionswert besteht aus Verkäufen an U2 und selbsterstellten Bruttoinvestitionen. Die Verkäufe sind in dem Umfang Vorleistungen, wie sie von U2 in derselben Periode zu Konsumgütern weiterverarbeitet werden (V^{U1}_{U2}). Die darüber hinaus verkauften Roh-, Hilfs- oder Betriebsstoffe werden als verkaufte, nicht dauerhafte Produktionsmittel verbucht $I_L{}^{U1}_{U2}$ (Vorprodukte), die von U2 auf Lager genommen werden und erst in späteren Perioden zu Endprodukten weiterverarbeitet werden. Schließlich verkauft U1 dauerhafte Produktionsmittel (z.B. Maschinen) an U2 ($I^b_{Anl.}{}^{U1}_{U2}$), die den Produktionsapparat von U2 erhöhen. Die Verkaufserlöse VE^{U1} von U1 betragen:

Verkaufserlös = Vorleistungen + Vorprodukte + Anlagen

$$(1) \quad VE^{U1}_{U2} = V^{U1}_{U2} + I_L{}^{U1}_{U2} + I^b_{Anl.}{}^{U1}_{U2}$$
$$= V^{U1}_{U2} + I^b{}^{U1}_{U2}$$

wobei V^{U1}_{U2} und $I_L{}^{U1}_{U2}$ technisch die gleichen Güter sein können (nämlich Roh-, Hilfs- und Betriebsstoffe) mit dem Unterschied, daß die "Vorleistungen" in derselben Periode von U2 weiterverarbeitet werden und die "Vorprodukte" bis zur Weiterverarbeitung in späteren Perioden von U2 gelagert werden.

Der Produktionswert PW_{U1} setzt sich neben dem Verkaufserlös VE^{U1}_{U2} aus den selbsterstellten (zu Herstellkosten bewerteten) Produktionsmitteln zusammen, die das Produktivvermögen von U1 erhöhen: Veränderungen der Lagerbestände an selbstproduzierten Roh-, Hilfs-, Betriebsstoffen, Halb- und Fertigfabrikaten $I_L{}^{U1}_{U1}$. (Es ist auch die technisch fertige Maschine, die in dieser Periode von U1 produziert, aber erst in der nächsten Periode an U2 verkauft wird, in den Lagerinvestitionen enthalten.) Darüberhinaus erweitert U1 den eigenen Produktionsapparat durch selbsterstellte Anlagen $I^b_{Anl.}{}^{U1}_{U1}$.

Die selbsterstellten Investitionen sind:

$$(2) \quad I^b{}^{U1}_{U1} = I^b_{Anl.}{}^{U1}_{U1} + I_L{}^{U1}_{U1}$$

Die Habenseite des Produktionskontos U1 (U1-P) ist jetzt vollständig:

(3) $\mathbf{PW}_{U1} = \mathbf{VE}^{U1}_{U2} + \mathbf{Ib}^{U1}_{U1} = \mathbf{V}^{U1}_{U2} + \mathbf{Ib}^{U1}_{U2} + \mathbf{Ib}^{U1}_{U1}$

Auf der Sollseite des Kontos U1-P finden sich (da es keine von U2 bezogenen Vorleistungen gibt) lediglich die Abschreibungen $\mathbf{D}_{U1}$ und die Wertschöpfung $\mathbf{WS}_{U1}$, die sich ihrerseits aus den an H1 und H2 ausgeschüttetetn Faktoreinkommen zusammensetzt. Es ist:

(4) $\mathbf{PW}_{U1} = \mathbf{D}_{U1} + \mathbf{WS}_{U1} = \mathbf{D}_{U1} + \mathbf{Y}^{H1}_{U1} + \mathbf{Y}^{H2}_{U1}$

Das <u>Produktionskonto U2</u> hat folgendes Aussehen: Der Produktionswert $\mathbf{PW}_{U2}$ besteht aus Verkäufen von Konsumgütern an die Haushalte zuzüglich der Veränderung der eigenen Lagerbestände. Es ist:

(5) $\mathbf{PW}_{U2} = \mathbf{VE}^{U2}_{H} + \mathbf{I_L}^{U2}_{U2} = \mathbf{C}^{U2}_{H1} + \mathbf{C}^{U2}_{H2} + \mathbf{I_L}^{U2}_{U2}$

Die Sollseite des Produktionskontos von U2 enthält neben den von U1 eingekauften Vorleistungen $\mathbf{V}^{U1}_{U2}$ die Abschreibungen $\mathbf{D}_{U2}$ und die Wertschöpfung $\mathbf{WS}_{U2}$, die sich wiederum auf die Haushalte H1 und H2 aufteilt. Es ist:

(6) $\mathbf{PW}_{U2} = \mathbf{V}^{U1}_{U2} + \mathbf{D}_{U2} + \mathbf{WS}_{U2}$

(7) $\mathbf{PW}_{U2} = \mathbf{V}^{U1}_{U2} + \mathbf{D}_{U2} + \mathbf{Y}^{H1}_{U2} + \mathbf{Y}^{H2}_{U2}$

Die Aggregation beider Konten zu einem <u>aggregierten Produktionskonto des Sektors U</u> sähe wie folgt aus: es werden beide Haben- und beide Sollseiten additiv zusammengefaßt. Im Zuge der Konsolidierung dieses aggregierten Kontos werden Positionen, die größengleich auf der Soll- und Habenseite auftreten, gekürzt. Wir überspringen den rein additiven Vorgang der Aggregation und entwickeln sofort <u>das aggregierte und konsolidierte Produktionskonto</u> des Sektors U: Die Verkäufe und Einkäufe von Vorleistungen stehen sowohl im Haben (bei U1) als auch im Soll (bei U2). Sie heben sich gegenseitig auf und werden im Zuge der Konsolidierung gestrichen. Übrig bleiben die Konsumgüterverkäufe $\mathbf{C}^{U}_{H}$ und die Bruttoinvestitionen $\mathbf{Ib}^{U}_{U}$ auf der Habenseite und $\mathbf{D}_{U}$ und $\mathbf{WS}_{U}$ auf der Sollseite, wobei gilt:

(8) $\mathbf{C}^{U}_{H} = \mathbf{C}^{U2}_{H1} + \mathbf{C}^{U2}_{H2}$
(9) $\mathbf{Ib}^{U}_{U} = \mathbf{Ib}^{U1}_{U2} + \mathbf{Ib}^{U1}_{U1}$
(10) $\mathbf{D}_{U} = \mathbf{D}_{U1} + \mathbf{D}_{U2}$
(11) $\mathbf{WS}_{U} = \mathbf{WS}_{U1} + \mathbf{WS}_{U2} = \mathbf{Y}^{H}_{U1} + \mathbf{Y}^{H}_{U2} = \mathbf{Y}^{H}_{U}$

Schaubild 4- 1:

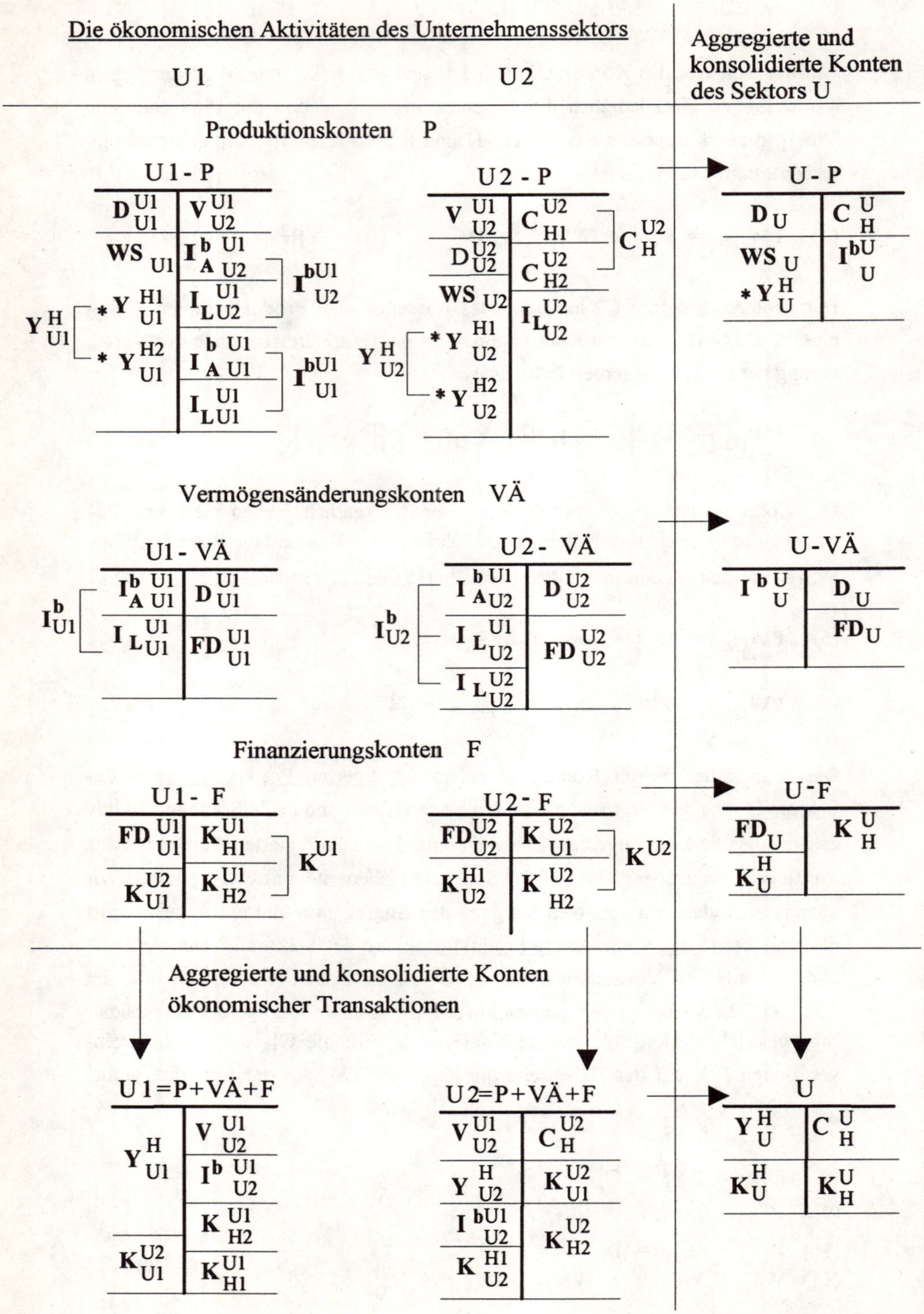

b) Die Vermögensänderungskonten der Unternehmen

Die Vermögensbildung besteht bei beiden U aus ihren durchgeführten (d.h. investierten, nicht aus den produzierten) Bruttoinvestitionen. U1 bezieht diese Produktionsmittel ausschließlich aus eigener Produktion. U2 erwirbt diese Produktionsmittel zum Teil von U1, bildet aber auch selbsterstellte Lagerbestände. In beiden Unternehmen (so sei angenommen) überwiegt die Bruttovermögensbildung die zur Finanzierung bereitstehenden Abschreibungsmittel, so daß ein Finanzierungsdefizit auftritt. Es ist:

(12) $\mathbf{I^b}_{U1} = \mathbf{I}^{\mathbf{b}\ U1}_{\mathbf{Anl.}\ U1} + \mathbf{I_L}^{U1}_{U1}$ und

(13) $\mathbf{I^b}_{U2} = \mathbf{I}^{\mathbf{b}\ U1}_{\mathbf{Anl.}\ U2} + \mathbf{I_L}^{U1}_{U2} + \mathbf{I_L}^{U2}_{U2}$

Die Aggregation beider Vermögensänderungskonten führt zum Vermögensänderungskonto des Sektors U (U-VÄ), das sich nicht weiter konsolidieren läßt. Es ist:

(14) $\mathbf{I^b}^{U}_{U} = \mathbf{I^b}_{U1} + \mathbf{I^b}_{U2} = \mathbf{D}_U + \mathbf{FD}_U$

c) Die Finanzierungskonten erfassen die Finanzierungsströme der Unternehmen und beantworten die Frage, wie die Defizite finanziert werden. Hier ist unterstellt, daß U1 einen Kredit an U2 gibt (z.B. Lieferantenkredit) $\mathbf{K}^{U2}_{U1}$ und bei den Haushalten H1 und H2 selbst Kredite aufnimmt $\mathbf{K}^{U1}_{H}$. U2 gewährt an H1 Konsumentenkredite und nimmt selbst Kredite bei H2 und U1 auf ($\mathbf{K}^{U2}_{H2}$; $\mathbf{K}^{U2}_{U1}$).

Finanzierungsdefizit = Kreditaufnahme - Kreditvergabe

(15) $\mathbf{FD}^{U1}_{U1} = \mathbf{K}^{U1}_{H1} + \mathbf{K}^{U1}_{H2} - \mathbf{K}^{U2}_{U1}$

(16) $\mathbf{FD}^{U2}_{U2} = \mathbf{K}^{U2}_{U1} + \mathbf{K}^{U2}_{H2} - \mathbf{K}^{H1}_{U2}$

Bei der Bildung des zusammengefaßten Finanzierungskontos U-F fallen durch die Konsolidierung die sektorinternen Kreditbeziehungen heraus. Das Ergebnis zeigt, daß das Finanzierungsdefizit und die den Haushalten gewährten Kredite durch bei Haushalten aufgenommenen Krediten finanziert worden sind. (Vgl. Schaubild 4-1)

(17) $\mathbf{FD}_U = \mathbf{K}^{U}_{H} - \mathbf{K}^{H}_{U}$

d) Eine zweite Möglichkeit der Aggregation und Konsolidierung besteht darin, die Konten der beiden Unternehmen jeweils über ihre gesamten ökonomischen Aktivitäten hinweg zusammenzufassen (in der Matrix betrachtet: vertikal vorzugehen). Bei dieser Vorgehensweise werden sämtliche unternehmensinternen Transaktionen herausfallen und ausschließlich die unternehmensexternen Transaktionen herausgestellt. (Vgl. Konto U1 und U2 in Schaubild 4 - 1)

e) Schließlich lassen sich die Transaktionskonten U1 und U2 zu einem Transaktionskonto des Sektors U zusammenfassen. Dabei allerdings gehen die Informationen über die Vorleistungs- und die Kreditverflechtung der Unternehmen untereinander verloren. Es verbleiben die Transaktionen, die der Sektor U mit dem Sektor H tätigt. Dieses Konto erhält man auch durch Zusammenfassung der aggregierten und konsolidierten Sektorkonten der einzelnen ökonomischen Aktivitäten:

(20) (U-P) + (U-VÄ) + (U-F) = U = U1 + U2

4.3 Der Haushaltssektor

a) Die Einkommenskonten der Haushalte

Der Haushalt H1 erzielt Faktoreinkommen in Form von Löhnen und Gehältern durch die Beschäftigung in U1 und U2. Darüberhinaus erhält H1 Transfereinkommen von H2 (z.B. unterstützen Studenteneltern H2 ihre Studenten H1 durch monatliche Überweisungen). H1 verwendet sein Einkommen für Konsumausgaben und zur Ersparnisbildung S_{H1}. H2 erhält Gewinneinkommen von beiden Unternehmen und verwendet dieses Einkommen für Konsumausgaben, Transfers an H1 und bildet Ersparnisse in Höhe des Saldos S_{H2} (vgl. die Kontendarstellung). Das aggregierte und konsolidierte Einkommenskonto des Sektors H enthält die vom Unternehmenssektor bezogenen Faktoreinkommen und die Konsumausgaben sowie Ersparnisse des Sektors H. Dabei ist:

$$Y_U^H = Y_{U1}^{H1} + Y_{U1}^{H2} + Y_{U2}^{H1} + Y_{U2}^{H2}$$

$$C_H^U = C_{H1}^{U2} + C_{H2}^{U2}$$

$$S_H^H = S_{H1}^{H1} + S_{H2}^{H2}$$

$$Y_U^H = C_H^U + S_H^H$$

Schaubild 4- 2:
Ökonomische Aktivitäten des Haushaltssektors

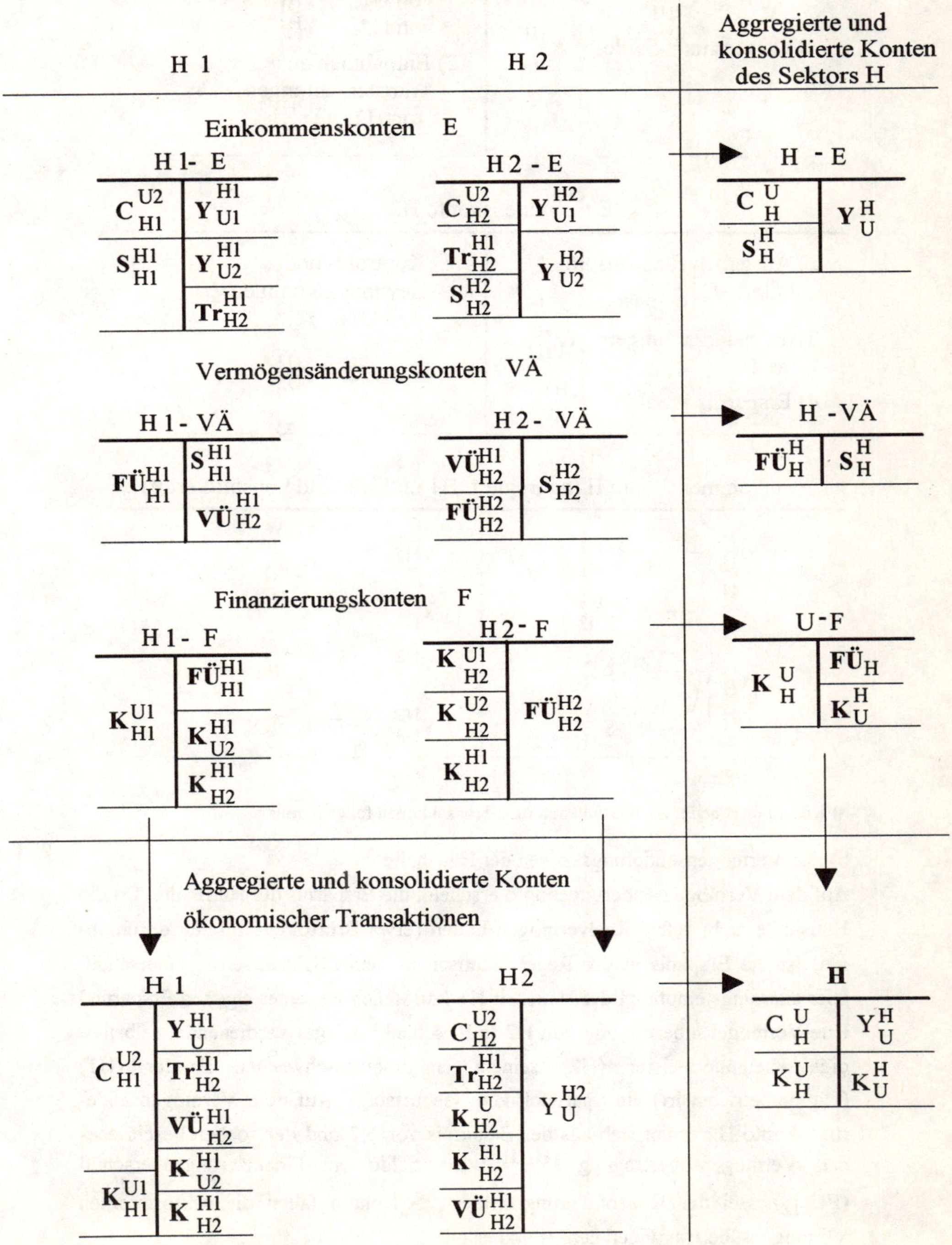

Einkommenskonto H1

3) Ausgaben für Konsumgüter: C^{U2}_{H1}	1) Löhne und Gehälter von U1: Y^{H1}_{U1} von U2: Y^{H1}_{U2}
4) Ersparnis = Saldo: S^{H1}_{H1}	2) Einnahmen aus Transferzahlungen von H2: Tr^{H1}_{H2}

Einkommenskonto H2

2) Ausgaben für Konsumgüter: C^{U2}_{H2}	1) Kontrakt- und Gewinneinkommen von U1: Y^{H2}_{U1}
3) Transferzahlungen: Tr^{H1}_{H2} an H1	von U2: Y^{H2}_{U2}
4) Ersparnis = Saldo: S^{H2}_{H2}	

Einkommenskonto H (aggregiert: H1 und H2; und konsolidiert *)

C^{U}_{H}	C^{U2}_{H1}, C^{U2}_{H2}	Y^{H1}_{U1}, Y^{H1}_{U2}	Y^{H1}_{U}	Y^{H}_{U}
S^{H}_{H}	S^{H1}_{H1}, S^{H2}_{H2}	Y^{H2}_{U1}, Y^{H2}_{U2}	Y^{H2}_{U}	

*) Konsolidiert heißt, die haushaltsinternen Transaktionen fallen heraus

b) Die Vermögensänderungskonten der Haushalte

Auf dem Vermögensänderungskonto erscheint die Ersparnis der Haushalte. Da die Haushalte nicht selbst Realvermögen bilden (etwa Bruttoinvestitionen durchführen) ist die Erspanis in der Regel identisch mit einem Finanzierungsüberschuß. Hier allerdings empfängt der Haushalt H1 (zusätzlich zu seiner eigenen Ersparnis) eine Vermögensübertragung von H2 (z.B. schenkt der gut verdienende, selbständige Klempnermeister (H2) seinem einkommensschwachen Bruder (H1) (Diplombetriebswirt) ein Sparbuch zum Geburtstag). Auf dem Vermögensänderungskonto H2 ergibt sich aus der Ersparnis von H2 und der soeben beschriebenen Vermögensübertragung ($\mathbf{VÜ}^{H1}_{H2}$) als Saldo ein Finanzierungsüberschuß ($\mathbf{FÜ}_{H2}$). Bei der Konsolidierung beider VÄ-Konten fallen die sektorinternen Vermögensübertragungen heraus und es gilt:

$S_H^H = FÜ_H^H$ wobei $S_H^H = S_{H1}^{H1} + S_{H2}^{H2}$ und

$FÜ_H^H = FÜ_{H1}^{H1} + FÜ_{H2}^{H2}$

Vermögensänderungskonto H1

Bildung von Finanzvermögen = Finanzierungsüberschuß: $FÜ_{H1}^{H1}$	Finanzierungsmittel = Ersparnis: S_{H1}^{H1} Vermögensübertragung von H2 an H1: $VÜ_{H2}^{H1}$

Vermögensänderungskonto H2

Vermögensübertragung von H2 an H1: $VÜ_{H2}^{H1}$ Saldo = Finanzierungsüberschuß: $FÜ_{H2}^{H2}$	Finanzierungsmittel = Ersparnis: S_{H2}^{H2}

Vermögensänderungskonto H

$FÜ_H^H$	S_H^H

c) Die Finanzierungskonten der Haushalte

Auf den Finanzierungskonten der Haushalte zeigt sich schließlich, wofür die Haushalte ihre Finanzierungsüberschüsse verwenden. H1 erwirbt Forderungen gegenüber U1 oder, was dasselbe ist, gewährt U1 Kredite (K_{H1}^{U1}). Darüberhinaus geht H1 Verbindlichkeiten gegenüber U2 und H2 ein (nimmt Kredite auf) K_{U2}^{H1}, K_{H2}^{H1}. H2 verwendet seinen Finanzierungsüberschuß zur Kreditvergabe an den Unternehmenssektor U1 und U2 sowie an H1. Bei der Konsolidierung der Finanzierungskonten zum Konto H-F gehen die Kreditbeziehungen zwischen den Haushalten verloren. Ausgewiesen werden der Finanzierungsüberschuß und die Kredite von und an den Unternehmenssektor. Es ist:

$$K_H^U = K_{H1}^{U1} + K_{H2}^{U1} + K_{H2}^{U2}$$

$$K_U^H = K_{U2}^{H1}$$

$$FÜ_H^H = FÜ_{H1}^{H1} + FÜ_{H2}^{H2}$$

Finanzierungskonto H1

Kreditvergabe an U1 (Zunahme der Forderungen) K_{H1}^{U1}	Finanzierungsüberschuß (aus dem Vermögensänderungskonto) $FÜ_{H1}^{H1}$ Kreditaufnahme bei U2 (Zunahme der Verbindlichkeiten) K_{U2}^{H1} Kreditaufnahme bei H2 (Zunahme der Verbindlichkeiten) K_{H2}^{H1}

Finanzierungskonto H2

Kreditvergabe an (Erhöhung der Forderungen) U1: K_{H2}^{U1} U2: K_{H2}^{U2} H1: K_{H2}^{H1}	Finanzierungsüberschuß (aus dem Vermögensänderungskonto) $FÜ_{H2}^{H2}$

Finanzierungskonto H

$K_H^U = \left[K_{H1}^{U1}, K_{H2}^{U1}, K_{H2}^{U2} \right.$	$\left. FÜ_{H1}^{H1}, FÜ_{H2}^{H2} \right] FÜ_H^H$ $\left. K_{U2}^{H1} \right] K_U^H$

d) Bei "vertikaler" Aggregation und Konsolidierung werden für jeden Haushalt alle ökonomischen Aktivitäten zu einem Konto zusammengefaßt. Diejenigen Transaktionen, die innerhalb der Haushalte durchgeführt werden und sich durch Buchungen und Gegenbuchungen auf verschiedenen Aktivitätenkonten desselben Haushalts vollziehen, fallen durch die Konsolidierung heraus. Es verbleiben die externen Transaktionen mit anderen Wirtschaftssubjekten. (siehe Schaubild 4 - 2 Konto H1 und H2)

e) Werden die bereits aggregierten und konsolidierten Konten H1 und H2 zu einem gesamtwirtschaftlichen Sektorkonto H zusammengefaßt, so verbleiben auf diesem Konto lediglich die Transaktionen, die zwischen den Sektoren H und U stattfinden.

Schaubild 4- 3: Ökonomische Transaktionen im Zwei-Sektoren-Modell

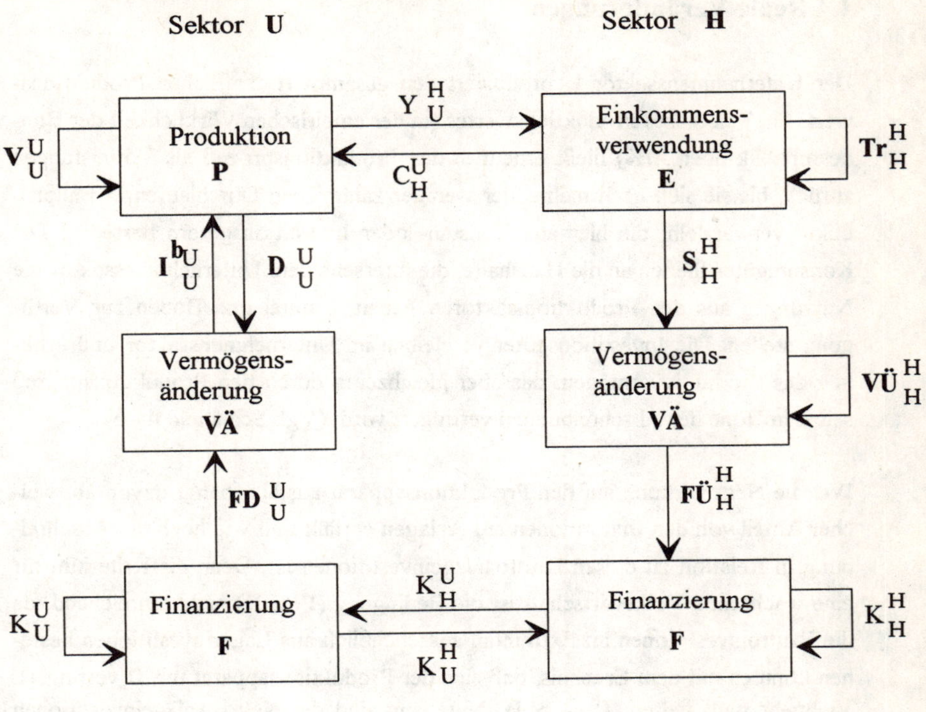

Schaubild 4 - 4: Wirtschaftskreislauf zwischen den aggregierten Sektoren

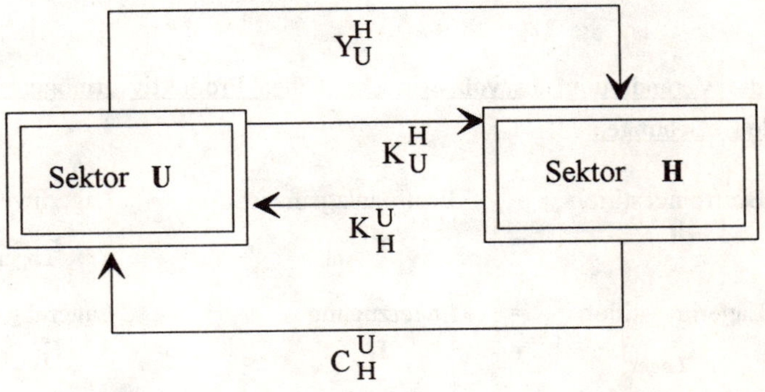

$$\text{Sektor } \mathbf{U} = \mathbf{P}_U + \mathbf{VÄ}_U + \mathbf{F}_U$$

$$\text{Sektor } \mathbf{H} = \mathbf{E}_H + \mathbf{VÄ}_H + \mathbf{F}_H$$

4.4 Reale Veränderungen

Der Unternehmenssektor U produziert den gesamtwirtschaftlichen Produktionswert. Ein Teil dieses Produktionswertes (in der empirischen Wirklichkeit der Bundesrepublik über 50%) fließt erneut in den Produktionsprozeß als Vorleistungen zurück, bis sie sich nach mehr oder weniger zahlreichen Durchläufen in Endprodukte verwandeln, die hier aus Konsum- oder Investitionsgütern bestehen. Die Konsumgüter fließen an die Haushalte, die ihrerseits dem Unternehmenssektor die Nutzungen aus den Produktionsfaktoren Arbeit, Kapital und Boden zur Verfügung stellen. Die Investitionsgüter verbleiben im Unternehmenssektor und erhöhen das Produktivvermögen, das aber gleichzeitig durch den Produktionsprozeß selbst in Höhe der Abschreibungen verringert wird. (Vgl. Schaubild 4 - 5)

Wie die Nettowirkung auf den Produktionsapparat ausfällt, hängt davon ab, welcher Anteil von den Investitionen auf Anlagen entfällt und wie hoch die Abschreibung in Relation zu diesen Bruttoanlageinvestitionen ist. Denn als Kriterium für eine wachsende Volkswirtschaft ist die Bedingung ($\mathbf{I^b > D}$) nicht hinreichend, da die Bruttoinvestitionen im Extremfall ausschließlich aus Lagerinvestitionen bestehen könnten mit dem Ergebnis, daß sich der Produktionsapparat um **D** verringert. Vielmehr muß gelten: $\mathbf{I^b_{Anl.} > D}$. Nur dann sind die Netto-Anlageinvestitionen positiv. Das folgende Schaubild 4 - 6 illustriert den Einfluß positiver Netto-Anlageinvestitionen auf die Entwicklung des Produktionsapparates im Zeitverlauf von 3 Perioden.

<u>Für die Veränderung des volkswirtschaftlichen Produktivvermögens gelten folgende Beziehungen:</u>

(1)	Bruttoinvestition	=	Bruttoanlageinvestition	+	Lagerinvestition
	$\mathbf{I^b}$	=	$\mathbf{I^b_{Anl.}}$	+	$\mathbf{I_{Lager}}$
(2)	Lagerinvestition	=	Lagerzugang	-	Lagerabgang
	$\mathbf{I_{Lager}}$	=	$\mathbf{I_L^+}$	-	$\mathbf{I_L^-}$
(3)	Nettoinvestition	=	Bruttoinvestition	-	Abschreibungen
	$\mathbf{I}$	=	$\mathbf{I^b}$	-	$\mathbf{D}$
(4)	Nettoanlage-investition	=	Bruttoanlageinvestition	-	Abschreibungen
	$\mathbf{I_{Anl.}}$	=	$\mathbf{I^b_{Anl.}}$	-	$\mathbf{D}$

(5) Re - Investition = Bruttoinvestition bis zur Höhe der Abschreibung

$$I^{re} \leq D$$
$$I^{re} = D \text{ bei } I^b > D$$
$$I^{re} = I^b \text{ bei } I^b < D$$

(6) Finanzierung der Bruttoinvestition in einer geschlossenen Volkswirtschaft

$$I^b = D + S$$
$$S = I^b - D$$
$$S = I$$

(7) Abschreibungen können nur von den (alten) Anlageinvestitionen vorgenommen werden.

Schaubild 4 - 5: **Investitionsbegriffe**

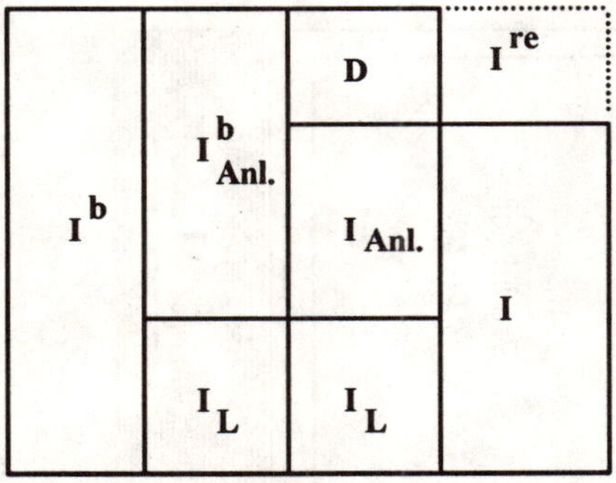

I^b = **Bruttoinvestition**

$I^b_{Anl.}$ = **Bruttoanlageinvestition**

$I_{Anl.}$ = **Nettoanlageinvestition**

I_L = **Lagerinvestition**

Ire = **Re-Investition**

D = **Abschreibung**

I = **Nettoinvestition**

Schaubild 4 - 6:

Reale Ströme im Modell: Geschlossene Volkswirtschaft ohne Staat

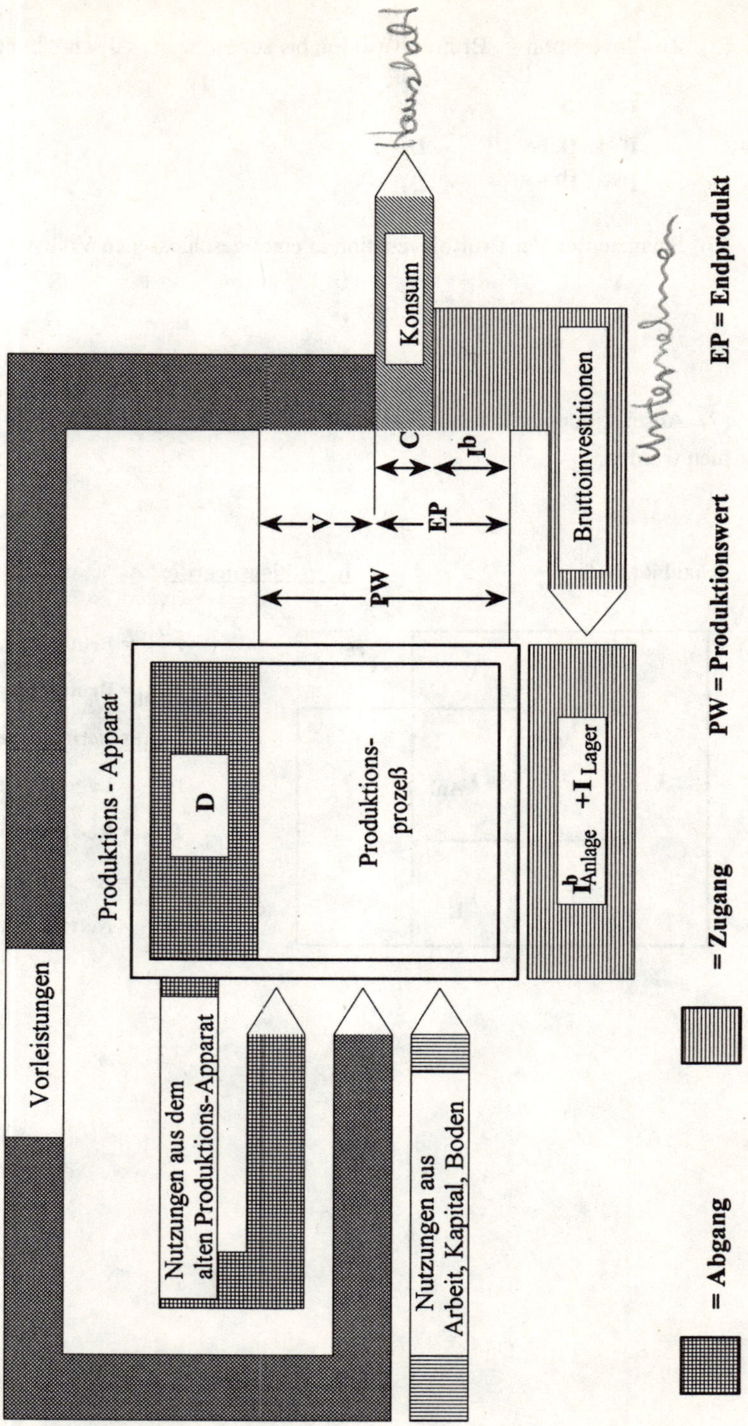

Schaubild 4- 7:

Entwicklung des Produktionsapparates im Zeitablauf

(bei einer wachsenden Wirtschaft)

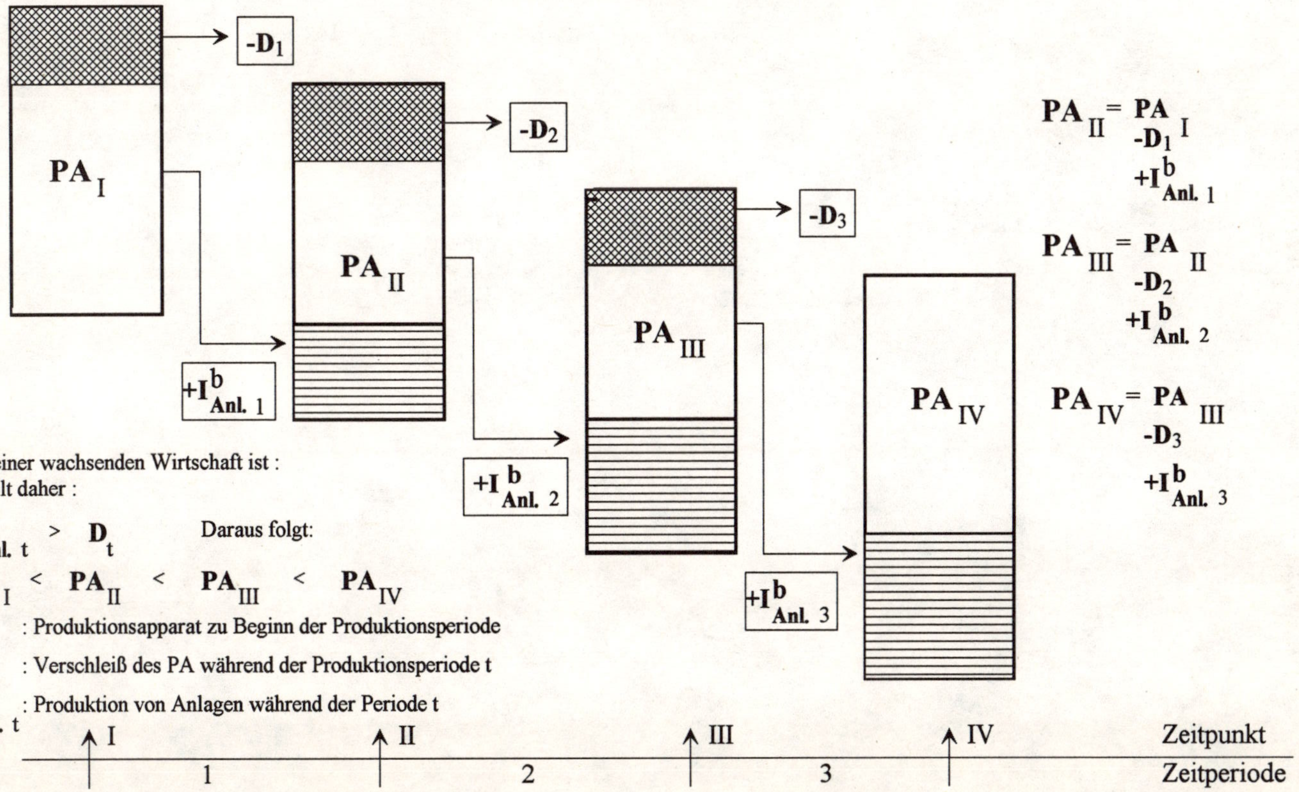

$$PA_{II} = PA_I - D_1 + I^b_{Anl.\,1}$$

$$PA_{III} = PA_{II} - D_2 + I^b_{Anl.\,2}$$

$$PA_{IV} = PA_{III} - D_3 + I^b_{Anl.\,3}$$

Bei einer wachsenden Wirtschaft ist :
Es gilt daher :

$I^b_{Anl.\,t} > D_t$ Daraus folgt:

$PA_I < PA_{II} < PA_{III} < PA_{IV}$

PA : Produktionsapparat zu Beginn der Produktionsperiode

D_t : Verschleiß des PA während der Produktionsperiode t

$I^b_{Anl.\,t}$: Produktion von Anlagen während der Periode t

Abschnitt II

Zentrale Elemente der Volkswirtschaftlichen Gesamtrechnung

5 Das Basisschema der Volkswirtschaftlichen Gesamtrechnung

Die Volkswirtschaftliche Gesamtrechnung stellt ein Kontensystem für eine offene Volkswirtschaft unter Einschluß des Staates dar. Auf den einzelnen Konten werden sämtliche ökonomischen Aktivitäten aller Wirtschaftssubjekte (Wirtschaftseinheiten) für jeweils eine Jahresperiode nach den Regeln der doppelten Buchführung erfaßt. Als ökonomische Aktivitäten verstehen wir:

1. die Produktion von Gütern und Dienstleistungen,
2. die Verwendung von Einkommen,
3. die Bildung von Vermögen,
4. die Finanzierung durch Kreditnahme und -gewährung.

In der Volkswirtschaftlichen Gesamtrechnung werden die Ergebnisse dieser wirtschaftlichen Tätigkeiten nicht für sämtliche Wirtschaftseinheiten individuell festgehalten, sondern bestimmte institutionelle Gruppen gebildet, deren Unterscheidung allerdings nach den von ihnen hauptsächlich ausgeübten Aktivitäten vorgenommen wird. Diese institutionellen Gruppen von Wirtschaftssubjekten nennen wir Sektoren. Wir unterscheiden folgende Sektoren:

1. Unternehmungen:

Sie gestalten im wesentlichen den Produktionsprozeß und erzeugen den weitaus größten Teil sämtlicher in einer Volkswirtschaft hergestellten Güter und Dienstleistungen. Die Unternehmen unterscheiden sich nach den Gütern, die sie produzieren und nach den Eigentumsrechten an ihrem Produktivkapital. Je nach Erkenntnisziel läßt sich daher der Unternehmenssektor in verschiedene Subsektoren unterteilen. Üblicherweise in folgende:

- Primärgüter (Grundstoffproduktion), Sekundärgüter (Fertigwaren), Tertiärgüter (Dienstleistungen);
- Konsum- und Investitionsgüterproduzierende Unternehmen;
- Banken und Nicht-Banken;

- Land- und Forstwirtschaft / Warenproduzierendes Gewerbe / Handel und Verkehr / Dienstleistungen;
- Unternehmen mit eigener Rechtspersönlichkeit (z.B. Aktiengesellschaften) und (Personal)Unternehmen ohne eigene Rechtspersönlichkeit;
- staatliche, private, gemischte Unternehmen.

2. **H**aushalte:

Die privaten Haushalte stellen Arbeitskräfte und andere Produktionsfaktoren für die Durchführung des Produktionsprozesses zur Verfügung und konzentrieren ihre Wirtschaftspläne auf die Einkommensentstehung (im Produktionsprozeß) und auf die Einkommensverwendung. Sie sind also insbesondere Steuerzahler, Sparer und Konsumenten. Man unterscheidet sie z.B. in Arbeitnehmer- und Unternehmerhaushalte. In der VGR zählen zum Sektor der privaten Haushalte auch "Organisationen ohne Erwerbscharakter".

3. **St**aat:

Der Staat, d.h. sämtliche öffentliche Haushalte aus Gemeinden, Ländern, Bund sowie Sozialversicherungen und ähnliche "Parafiski"[1], produziert bestimmte (öffentliche) Güter und erzeugt damit selbst Einkommen. Er greift durch seine Wirtschaftspolitik mehr oder weniger stark in das Wirtschaftsgeschehen ein, indem er einerseits via Steuern (und Abgaben) den privaten Wirtschaftssubjekten Einkommen entzieht und sie andererseits durch Subventionen und Transferzahlungen umverteilt, wodurch er auf die Einkommensverwendung und -verteilung Einfluß nimmt.

4. **Ausland**:

In einer offenen Wirtschaft können sämtliche Wirtschaftssubjekte sämtliche Wirtschaftstätigkeiten nicht nur mit Inländern sondern auch mit Ausländern durchführen. Die Transaktionen mit dem "Rest der Welt" werden auf dem Auslandskonto festgehalten.

Lassen Sie uns im folgenden die einzelnen ökonomischen Aktivitäten der Sektoren betrachten:

- Die wichtigste Aktivität besteht in der Produktion von Gütern und Dienstleistungen. Diese ökonomische Aktivität wird auf den sogenannten Produktions-

[1] Institutionen, die mit einem der Steuererhebung der öffentlichen Haushalte ähnlichem Recht ausgestattet sind.

konten (P) festgehalten. Zwar wird der größte Teil aller Güter und Dienstleistungen vom Sektor Unternehmungen produziert, doch tragen auch die privaten Haushalte und der Staat zur Produktion von Dienstleistungen bei.

- Im Zuge des Produktionsprozesses entstehen Leistungseinkommen in Form von Löhnen und Gehältern, Mieten, Zinsen, Pachteinnahmen und Gewinnen. Diese Einkommen, die man auch Faktoreinkommen nennt, da sie den Einsatz von Produktionsfaktoren entgelten, fließen den Wirtschaftssubjekten zu, die die Eigentumsrechte an den Produktionsfaktoren halten. Die Einkommen werden von ihnen zum Kauf von Gütern, zur Zahlung von Steuern oder zur Bildung von Ersparnissen verwendet. Im System der volkswirtschaftlichen Gesamtrechnung werden diese ökonomischen Aktivitäten auf den sogenannten Einkommensverwendungskonten (E) festgehalten.

- Der Teil des Einkommens der gespart wird, dient der Vermögensbildung, die gleichzeitig die dritte ökonomische Aktivität abgibt. Der mit Abstand größte Teil der Sachvermögensbildung erfolgt im Sektor der Unternehmungen in Form der Bruttoinvestitionen. Aber auch der Staat trägt durch seine Investitionstätigkeit (z.B. Bau von Schulen, Straßen, Hafenanlagen, Forschungseinrichtungen) zur Sachvermögensbildung bei, während die privaten Haushalte ausschließlich Geldvermögen bilden (private Haushalte, die Sachvermögen z.B. in Form eines Einfamilienhauses gebildet haben, werden in ihrer Eigenschaft als Hausbesitzer dem Sektor Unternehmungen zugerechnet). Die Vermögensbildung verändert den bisherigen (in der Vergangenheit akkumulierten) Vermögensbestand der einzelnen Sektoren. Die Konten, auf denen diese ökonomische Aktivitäten festgehalten werden, nennt man deshalb auch "Vermögensänderungskonten" (VÄ).

- Schließlich sind die Vermögensbildung und die eigenen Finanzierungsmittel nicht in jedem Sektor größengleich, so daß zur Finanzierung Kredite gegeben und aufgenommen werden. Beispielsweise können die Unternehmungen ihre Investitionen (Realvermögensbildung) nur zu einem geringen Teil aus eigenen Finanzierungsmitteln (Abschreibungen und Ersparnisse) finanzieren. Sie nehmen zum Zwecke der Durchführung ihrer Investitionen in der Regel Kredite auf. Aber auch der Staat verschuldet sich. Hauptkreditgeber bleiben die Haushalte. Sie stellen ihre Geldersparnisse über das Bankensystem den anderen Wirtschaftssektoren zur Verfügung. Die Konten, auf denen diese Transaktionen verbucht werden, heißen "Finanzierungskonten" (F).

Die Sektoren und ihre ökonomischen Aktivitäten lassen sich als Kontenschema darstellen (vgl. Schaubild 5 - 1). Hierbei enthalten die Zeilen die ökonomischen Aktivitäten und die Spalten die ökonomischen Sektoren. Hinzufügen läßt sich eine vierte Spalte, in der die ökonomischen Aktivitäten zu gesamtwirtschaftlichen Konten aggregiert, d.h. zusammengefaßt werden. So gibt es in der Spalte 4 dann ein gesamtwirtschaftliches Produktionskonto, Einkommensverwendungskonto, Vermögensänderungskonto und Finanzierungskonto. Die beiden letzten werden noch einmal gesondert zum "Reinvermögensänderungskonto" zusammengefaßt.

Das volkswirtschaftliche Rechnungswesen kann man mithin als ein System von Konten definieren, das entsprechend den Prinzipien der doppelten Buchführung sämtliche ökonomischen Transaktionen zwischen den Wirtschaftssubjekten einer Volkswirtschaft und zwischen in- und ausländischen Wirtschaftssubjekten für eine abgelaufene Zeitperiode festhält. In diesem Kontensystem werden die ökonomischen Aktivitäten, nämlich die Produktion von Gütern, die Verwendung von Einkommen, die Bildung von Vermögen und die Finanzierung durch Kredite den einzelnen Wirtschaftssektoren, nämlich den Unternehmungen, den privaten Haushalten, dem Staat und dem Ausland systematisch zugeordnet.

Dieses VGR-Schema dient gleichzeitig als didaktische Grundlage für den Aufbau und die Reihenfolge der nächsten Kapitel dieses Buches. Wir werden das VGR-Schema Zeile für Zeile entwickeln und ausfüllen. Jeder Zeile ist ein eigenes Kapitel gewidmet. Wir beginnen mit der ökonomischen Aktivität der Produktion von Gütern und Dienstleistungen, die über sämtliche Sektoren hinweg verfolgt wird. Zum Abschluß einer jeden Zeile wird die jeweilige ökonomische Aktivität über alle Sektoren hinweg aggregiert und das entsprechende gesamtwirtschaftliche Konto dieser Aktivität gebildet. Nachdem das gesamte Schema ausgefüllt ist, werden wir es noch einmal im Zusammenhang studieren.

Legende: Verbuchungspraxis auf den VGR-Konten

Es werden auf den Konten stets die monetären Ströme zwischen den Sektoren erfaßt. Die verwendeten Symbole sind so indiziert, daß die Ströme von dem unten an den oben indizierten Sektor fließen. Beispiel:

$\mathbf{V}_{St}^{U}$: Vorleistungsausgaben, die vom Staat an den Sektor Unternehmung fließen.

$\mathbf{Y}_{U}^{St}$: Faktoreinkommen, die vom Sektor Unternehmung an den Staat fließen.

Schaubild 5 - 1: Schema der Volkswirtschaftlichen Gesamtrechnung

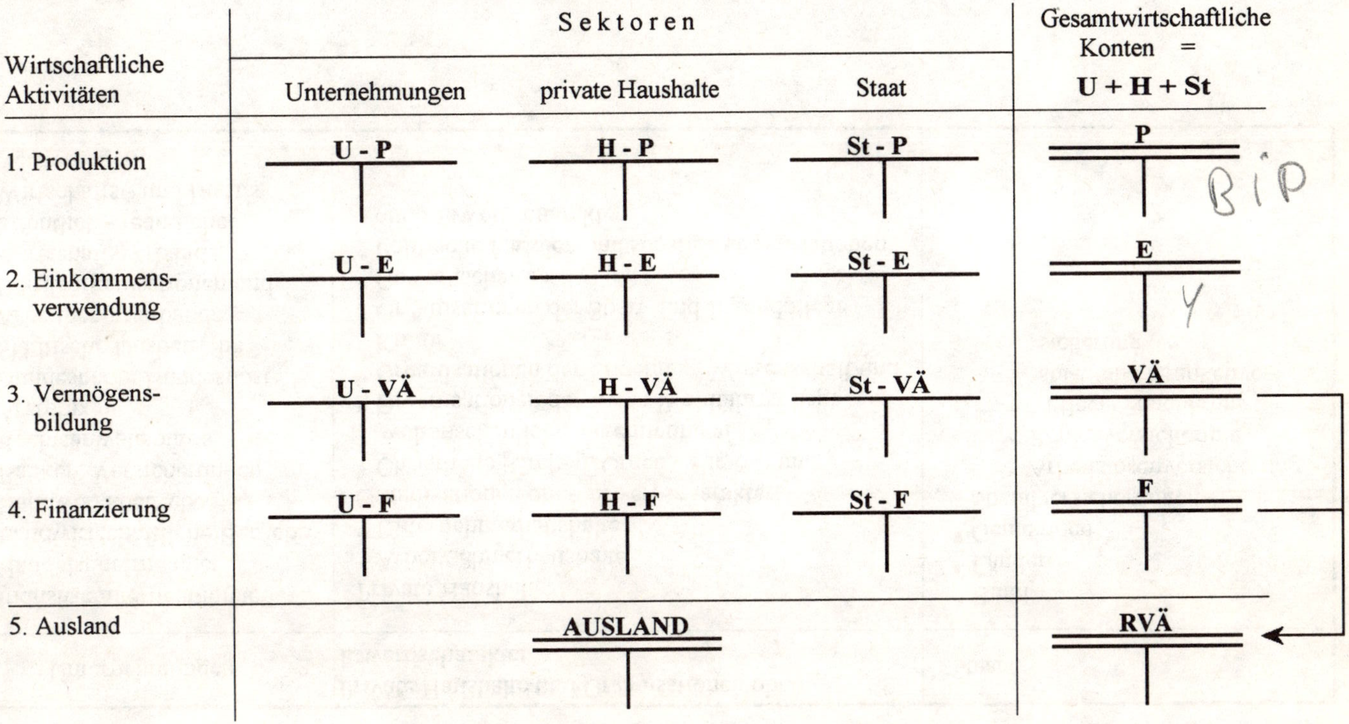

P = Produktionskonto
E = Einkommenskonto
F =Finanzierungskonto
VÄ = Vermögensänderungskonto
RVÄ = Reinvermögensänderungskonto

Schaubild 5 - 2: Beispiele zu den Sektoren der VGR

Unternehmungen	Private Haushalte und Organisationen ohne Erwerbscharakter	Staat
* Industrieunternehmungen * Handelsunternehmen * Landwirtschaftliche Betriebe * Handwerksbetriebe * Banken, Versicherungen * Rechtsanwaltsbüros * Arztpraxen * Bundesbahn, Bundespost * Städtische Busbetriebe * Arbeitgeberverbände * Berufsorganisationen und Wirtschaftsverbände * öffentlich - rechtliche Wirtschafts - und Berufsvertretungen	Private Haushalte: * Arbeitnehmerhaushalte * Unternehmerhaushalte Organisationen ohne Erwerbscharakter: * Christliche Kirchen, Orden, religiöse und weltanschauliche Vereinigungen * Organisationen der freien Wohlfahrtspflege * Organisationen der Erziehung, Wissenschaft und Kultur * Organisationen der Sport- und Jugendpflege * Gewerkschaften * Politische Parteien und sonstige Organisationen ohne Erwerbscharakter	* Bund * Länder * Gemeinden * Sozialversicherungen ↳ Arbeitslosenversicherung ↳ Rentenversicherung ↳ Pflegeversicherung ↳ staatliche Krankenversicherung

6 Das Inlandsprodukt - und die Produktionskonten

BOX: 6 - 1 **Bruttoinlandsprodukt zu Marktpreisen**

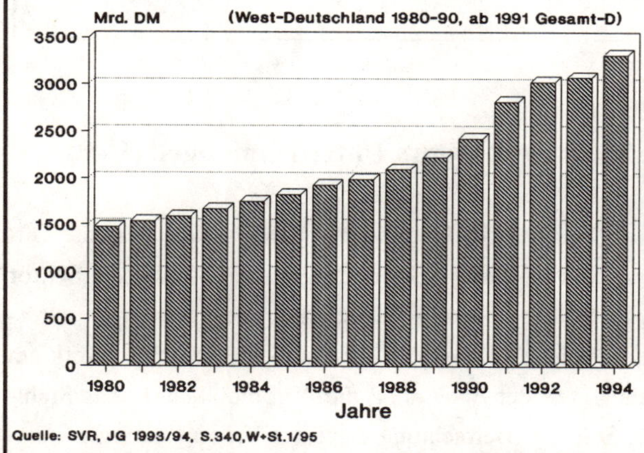

Bruttoinlandsprodukt
1994
3320 Mrd. DM

C	2546 Mrd. DM
$\mathbf{I}^{\mathbf{b}}$	756 Mrd. DM
$\mathbf{Ex}^{G+D}$ $\mathbf{- Im}^{G+D}$	18 Mrd. DM

Das Bruttoinlandsprodukt ist die Gütermenge[1], die im Laufe eines Jahres innerhalb der geographischen Grenzen einer Volkswirtschaft (d.h. im Inland) produziert worden ist. Darin enthalten sind auch die Güter, die von Unternehmen im Inland produziert wurden, deren Eigentümer aber Ausländer sind. Nicht enthalten sind dagegen die Güter, die deutsche Unternehmen (über ihre ausländischen Tochterunternehmen) im Ausland produziert haben. Wir schauen uns jetzt an, wie dies in der Volkswirtschaftlichen Gesamtrechnung ermittelt wird.

In dem von uns betrachteten VGR-Schema stehen die Produktionskonten der einzelnen Sektoren in der ersten Zeile. Ihre Aggregation ergibt das gesamtwirtschaftliche Produktionskonto, aus dem wir ablesen können, was und wieviel in einer Volkswirtschaft innerhalb eines Jahres an Gütern und Dienstleistungen produziert worden ist. Wir gehen im folgenden die einzelnen sektoralen Produktionskonten durch. Da die Volkswirtschaftliche Gesamtrechnung ein System der dop-

---

[1] einschließlich Dienstleistungen

pelten Buchhaltung ist, muß jede Buchung innerhalb der VGR zweimal auftreten. Zur Information werden in Klammern die Konten der Gegenbuchungen angegeben, so daß Sie sich bei einem zweiten Durchgang - nach Abschluß aller Konten - im gesamten VGR-Schema orientieren können. In diesem Kapitel behandeln wir also folgenden Abschnitt des VGR-Schemas:

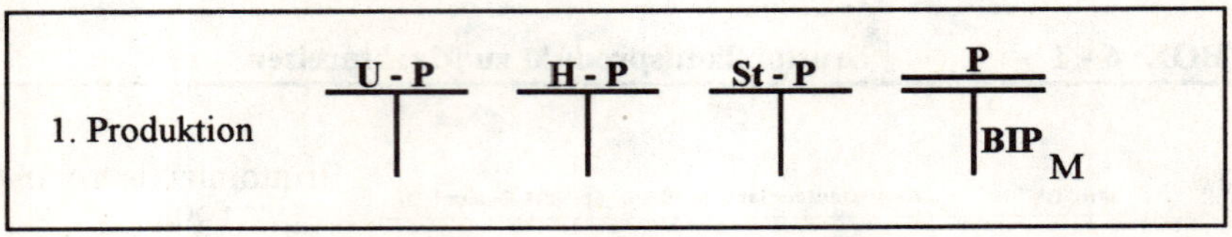

6.1 Das Produktionskonto des Sektors Unternehmungen (U-P)

Auf dem Produktionskonto des Sektors Unternehmungen wird die gesamte Güter- und Dienstleistungsproduktion dieses Sektors festgehalten. Zu diesem Sektor zählen über 3 Millionen Unternehmungen in Deutschland und darunter so unterschiedliche wie der "Tante - Emma - Laden" an der Ecke, das Atomkraftwerk am Rhein, die Praxis des Zahnarztes, der Bauernhof, die Automobilfabrik, das Stahlwerk und das Reisebüro. Statt der Betrachtung einzelner Unternehmungen müssen jetzt sämtliche Unternehmungen einer Volkswirtschaft zusammengefaßt (aggregiert) werden. Bestimmte Positionen, die größengleich "links und rechts" auf dem Konto auftauchen, sich also gegenseitig aufheben, werden wir beim Konsolidieren streichen.

Am Beispiel der Automobilfabrik U1 haben wir gesehen, daß viele Produkte als Vorleistungen von anderen Unternehmen bezogen werden. So ist z.B. das Stahlblech, aus dem die Karosserie gestanzt wird, aus der Sicht der Autofabrik eine gekaufte Vorleistung V_{U1}^{U2}, aus der Sicht des Stahlwerkes U2 eine verkaufte Vorleistung, bzw. einfach ein Teil des Umsatzes. Faßt man beide Unternehmen zusammen, sind selbstverständlich die verkauften Vorleistungen gleich den eingekauften. Das gilt nun generell für sämtliche Unternehmen: Die in einer Volkswirtschaft produzierten Vorleistungen sind in dieser Volkswirtschaft auch eingesetzt worden. Sie stehen daher auf dem (aggregierten) Produktionskonto des Sektors U sowohl im Soll als auch im Haben. Güter, die ans Ausland verkauft werden (und dort z.B. weiterverarbeitet werden), sind Exportgüter. Güter, die vom Ausland bezogen werden und im inländischen Produktionsprozeß eingesetzt werden, sind Importgüter bzw. importierte (nicht im Inland produzierte) Vorleistungen.

a) Die Habenseite des Produktionskontos des Sektors U (**U-P**)

Neben den Gütern, die Unternehmen für andere Unternehmen als Vorleistungen produzieren $\mathbf{V}_{U}^{U}$, gibt es Güter, die vom Unternehmenssektor an den Staat verkauft werden und im staatlichen Produktionsprozeß als Vorleistungen $\mathbf{V}_{St}^{U}$ zum Einsatz kommen (z.B. Papier für Formulare des Finanzamtes, Heizöl für das Rathaus). Weder dem Papier noch dem Öl kann man es ansehen, wofür es verwendet wird. Die Klassifikation als Vorleistung ergibt sich letztendlich erst aus dem Produktionskonto des Abnehmers, hier also des Staates (**St-P**).

Die an private Haushalte verkauften Güter sind Konsumgüter. Dazu zählen sowohl langlebige Güter wie Autos, Waschmaschinen, Fernsehapparate, als auch kurzlebige wie Brot und Butter, als auch Dienstleistungen, wie z.B. die Buchung einer Reise im Reisebüro. Die Konsumgüter, die an die privaten Haushalte verkauft werden $\mathbf{C}_{H}^{U}$, sind Endprodukte (**H-E**).

Güter zählen zur Bruttoinvestition, wenn sie das Produzentensachkapital (Produktivvermögen) erhöhen. Das können Bürohäuser oder Werkhallen sein, maschinelle Ausstattungen oder Roh-, Hilfs-, Betriebsstoffe, sowie Halb- und Fertigfabrikate, also Lagerbestände. Diese Investitionen werden überwiegend vom Unternehmenssektor getätigt $\mathbf{I}^{\mathbf{b}}{}_{U}^{U}$, aber auch der Staat kauft von Unternehmen Investitionsgüter $\mathbf{I}^{\mathbf{b}}{}_{St}^{U}$ (z.B. läßt sich der Staat die Gebäude, in denen er seine Ministerien, Rathäuser, Schulen usw. unterbringt von der privaten Bauwirtschaft bauen) (**U-VÄ**; **St-VÄ**).

Schließlich verkaufen Unternehmen Produkte an das Ausland. Hier spielt es keine Rolle, ob es sich dabei um Rohstoffe, Halb- oder Fertigfabrikate, Konsum- oder Investitionsgüter handelt. Die an das Ausland verkauften Güter- und Dienstleistungen heißen Exporte von Gütern und Dienstleistungen $\mathbf{Ex}^{G+D}$ und werden auf dem Auslandskonto (**A**) gegengebucht.

Der (Brutto-) Produktionswert des Sektors Unternehmungen $\mathbf{PW}_{U}$ besteht aus der Summe der unter der Habenseite aufgeführten Positionen einschließlich der von diesem Sektor produzierten Vorleistungen:

$$\mathbf{PW}_{U} = \mathbf{V}_{U}^{U} + \mathbf{V}_{St}^{U} + \mathbf{C}_{H}^{U} + \mathbf{I}^{\mathbf{b}}{}_{St}^{U} + \mathbf{I}^{\mathbf{b}}{}_{U}^{U} + \mathbf{Ex}^{G+D}$$

$$\mathbf{PW}_{U} = \mathbf{V}^{U} + \mathbf{C}_{H}^{U} + \mathbf{I}^{\mathbf{b}U} + \mathbf{Ex}^{G+D}$$

In älteren Lehrbüchern wird zwischen Brutto- und Netto-Produktionswert unterschieden. Der Brutto-Produktionswert ist identisch mit dem hier bezeichneten Ausdruck "Produktionswert", wie er auch vom Statistischen Bundesamt verwendet wird. Die alte Bezeichnung "Netto-Produktionswert" meint Produktionswert minus eingesetzte Vorleistungen (einschließlich der importierten), die auf der Sollseite dieses Kontos verbucht werden. Der Begriff Nettoproduktionswert (**PW^n**) ist wiederum identisch mit dem Begriff "Brutto-Wertschöpfung" (**WS^b**).

b) Die Sollseite des Produktionskontos des Sektors U (**U-P**)

Auf der Sollseite des Produktionskontos des Sektors U werden die produktionsbedingten Ausgaben erfaßt:

Vorleistungen von Unternehmen an Unternehmen **V_U^U** und importierte Vorleistungen **Im^{G+D}**, wobei wir sämtliche Importe als von Unternehmen importiert betrachten (**A**).

Als nächste Position finden sich die Abschreibungen des gesamten Unternehmenssektors. Die Abschreibungen entsprechen dem produktionsbedingten Werteverzehr am Anlagevermögen des Unternehmenssektors **D_U**. Die Bewertung erfolgt hier zu den Wiederbeschaffungspreisen der Produktionsmittel (**U - VÄ**).

Indirekte Steuern minus Subventionen (**T^i - Z**) beeinflussen die Marktpreise (vgl. BOX 6 - 2). Sie sind keine Produktionsfaktoren, jedoch Faktoren, die den Produktionswert und/oder die Wertschöpfung verändern (**St - E**).

Die Wertschöpfung des gesamten Unternehmenssektors ist die verbleibende Differenz der Habenseite zu den bis hierher aufgelisteten Sollpositionen. Sie ist gleich der Summe der im Unternehmenssektor entstandenen Leistungs- (oder Faktor-) einkommen. Es sind im einzelnen die Löhne und Gehälter, Mieten, Pachten, Zinsen und Gewinne, die im Produktionsprozeß entstanden sind. Diese können an private Haushalte **Y_U^H** (**H-E**), an den Staat **Y_U^{St}** (**St-E**), an das Ausland **Y_U^A** (**A**) ausgeschüttet werden oder im Unternehmenssektor als unverteilte Gewinne verbleiben **Y_U^U** (**U-E**). Die Wertschöpfung ist:

$$\mathbf{WS_U = Y_U = Y_U^H + Y_U^{St} + Y_U^U + Y_U^A}, \text{ oder}$$

$$\mathbf{WS_U = PW_U - V_U^U - Im^{G+D} - D_U - (T^i - Z)}$$

Produktionskonto des Sektors Unternehmungen
U - P

Aggregat	Teilaggregat	Symbol	Position	Position	Symbol	Aggregat
	V_U	V_U^U	Vorleistungen von Unternehmen	Vorleistungen an Unternehmen	V_U^U	V
		Im^{G+D}	Ausgaben für Vorleistungen aus dem Ausland (Importe von Gütern und Dienstleistungen)	Verkäufe von Vorleistungen an den Staat	V_{St}^U	
				Verkäufe von Konsumgütern an private Haushalte	C_H^U	
$PW^n_U \equiv WS^b_U$	D_U		Abschreibungen	Verkäufe von Investitionsgütern an den Staat	$I^b{}_{St}^U$	I^b
	$T^i - Z$		Indirekte Steuern minus Subventionen	Bruttoinvestitionen der Unternehmungen	$I^b{}_U^U$	
	$Y_U \equiv WS_U$	Y_U^H, Y_U^{St}, Y_U^U, Y_U^A	Wertschöpfung = Ausgaben für Faktorleistungen an **H, St, A, U** : Löhne, Gehälter, Mieten,Zinsen, Pachten, Gewinne	Verkäufe von Gütern und Dienstleistungen an das Ausland (Exporte von Gütern und Dienstleistungen)	Ex^{G+D}	
				$\sum$ = Produktionswert		PW_U

Die Faktoreinkommen an private Haushalte sind in erster Linie Löhne und Gehälter bei Arbeitnehmerhaushalten und Mieten, Pachten, Zinsen sowie ausgeschüttete Gewinne bei Unternehmerhaushalten. Bei Staatsunternehmen oder staatlichen Beteiligungen fallen die ausgeschütteten Gewinne dem Staat zu und werden auf seinem Einkommenskonto als Einnahmen erfaßt.

Das Ausland erhält Faktoreinkommen in Form ausgeschütteter Gewinne, wenn z.B. Ausländer Kapitaleigner inländischer Unternehmungen sind. Auch können Ausländer (Grenzgänger) im Inland arbeiten und dafür Löhne und Gehälter beziehen. Sie müssen jedoch, um als Ausländer im Sinne der VGR zu gelten, ihren ständigen Wohnsitz im Ausland haben und lediglich zum Zwecke der Arbeit (täglich) einreisen[2] . Die Gewinne von Unternehmen mit eigener Rechtspersönlichkeit verbleiben zum Teil in diesen Unternehmungen selbst, um z.B. die Investitionen mitzufinanzieren. Dies sind unverteilte Gewinne, die sich auf dem Einkommenskonto des Unternehmenssektors wiederfinden.

---

[2] Gastarbeiter haben ihren ständigen Wohnsitz im Inland und gelten daher als Inländer und nicht als Grenzgänger.

BOX: 6 - 2 Indirekte Steuern und Subventionen

Bevor die eigentliche Wertschöpfung (die Netto-Wertschöpfung) ermittelt werden kann, wird auf dem Produktionskonto eine Größe in Rechnung gestellt, die wir bei der reinen produktionstechnischen Betrachtung nicht erkennen konnten: Indirekte Steuern und Subventionen. Jeder Unternehmer wird bestätigen, daß er die Produktion von Gütern und ihren gewinnbringenden Verkauf auch ohne Steuern schafft, ohne Subventionen möglicherweise im Einzelfall schon nicht mehr.

Indirekte Steuern (T^i) stellen natürlich keinen Produktionsfaktor dar, auf dem Produktionskonto werden sie allerdings als produktionsbedingte Ausgaben verbucht. Es handelt sich dabei in erster Linie um die Mehrwertsteuer (aber auch Zölle und ähnliche Abgaben), die vor Ermittlung des Gewinns in Ansatz gebracht und auf die Verkaufspreise überwälzt werden. Indirekte Steuern erhöhen mithin den Produktionswert (der ja das Produkt ist aus Gütermenge mal Preis pro Mengeneinheit), weil man davon ausgeht, daß sie in gleichem Umfang zu höheren Preisen führen. ("T" steht für tax, "i" für indirekt.)

Subventionen (Z) sind umgekehrt Unterstützungszahlungen des Staates an Unternehmungen, um die Produktion bestimmter Güter überhaupt zu ermöglichen (z.B. Zahlungen an Werften) oder den Preis des Gutes auf einem bestimmten Niveau zu halten (sozialer Wohnungsbau). Man geht davon aus, daß die Subventionen preissenkend wirken und damit den Produktionswert entsprechend ermäßigen bzw. bei einem zu geringen marktkmäßigen Produktionswert eine angemessene Wertschöpfung ermöglichen, so daß die Produktion (auch wenn sie nicht kostendeckend erfolgt) nicht eingestellt werden muß (z.B. Landwirtschaft, Kohlebergbau).

Beide Größen beeinflussen also die Marktpreise. Volkswirtschaftlich überwiegen die Einnahmen aus indirekten Steuern die Ausgaben für Subventionen bei weitem. Auf bestimmte Wirtschaftsbranchen bezogen kann das aber durchaus umgekehrt sein. Durch diese unterschiedlichen, staatlichen Eingriffe ergibt sich als Nettoeffekt die Differenz zwischen indirekten Steuern und Subventionen. Erst nach Abzug dieser Differenz (T^i - Z) läßt sich die eigentliche Wertschöpfung bestimmen.

U_A

Vorleistungen $V_a = 70$	ursprünglicher Produktionswert (ohne T^i) $PW_a = 200$
Abschreibungen $D_a = 40$	
Wertschöpfung $WS_a = 90$	
Indirekte Steuer $T^i_a = 20$	Erhöhung des Produktionswertes durch Überwälzung der indir. Steuern $\Delta PW_a = 20$

U_B

$V_b = 40$	$PW_b = 70$
$D_b = 20$	
ursprüngliche Wertschöpfung (ohne Z) $WS_b = 10$	
zusätzliche Wertschöpfung $\Delta WS_b = 5$	Gewährung von Subventionen $Z_b = 5$

$U = U_A + U_B$

$V = 110$	$PW_a = 200$
$D = 60$	+
$T^i - Z = 15$	$\Delta PW_a = 20$
$WS = 90$	+
10	$PW_b = 70$
5	
$PW = 290$	$PW = 290$

Die Unternehmung U_a produziere zunächst den Produktionswert PW_a=200. Nach Einführung von indirekten Steuern T^i=20 erhöht sich auch der Produktionswert entsprechend, da die indirekten Steuern annahmegemäß voll überwälzt werden. Solche indirekten Steuern können z.B. Mehrwertsteuer oder Zölle sein. Die Unternehmung U_b erzeugt einen Produktionswert von PW_b=70, der annahmegemäß keine ausreichende Faktorentlohnung ermöglicht: Die Wertschöpfung von WS_b=10 ist unzureichend, um Löhne, Gehälter und einen angemessenen Gewinn zu ergeben. Unter reinen marktwirtschaftlichen Gegebenheiten würde die Produktion eingestellt werden. Der Staat gewährt daraufhin Subventionen von 5, die zwar nicht den Produktionswert erhöhen, aber die Wertschöpfung um 5 steigern, so daß das Unternehmen am Markt bleibt. Wenn wir uns unter "U_A" sämtliche Unternehmungen einer Volkswirtschaft vorstellen, die indirekte Steuern an den Staat zahlen und "U_B" seien sämtliche Unternehmungen, die Subventionen erhalten, dann bildet ihre Zusammenfassung den Unternehmenssektor U ab. Bei dieser Aggregation verbuchen wir die Subventionen auf der Sollseite (sie erhalten dadurch ein negatives Vorzeichen) und bringen sie in Abzug von den indirekten Steuern. Der Ausdruck "**T^i-Z**" gibt dann den "Nettoeffekt" auf Produktionswert und Wertschöpfung an, der durch die beiden staatlichen Eingriffe hervorgerufen wird. Der "volkswirtschaftliche" Produktionswert hat sich auf 290 erhöht und die Wertschöpfung auf 105.

6.2 Das Produktionskonto des Sektors private Haushalte (H-P)

Die vollständige Bezeichnung dieses Sektors umfaßt neben den privaten Haushalten auch "private Organisationen ohne Erwerbscharakter", also z.B. Kirchen und Sekten, Gewerkschaften und Stiftungen, Fußball- und Schützenvereine. Dieser Sektor produziert fast ausschließlich Dienstleistungen. Im Kontext unseres VGR-Systems bleibt das Produktionskonto dieses Sektors zunächst unberücksichtigt, so daß Sie diesen Abschnitt auch überschlagen können, es sei denn, Sie interessieren sich nun doch dafür.
Der Sektor private Haushalte teilt sich auf in "private Haushalte" (im engeren Sinne die Personenhaushalte) und in "private Organisationen ohne Erwerbscharakter".

a) Die privaten Haushalte im engeren Sinne, d.h. die Arbeitnehmer- und Unternehmerhaushalte, erzielen den weitaus größten Teil ihres Einkommens als Faktoreinkommen aus dem Unternehmenssektor. Tatsächlich produzieren die Haushalte aber auch selbst Güter: Hausfrauen sowie Hausmänner sind täglich damit beschäftigt, für ihre Familien zu kochen, zu putzen, Wäsche zu waschen, den Garten zu bestellen, die Babys zu hüten, die Kinder zu erziehen und allerlei weitere Dienstleistungen zu erbringen. Doch wird ihnen das wenig "gedankt": Da diese Güter haushaltsintern produziert sowie konsumiert werden, gibt es für sie keinen Markt, ergo kommen sie für die Erfassung in der VGR nicht in Frage, denn wie sollte man diese Dienstleistungen bewerten?[3]

Wenn jetzt dieselbe Hausfrau oder derselbe Hausmann dieselben Dienstleistungen nicht im eigenen Haushalt, sondern in einem anderen erbringt und dafür Entgelt erhält, dann sind diese Dienstleistungen mit einem Marktpreis bewertet - und sie gehen in die VGR ein! Die Haushalte produzieren die Dienstleistungen ohne Einsatz von Kapital und daher auch ohne Abschreibungen. Denken Sie z. B. an die Putzfrau, das Kindermädchen oder die Haushaltshilfe, die im Haushalt des Zahnarztes (nicht in seiner Praxis!), im Haushalt des Pfarrers (nicht in der Kirche!), im Haushalt des Ministers (aber nicht im Ministerium) arbeitet. Die privaten Haushalte (der Putzfrau, der Hilfe, des Kindermädchens) produzieren Dienstleistungen für andere Haushalte (Zahnarzt, Pfarrer, Minister). In Höhe der Einnahmen aus dem Verkauf dieser Dienstleistungen entstehen Leistungs- bzw. Faktoreinkommen. Die Dienstleistungen selbst sind Teil des Konsums der nachfragenden Haus-

[3] Möglicherweise werden sie nur deshalb nicht berücksichtigt, weil die volkswirtschaftliche Gesamtrechnung das intellektuelle Produkt von (männlichen) Ökonomen ist und zu einer Zeit konzipiert wurde, als man Emanzipation noch ganz klein schrieb.

halte. Die Haushaltshilfe, die dem Zahnarzt den Haushalt führt, hätte z.B. folgendes Produktionskonto:

Produktionskonto der Haushaltshilfe des Zahnarztes

Faktoreinkommen der Haushaltshilfe $Y^{H\,(Hilfe)\,(Einkommenskonto)}_{H\,(Hilfe)\,(Produktionskonto)}$	Verkauf von Dienstleistungen an den Haushalt des Zahnarztes $C^{H\,(Haushaltshilfe)}_{H\,(Zahnarzt)}$

Das zusammengefaßte Produktionskonto der privaten Haushalte im engeren Sinne hat dann folgendes Aussehen:

Produktionskonto des Sektors private Haushalte
H - P

Y^H_H	Wertschöpfung : Faktoreinkommen von Haushalten an Haushalte	Verkauf von Dienstleistungen an Haushalte (Eigenverbrauch)	C^H_H
		Produktionswert	PW_H

b) Das Produktionskonto privater Organisationen ohne Erwerbscharakter ist auf der Sollseite dem Produktionskonto **U-P** ähnlich, auf der Habenseite dem Produktionskonto der privaten Haushalte **H-P**.

Die in diesen Organisationen produzierten Dienstleistungen werden zu einem geringen Teil gegen Entgelt an private Haushalte verkauft, zum größten Teil werden sie von den Organisationen unentgeltlich zur Verfügung gestellt. Dabei ist zu beachten, daß die Produktion dieser Dienstleistungen nicht unter Gewinn(maximierungs)gesichtspunkten erfolgt wie im Unternehmenssektor, sondern von den Produktionskosten her bestimmt wird, wie im folgenden auch das staatliche Produktionskonto **St-P**. So ist z.B. ein kirchlicher Gottesdienst für die Kirchenbesucher zwar kostenfrei zu besuchen, aber nicht kostenlos zu zelebrieren. Es fallen Abschreibungen für das Kirchenhaus an, laufende Ausgaben für Heizung, Licht usw., Gehälter für den Pfarrer und andere Kirchenbedienstete. Da diese Kosten nicht unmittelbar auf die "Nachfrager" nach Gottesdienst(leistungen) umgelegt werden, sind sie als Eigenverbrauch der Kirche anzusehen. Die Finanzierung dieses "Eigenverbrauchs" der Kirchen durch Erhebung einer "Kirchensteuer" steht dabei auf einem anderen Blatt, nämlich auf dem Kontoblatt "Einkommensverwendung der privaten Haushalte" **(H-E)**.

Anders als private Haushalte produzieren die privaten Organisationen ohne Erwerbscharakter unter Einsatz von Sachkapital auf das Abschreibungen vorgenommen werden. Schließlich besteht ihre Wertschöpfung im wesentlichen aus den Löhnen und Gehältern der in diesen Organisationen Beschäftigten, aber auch Ausgaben für Mieten, Pachten, Zinsen können anfallen. Das Konto hätte folgendes Aussehen:

Produktionskonto der privaten Organisationen ohne Erwerbscharakter
O - P

V_O^U		Ausgaben für Vorleistungen an Unternehmen	Verkäufe an private Haushalte	C_H^O
D_O		Abschreibungen	Eigenverbrauch der privaten Organisationen	C_O^O
Y_O	Y_O^H Y_O^U	Wertschöpfung : -Löhne, Gehälter, -Mieten, Zinsen, Pachten		

$\sum$ = Produktionswert PW_O

6.3 Das Produktionskonto des Staates (St-P)

Der Staat erhebt nicht nur Steuern und verteilt Einkommen um, sondern er produziert eine Vielfalt staatlicher Dienstleistungen, die er darüber hinaus im wesentlichen unentgeltlich allen Bürgern zur Verfügung stellt: Die Behörden und Ämter, die Schulen und Universitäten, die Gerichte, die Polizei und das Militär stellen Güter her wie Planung, Bildung, Rechtssicherheit, innere und äußere Sicherheit usw. Für diese öffentlichen Güter gibt es keine Märkte. Der Staat stellt sie unentgeltlich zur Verfügung, wir erfassen sie als Eigenverbrauch des Staates C_{St}. (Von staatlichen Gebühren können wir hier absehen, sie werden nicht kostendeckend erhoben und sind quantitativ unbedeutend.) Die Höhe des staatlichen "Eigenverbrauchs", (d.h. der Produktionswert des Staates) wird durch den Wert der Input-Faktoren bestimmt, die der Staat in seinem Produktionsprozeß einsetzt. Wie hoch der Eigenverbrauch ist, läßt sich daher erst von der Sollseite her bestimmen.

Ähnlich wie die Unternehmen setzt der Staat Vorleistungen ein, die er vom Unternehmenssektor bezieht. So kauft er ein: Schulbücher und Kreide um Bildung zu produzieren, Munition, Panzer und Kasernen für die äußere Sicherheit, Papier und Bleistifte für die Behörden, elektrische Energie und Heizung, Beratungs- und Reinigungsdienstleistungen und vieles mehr $\mathbf{V}_{St}^{U}$ **(U-P)**.

Außerdem setzt der Staat Sachkapital ein, das sich laufend abnutzt (Gebäude, Rechenanlagen, Fahrzeuge, Maschinen, Straßen, Hafenanlagen usw.). Das wertmäßige Äquivalent dieser Abnutzungen wird durch die Abschreibung auf das staatliche Sachkapital festgehalten $\mathbf{D}_{St}$ **(St-VÄ)**.

Schließlich beziehen alle beim Staat (Bund, Länder, Gemeinden, Sozialversicherung usw.) Beschäftigten Löhne und Gehälter, also Faktoreinkommen $\mathbf{Y}_{St}^{H}$ **(H-E)**. Damit erhält das Produktionskonto des Staates folgendes Aussehen:

Produktionskonto des Staates
St - P

$\mathbf{V}_{St}^{U}$	Ausgaben für Vorleistungen an Unternehmen	Eigenverbrauch des Staates	$\mathbf{C}_{St}^{St}$
$\mathbf{D}_{St}$	Abschreibungen		
$\mathbf{Y}_{St}^{H}$	Wertschöpfung : Löhne + Gehälter		
		Produktionswert	$\mathbf{PW}_{St}$

Da der Produktionswert in diesem Fall nicht vom Markt (also von der Erlösseite her) bestimmt wird sondern von der Kostenseite, ergibt sich als Konsequenz, daß eine Erhöhung der Kostenfaktoren zu einer entsprechenden Erhöhung des Produktionswertes führt. Steigen z.B. die Löhne und Gehälter der Staatsbediensteten, steigt gleichzeitig der monetäre Wert des Produktes, das sie erzeugen, d. h. der Produktionswert!

6.4 Das Gesamtwirtschaftliche Produktionskonto (P)

Wir aggregieren nunmehr die Produktionskonten der einzelnen Sektoren zu dem gesamtwirtschaftlichen Produktionskonto **P**. Dabei fassen wir das gesamte Produktionsergebnis einer Volkswirtschaft zusammen, d.h. wir wollen feststellen, wie hoch die gesamte im Inland produzierte Gütermenge ist, die in der letzten Periode (dem vergangenen Jahr) hergestellt wurde. Von der Produktion des Sektors private Haushalte und Organisationen ohne Erwerbscharakter wollen wir dabei aus Gründen der didaktischen Vereinfachung und der quantitativ geringen Bedeutung hier absehen. Die zu leistende Aufgabe reduziert sich damit auf die Zusammenfassung der beiden Produktionskonten der Sektoren Unternehmungen und Staat.

In einem ersten Schritt werden wir lediglich beide Konten aggregieren, d.h. wir addieren ganz einfach die Habenseiten und Sollseiten der beiden Konten. Dabei stellen wir fest, daß auf beiden Seiten des Kontos die gesamten von Unternehmen produzierten und von den Sektoren Unternehmungen und Staat eingesetzten Vorleistungen enthalten sind. Die Habenseite dieses Kontos weist den gesamtwirtschaftlichen Produktionswert aus:

(1) $\mathbf{PW = PW_U + PW_{St} + PW_H + PW_O}$ ($PW_H + PW_O$ entfallen in der weiteren Betrachtung)

(2) $\mathbf{PW = V + C_H + C_{St} + I^b_{St} + I^b_U + Ex^{G+D}}$ $\mathbf{V = V^U_U + V^U_{St}}$

(3) $\mathbf{PW = V + C + I^b + Ex^{G+D}}$

BOX: 6 - 3

Das "Zusammengefaßte Güterkonto" des Statistischen Bundesamtes für 1992 (früheres Bundesgebiet):

V	4.164.360 Mio. DM
C	2.010.840 Mio. DM
$\mathbf{I^b}$	588.970 Mio. DM
$\mathbf{Ex^{G+D}}$	934.800 Mio. DM
PW	7.698.770 Mio. DM

Die Vorleistungen machen empirisch also mehr als die Hälfte des gesamten Produktionswertes aus.

Das volkswirtschaftliches Endprodukt **EP** korrigiert den Produktionswert um die internen Vorleistungsverflechtungen. Es ist:

$$(4) \qquad \mathbf{EP = C + I^b + Ex^{G+D}}$$

Dieses Endprodukt ist mit Hilfe der importierten Vorleistungen produziert worden. Importe von Gütern und Dienstleistungen $\mathbf{Im}^{G+D}$ sind das Ergebnis eines ausländischen Produktionsprozesses. Für die volkswirtschaftliche Rechnungslegung ist es aber von besonderem Interesse festzustellen, wie hoch dasjenige Produkt ist, das im Inland produziert worden ist, das Inlandsprodukt. Zu diesem Zweck müssen die importierten Güter und Dienstleistungen vom Endprodukt abgezogen werden. Als Bruttoinlandsprodukt zu Marktpreisen ($\mathbf{BIP_M}$) erhalten wir:

$$(5) \qquad \mathbf{BIP_M = EP - Im^{G+D} = C + I^b + Ex^{G+D} - Im^{G+D}}$$

Zu diesem Ergebnis gelangen wir auch, wenn wir das bisher lediglich aggregierte Produktionskonto auch konsolidieren. D.h. diejenigen Positionen, die auf beiden Seiten des Kontos identisch enthalten sind und sich daher ausgleichen, werden gestrichen und gleichzeitig bilden wir die Differenz ($\mathbf{Ex^{G+D} - Im^{G+D}}$) indem wir die Importe von Gütern und Dienstleistungen auf die Habenseite umbuchen, wodurch sie dann ein Minuszeichen erhalten (vgl. Schaubild 6-1).

Nach diesen Korrekturen finden sich auf der Habenseite des konsolidierten Produktionskontos alle Güter und Dienstleistungen, die im Inland innerhalb einer Periode produziert worden sind. Es sind die Endprodukte **C**, $\mathbf{I^b}$ und $\mathbf{Ex^{G+D}}$, von denen die (importierten Vorleistungen) $\mathbf{Im^{G+D}}$ in Abzug gebracht werden, da diese ja nicht im Inland produziert wurden, sehr wohl aber in den Endprodukten mit enthalten sind. Diese Gütermenge heißt Bruttoinlandsprodukt zu Marktpreisen ($\mathbf{BIP_M}$). "Brutto" deshalb, weil in diesem Wert noch die Abschreibungen enthalten sind, "zu Marktpreisen", weil diese Marktpreise durch die indirekten Steuern und Subventionen mitbestimmt sind. Das Nettoinlandsprodukt zu Marktpreisen ($\mathbf{NIP_M}$) bringt die Abschreibungen in Abzug, das Nettoinlandsprodukt zu Faktorkosten ($\mathbf{NIP_F}$) korrigiert diese Größe noch einmal um den staatlichen Einflußfaktor "indirekte Steuern minus Subventionen". Der Vollständigkeit halber sei noch ein weiterer Begriff hier angeführt: das Bruttoinlandsprodukt zu Faktor-

<u>kosten</u> (**BIP_F**), das sich ergibt, wenn das Bruttoinlandsprodukt zu Marktpreisen um die Größe (**T^i-Z**) korrigiert wird (vgl. Schaubild 6 - 1 und Box 6 - 4).

BOX: 6 - 4 **Inlandsprodukte**

Die Inlandsprodukt-Begriffe im Überblick:

$$\mathbf{BIP_M = C + I^b + Ex^{G+D} - Im^{G+D}}$$

$$\mathbf{NIP_M = BIP_M - D}$$
$$\mathbf{= C + I + Ex^{G+D} - Im^{G+D}}$$

$$\mathbf{NIP_F = NIP_M - (T^i - Z)}$$
$$\mathbf{= C + I + Ex^{G+D} - Im^{G+D} - (T^i - Z)}$$
$$\mathbf{= Y^H_U + Y^{St}_U + Y^U_U + Y^A_U + Y^H_{St} = Y_U + Y_{St}}$$

$$\mathbf{BIP_F = BIP_M - (T^i - Z) = NIP_F + D}$$
$$\mathbf{= C + I^b + Ex^{G+D} - Im^{G+D} - (T^i - Z)}$$

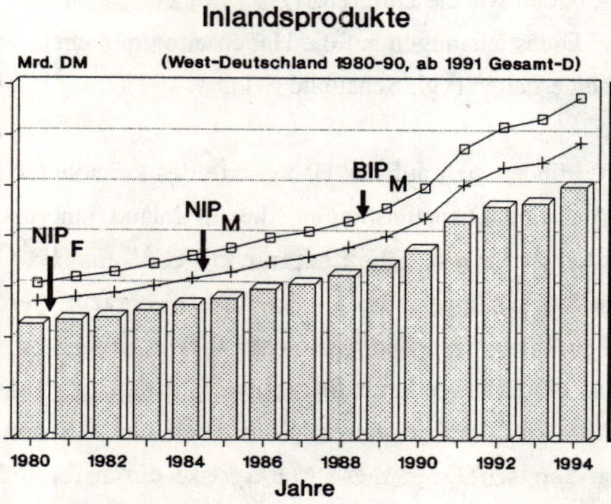

Quelle: SVR, JG 1993/94, S.340,W+St.1/95

Inlandsprodukte 1994

D	443 Mrd. DM
T^i- Z	375 Mrd. DM
NIP_F	2502 Mrd. DM

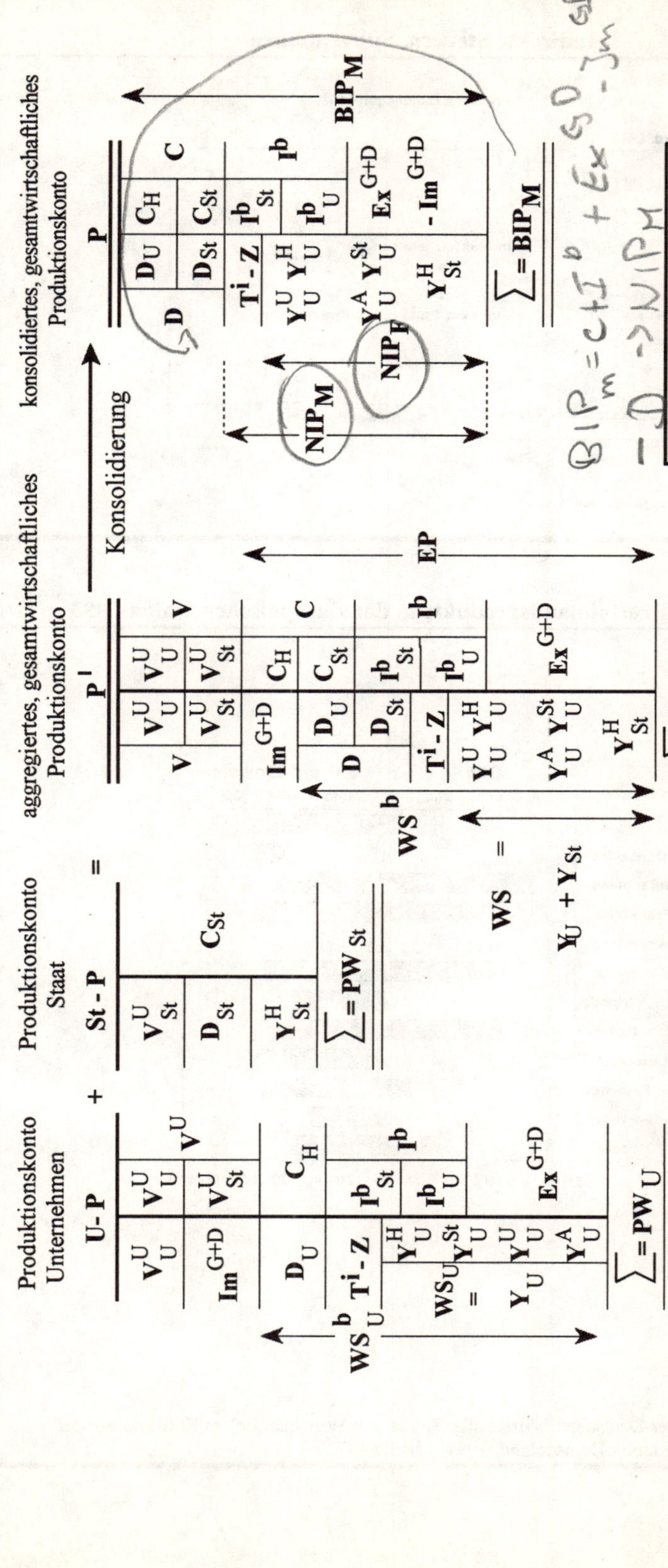

Schaubild 6 - 1:
Produktionskonten
(ohne private Haushalte)

P^I = nicht konsolidiertes Produktionskonto

P = konsolidiertes Produktionskonto

BOX: 6 - 5 Indirekte Steuern, Subventionen

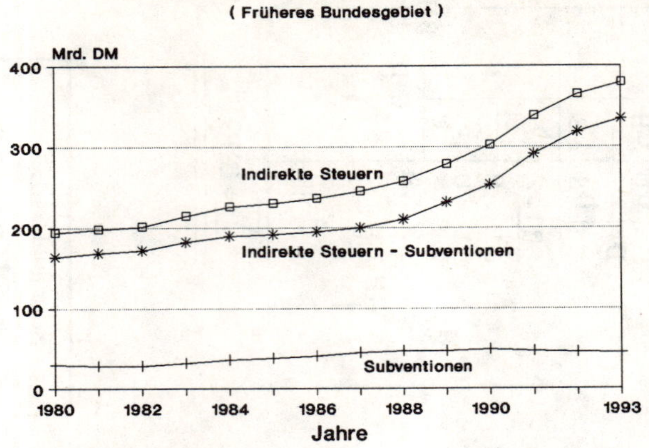

Quelle: SVR, JG 1994/95, S.350

BOX: 6 - 6 Bruttoinlandsprodukte in der Europäischen Union 1993

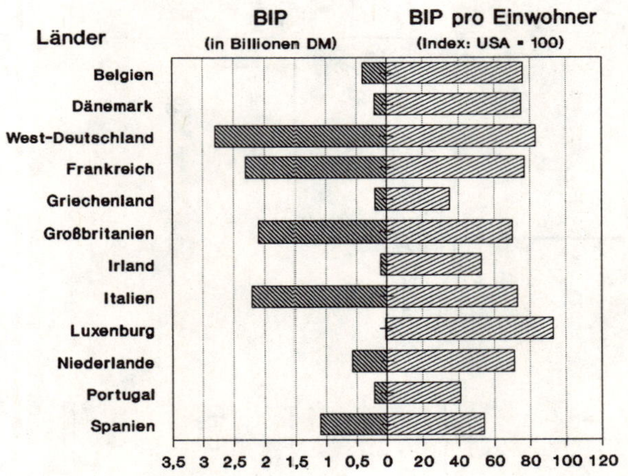

Quelle: Institut der Deutschen Wirtschaft, Zahlen zur Wirtschaftlichen Entwicklung der Bundesrepublik Deutschland, 1994, Tabelle 147

7 Das Volkseinkommen - und die Einkommenskonten

BOX: 7 - 1 **Das Volkseinkommen**

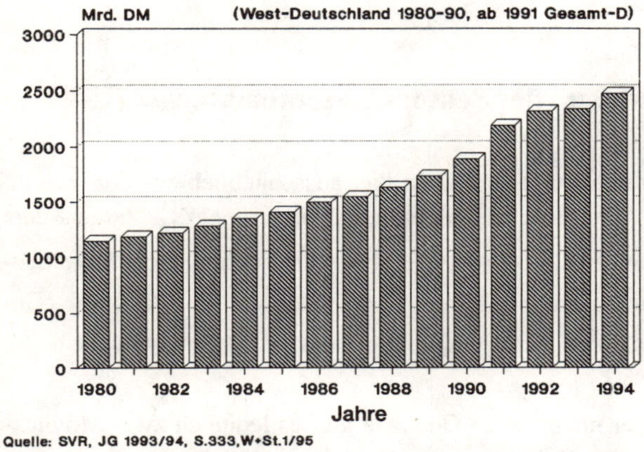

Volkseinkommen
1994
2479 Mrd. DM

Einkommen aus unselbständiger Arbeit
1816 Mrd. DM

Einkommen aus Unternehmertätigkeit und Vermögen
663 Mrd. DM

Das Volkseinkommen ist das Einkommen, das "dem Volk", d.h. den Inländern einer Volkswirtschaft im Laufe eines Jahres zufließt und zwar unabhängig davon, ob die Entstehung des Einkommens in einem inländischen oder ausländischen Produktionsprozeß erfolgte. Inländer sind sämtliche inländischen Wirtschaftssubjekte: Staat, Unternehmungen, private Haushalte, private Organisationen ohne Erwerbszweck, "die mit dem Territorium der Bundesrepublik Deutschland wirtschaftlich enger verbunden sind als mit dem anderer Länder"[1].

In der zweiten Zeile unseres VGR-Schemas geht es um die Verwendung der Einkommen durch die einzelnen Sektoren. Wir betrachten von vornherein keine einzelnen Wirtschaftssubjekte, sondern sofort die jeweiligen Aggregate. Wir entwikkeln die Einkommensverwendungskonten grundsätzlich von der Habenseite her, da auf dieser Seite die Einkommenseingänge verbucht werden, während auf der

1 Sonderdruck der Deutschen Bundesbank Nr. 8, S. 24 f.; vgl. auch Box 8 - 3.

Sollseite des Kontos die jeweiligen Verwendungen der Einkommen festgehalten werden. Die in Klammern angegebenen Kontobezeichnungen nennen Ihnen wieder die Konten der Gegenbuchung.

Wir behandeln folgenden Abschnitt des VGR-Schemas:

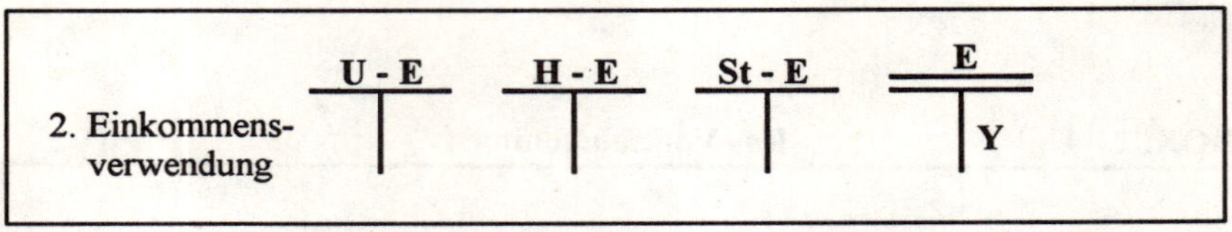

7.1 Das Einkommenskonto des Sektors Unternehmungen (U-E)

Das Einkommen der Unternehmungen besteht hier ausschließlich aus den von ihnen selbst einbehaltenen, d.h. nicht ausgeschütteten Gewinnen Y_U^U, die aus dem Produktionsprozeß entstanden sind (**U-P**). Denkbar wäre auch, daß die Unternehmen Einkommen aus dem Ausland beziehen, doch sehen wir hier davon ab. Gewinne einbehalten können nur Unternehmen mit eigener Rechtspersönlichkeit.

Für die Verwendung dieser unverteilten Gewinne gibt es lediglich zwei Möglichkeiten: Der Unternehmenssektor muß auf diese Einkommen direkte Steuern zahlen T^d_U (**St-E**), d.h. Einkommensteuern, die bei Unternehmen mit eigener Rechtspersönlichkeit Körperschaftssteuer heißt. Was nach der Steuerzahlung vom Einkommen übrig bleibt, ist die Ersparnis der Unternehmen S_U (**U-VÄ**) bzw. das verfügbare Einkommen des Sektors Unternehmungen $Y^U_{verf.}$. Das Konto **U-E** hat folgendes Aussehen:

Einkommenskonto des Sektors Unternehmungen

U - E

T^d_U	Direkte Steuern	Unverteilte Gewinne	Y_U^U
S_U^U	Ersparnis		

7.2 Das Einkommenskonto des Sektors private Haushalte (H-E)

Die privaten Haushalte (der Arbeitnehmer und Arbeitgeber) erzielen in erster Linie Faktoreinkommen aus ihrer Mitwirkung in den Produktionsprozessen der Sektoren Unternehmen und Staat. Diese Faktoreinkommen bestehen aus Löhnen und Gehältern, Miet-, Pacht- und Zinseinnahmen sowie den an sie verteilten Gewinnen. Es handelt sich dabei um Faktoreinkommen aus dem Unternehmenssektor $\mathbf{Y}^{H}_{U}$ **(U-P)** sowie vom Staat $\mathbf{Y}^{H}_{St}$ **(St-P)**. Hier zunächst noch unberücksichtigt bleiben die Faktoreinkommen, die Haushalte von Organisationen ohne Erwerbscharakter beziehen $\mathbf{Y}^{H}_{O}$ oder direkt von anderen privaten Haushalten bekommen $\mathbf{Y}^{H}_{H}$[2].

Allerdings wollen wir annehmen, daß inländische Wirtschaftssubjekte Faktoreinkommen aus dem Ausland beziehen $\mathbf{Y}^{H}_{A}$ **(A)**. Dieses kann dadurch geschehen, daß sie z.B. Zinsen, Dividenden aus ausländischen Wertpapieren erhalten, oder daß ihnen aus Direktinvestitionen ausgeschüttete Gewinne zufließen. Auch kann es sich um Arbeitseinkommen von Grenzgängern handeln, also Bundesbürgern, die in der Bundesrepublik Deutschland leben, aber im angrenzenden Ausland arbeiten und Geld verdienen.

Darüber hinaus erhalten Haushalte nicht-leistungsbezogene Einkommen, sogenannte Transferzahlungen, wie z.B. Rente, Sozialhilfe, Arbeitslosengeld, Kindergeld, Bafög usw. $\mathbf{Tr}^{H}_{St}$ **(St-E)**. Die Summe dieser genannten Positionen macht das gesamte Einkommen des Sektors Haushalte aus, das sogenannte Bruttoeinkommen der Haushalte (= Gesamteinkommen $\mathbf{Y}^{H}_{Ges.}$).

Von diesem Bruttoeinkommen müssen die Haushalte zunächst direkte Steuern zahlen (Lohn- und Einkommensteuern) $\mathbf{T^{d}}_{H}$ (St-E). Das danach übrigbleibende Einkommen steht den Haushalten für alternative Verwendungen zur freien Verfügung. Es heißt deshalb auch das verfügbare Einkommen der privaten Haushalte $\mathbf{Y}^{H}_{verf.}$. Welches sind die weiteren Verwendungen dieses Einkommens?

Wir nehmen hier an, daß die Haushalte einen Teil ihres verfügbaren Einkommens für Transferzahlungen ins Ausland verwenden $\mathbf{Tr}^{A}_{H}$ **(A)**. Zu denken ist hierbei in erster Linie an die Heimatüberweisungen der Gastarbeiter, die 1984 mit 9 Mrd. DM ihren Höchststand erreichten und seither rückläufig sind. (Gastarbeiter haben ihren ständigen Wohnsitz in der BRD und gelten daher ökonomisch als Inländer).

2 Vgl. dazu Kapitel 11.3.

Der bei weitem größte Teil des Einkommens der Haushalte wird von ihnen für Konsumausgaben verwendet C^U_H (U-P). Der Rest stellt die Ersparnis dieses Sektors dar S^H_H (H-VÄ).

Einkommenskonto des Sektors private Haushalte
H - E

	T^d_H	Direkte Steuern	Faktoreinkommen von den Unternehmen	Y^H_U	Y^H
$Y^H_{verf.}$	Tr^A_H	Transferzahlungen an das Ausland	Faktoreinkommen vom Staat	Y^H_{St}	Y^H
$Y^H_{verf.}$	C^U_H	Konsumausgaben	Faktoreinkommen vom Ausland	Y^H_A	Y^H
$Y^H_{verf.}$	S^H_H	Ersparnis	Transfereinkommen vom Staat	Tr^H_{St}	
			Σ Gesamteinkommen der Haushalte		

7.3 Das Einkommenskonto des Staates (St-E)

Die Einkommensquellen des Staates bestehen aus Steuern und Faktoreinkommen. Wir haben sie bereits auf den Produktions- und Einkommenskonten des Sektors U sowie auf dem Einkommenskonto der Haushalte kennengelernt und müssen sie hier nur systematisch zusammenstellen. Zunächst die Steuereinnahmen: Indirekte Steuern von den Unternehmungen T^i (U-P), direkte Steuern vom Einkommen der Unternehmungen, den einbehaltenen Gewinnen T^d_U (U-E) sowie vom Einkommen der privaten Haushalte T^d_H (H-E). Von Gebühreneinnahmen und sonstigen Einnahmen des Staates sehen wir hier ab. Sie sind insgesamt auch quantitativ zu vernachlässigen. Unter dem Kürzel "T^d_H " sollen neben Lohn- und Einkommenssteuer auch andere Zwangsabgaben an den Staat bzw. staatliche Einrichtungen zusammengefaßt werden. Insbesondere sollen auch die Sozialversicherungsbeiträge darin enthalten sein.

Neben den Steuereinnahmen erzielt der Staat auch Faktoreinkommen aus Beteiligungen an Unternehmungen bzw. aus seinen eigenen Unternehmungen Y^{St}_U (U-P). Sind diese jedoch defizitär, wie z.B. die Bundesbahn, dann handelt es sich um negative Faktoreinkommen. Die Verluste müssen aus dem Staatshaushalt finanziert werden.

Wie verwendet der Staat seine Einnahmen? Vom Produktionskonto des Unternehmenssektors wissen wir, daß der Staat den Sektor Unternehmen mit Subventionszahlungen unterstützt **Z** **(U-P)** und an den Sektor Haushalte unter anderem Rentenzahlungen, Arbeitslosengeld oder allgemein Transferzahlungen leistet $\mathbf{Tr}_{St}^{H}$ **(H-E)**.

Eine weitere für die Bundesrepublik Deutschland wichtige Transferzahlung wollen wir hier berücksichtigen: Die Beitragszahlungen an internationale Organisationen, und hierunter insbesondere den bundesdeutschen Nettobeitrag zum EG-Haushalt $\mathbf{Tr}_{St}^{A}$ **(A)**.

Schließlich muß der sogenannte Eigenverbrauch des Staates (siehe **St-P**), der ja unentgeltlich abgegeben wird, finanziert werden: Der Staat finanziert ihn selbst aus seinen Einnahmen. Aus diesem Grund findet sich der staatliche Konsum $\mathbf{C}_{St}$ **(St-P)** hier wieder.
Sollten die gesamten staatlichen, laufenden Einnahmen (Steuern und Faktoreinkommen) größer sein als die bisher aufgeführten Ausgabenposten, erzielt der Staat eine positive Ersparnis $\mathbf{S}_{St}$ **(St-VÄ)**. Denkbar und in den letzten Jahren auch tatsächlich eingetreten, ist auch der umgekehrte Fall der negativen staatlichen Ersparnisbildung[3].

Einkommenskonto des Staates
ST - E

Z	Subventionen	Indirekte Steuern	$\mathbf{T}^{i}$	**T**
$\mathbf{Tr}_{St}^{H}$	Transferzahlungen an Haushalte	Direkte Steuern von Unternehmungen	$\mathbf{T}_{U}^{d}$	
$\mathbf{Tr}_{St}^{A}$	Transferzahlungen an das Ausland	Direkte Steuern von Haushalten	$\mathbf{T}_{H}^{d}$	
$\mathbf{C}_{St}^{St}$	Eigenverbrauch	Faktoreinkommen vom Sektor Unternehmungen	$\mathbf{Y}_{U}^{St}$	
$\mathbf{S}_{St}^{St}$	Ersparnis			

$\sum$ Gesamteinnahmen des Staates

3 Diese negative Ersparnis ist nicht identisch mit der Kreditaufnahme des Staates, wie wir noch bei dem Vermögensänderungskonto des Staates sehen werden.

7.4 Gesamtwirtschaftliches Einkommenskonto (E)

Die Entwicklung des gesamtwirtschaftlichen Einkommenskontos **E** erfolgt in ähnlicher Weise wie beim gesamtwirtschaftlichen Produktionskonto **P**. Es werden die Einkommenskonten der einzelnen Sektoren addiert (aggregiert), und einige Positionen, die sowohl im Soll als auch im Haben stehen und sich daher gegenseitig aufheben, werden konsolidiert. Andere Positionen wechseln die Kontoseite und gleichzeitig das Vorzeichen, um auf dem Konto zu ausdrucksvolleren Größen zu gelangen (vgl. Schaubild 7-1).

- Die direkten Steuern (Lohn- und Einkommenssteuer der privaten Haushalte und Körperschaftssteuer der Unternehmen), die von Unternehmen und Haushalten an den Staat gezahlt werden, stehen auf den Einkommenskonten dieser Sektoren auf der Sollseite (**U-E** und **H-E**) und auf dem Einkommenskonto des Staates auf der Habenseite (**St-E**). (Die indirekten Steuern fallen nicht heraus, denn ihre Gegenbuchung erfolgt auf dem Produktionskonto der Unternehmen **U-P** und nicht auf einem der hier betrachteten Einkommenskonten).
- Die Transferzahlungen des Staates an die Haushalte sind gleichzeitig Ausgaben des Staates und Einnahmen der Haushalte. Sie stehen bei **St-E** im Soll, bei **H-E** im Haben.
- Die Subventionen des Staates bringen wir von der Soll- auf die Habenseite. Sie erhalten dann ein negatives Vorzeichen und bilden die Differenz $\mathbf{T^i - Z}$, die wir bereits auf dem Konto **U-P** kennengelernt haben.

Jetzt brauchen wir die übrigen Größen nur noch auf beiden Seiten getrennt zu addieren und erhalten das gesamtwirtschaftliche Einkommenskonto, auf dem wir das Volkseinkommen ermitteln. In dem hier entwickelten VGR-Schema setzt es sich wie folgt zusammen:

$$\mathbf{Y} = \mathbf{Y_U^U} + \mathbf{Y_U^H} + \mathbf{Y_U^{St}} + \mathbf{Y_{St}^H} + \mathbf{Y_A^H}$$

$$\boxed{\mathbf{Y} = \mathbf{Y^U} + \mathbf{Y^H} + \mathbf{Y^{St}}}$$

Es handelt sich um sämtliche Leistungseinkommen, die an die inländischen Wirtschaftssubjekte **U, H, St** geflossen sind unabhängig davon, wo sie entstanden sind. In unserem Buchungsbeispiel sind bis auf die Faktoreinkommen vom Ausland an Haushalte alle sämtliche Einkommen im inländischen Produktionsprozeß entstanden.

Gesamtwirtschaftliches Einkommenskonto

E

Tr^A	Tr^A_H Tr^A_{St}	Transferzahlungen an das Ausland - von Haushalten - vom Staat	Einbehaltene Gewinne der Unternehmungen	Y^U_U	Y^U	$Y \equiv Y^n_F$	Y^n_M
C	C_H C_{St}	Konsumausgaben - von Haushalten - vom Staat	Faktoreinkommen der Haushalte - von Unternehmen - vom Staat - vom Ausland	Y^H_U Y^H_{St} Y^H_A	Y^H		
S	S_U S_H S_{St}	Ersparnis - von Unternehmen - von Haushalten - vom Staat	Faktoreinkommen des Staates von Unternehmen	Y^{St}_U	Y^{St}		
			Indirekte Steuern minus Subventionen	$T^i - Z$			

$\sum$ = Nettosozialprodukt zu Marktpreisen $= Y^n_M$

BOX: 7 - 2 **Privater und staatlicher Verbrauch**

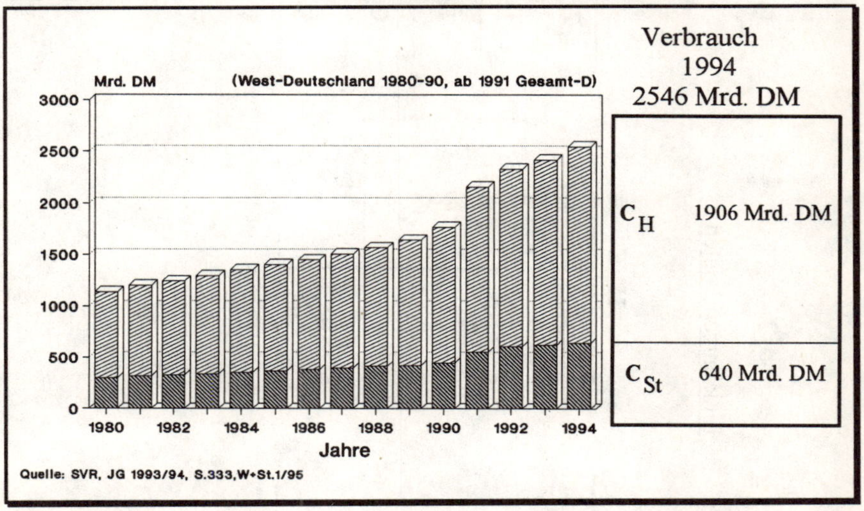

Schaubild 7 - 1: Einkommenskonten

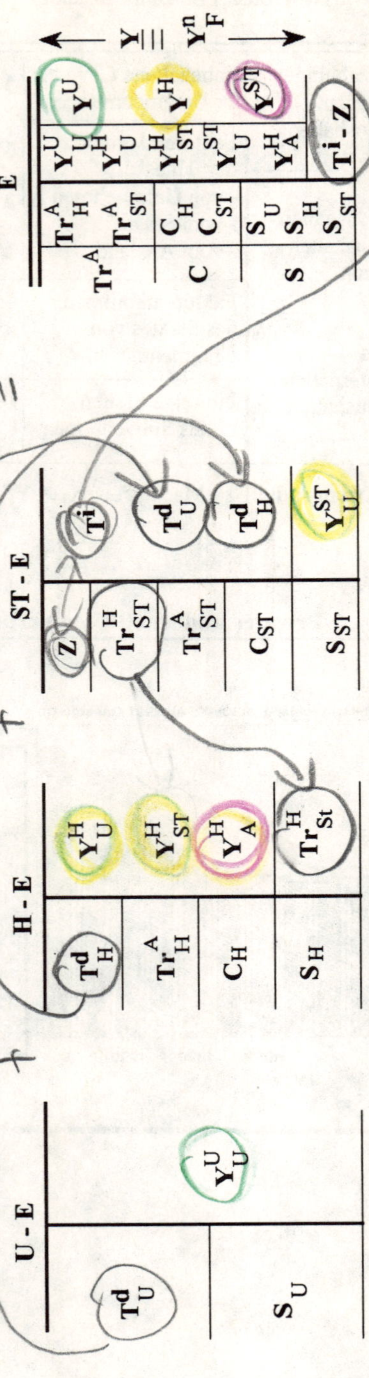

BOX: 7 - 3 Zur personellen Einkommensverteilung

Die personelle Einkommensverteilung betrachtet die Verteilung der Einkommen auf die Bevölkerung einer Volkswirtschaft. Zu diesem Zweck werden die Einkommensempfänger nach der Höhe ihrer Einkommen gestaffelt in Gruppen zusammengefaßt, die z.B. 20 % (sog. Quintile) oder 10 % (sog. Decile) der Bevölkerung umfassen. Die Frage, wieviel Prozent der Einkommen auf wieviel Prozent der Bevölkerung entfallen, läßt sich mittels der Lorenzkurve[4] und dem daraus abgeleiteten Gini-Koeffizienten bestimmen:

Schaubild 1

Die Lorenzkurve

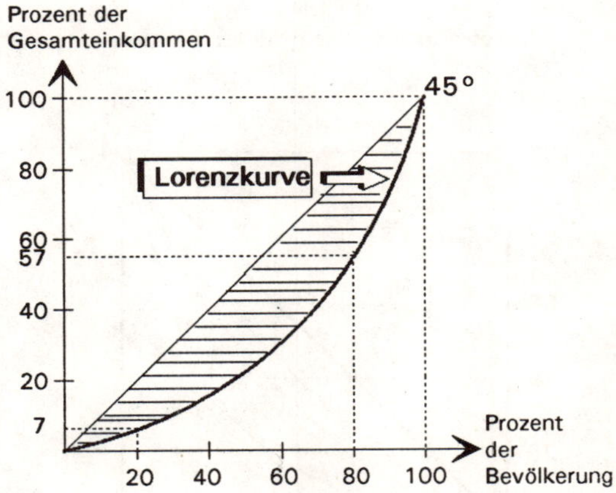

Entlang der 45°-Linie würde eine vollkommene Gleichverteilung der Einkommen bestehen. In dem betrachteten Beispiel, ist dies aber (wie in der Realität) nicht der Fall. Auf die 20 % "Ärmsten" entfallen hier nur 7 % der Einkommen, während die 20 % "Reichsten" 43 % der Einkommen beziehen. Je weiter die Lorenzkurve "durchhängt", desto ungleicher ist die Einkommensverteilung. Der Gini-Koeffizient bildet den Quotienten aus der schraffierten Fläche (zwischen Lorenz-Kurve und 45° Linie) und dem Flächeninhalt des Dreiecks, das die 45° Linie mit der "Bevölkerungsachse" bildet. Er kann Werte zwischen Null (vollkommene Gleichverteilung) und eins (vollkommen ungleiche Verteilung) annehmen.

4 Benannt nach dem amerikanischen Statistiker Conrad Lorenz, der 1905 auf diese Weise erstmals die Beziehung zwischen Bevölkerungsgruppen und ihren jeweiligen Einkommensanteilen darstellte.

Extrem schiefe Einkommensverteilungen sind insbesondere für Entwicklungsländer typisch, in denen häufig die höchstverdienenden 20 % mehr als 50 % der Einkommen auf sich vereinen, während die untersten 20 % kaum auf 5 % der Einkommen kommen. Schaubild 2 stellt die Lorenzkurven für drei ausgewählte Länder dar. Es wird deutlich, daß die Einkommensverteilung in Brasilien erheblich ungleicher ist als z.B. in der Bundesrepublik Deutschland. Aber in Ungarn ist die Verteilung noch gleichmäßiger. Bei einem Ländervergleich ist allerdings zu berücksichtigen, daß die durchschnittlichen pro-Kopf Einkommen stark differieren können. Ist ein sehr hohes Volkseinkommen ungleich verteilt, so können die einzelnen Bevölkerungsgruppen dennoch ein höheres pro- Kopf Einkommen erzielen als vergleichsweise in einem Land mit zwar sehr egalitärer Verteilung aber einem niedrigen absoluten Einkommensniveau (vgl. Bundesrepublik Deutschland - Ungarn). Außerordentlich sozial kritisch sind allerdings die Fälle, in denen ein niedriges Volkseinkommen auch noch sehr ungleich verteilt wird: Den Ärmsten 40 % droht die Verelendung in absoluter Armut, während die "Top 1 %" selbst die Reichen in den reichen Ländern noch zu übertreffen vermögen (vgl. z.B. Brasilien).

Schaubild 2

Lorenzkurven ausgewählter Länder

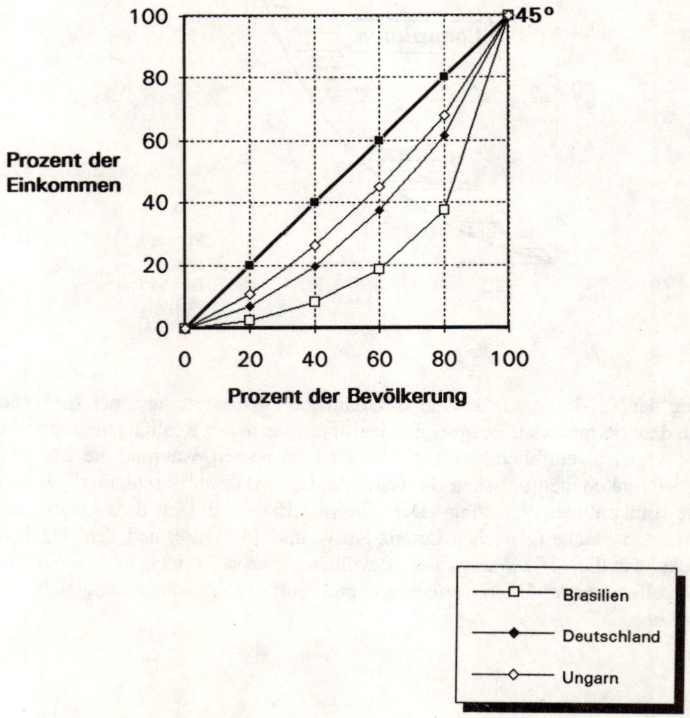

Quelle: Weltbank; Weltentwicklungsbericht.

8 Das Sozialprodukt - und die Nettofaktoreinkommen

BOX: 8 - 1 **Bruttosozialprodukt zu Marktpreisen**

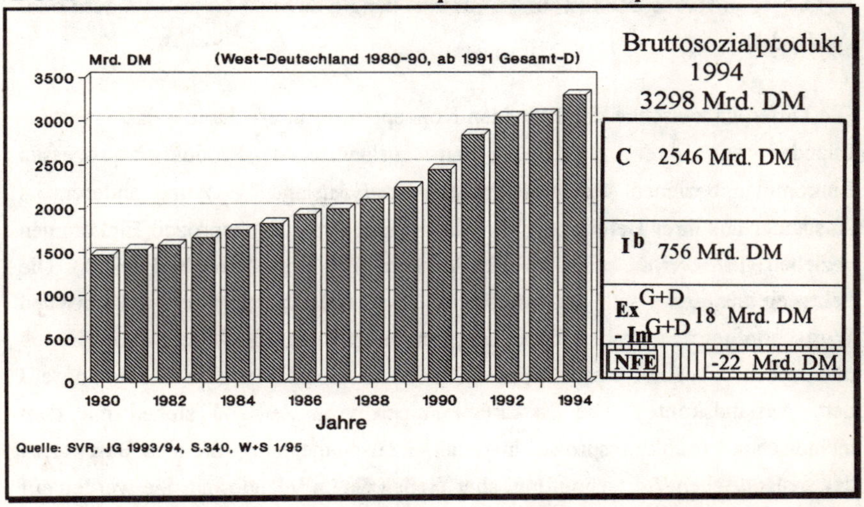

Auf den bisher behandelten gesamtwirtschaftlichen Konten (Produktions- und Einkommenskonto) haben sich wichtige gesamtwirtschaftliche Größen ergeben: das Inlandsprodukt und das Volkseinkommen. Diese Größen (und die Konten) stehen in einer engen Beziehung zueinander, die hier näher betrachtet werden soll: Auf dem Produktionskonto ist sowohl das Inlandsprodukt (Bruttoinlandsprodukt zu Marktpreisen) als auch die im Zuge des Produktionsprozesses entstandene Wertschöpfung (das Nettoinlandsprodukt zu Faktorkosten) ausgewiesen. Diese Wertschöpfung fließt (i.d.R. zum allergrößten Teil) inländischen Wirtschaftssubjekten als Faktoreinkommen zu und wird damit Bestandteil des Volkseinkommens (das "Volk" sind alle Inländer). Durch die Tatsache, daß Inländer auch im Ausland und Ausländer auch im Inland Geld verdienen, kann allerdings die inländische Wertschöpfung vom Einkommen der Inländer - dem Volkseinkommen - abweichen. Ohne diese Faktoreinkommen an das oder vom Ausland wären beide Größen identisch![1]

---

[1] In dem Modell einer geschlossenen Volkswirtschaft (vgl.Teil I) gibt es aus diesem Grunde keinen Unterschied zwischen Inlands- und Sozialprodukt.

Auf dem gesamtwirtschaftlichen Einkommenskonto findet sich das Einkommen, das allen Inländern zugeflossen ist und zwar unabhängig davon, wo es entstanden ist, im Inland oder Ausland. Das dem Volkseinkommen äquivalente Produkt ist das Nettosozialprodukt zu Faktorkosten (Y_F^n). Diesem Inländerkonzept steht das Inlandskonzept gegenüber, das wir bereits durch das gesamtwirtschaftliche Produktionskonto kennenlernten. Das dort ausgewiesene Nettoinlandsprodukt zu Faktorkosten (NIP_F) stellt dasjenige Produkt (bzw. Einkommen) dar, das im Inland produziert worden ist, und zwar unabhängig davon, ob von Inländern oder Ausländern.

Die Differenz zwischen diesen beiden Konzepten resultiert daraus, daß einerseits Inländer aus ihrer Beteiligung an ausländischen Produktionsprozessen Einkommen beziehen (Faktoreinkommen vom Ausland: Y_A) und andererseits Ausländer aus ihrer Beteiligung am inländischen Produktionsprozeß Einkommen beziehen (Faktoreinkommen an das Ausland: Y^A) (vgl. Schaubild 8 - 1). Die Faktoreinkommen an das Ausland sind Bestandteil der inländischen Wertschöpfung. Sie haben ihren Ursprung im inländischen Produktionsprozeß und stehen daher auf einem inländischen Produktionskonto (Gegenbuchung auf dem Auslandskonto). Die Faktoreinkommen vom Ausland stehen mit dem inländischen Produktionsprozeß in keinerlei Zusammenhang. Sie sind Bestandteil der ausländischen Wertschöpfung, aber fließen einem Inländer zu. Sie werden auf dem entsprechenden Einkommenskonto verbucht (auch hier erfolgt die Gegenbuchung auf dem Auslandskonto). Die Differenz zwischen den vom Ausland empfangenen Faktoreinkommen und den an das Ausland fließenden wird als Nettofaktoreinkommen bezeichnet. Diese Größe kann positiv, negativ oder gleich Null sein. Allgemein gilt:

Nettofaktoreinkommen	=	Faktoreinkommen vom Ausland	-	Faktoreinkommen an das Ausland
NFE	=	Y_A	-	Y^A

Die Faktoreinkommen vom Ausland können an irgendein inländisches Wirtschaftssubjekt fließen (U, St, H). In unserem Buchungsbeispiel haben wir lediglich Faktoreinkommen berücksichtigt, die vom Ausland an private Haushalte fließen. Die Faktoreinkommen an das Ausland können von irgendeinem inländischen Wirtschaftssubjekt stammen (U, St, H). Sie müssen aber im Produktionsprozeß dieser Wirtschaftssubjekte entstanden sein, denn es handelt sich bei Faktoreinkommen um Leistungs- nicht um Transfereinkommen. In

Schaubild 8- 1: Zusammenhang von Nettoinlandsprodukt zu Faktorkosten und Volkseinkommen

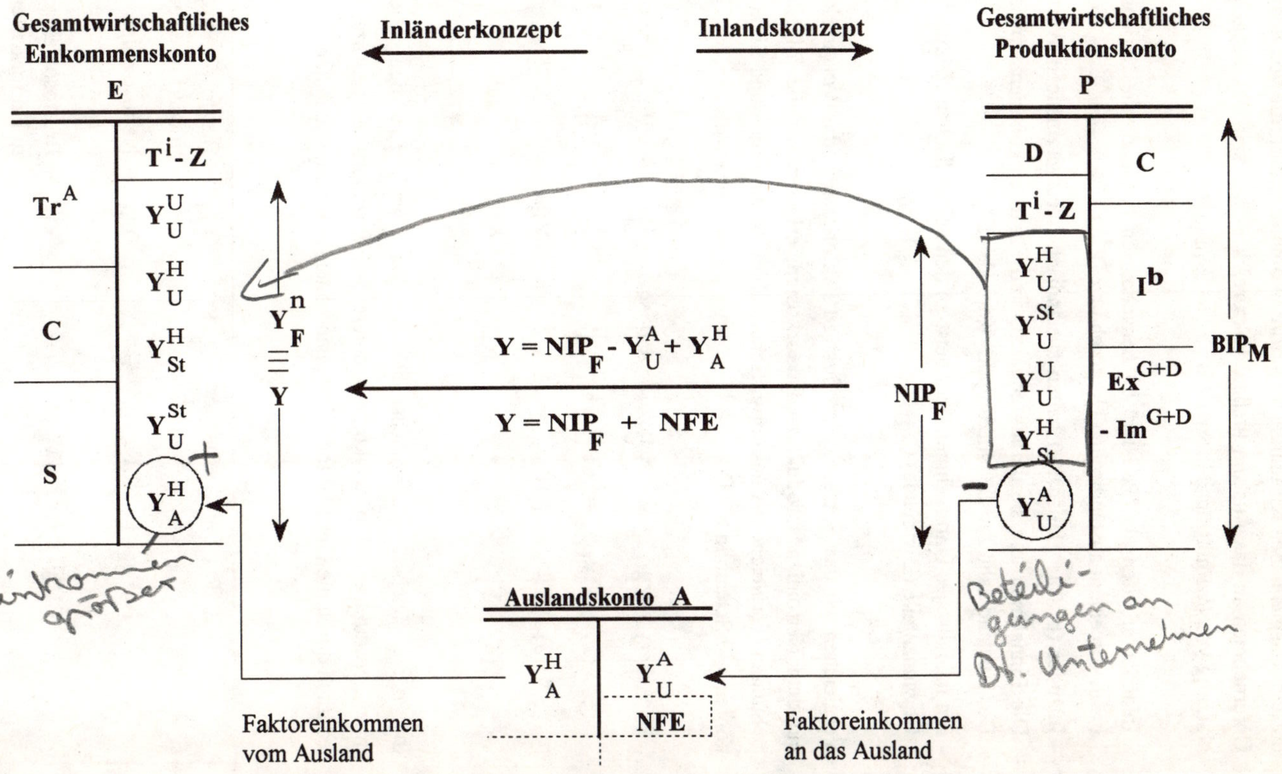

diesem Beispiel haben wir lediglich Faktoreinkommen erfaßt, die von inländischen Unternehmen an das Ausland fließen. Faktoreinkommen sind das Entgelt für die Nutzung von Produktionsfaktoren.z.B.:

Bsp.

- Inländer arbeiten als "Pendler" im benachbarten Ausland. Sie beziehen dafür Lohn von einem ausländischen Unternehmen (Y^H_A).
- Inländer (private Haushalte) halten ausländische, festverzinsliche Wertpapiere. Die Einnahmen, die sie daraus erzielen, sind Faktoreinkommen vom Ausland. Das Ausland zahlt für die Nutzung des Kapitals (Y^H_A).
- Ein inländisches Unternehmen überweist an den ausländischen "Mutterkonzern" Gewinnanteile (Dividende) (Y^A_U).

Vergleichen wir das Nettosozialprodukt zu Faktorkosten (das Volkseinkommen) mit dem Nettoinlandsprodukt zu Faktorkosten, erhalten wir die folgenden Beziehungen (vergleiche die gesamtwirtschaftlichen Produktions- und Einkommenskonten und Schaubild 8 - 1):

$$(1) \quad Y^n_F = Y^U_U + Y^H_U + Y^H_{St} + Y^H_A + Y^{St}_U$$

$$(2) \quad NIP_F = Y^U_U + Y^H_U + Y^H_{St} + Y^A_U + Y^{St}_U$$

$$(3) \quad Y^n_F - NIP_F = Y^H_A - Y^A_U = NFE$$

$$(4) \quad Y^n_F = NIP_F + NFE$$

In der gleichen Vorgehensweise bilden wir zu den bekannten Inlandsproduktbegriffen die korrespondierenden Sozialproduktbegriffe, die sich lediglich durch die Nettofaktoreinkommen voneinander unterscheiden:

$$BIP_M + NFE = Y^b_M = \text{Bruttosozialprodukt zu Marktpreisen}$$

$$NIP_M + NFE = Y^n_M = \text{Nettosozialprodukt zu Marktpreisen}$$

$$BIP_F + NFE = Y^b_F = \text{Bruttosozialprodukt zu Faktorkosten}$$

$$NIP_F + NFE = Y^n_F = \text{Nettosozialprodukt zu Faktorkosten}$$

Beim Übergang Inlandsprodukt zum Sozialprodukt nehmen wir folgende definitorischen Gleichsetzung vor:

Faktoreinkommen vom Ausland $\mathbf{Y_A} = \mathbf{Ex^F}$ Exporte von Faktorleistungen

Faktoreinkommen an das Ausland $\mathbf{Y^A} = \mathbf{Im^F}$ Importe von Faktorleistungen

Nettofaktoreinkommen können dann auch als Differenz zwischen Exporten und Importen von Faktorleistungen aufgefaßt werden:

$$\mathbf{NFE} = \mathbf{Y_A - Y^A} = \mathbf{Ex^F - Im^F}$$

Unter <u>Exporten</u> fassen wir die Summe aus Exporten von Gütern ($\mathbf{Ex^G}$), Exporten von Dienstleistungen ($\mathbf{Ex^D}$) und Exporten von Faktorleistungen ($\mathbf{Ex^F}$) zusammen.

$$\mathbf{Ex} = \mathbf{Ex^G} + \mathbf{Ex^D} + \mathbf{Ex^F}$$

Unter <u>Importen</u> fassen wir die Summe aus Importen von Gütern ($\mathbf{Im^G}$), Importen von Dienstleistungen ($\mathbf{Im^D}$) und Importen von Faktorleistungen ($\mathbf{Im^F}$) zusammen.

$$\mathbf{Im} = \mathbf{Im^G} + \mathbf{Im^D} + \mathbf{Im^F}$$

Unter Berücksichtigung dieser Gleichungen werden die Sozialproduktbegriffe analog zu den Inlandsproduktbegriffen definiert (vgl. Box 8 - 2):

Das Nettosozialprodukt zu Faktorkosten kennen wir bereits als Volkseinkommen auf dem gesamtwirtschaftlichen Einkommenskonto. Hieran wird besonders deutlich, daß "Produkt" und "Einkommen" zwei Seiten einer Medaille (oder eines Kontos) sind! Mit der Erzeugung des Sozial"produktes" entsteht im gleichen Akt das Volks"einkommen". Machen wir uns die Zusammenhänge noch einmal an dem Schaubild 8 - 2 klar, ausgehend vom gesamtwirtschaftlichen Produktionskonto: Auf der Habenseite ist das $\mathbf{BIP_M}$ ausgewiesen, auf der Sollseite findet sich u.a. das $\mathbf{NIP_F}$. Wir fügen auf beiden Seiten die Nettofaktoreinkommen vom Ausland hinzu, wodurch auf der Sollseite aus dem $\mathbf{NIP_F}$ das $\mathbf{Y_F^n}$ oder Volkseinkommen wird und auf der Habenseite aus dem Bruttoinlandsprodukt zu Marktpreisen das Bruttosozialprodukt zu Marktpreisen.

Schaubild 8- 2: Zusammenhang von Inlands- und Sozialprodukt

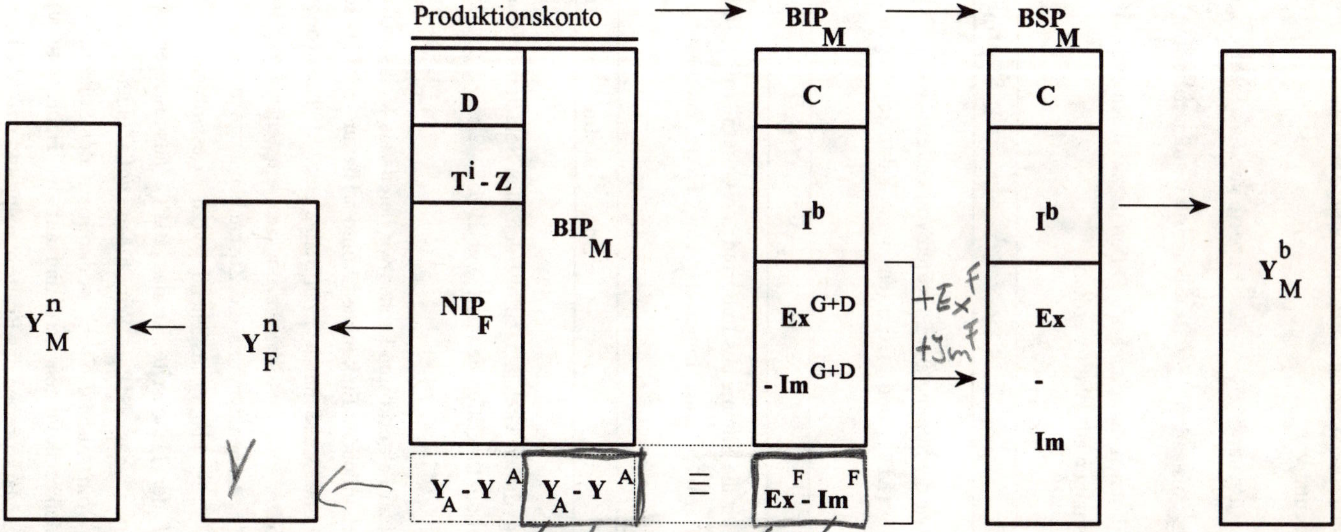

Faktoreinkommen vom Ausland = Export von Faktorleistungen

$Y_A \equiv Ex^F$

Faktoreinkommen an das Ausland = Import von Faktorleistungen

$Y^A \equiv Im^F$

$Ex = Ex^G + Ex^D + Ex^F$

$Im = Im^G + Im^D + Im^F$

BOX: 8 - 2 Sozialprodukte

- Bruttosozialprodukt zu Marktpreisen

$$Y_M^b = BIP_M + NFE$$

$$= C + I^b + Ex^{G+D} - Im^{G+D} + NFE$$

$$= C + I^b + Ex - Im$$

- Nettosozialprodukt zu Marktpreisen

$$Y_M^n = NIP_M + NFE$$

$$= C + I + Ex - Im$$

$$= Y_M^b - D$$

- Bruttosozialprodukt zu Faktorkosten

$$Y_F^b = BIP_F + NFE$$

$$= C + I^b + Ex - Im - (T^i - Z)$$

$$= Y_M^b - (T^i - Z)$$

- Nettosozialprodukt zu Faktorkosten

$$Y_F^n = NIP_F + NFE$$

$$= C + I + Ex - Im - (T^i - Z)$$

$$= Y_M^b - D - (T^i - Z)$$

Nettosozialprodukt zu Faktorkosten $Y_F^n \equiv Y$ **Volkseinkommen**

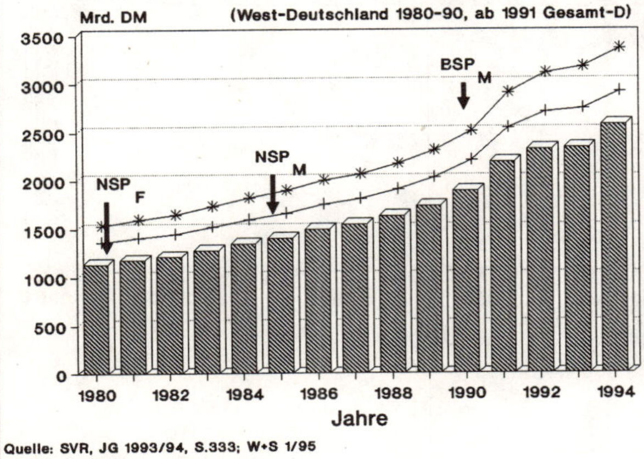

Quelle: SVR, JG 1993/94, S.333; W+S 1/95

Sozialprodukte 1994

D	443 Mrd. DM
$T^i - Z$	375 Mrd. DM
NSP_F	2480 Mrd. DM

Welche empirische Bedeutung hat eigentlich die Unterscheidung in ein Inlands- und ein Inländerkonzept? D.h. wie hoch ist tatsächlich der Unterschied zwischen: dem Bruttoinlandsprodukt zu Marktpreisen und dem Sozialprodukt zu Marktpreisen? Für die Bundesrepublik Deutschland betrugen 1990 die Nettofaktoreinkommen 20,96 Mrd. DM und damit 0,86 v.H. des Bruttosozialproduktes zu Marktpreisen. Entwicklungsländer, deren Volkswirtschaften häufig vom Auslandskapital dominiert werden, müssen in Form von Zinsen auf ihre Auslandsverschuldung und an Multinationale Konzerne ins Ausland transferierte Gewinne zum Teil einen erheblichen Anteil ihres Bruttoinlandsproduktes abführen. Bei ihnen überwiegen die Faktoreinkommen an das Ausland. Das den Inländern verbleibende Sozialprodukt ist in diesen Ländern also geringer als das von ihnen erzeugte Inlandsprodukt.

Box 8 - 3 **Nettofaktoreinkommen**

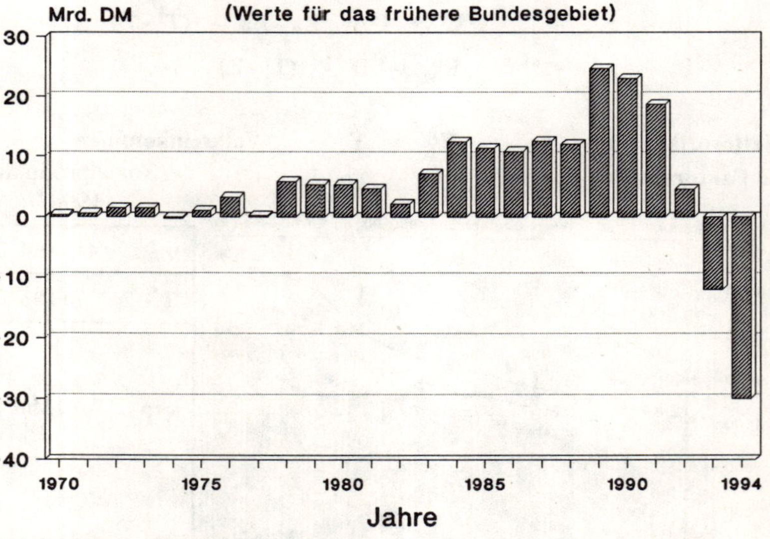

Quelle: SVR, JG 1993/94, S.330,W+St.1/95

BOX: 8 - 4 **Inländer**

Das In- und Ausländerkonzept

Als *Inländer* gelten in der deutschen Zahlungsbilanz alle Einheiten — öffentliche Stellen, Unternehmen, Privatpersonen und private Organisationen ohne Erwerbszweck —, die mit dem Territorium der Bundesrepublik Deutschland wirtschaftlich enger verbunden sind als mit dem anderer Länder. Territorium im Sinne der Statistik ist die Bundesrepublik Deutschland in ihren Staatsgrenzen.

Als Inländer gelten somit einmal die *öffentlichen* Stellen der Bundesrepublik auf allen Ebenen der Verwaltung, einschließlich Sozialversicherung, unselbständigen Unternehmen im öffentlichen Eigentum, deutschen diplomatischen Vertretungen und militärischen Abordnungen im Ausland. Ausländische diplomatische Vertretungen und militärische Dienststellen im Inland zählen dagegen nicht zu den Inländern. Internationale Organisationen mit Sitz im Inland werden als selbständige ausländische Einheiten behandelt.

Zu den inländischen *Unternehmen* werden alle Einheiten gerechnet, die im Inland einer unternehmerischen Tätigkeit nachgehen. Das sind einmal die selbständigen Unternehmen mit Sitz im Inland hinsichtlich ihrer inländischen Produktionsstätten, Verwaltungen, Niederlassungen und Betriebsstätten, unabhängig von den Eigentumsverhältnissen und ihrer Rechtsform. Auch Unternehmen, deren Kapital sich teilweise oder ganz in ausländischem Eigentum befindet, gelten als inländische Einheiten, soweit ihre Tätigkeit sich im Inland abspielt. Inländische Einheiten sind darüber hinaus die Zweigniederlassungen und Betriebsstätten — nicht aber Agenturen — ausländischer Unternehmen im Inland, sofern sie eine eigene Leitung bzw. Verwaltung und Buchführung besitzen. Nach statistischer Konvention gelten auch bebaute und unbebaute inländische Grundstücke im Auslandsbesitz, Baustellen ausländischer Firmen im Inland, ausländische Pipelines, Bohrstellen etc. im Inland als inländische Einheiten. Umgekehrt gelten alle von deutschen Unternehmern oder Eigentümern abhängigen Unternehmen, Niederlassungen, Betriebsstätten etc. im Ausland als Ausländer.

Zu den inländischen *Privatpersonen* werden alle natürlichen Personen gerechnet, deren wirtschaftliche Aktivitäten oder Interessen überwiegend mit dem deutschen Territorium verbunden sind, z. B. durch Einkommenserwerb, Konsum, Vermögensanlage. Als Faustregel gilt, daß alle Personen, die sich ein Jahr und länger in der Bundesrepublik aufhalten, insbesondere wenn sie ein Gewerbe betreiben, einen längerfristigen Arbeitsvertrag haben oder unbeschränkt einkommensteuerpflichtig sind, als Inländer angesehen werden. Hiernach sind „Reisende" Inländer ihres Wohnsitzlandes. Ausländische Arbeitnehmer, die sich ständig im Bundesgebiet aufhalten („Gastarbeiter"), und ihre in Deutschland lebenden Angehörigen sind Inländer; Saisonarbeiter und Grenzgänger gelten als Ausländer. Das ausländische Personal ausländischer diplomatischer Vertretungen gehört im Gegensatz zu dem militärischer Dienststellen ebenfalls zu den Inländern. Die Nationalität der Personen spielt also nur eine untergeordnete Rolle.

Ausländer sind alle öffentlichen Stellen, Unternehmen, Zweigniederlassungen und Betriebsstätten, natürlichen Personen und Organisationen ohne Erwerbszweck, die nicht unter den Inländerbegriff fallen.

Quelle: Sonderdrucke der Deutschen Bundesbank, Nr. 8, S. 24f.

9 Die Vermögensbildung - und ihre Finanzierung

BOX: 9 - 1 Gesamtwirtschaftliche Vermögensbildung und Ersparnis

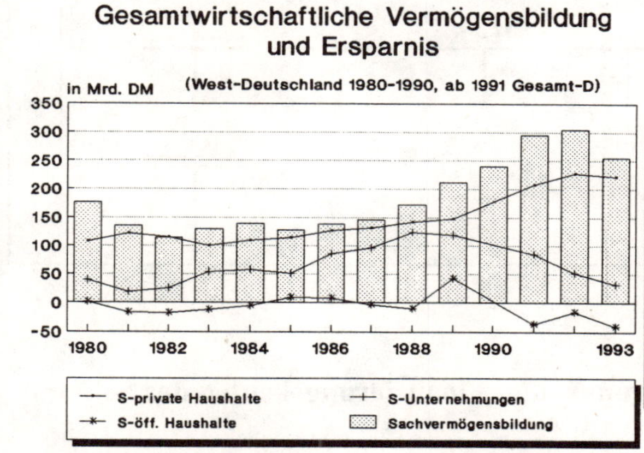

Quelle: BBK. Monatsb. Mai 94. Son. Nr.4

Ersparnis 1993
214 Mrd. DM

S_H	222 Mrd. DM
S_U	32 Mrd. DM
S_{St}	- 40 Mrd. DM

Wir kommen jetzt zu den Zeilen 3 und 4 unseres VGR-Schemas. Es geht dabei um die wirtschaftlichen Aktivitäten der Vermögensbildung und ihrer Finanzierung. Auch diese Aktivitäten können sowohl mit inländischen als auch mit ausländischen Wirtschaftssubjekten abgewickelt werden. Die Vermögensbildung der einzelnen Sektoren wird auf den zugehörigen Vermögensänderungskonten festgehalten, die Finanztransaktionen, die die Vermögensbildung durch Kreditaufnahme bzw. -vergabe finanzieren (aber auch darüber hinausgehende "reine" Finanztransaktionen), werden auf den Finanzierungskonten verbucht. Die vielfältigen Verflechtungen gehen bei der Aggregation zu gesamtwirtschaftlichen Konten zwar verloren, doch gewinnen wir eine klare Vorstellung, daß in einer offenen Volkswirtschaft die fundamentale ex post-Beziehung: Ersparnis = Nettoinvestition nicht mehr gilt. Vielmehr werden wir erfahren, daß die inländische Ersparnis größer, kleiner und nur unter bestimmten Voraussetzungen gleich der Nettoinvestition sein wird. Zu dieser Erkenntnis reichen die gesamtwirtschaftlichen Vermögensänderungs- und Finanzierungskonten noch nicht aus: wir fassen diese beiden Konten zum "volkswirtschaftlichen Reinvermö-

gensänderungskonto" (RVÄ) zusammen. Auch in diesem Kapitel werden Ihnen die Konten der Gegenbuchungen wieder in Klammern angegeben.
In diesem Abschnitt behandeln wir folgende Zeilen des VGR-Schemas:

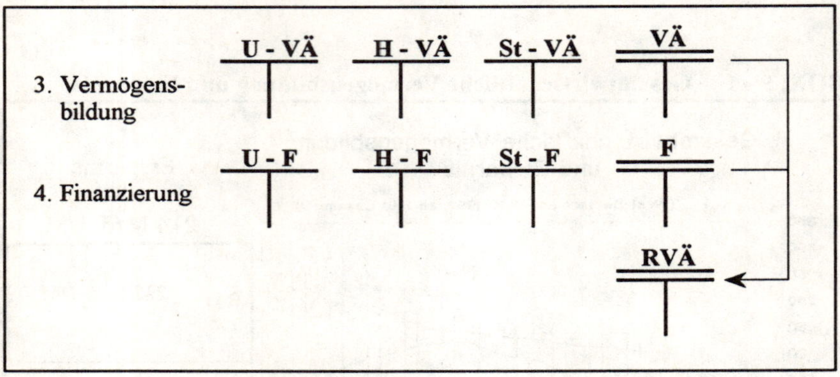

9.1 Vermögensänderungs- und Finanzierungskonten des Sektors Unternehmungen

Die Brutto-Vermögensbildung des Unternehmenssektors ist quantitativ die bedeutendste in einer Volkswirtschaft. Sie besteht aus den Bruttoinvestitionen dieses Sektors $\mathbf{I^b_U}$ **(U-P)**. Die zur Finanzierung der Investitionen vom U-Sektor selbst aufgebrachten Finanzmittel bestehen aus den Abschreibungen $\mathbf{D_U}$, die aus dem Produktionskonto resultieren **(U-P)**, sowie der Ersparnis $\mathbf{S_U}$, die sich als Saldo auf dem Einkommenskonto des Sektors U ergab **(U-E)**. Typischerweise sind aber die Bruttoinvestitionen erheblich höher als die genannten sektoreigenen Finanzierungsbeiträge, so daß regelmäßig ein Finanzierungsdefizit $\mathbf{FD_U}$ **(U-F)** entsteht, das auf dem Finanzierungskonto dieses Sektors durch entsprechende Kreditaufnahmen von anderen Sektoren abgedeckt werden muß. Wir unterstellen, daß der Unternehmenssektor nicht nur dieses Finanzierungsdefizit decken muß, sondern daß er darüber hinaus auch noch Kredite an das Ausland gibt $\mathbf{K^A_U}$ **(A)**, damit z.B. die ausländischen Abnehmer die deutschen Exporte auch bezahlen können.

Die Finanzierung erfolgt durch Kreditaufnahme bei den inländischen privaten Haushalten $\mathbf{K^U_H}$ **(H-F)**, die beispielsweise Obligationen der Unternehmungen kaufen oder bei den Geschäftsbanken Einlagen unterhalten. Wie sehen diese Konten also aus? Machen wir uns folgendes noch einmal deutlich: Die Vermögensbildung ist identisch mit der Veränderung des Produktivvermögens (bzw. des Produzentensachkapitals). Diese Vermögensänderung erfolgt durch den Zugang von neuen Anlagen und durch Lagerbestandsveränderungen. Diese Vermögensgüter werden im laufenden Produktionsprozeß erzeugt und sowohl auf dem Produktionskonto (im Haben) als auch auf dem Vermögensänderungskonto (im Soll) als Bruttoinvestitionen ausgewiesen[1]:

$$I^b_U = I^{b\,U}_{A\,U} + I^U_{L\,U}.$$

Der gesamte im Produktionsprozeß eingesetzte Bestand an Produktivkapital hat aber durch Verschleiß, d.h. Abgaben von Produktiv-Nutzungen im Produktionsprozeß, an Wert verloren. Diese Wertminderung wurde ebenfalls bereits auf dem Produktionskonto als Abschreibungen erfaßt. In ihrer Höhe werden Einnahmen als Teil des Produktionswertes verbucht. Sie gehören aber nicht zur Wertschöpfung, sondern sind der Gegenwert eines "Werteverzehrs" und werden daher auch nicht auf den Einkommenskonten, sondern auf dem Vermögensänderungskonto gegengebucht, um dort die Bruttoinvestitionen mitzufinanzieren.[2]

Vermögensänderungskonto des Sektors Unternehmungen

U - VÄ

I^b_U	Brutto-investitionen	Abschreibungen	D_U
		Ersparnis	S_U
		Finanzierungsdefizit	FD_U

Finanzierungskonto des Sektors Unternehmungen

U - F

FD_U	Finanzierungsdefizit	Kreditaufnahme bei den Haushalten	K^U_H
K^A_U	Kreditvergabe von inländischen Unternehmen an das Ausland		

[1] Vermögensübertragungen innerhalb des Unternehmenssektors gleichen sich aus und können daher unberücksichtigt bleiben. Von Vermögensübertragungen zwischen den Sektoren wird hier abgesehen.

[2] Vergleichen Sie auch Teil I Kapitel 2 - 4.

9.2 Vermögensänderungs- und Finanzierungskonten des Sektors Haushalte

Die Haushalte bilden ex definitione kein Realvermögen. Die in der laufenden Periode erworbenen Vermögensgegenstände des Haushalts wie PKW, Fernsehgeräte, Möbel sind Konsumgüter und auf dem Einkommenskonto des Sektors Haushalte als Konsumgüterausgabe $\mathbf{C_H^U}$ erfaßt. Die Ersparnis der Haushalte $\mathbf{S_H}$ stellt in gleicher Höhe einen Finanzierungsüberschuß $\mathbf{FÜ_H}$ des Sektors Haushalte dar. Dieser Finanzierungsüberschuß ist gleichbedeutend mit der Veränderung des Finanzvermögens der Haushalte. Es ist $\mathbf{S_H}$ **(H-E)** = $\mathbf{FÜ_H}$ **(H-VÄ)**.

Auf dem Finanzierungskonto **H-F** wird verbucht, wie die Haushalte ihre Finanzierungsüberschüsse verwenden, d.h. welchen Sektoren sie ihre Ersparnisse (als Kredite) zur Verfügung stellen. Wir schließen hier eine direkte Kreditvergabe der Haushalte an das Ausland aus, so daß lediglich Kredite an den Unternehmenssektor $\mathbf{K_H^U}$ **(U-F)** und an den Staat $\mathbf{K_H^{St}}$ **(St-F)** übrigbleiben. Ein Kredit an den Staat kann etwa durch Kauf von Staatspapieren erfolgen.
Die Konten sehen wie folgt aus:

Vermögensänderungskonto der privaten Haushalte
H - VÄ

$\mathbf{FÜ_H}$	Finanzierungs-überschuß	Ersparnis	$\mathbf{S_H}$

Finanzierungskonto der privaten Haushalte
H - F

$\mathbf{K_H^U}$	Kredite an Unternehmen	Finanzierungs-überschuß	$\mathbf{FÜ_H}$
$\mathbf{K_H^{St}}$	Kredite an den Staat		

9.3 Vermögensänderungs- und Finanzierungskonten des Staates

Der Staat bildet Realvermögen durch seine Brutto-Investitionen $\mathbf{I^b}{}^{U}_{St}$ **(U-P)** (wie z.B. Straßen, Hochschulbauten, Schulgebäuden, Ministerien, Rathäuser). Analog zum Unternehmenssektor finanziert der Staat seine Vermögensbildung zum Teil selbst durch Abschreibungen $\mathbf{D}_{St}$ **(St-P)** und Ersparnisse $\mathbf{S}_{St}$ **(St-E)**. Selbst wenn die staatliche Ersparnis wie hier unterstellt, positiv sein sollte, so reichen diese Positionen in aller Regel nicht aus, die staatlichen Bruttoinvestitionen insgesamt zu finanzieren. Der Staat verzeichnet hier regelmäßig hohe Finanzierungsdefizite $\mathbf{FD}_{St}$ **(St-F)**, die er durch entsprechend hohe Kreditaufnahmen deckt. (In unserem Beispiel nimmt der Staat bei den privaten Haushalten Kredite auf $\mathbf{K}^{St}_{H}$. Darüberhinaus kann er sich gegenüber dem Unternehmenssektor oder dem Ausland verschulden, doch wollen wir hier aus Gründen der didaktischen Vereinfachung zunächst davon absehen). Die zugehörigen Konten sehen wie folgt aus:

Vermögensänderungskonto des Staates
St - VÄ

$\mathbf{I^b}{}^{U}_{St}$	Brutto-investitionen	Abschreibungen	$\mathbf{D}_{St}$
		Ersparnis	$\mathbf{S}_{St}$
		Finanzierungsdefizit	$\mathbf{FD}_{St}$

Finanzierungskonto des Staates
St - F

$\mathbf{FD}_{St}$	Finanzierungsdefizit	Kreditaufnahme bei den Haushalten	$\mathbf{K}^{St}_{H}$

9.4 Die gesamtwirtschaftlichen Vermögensänderungs- und Finanzierungskonten

Diese Konten sind durch Aggregation der Konten der einzelnen Sektoren schnell zusammengestellt. Keine der aufgeführten Größen entfällt.

Gesamtwirtschaftliches Vermögensänderungskonto
VÄ

I^b	I^b_U I^b_{St}	Brutto-investitionen	Abschreibungen	D_U D_{St}	D
			Ersparnisse	S_U S_H S_{St}	S
FÜ$_H$		Finanzierungs-überschuß	Finanzierungsdefizit	FD_U FD_{St}	FD

Gesamtwirtschaftliches Finanzierungskonto
F

FD	FD_U FD_{St}	Finanzierungsdefizit	Finanzierungs-überschuß	FÜ$_H$
K^A_U	K^A_U	Kredite		

9.5 Das gesamtwirtschaftliche Reinvermögensänderungskonto

Aus den gesamtwirtschaftlichen Vermögensänderungs- und Finanzierungskonten bilden wir durch Konsolidierung ein weiteres Konto, das wir Reinvermögensänderungskonto nennen. Die Informationen zur inländischen Finanzierungsverflechtung gehen bei dieser Konsolidierung verloren. Der Beitrag des Auslands zur inländischen Vermögensbildung wird aber umso deutlicher. Die interne Finanzierungsverflechtung, d.h. die Finanzierungsüberschüsse und -

defizite finden sich jeweils einmal im Soll und im Haben, sie fallen heraus bei der Konsolidierung. Saldiert man die Bruttoinvestition gegen die Abschreibung, erhält man die volkswirtschaftliche Nettoinvestition, d.h. den Nettozuwachs an Realvermögen (Produktivvermögen). Die Konten haben folgendes Aussehen:

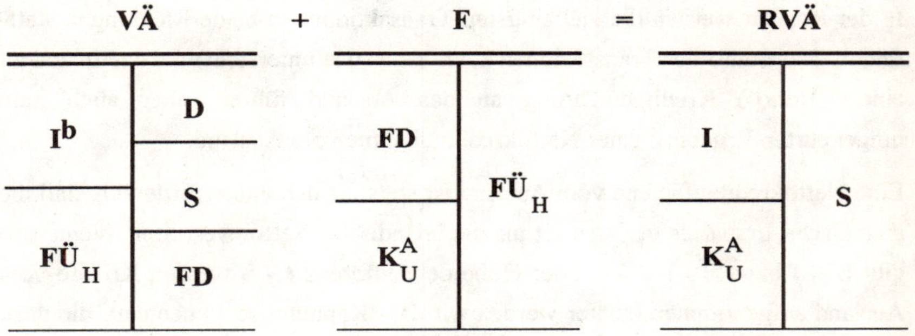

Die inländische Ersparnis ist größengleich der inländischen Nettoinvestition plus der inländischen Nettokredite[3] ans Ausland. Anders ausgedrückt: Die Nettokreditvergabe an das Ausland $\mathbf{K^A}$ ist gleich der Differenz aus Ersparnis und Nettoinvestition:

$$(1) \quad \mathbf{S = I + K^A} \quad \text{bzw.}$$
$$(2) \quad \mathbf{K^A = S - I}$$

Ohne Kreditbeziehungen zum Ausland geht die Gleichung (1) in die Ihnen aus Teil I bekannte Beziehung $\mathbf{S = I}$ über.

Bei den hier unterstellten Kredittransaktionen handelt es sich um eine Nettokreditvergabe[4] inländischer Unternehmungen an ausländische Wirtschaftssubjekte. Dadurch erhöhen sich die Forderungen (und damit das Auslandsvermögen), die Inländer gegenüber Ausländern haben. Die Möglichkeit des Erwerbs von Forderungen durch Inländer ist natürlich nicht auf Unternehmen beschränkt; Haushalte und Staat können ebenfalls Forderungen erwerben. Forderungen müssen auch nicht nur Kredite sein, sondern können auch Anteile am ausländischen Realvermögen darstellen. Z. B. kann ein Inländer:

[3] Nettokredite sind die Differenz von Krediten an das Ausland minus Kreditaufnahme vom Ausland.

[4] Nettokreditvergabe bedeutet, daß die ans Ausland vergebenen Kredite die vom Ausland aufgenommenen per Saldo überwiegen.

a) ein Guthaben in US-Dollar erwerben (z.B. bei einer ausländischen Bank);

b) einen direkten Lieferantenkredit gewähren;

c) festverzinsliche ausländische Wertpapiere erwerben;

d) Grund und Boden im Ausland kaufen;

e) ein Aktienpaket einer ausländischen Firma erwerben,

f) Goldbarren oder Goldmünzen kaufen.[5]

In der Realität werden die vielfältigsten Transaktionen in beide Richtungen stattfinden. Der Saldo der Transaktionen kann dann (wie unterstellt) für das Inland zu einer (Netto-) Kreditgewährung an das Ausland führen, aber auch zum umgekehrten Ergebnis: einer Nettokreditaufnahme vom Ausland.

Eine Nettokreditaufnahme vom Ausland ist stets für den Fall erforderlich, daß die inländische Ersparnis geringer ist als die inländische Nettoinvestition. Wenn also gilt: $\mathbf{S} < \mathbf{I}$ bzw. $\mathbf{S} - \mathbf{I} < 0$. In der Höhe der Differenz $\mathbf{I} - \mathbf{S}$ werden Kredite vom Ausland aufgenommen (später werden wir das "Kapitalimport" nennen), die dazu dienen, die inländische Ersparnis zu ergänzen. Aus diesem Grunde nennt man den ausländischen Finanzierungsanteil an den inländischen Investitionen auch "Auslandsersparnis" $\mathbf{S_A}$. Es gilt:

$$(3) \quad \mathbf{S} + \mathbf{K_A} = \mathbf{I} \qquad \text{bzw.} \qquad (4) \quad \mathbf{S} + \mathbf{S_A} = \mathbf{I}$$

Die Betrachtung des Auslandskontos wird uns Aufschluß geben, unter welchen Voraussetzungen schließlich $\mathbf{S} > \mathbf{I}$, $\mathbf{S} = \mathbf{I}$ oder $\mathbf{S} < \mathbf{I}$ gilt.

Box: 9 - 2 **Investitionen**

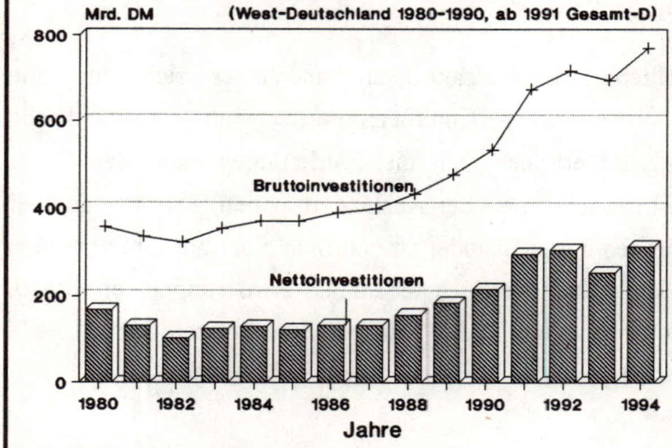

Quelle: SVR 1993/94, S. 330,342,W+S 1/95

Bruttoinvestitionen 1994
756 Mrd. DM

D	443 Mrd. DM
$\mathbf{I^n}$	313 Mrd. DM

[5] Vgl. hierzu: Revision der Volkswirtschaftlichen Gesamtrechnungen 1970-1990, in: Wirtschaft und Statistik 4/1991, S. 233.

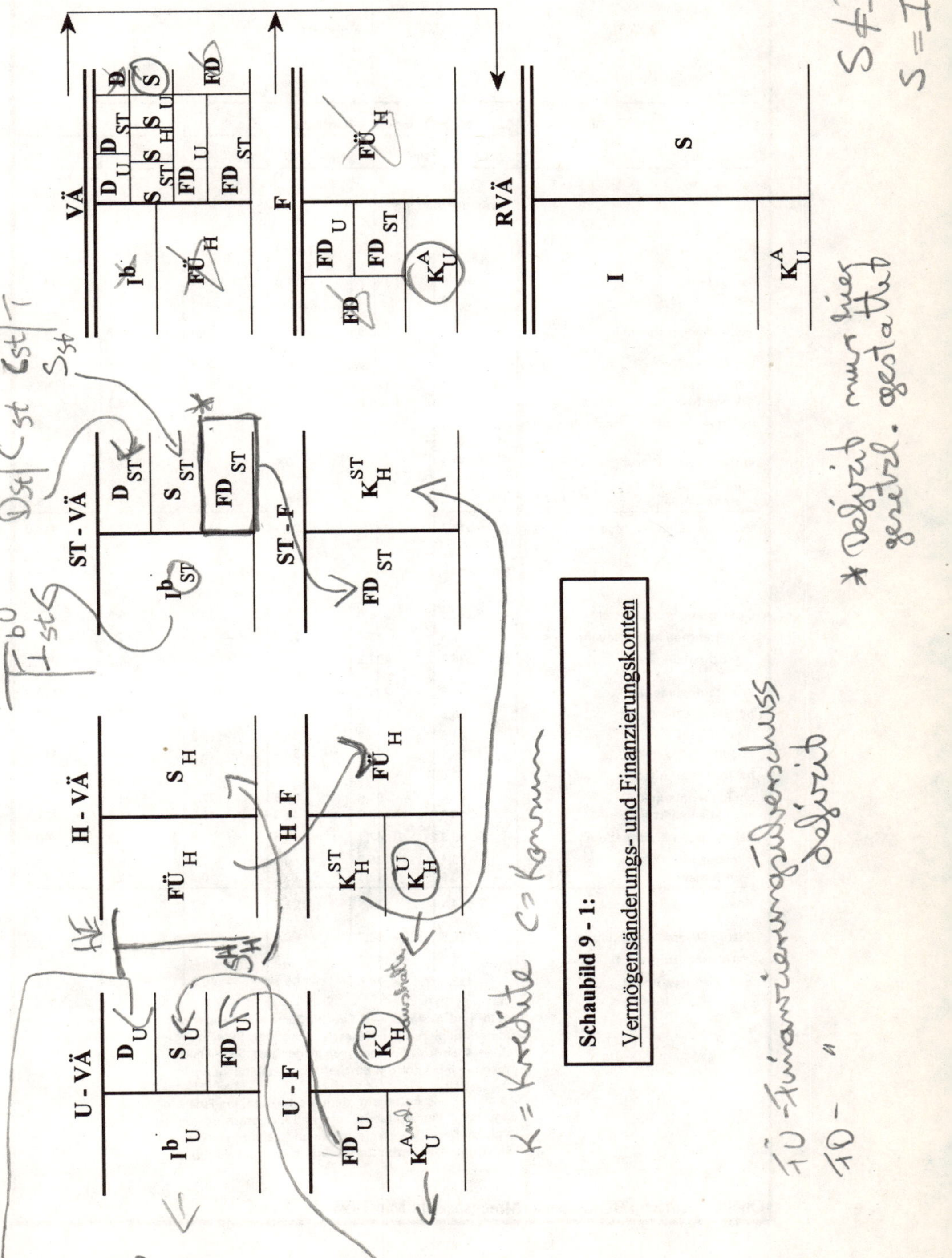

Schaubild 9 - 1:

Vermögensänderungs- und Finanzierungskonten

BOX: 9 - 3 Vermögensbildung der Produktionsunternehmen und ihre Finanzierung

Mrd DM

Position	Gesamtdeutschland 1992	Gesamtdeutschland 1993	Ostdeutschland 1992	Ostdeutschland 1993	Westdeutschland 1992	Westdeutschland 1993
	Vermögensbildung					
Bruttoinvestitionen	403,1	358,3	69,2	83,6	333,9	274,6
Sachanlagen	409,5	384,2	71,0	83,4	338,5	300,8
Vorräte	– 6,4	– 25,9	– 1,7	0,2	– 4,6	– 26,1
Geldvermögensbildung	115,1	138,9	33,1	40,5	123,9	143,4
bei Banken 1)	109,5	117,0	30,2	37,7	79,3	79,2
kurzfristig	112,4	121,3	29,9	37,7	82,5	83,6
längerfristig	– 2,9	– 4,4	0,3	0,1	– 3,3	– 4,4
in festverzinslichen Wertpapieren 2)	9,4	7,1	3,2	2,0	6,2	5,1
in Aktien 3)	28,1	7,6	0,2	0,5	70,0	52,1
in sonstigen Forderungen	– 31,9	7,2	– 0,4	0,2	– 31,5	7,0
an das Inland 4)	– 0,6	0,2	–	–	– 0,6	0,2
an das Ausland	– 31,4	7,1	– 0,4	0,2	– 31,0	6,9
Vermögensbildung insgesamt	518,2	497,1	102,3	124,1	457,8	418,0
	Finanzierung					
Eigenfinanzierungsmittel	269,8	278,9	3,1	23,1	266,7	255,8
nichtentnommene Gewinne 5)	– 6,5	– 15,0	– 23,2	– 8,1	16,7	– 6,9
Abschreibungen	276,3	293,9	26,3	31,2	250,0	262,7
Kreditaufnahme 6)	244,5	235,6	99,5	105,7	187,1	174,9
bei Banken 1)	136,6	89,5	37,1	– 18,7	99,5	108,2
kurzfristig	21,6	– 16,8	4,7	– 10,2	16,9	– 6,7
längerfristig	114,9	106,3	32,4	– 8,5	82,5	114,8
bei Versicherungen	– 2,6	– 5,7	–	–	– 2,6	– 5,7
am Rentenmarkt 2)	41,8	91,8	18,8	77,7	23,0	14,2
am Aktienmarkt 3)	18,8	12,8	42,9	45,9	17,9	11,9
bei sonstigen Kreditgebern	49,9	47,1	0,6	0,8	49,3	46,3
im Inland	39,4	35,0	0,5	0,5	38,9	34,5
im Ausland	10,6	12,1	0,1	0,3	10,5	11,8
Finanzierung insgesamt	514,4	514,5	102,6	128,7	453,7	430,7
Nettogeldvermögensbildung	– 129,5	– 96,7	– 66,4	– 65,3	– 63,1	– 31,5
Statistische Differenz 7)	3,8	– 17,3	– 0,3	– 4,6	4,1	– 12,7
Finanzierungssaldo 8)	– 133,3	– 79,4	– 66,1	– 60,6	– 67,2	– 18,8

1 Im In- und Ausland. — 2 Einschl. Commercial Paper und Geldmarktpapiere. — 3 Einschl. sonstiger Beteiligungstitel. — 4 Einschl. Forderungen gegenüber Sachversicherungen. — 6 Einschl. der Beschaffung von Beteiligungskapital. — 7 Entspricht dem Restposten im Finanzierungskonto des Auslands aufgrund der statistisch nicht aufgliederbaren Vorgänge im Auslandszahlungsverkehr. — 8 Eigenfinanzierungsmittel abzüglich Bruttoinvestitionen.

Quelle: Deutsche Bundesbank, Monatsbericht Mai 1994.

10 Der Außenbeitrag und das Auslandskonto

BOX: 10 - 1 **Außenbeitrag**

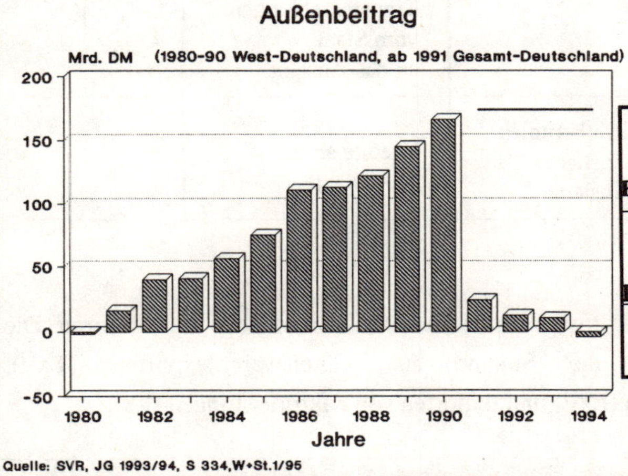

Außenbeitrag
1990
166 Mrd. DM

Exporte - Importe von Gütern Ex^G - Im^G 145 Mrd. DM
Exporte - Importe von Dienstleistungen Ex^D - Im^D - 2 Mrd. DM
Nettofaktoreinkommen Ex^F - Im^F 23 Mrd. DM

Auf dem Auslandskonto werden die Gegenbuchungen sämtlicher ökonomischer Transaktionen festgehalten, die zwischen inländischen und ausländischen Wirtschaftssubjekten stattgefunden haben. Auf der Habenseite stehen die Positionen, die aus der Sicht des Auslands (des Kontoinhabers) Einnahmen darstellen. Auf der Sollseite finden sich entsprechend alle Posten, die Ausgaben sind. Dieser Tatbestand ist wichtig zu begreifen, da wir üblicherweise aus der Sicht des Inlands argumentieren und das Konto doch ganz offensichtlich auf der Habenseite (z.B. Importe) alle Positionen enthält, die für das Inland Ausgaben darstellen. Doch was für das Inland eine Ausgabe ist, ist für das Ausland eine Einnahme und umgekehrt. Genau das gleiche Problem wird uns im Kapitel über die "Zahlungsbilanz" erneut begegnen, da wir die Zahlungsbilanz aus dem Auslandskonto ableiten. Wir können das Konto gleich erstellen, da sämtliche Gegenbuchungen auf den zugehörigen Konten bereits erfolgt sind.

AUSLAND

Ex	$\mathbf{Ex^{G+D}}$	Exporte von Gütern und Dienstleistungen	Importe von Gütern und Dienstleistungen	$\mathbf{Im^{G+D}}$	**Im**
			Faktoreinkommen von Unternehmen an das Ausland	$Im^F = \mathbf{Y^A_U}$	
			Transferzahlungen von Haushalten an das Ausland	$\mathbf{Tr^A_H}$	$\mathbf{Tr^A}$
			Transferzahlungen vom Staat an das Ausland	$\mathbf{Tr^A_{St}}$	
	$Ex^F = \mathbf{Y^H_A}$	Faktoreinkommen der Haushalte vom Ausland	Kredite an das Ausland	$\mathbf{K^A}$	

Gehen wir die einzelnen Positionen des Auslandskontos noch einmal durch. Die Exporte (**Ex**) sind die Summe aus Güter(waren)exporten ($\mathbf{Ex^G}$), Dienstleistungsexporten ($\mathbf{Ex^D}$) und Exporten von Faktorleistungen ($\mathbf{Ex^F}$):

Exporte $$\mathbf{Ex} = \mathbf{Ex^G} + \mathbf{Ex^D} + \mathbf{Ex^F}$$

Unter den Begriff "Importe" fassen wir den Import von Gütern, Dienst- und Faktorleistungen zusammen:

Importe $$\mathbf{Im} = \mathbf{Im^G} + \mathbf{Im^D} + \mathbf{Im^F}$$

Die Differenz aus Exporten und Importen wird als Außenbeitrag (**AB**) bezeichnet:

Außenbeitrag: $$\mathbf{AB} = \mathbf{Ex} - \mathbf{Im}$$

In unserem Buchungsbeispiel sind Transferzahlungen nur von inländischen Wirtschaftssubjekten ans Ausland geflossen. Tatsächlich gibt es aber Transferzahlungen in beide Richtungen: es stehen also Transferzahlungen, die vom Inland (In) ans Ausland (A) fließen, solche gegenüber, die vom Ausland ans Inland fließen. Die Differenz sind "Netto"-Transferzahlungen.

Gilt: $\mathbf{Tr}_{In}^{A} > \mathbf{Tr}_{A}^{In}$ dann ist die

Nettotransferzahlung ans Ausland:	$\mathbf{Tr}^{A} = \mathbf{Tr}_{In}^{A} - \mathbf{Tr}_{A}^{In}$

Gilt: $\mathbf{Tr}_{A}^{In} > \mathbf{Tr}_{In}^{A}$, dann ist das

Nettotransfereinkommen vom Ausland:	$\mathbf{Tr}_{A} = \mathbf{Tr}_{A}^{In} - \mathbf{Tr}_{In}^{A}$

Auch die Kreditbeziehungen (allgemein der Kapitalverkehr) zwischen Inland und Ausland laufen in der Wirklichkeit in beiden Richtungen. Als Differenz ergibt sich entweder eine Nettokreditaufnahme im Ausland oder eine Nettokreditvergabe an das Ausland.

Gilt: $\mathbf{K}_{In}^{A} > \mathbf{K}_{A}^{In}$ dann ist die

Nettokreditvergabe ans Ausland:	$\mathbf{K}^{A} = \mathbf{K}_{In}^{A} - \mathbf{K}_{A}^{In}$

Überwiegen per Saldo die vom Inland aufgenommenen Kredite die ans Ausland gewährten, d.h. gilt:

$\mathbf{K}_{A}^{In} > \mathbf{K}_{In}^{A}$ folgt daraus eine

Nettokreditaufnahme vom Ausland:	$\mathbf{K}_{A} = \mathbf{K}_{A}^{In} - \mathbf{K}_{In}^{A}$

Das Auslandskonto läßt sich also weiter unterteilen in "Unterkonten", die den Außenbeitrag, die Transferzahlungen und die Kreditbeziehungen (auch Kapitalverkehr genannt) gesondert ausweisen. Diese Teilkonten können nun sämtlich einen Saldo aufweisen, wobei sich diese Salden allerdings für das Auslandskonto insgesamt zu Null addieren müssen. Für die in unserem bisherigen VGR- Buchungsbeispiel unterstellten Transaktionen ergibt sich, daß ein positiver Außenbeitrag durch entsprechende Defizite bei den Transferzahlungen und im Kapitalverkehr ausgeglichen wird. Es gilt:

(1) $\mathbf{Ex} = \mathbf{Im} + \mathbf{Tr}^{A} + \mathbf{K}^{A}$

(2) $\mathbf{Ex\text{-}Im} = \mathbf{AB} = \mathbf{Tr}^{A} + \mathbf{K}^{A}$

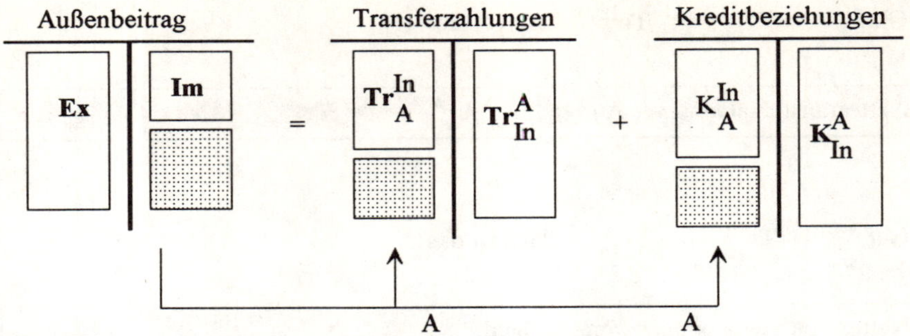

$$(Ex - Im) = \mathbf{AB} = \mathbf{Tr}^A + \mathbf{K}^A$$

Die Gleichung (2) besagt daß der Exportüberschuß (der Außenbeitrag) dem Ausland entweder als Geschenk zur Verfügung gestellt wurde (in Höhe der Netto-Transferzahlungen $\mathbf{Tr}^A$) oder daß das Inland dafür Forderungen gegen das Ausland erworben hat (in Höhe der dem Ausland zur Verfügung gestellten Netto-Kredite $\mathbf{K}^A$). In jedem Fall hat das Inland auf eine inländische Verwendung des Sozialproduktes im Umfang des Exportüberschusses verzichtet!

Als Nettokreditvergabe an das Ausland (= Netto-Zunahme von Forderungen gegen das Ausland) ergibt sich aus (1)

$$(3) \quad \mathbf{K}^A = (\mathbf{Ex} - \mathbf{Im}) - \mathbf{Tr}^A$$

D.h. der Exportüberschuß, der über die Netto-Transferzahlungen an das Ausland hinausgeht, ist in gleicher Höhe vom Inland (über an das Ausland gewährte Kredite) finanziert worden. In Höhe der Transferzahlungen an das Ausland sind keine Forderungen entstanden, da Transfers ex definitione Zahlungen ohne ökonomische Gegenleistung darstellen.

Wir wollen jetzt das VGR-Schema dadurch zum Abschluß bringen, daß wir das Auslandskonto dem Reinvermögensänderungskonto gegenüberstellen: (Vgl. Kap.5 Schaubild 5 - 1 und Kap.9, Schaubild 9 - 1):

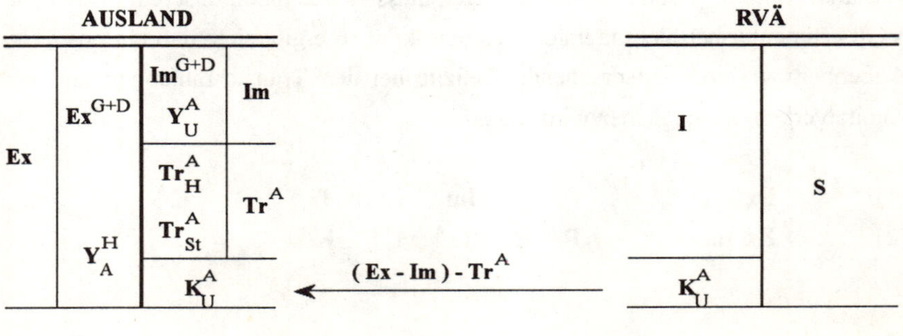

Vom Reinvermögensänderungskonto kennen wir die Beziehung:

(4) $\mathbf{S} = \mathbf{I} + \mathbf{K}^A$ (Vgl. Gleichung 2, Kap.9.5)

Aus Gleichung (3) und (4) erhalten wir:

(5) $\mathbf{S} = \mathbf{I} + (\mathbf{Ex}\text{-}\mathbf{Im}) - \mathbf{Tr}^A$

Die inländische Ersparnis ist demnach gleich der Nettoinvestition zuzüglich des um die Nettotransferzahlungen an das Ausland korrigierten Außenbeitrags.

Oder anders ausgedrückt: Die Summe aus Nettoinvestition und Außenbeitrag ist durch die inländische Ersparnis und Nettotransferzahlungen ans Ausland finanziert worden[1]. Diese fundamentale Beziehung für eine offene Volkswirtschaft erhalten Sie auch, wenn Sie die Entstehung des Nettosozialprodukts zu Marktpreisen mit der Verwendung dieses Einkommens vergleichen:

(6) $\mathbf{Y}^n_M = \mathbf{C} + \mathbf{I} + (\mathbf{Ex}\text{-}\mathbf{Im})$ (Vgl. Kap.8)

(7) $\mathbf{Y}^n_M = \mathbf{Tr}^A + \mathbf{C} + \mathbf{S}$ (Vgl. Kap.7)

Aus (6) = (7) folgt (8) und durch Kürzung und einfache Umstellung der $\mathbf{Tr}^A$ (9).

(8) $\mathbf{Tr}^A + \mathbf{C} + \mathbf{S} = \mathbf{C} + \mathbf{I} + (\mathbf{Ex}\text{-}\mathbf{Im})$

(9) $\mathbf{S} = \mathbf{I} + (\mathbf{Ex}\text{-}\mathbf{Im}) - \mathbf{Tr}^A$

Unter der Annahme, daß es keine Transfers an das Ausland gäbe bzw. diese sich gerade zu Null ausgleichen, verkürzt sich diese Beziehung auf (10):

(10) $\mathbf{S} = \mathbf{I} + (\mathbf{Ex}\text{-}\mathbf{Im})$ bei: $\mathbf{Tr}^A = 0$

[1] Es sei noch einmal betont, daß ex post Aussagen (und um eine solche handelt es sich hier) keine hypothetischen Verhaltensweisen der Wirtschaftssubjekte sondern Identitäten sind, die notwendigerweise aufgrund der saldenmechanischen Zusammenhänge immer (und das heißt zu jedem Zeitpunkt) erfüllt sind.

Aus der Gleichung (10) wird deutlich, daß in dieser offenen Volkswirtschaft die inländische Ersparnis nicht nur die inländische Nettoinvestition, sondern darüberhinaus den Exportüberschuß finanziert. Da Ersparnis gleichbedeutend ist mit Konsumverzicht, bedeutet die obige Gleichung, daß Inländer (über die Verwendung für inländische Investitionen hinaus) zugunsten des Exportüberschusses auf eigenen Konsum verzichtet und stattdessen in Höhe des Exportüberschusses Forderungen gegen das Ausland erworben (also ausländisches Finanz- oder Realvermögen gebildet) haben. Anders ausgedrückt: In Höhe des Außenbeitrags (Exportüberschusses) hat das Inland dem Ausland mehr Güter, Dienst- und Faktorleistungen zur Verfügung gestellt als es vom Ausland bezogen hat.

Eine Aufteilung der Volkswirtschaft in einen privaten Sektor (**U+H**) und einen staatlichen Sektor (**St**) zeigt auf, wie sich der Überschuß des privaten Sektors auf die Finanzierung des staatlichen und des außenwirtschaftlichen Sektors aufteilt. Ausgehend von Gleichung (10) gilt dann (bei: $\mathbf{I_{pr} < S_{pr}}$, $\mathbf{I_{St} > S_{St}}$ und **Ex-Im>0**), daß der Finanzierungsüberschuß des privaten Sektors ($\mathbf{FÜ_{pr}}$) die Finanzierungsdefizite des staatlichen ($\mathbf{FD_{St}}$) und des Auslandssektors ($\mathbf{FD_A}$) abdeckt.[2]

Es ist : $\mathbf{S_{pr} \equiv S_U + S_H}$ und $\mathbf{I_{pr} \equiv I_U}$

$$(10) \quad \mathbf{S = I + (Ex\text{-}Im)}$$

$$(11) \quad \mathbf{S_{pr} + S_{St} = I_{pr} + I_{St} + (Ex\text{-}Im)}$$

$$(12) \quad \mathbf{(S_{pr} - I_{pr}) = (I_{St} - S_{St}) + (Ex\text{-}Im)}$$

privater Überschuß	=	staatliches Defizit	+	Exportüberschuß

Vermögensänderungskonto des privaten Sektors **Vermögensänderungskonto des Staates** **Außenbeitrag**

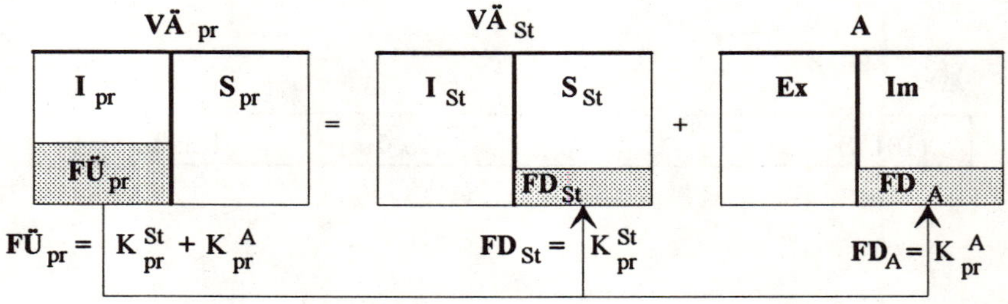

Der private Sektor gewährt Kredite an den Staat und Kredite an das Ausland.

---

2 Von Transferzahlungen zwischen In- und Ausland wird hier abgesehen.

Neben Ländern mit Exportüberschüssen muß es notwendigerweise auch Länder mit Importüberschüssen geben. Auch kann ein einzelnes Land sich vom Exportüberschuß- zum Importüberschußland verändern. Es sind also folgende Fälle zu unterscheiden: Der Außenbeitrag kann positiv, negativ oder Null sein.

a) $\mathbf{Ex} > \mathbf{Im}$ (Exportüberschuß) $\longrightarrow$ $\mathbf{S} > \mathbf{I}$

b) $\mathbf{Ex} = \mathbf{Im}$ (Ausgleich) $\longrightarrow$ $\mathbf{S} = \mathbf{I}$

c) $\mathbf{Ex} < \mathbf{Im}$ (Importüberschuß) $\longrightarrow$ $\mathbf{S} < \mathbf{I}$.

Den Fall a) haben wir soeben besprochen. Der Fall b) ist hinsichtlich der Beziehung zwischen Ersparnis und Nettoinvestition identisch mit der bereits für eine geschlossene Volkswirtschaft entwickelten Gleichung (vgl. Teil I, Kap. 2). Der Fall c) schließlich stellt den Umkehrfall zu a) dar: Ein Importüberschuß ist gleichbedeutend damit, daß das Inland mehr Güter, Dienst- und Faktorleistungen vom Ausland in Anspruch nimmt als es an das Ausland verkauft. Dieser Importüberschuß ist vom Ausland notwendigerweise finanziert worden. Das Inland hat eine Netto-Kreditaufnahme im Ausland getätigt, d.h. es hat zum Zwecke der Finanzierung der eigenen Nettoinvestitionen (oder des Konsums) auf ausländische Ersparnis (S_A) zurückgegriffen. Es gelten also folgende Beziehungen (unter der vereinfachenden Annahme, daß $\mathbf{Tr}^A = 0$ ist):

(13) $\mathbf{S} = \mathbf{I} + \mathbf{Ex} - \mathbf{Im} \qquad |\mathbf{Im} > \mathbf{Ex}$

(14) $\mathbf{S} + (\mathbf{Im} - \mathbf{Ex}) = \mathbf{I}$

(15) $\mathbf{S} + \mathbf{S}_A = \mathbf{I} \qquad |\mathbf{S}_A = (\mathbf{Im} - \mathbf{Ex})$

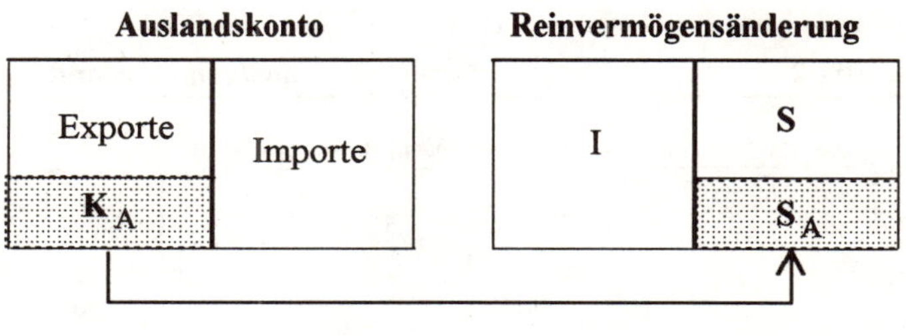

Unterscheiden wir wieder die Volkswirtschaft in einen privaten Sektor (bestehend aus den Unternehmungen und den privaten Haushalten sowie privaten Organisationen ohne Erwerbscharakter und einen staatlichen Sektor, so lassen sich aus der letzten Gleichung Erkenntnisse gewinnen, in welchem Umfang das Ausland zur Finanzierung des staatlichen Defizits beiträgt:

(16) $\mathbf{S}_{pr} + \mathbf{S}_{St} + \mathbf{S}_A = \mathbf{I}_{pr} + \mathbf{I}_{St}$

$$(17) \quad (S_{pr} - I_{pr}) + S_A = (I_{St} - S_{St})$$

privater Überschuß	+	Auslands-ersparnis	=	öffentliches Defizit

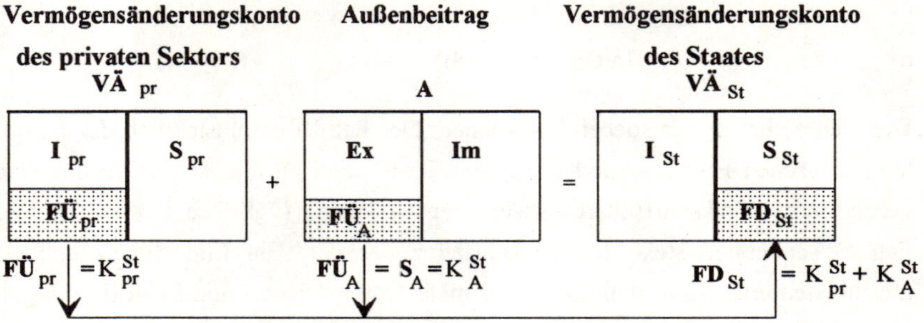

In diesem Fall reicht der Überschuß des privaten Sektors allein nicht aus, um das öffentliche Defizit zu finanzieren. Das Land hat auf ausländische Ersparnis zurückgegriffen, d.h. Kredite im Ausland aufgenommen oder, was dasselbe ist, es hat sich gegenüber dem Ausland verschuldet. Eine Kreditaufnahme im Ausland erhöht die Auslandsverschuldung bzw. reduziert das Auslandsvermögen. Für zukünftige Perioden ergeben sich daraus eine erhöhte Belastung des Inlands aufgrund des Schuldendienstes bzw. geringere Kapitaleinkünfte aufgrund des gesunkenen Auslandsvermögens. Es ist dabei nicht erforderlich, daß das Ausland Teile seiner Ersparnis direkt dem staatlichen Sektor in Form von Krediten zur Verfügung stellt. Vielmehr kann auch der private Sektor sich im Ausland verschulden und seinerseits entsprechend höhere Kredite an den staatlichen Sektor gewähren.

BOX: 10 - 2 Nettokreditgewährung ans/vom Ausland

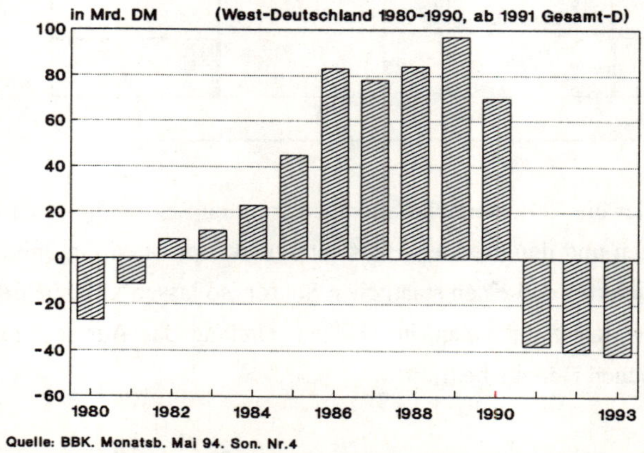

1989

Netto-Kredite an das Ausland

98 Mrd. DM

1993

Netto-Kredite vom Ausland

41,2 Mrd. DM

Die BRD war bis 1990 traditionell ein "Kapitalexporteur", d.h. sie erzielte Exportüberschüsse, die über die Nettotransferzahlungen an das Ausland hinausgingen. In Höhe dieses Saldos wurde Auslandsvermögen akkumuliert.Mit der Wiedervereinigung und dem erhöhten öffentlichen Kreditbedarf änderte sich ab 1990 die Situation und der Saldo aus **Ex - Im - Tr^A** wurde negativ. D.h. die BRD importiert seither Kapital vom Ausland und finanziert mit den aufgenommenen Krediten vor allem die Staatsdefizite. Zwar überwiegt noch das in der Vergangenheit akkumulierte Auslandsvermögen die Neuverschuldung, doch reduziert es sich, so daß man sagen muß, die BRD befindet sich auf dem Wege zu einem potentiellen Schuldnerland.

BOX: 10 - 3 Gläubigerland - Schuldnerland

Die Beziehung zwischen dem Auslandskonto und dem Reinvermögensänderungskonto gibt Auskunft, ob ein Land zu einem "Gläubigerland" oder zu einem "Schuldnerland" wird. D.h., ob es der internationalen Gemeinschaft (dem Ausland) netto inländische Ersparnisse zur Verfügung stellt und damit sein Auslandsvermögen vergrößert, oder ob es auf ausländische Ersparnisse zurückgreift (Kredite aufnimmt) und damit die Auslandsverschuldung erhöht (respektive vorhandenes Auslandsvermögen abbaut).

Das Inland wird a) zum Gläubigerland, b) zum Schuldnerland

a)

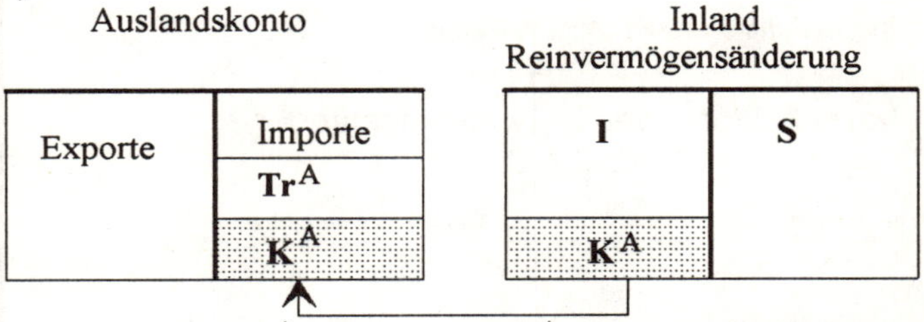

$K^A = Ex - Im - Tr^A = S - I$ **(=Kapitalexport des Inlands)**

b)

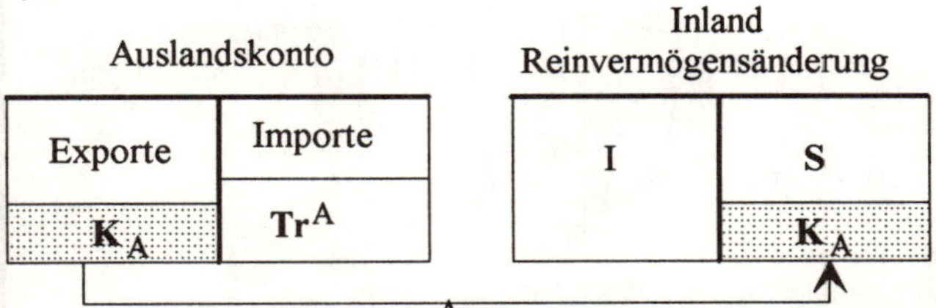

$K_A = S_A = Im + Tr^A - Ex = I - S$ **(=Kapitalimport des Inlands)**

BOX: 10 - 4 Zur Verschuldungskrise der Dritten Welt

1982 erklärte das heutige OECD-Mitglied Mexiko, damals eines der hochverschuldetsten Entwicklungsländer (EL) der Welt, seine Unfähigkeit, den Schuldendienst auf seine Auslandsschulden bedienen zu können. Kurz darauf folgten weitere Entwicklungsländer: Die Verschuldungskrise der Dritten Welt stürzte die Weltwirtschaft in die schwerste Krise nach den Ölpreisschocks der 70er Jahre. Wie ist es zu dieser Verschuldung gekommen, und welche Beziehung hat sie zur VGR?

Das starke Anwachsen der Auslandsschulden geht auf den sprunghaften Anstieg der Ölpreise 1974/75 und 1979/80 zurück, der die Energie-Importe der meisten Entwicklungsländer vervielfachte. Hinzu kam (insbesondere Anfang der 80er Jahre) eine nachlassende Nachfrage der Industrieländer (IL) nach EL-Exporten, die zu sinkenden Rohstoffpreisen und Exporterlösen der EL führte.
Gleichzeitig stiegen die Zinssätze stark an, was den Schuldendienst für die EL erheblich verteuerte. Dieser Schuldendienst (bestehend aus Zins- und Tilgungszahlungen) überstieg für einige Länder zeitweise 50% ihrer gesamten Exporterlöse aus Gütern und Dienstleistungen. Dies gilt insbesondere für Lateinamerika (LA).

Wir haben es bei diesen EL mit einer Situation zu tun, für die $S < I$ und $Im > Ex$ gilt. Da $S + (Im - Ex) = I$ ist, folgt daraus daß diese EL in Höhe des Importüberschusses Kredite vom Ausland aufnehmen muß. Die Akkumulation von Krediten ergibt dann die Auslandsverschuldung.

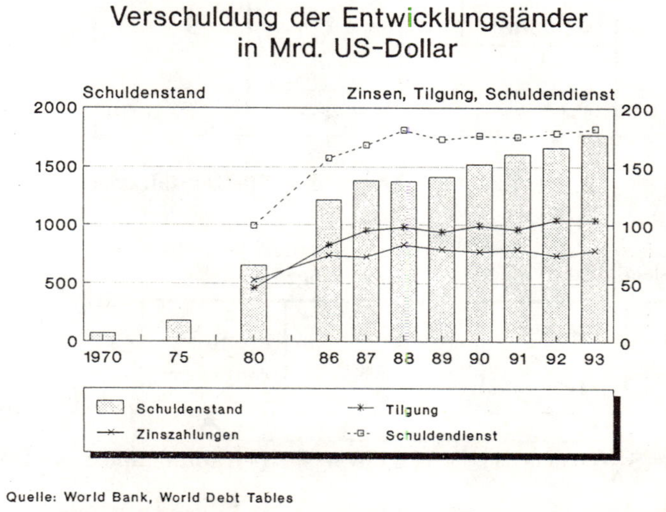

11 Die Volkswirtschaftliche Gesamtrechnung - noch einmal

11.1 ... als Kreislauf

Werfen Sie zunächst noch einmal einen Blick auf das VGR-Schema am Ende des fünften Kapitels. Wir haben jetzt sämtliche Konten ausgefüllt und das vollständige Kontensystem zusammengestellt. Wichtig ist jetzt, noch einmal die Buchungen und die dazugehörigen Gegenbuchungen durchzugehen. In den zurückliegenden Kapiteln haben wir das Schema "horizontal" Zeile für Zeile entwickelt und dabei die gesamtwirtschaftlichen Konten gebildet. Sie sollten jetzt in der Lage sein, das System auch "vertikal" zu lesen, d.h. jeden einzelnen Sektor über sämtliche ökonomischen Aktivitäten hinweg zu verfolgen (einschließlich des Auslandskontos).

Nachdem Sie in dieser Weise das gesamte VGR-Schema Sektor für Sektor nochmals ausgefüllt haben, werden Sie feststellen, daß es in sich ausgeglichen ist - eine notwendige Konsequenz des Systems der doppelten Buchhaltung. Bilden Sie jetzt die gesamtwirtschaftlichen Konten und beginnen Sie mit dem gesamtwirtschaftlichen Produktionskonto. Auch hier werden Sie feststellen, daß die gesamtwirtschaftlichen Konten untereinander wiederum vollständig ausgeglichen sind. D.h. auch im System der gesamtwirtschaftlichen Konten finden Sie eine Position sowohl einmal im Soll als auch einmal im Haben auf einem der gesamtwirtschaftlichen Konten.

Das Gesamtsystem läßt sich auch in Gestalt eines Kreislaufbildes wiedergeben (vgl. Schaubild 11 - 1). Wir wählen ein Kreislaufbild, das die Ströme zwischen folgenden Polen wiedergibt: Die gesamtwirtschaftlichen Konten Produktion, Reinvermögensänderung, Ausland und die Einkommenskonten der einzelnen Sektoren werden jetzt zu Polen. Gehen Sie den Strömen nach und vergleichen Sie sie mit dem VGR-Schema. Neben der Kreditbeziehung $\mathbf{K}^A$ ist im Kreislauf eine gestrichelte Transaktion eingezeichnet, die vom Auslandskonto zum Reinvermögensänderungskonto läuft und mit $\mathbf{S}_A$ gekennzeichnet ist.

Schaubild 11 - 1: Wirtschaftskreislauf

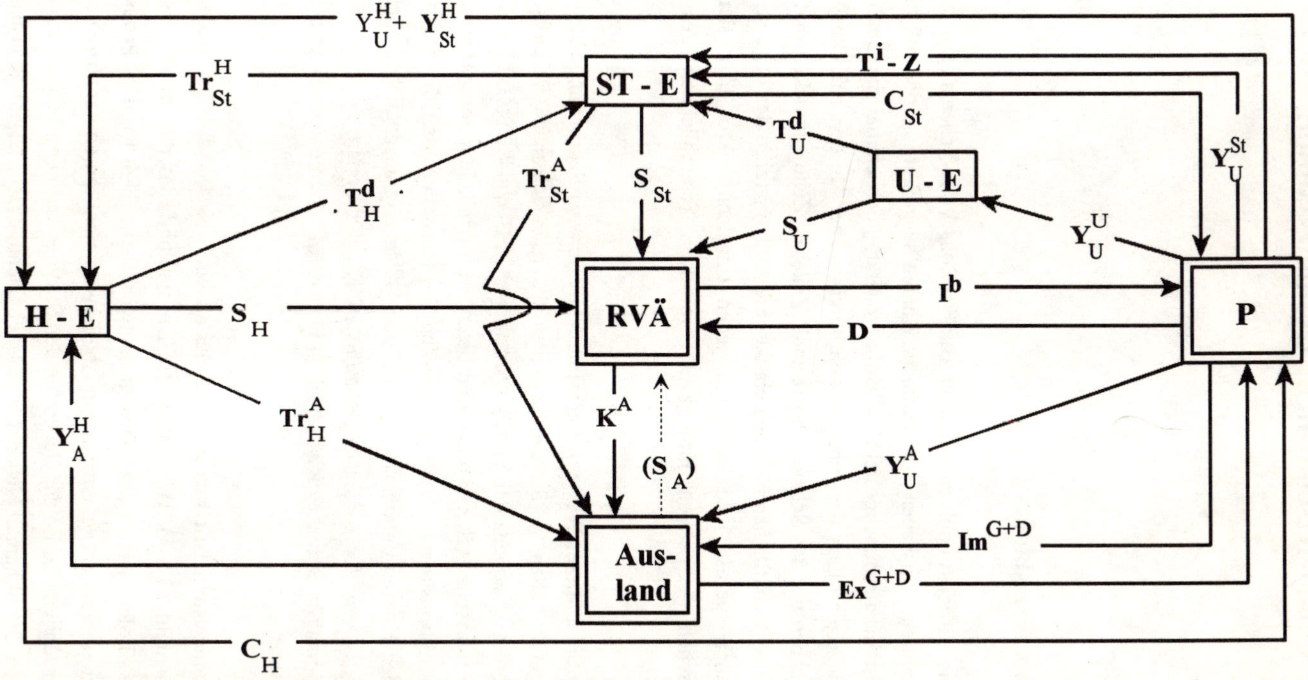

Pole

P	=	Gesamtwirtschaftliches Produktionskonto
RVÄ	=	Reinvermögensänderungskonto
H - E	=	Einkommenskonto der Haushalte
Ausland	=	Auslandskonto
ST - E	=	Einkommenskonto des Staates
U - E	=	Einkommenskonto der Unternehmen

Schaubild 11 - 2:

Die VGR im Überblick

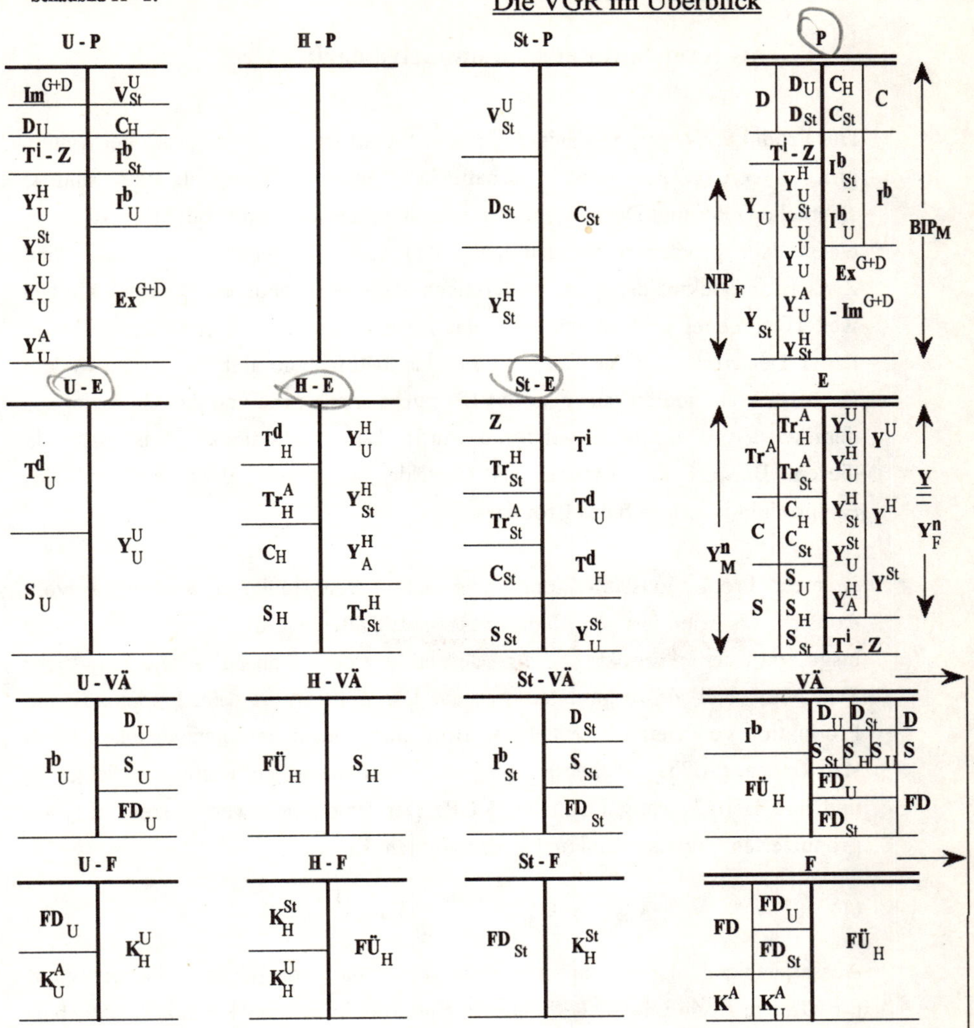

Ökonomische Aktivitäten

P = Produktionskonten
E = Einkommenskonten
VÄ = Vermögensänderungskonten
F = Finanzierungskonten

Wirtschaftssektoren

U = Unternehmungen
H = private Haushalte
St = Staat
A = Ausland

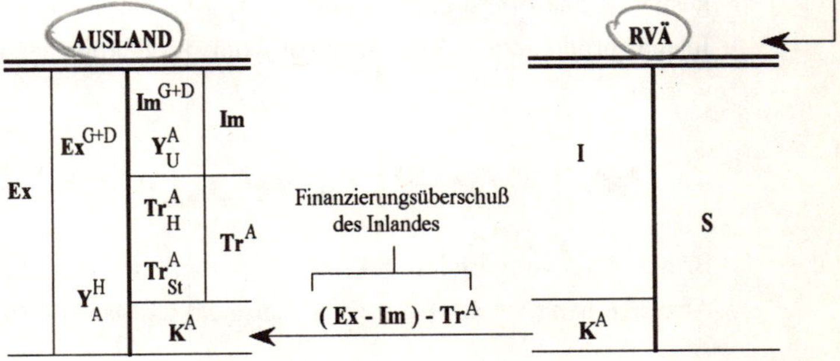

11.2 ... als Kreislauf der Einkommensbegriffe

Der Produktionswert (**PW**) einer Volkswirtschaft ist zahlenmäßig der bei weitem größte Wert in der Volkswirtschaftlichen Gesamtrechnung. In ihm sind ja sämtliche Güter und Dienstleistungen enthalten, die auf allen Produktionsstufen in einem Jahr produziert worden sind, also auch diejenigen Roh-, Halb- und Zwischenprodukte, die noch in derselben Periode in anderen Unternehmungen weiterverarbeitet worden sind (vgl. das Beispiel aus Kapitel 2: Getreide, Mehl, Brot). Der größte Teil der Güter wird mithin mehrfach gezählt: so werden zu dem Brot das Mehl addiert, aus dem das Brot gebacken wurde und das Getreide, aus dem wiederum das Mehl gemahlen wurde. Der Produktionswert ist daher in diesem Beispiel die Summe aus Getreide, Mehl und Brot, während das Endprodukt ja lediglich das Brot darstellt.

Je mehr Produktionsstufen und voneinander unabhängige Unternehmen vom Rohstoff bis zum fertigen Endprodukt durchlaufen werden, desto höher wird insgesamt der Produktionswert. Je höher der Konzentrationsgrad einer Volkswirtschaft, desto geringer wird der Produktionswert sein. Findet z.B. die Produktion von Getreide, Mehl und Brot unter einem unternehmerischen Dach statt (einem großbäuerlichen Betrieb), dann entfällt die Vorleistungsverflechtung und ihre Berücksichtigung in der VGR. Der Produktionswert besteht aus den produzierten Vorleistungen und Endprodukten. Er ist:

$$(1) \quad \mathbf{PW} = \mathbf{V} + \mathbf{C}_H + \mathbf{C}_{St} + \mathbf{I}^b + \mathbf{Ex}^{G+D}$$

Aussagefähiger als der Produktionswert ist das von einer Volkswirtschaft produzierte Endprodukt (**EP**). Dieses Endprodukt ist das Produktionsergebnis der Volkswirtschaft, das mit Hilfe der vom Ausland importierten Vorleistungen (Importe von Güter- und Dienstleistungen) und den im Inland zur Verfügung gestellten Faktorleistungen produziert wurde. Um es zu ermitteln, müssen die im Inland produzierten Vorleistungen vom Produktionswert in Abzug gebracht werden:

$$(2) \quad \mathbf{EP} = \mathbf{PW} - \mathbf{V} = \mathbf{C}_H + \mathbf{C}_{St} + \mathbf{I}^b + \mathbf{Ex}^{G+D}$$

Bringt man vom Endprodukt die importierten Güter und Dienstleistungen in Abzug, erhält man das Bruttoinlandsprodukt zu Marktpreisen (**BIP$_M$**):

(3) $\mathbf{BIP_M = EP - Im^{G+D} = C + I^b + Ex^{G+D} - Im^{G+D}}$

mit $\mathbf{C = C_H + C_{St}}$

Werden die Faktorleistungen berücksichtigt, die Ausländer im inländischen Produktionsprozeß und Inländer im ausländischen Produktionsprozeß eingesetzt haben und für die sie ein Entgelt bezogen haben, bildet man also die Nettofaktoreinkommen (**NFE**) und addiert diese zu dem Bruttoinlandsprodukt zu Marktpreisen, erhält man das Bruttosozialprodukt zu Marktpreisen ($\mathbf{Y^b_M}$):

(4) $\mathbf{Y^b_M = BIP_M + NFE = C + I^b + (Ex^{G+D} - Im^{G+D}) + (Y_A - Y^A)}$

(5) $\mathbf{Y^b_M = C + I^b + Ex - Im}$

In dem Ausdruck "Exporte" (**Ex**) sind, wie Sie bereits wissen, sowohl die Exporte von Gütern und Dienstleistungen ($\mathbf{Ex^{G+D}}$) als auch die Exporte von Faktorleistungen ($\mathbf{Ex^F = Y_A}$) zusammengefaßt. In den "Importen" entsprechend die Importe von Güter- und Dienstleistungen ($\mathbf{Im^{G+D}}$) und Importe von Faktorleistungen ($\mathbf{Im^F = Y^A}$).

Nach Subtraktion der Abschreibungen vom Bruttosozialprodukt zu Marktpreisen ($\mathbf{Y^b_M}$) erhält man das Nettosozialprodukt zu Marktpreisen ($\mathbf{Y^n_M}$):

(6) $\mathbf{Y^n_M = Y^b_M - D = C + I + Ex - Im} \qquad \mathbf{| \, I = I^b - D}$

In den Marktpreisen sind die indirekten Steuern und die Subventionen enthalten. Nach Subtraktion erhält man das Nettosozialprodukt zu Faktorkosten:

(7) $\mathbf{Y^n_F = Y^n_M - (T^i - Z) = C + I + Ex - Im - (T^i - Z) = Y}$

Diesen Ausdruck nennt man auch Volkseinkommen. Doch ist an diesem Volkseinkommen auch der Staat in einem erheblichen Umfang beteiligt.

Bringt man die Leistungseinkommen in Abzug, die von Unternehmen an den Staat fließen und addiert man umgekehrt die Transferzahlungen hinzu, die der Staat an Haushalte überweist, dann erhält man dasjenige Einkommen, das dem privaten Sektor zur Verfügung steht, also den privaten Wirtschaftssubjekten Unternehmen und Haushalte. Das Einkommen des privaten Sektors ($\mathbf{Y^{pr}}$) ist:

(8) $\mathbf{Y^{pr} = Y - Y^{St}_U + Tr^H_{St}}$

Von besonderem Interesse ist aber das Einkommen, das den privaten Haushalten verbleibt ($\mathbf{Y}^{H}_{ges.}$). Es ergibt sich, indem man vom Einkommen des privaten Sektors die vom Unternehmenssektor einbehaltenen Gewinne in Abzug bringt.

(9) $\mathbf{Y}^{H}_{ges.} = \mathbf{Y}^{pr} - \mathbf{Y}^{U}_{U}$

Letztendlich kommt es den privaten Haushalten aber auf das ihnen persönlich verfügbare Einkommen an ($\mathbf{Y}^{H}_{verf.}$). Verfügbar ist schließlich der Teil des Einkommens, der nach Abzug der direkten Steuern den Haushalten übrigbleibt.

(10) $\mathbf{Y}^{H}_{verf.} = \mathbf{Y}^{H}_{ges.} - \mathbf{T}^{\mathbf{d}}_{H}$

Dieses Einkommen läßt sich auch dadurch berechnen, daß man (ausgehend von Gleichung 8) zunächst das verfügbare Einkommen des gesamten privaten Sektors bestimmt und dann daraus dasjenige, das lediglich auf die Haushalte entfällt. Das verfügbare Einkommen des privaten Sektors ergibt sich mithin aus der Differenz zwischen dem Einkommen des privaten Sektors und den gesamten direkten Steuern, die der private Sektor von seinem Einkommen abführt:

(11) $\mathbf{Y}^{pr}_{verf.} = \mathbf{Y}^{pr} - \mathbf{T}^{\mathbf{d}} = \mathbf{Y}^{pr} - (\mathbf{T}^{\mathbf{d}}_{H} + \mathbf{T}^{\mathbf{d}}_{U})$

Der Schritt vom verfügbaren Einkommen des privaten Sektors zum verfügbaren Einkommen der privaten Haushalte besteht darin, vom ersteren die im Unternehmenssektor verbliebenen Ersparnisse S_U in Abzug zu bringen. (Auf diese Weise sind die vom Unternehmenssektor einbehaltenen Gewinne in zwei Schritten berücksichtigt worden, denn es ist: $\mathbf{Y}^{U}_{U} = \mathbf{T}^{\mathbf{d}}_{U} + \mathbf{S}_{U}$).

(12) $\mathbf{Y}^{H}_{verf.} = \mathbf{Y}^{pr}_{verf.} - \mathbf{S}_{U}$

Die Haushalte können ihr verfügbares Einkommen wie folgt verwenden:

(13) $\mathbf{Y}^{H}_{verf.} = \mathbf{C}_{H} + \mathbf{S}_{H} + \mathbf{Tr}^{A}_{H}$

Im Schaubild 11 - 3 ist nochmal der "Kreislauf der Einkommensbegriffe" dargestellt.

Schaubild 11 - 3: Kreislauf der Einkommensbegriffe

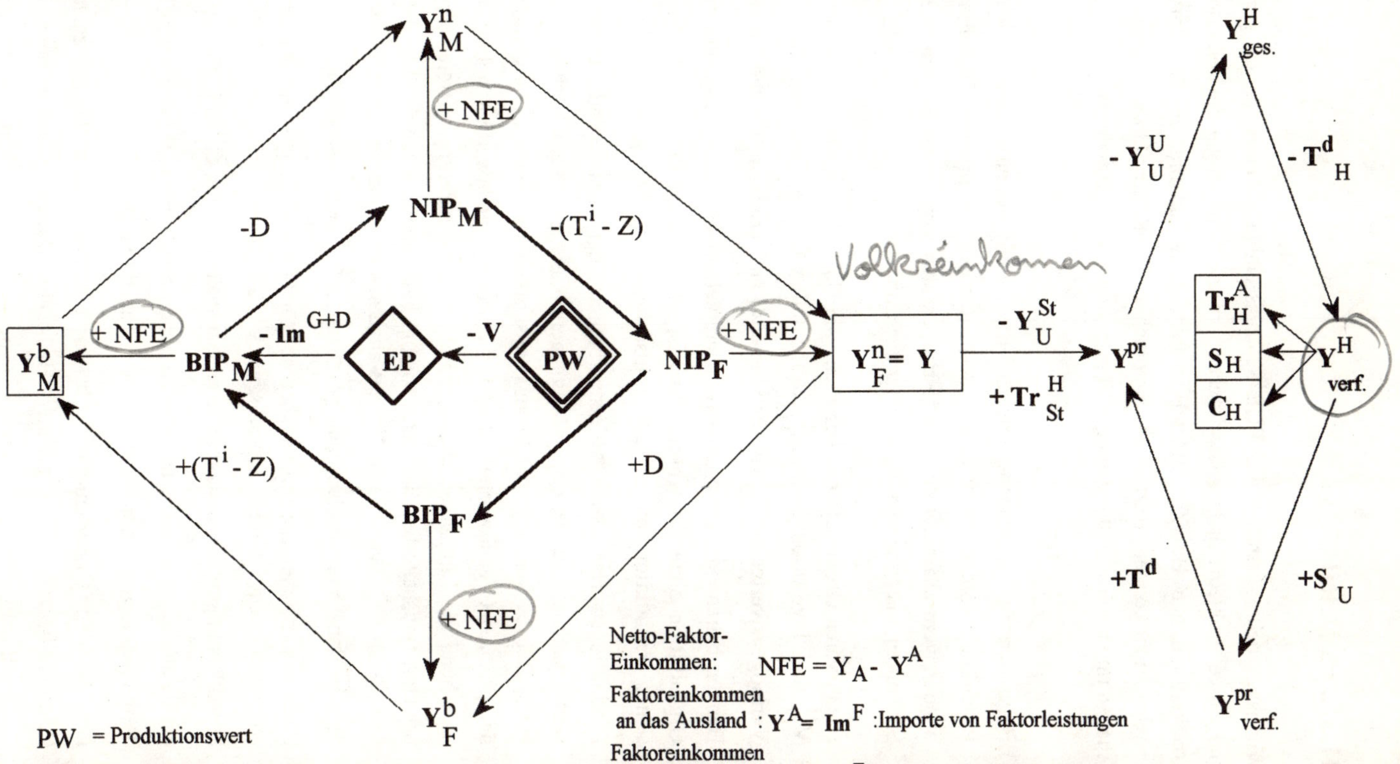

PW = Produktionswert

EP = Endprodukt

Netto-Faktor-Einkommen: $NFE = Y_A - Y^A$

Faktoreinkommen an das Ausland : $Y^A = Im^F$:Importe von Faktorleistungen

Faktoreinkommen vom Ausland : $Y_A = Ex^F$:Exporte von Faktorleistungen

11.3 ... im Detail

Wir haben beim Ausfüllen des VGR-Schemas einige Vereinfachungen getroffen und einige Probleme nicht angesprochen, um möglichst zügig die zentralen makroökonomischen Begriffe (Inlandsprodukt, Volkseinkommen, Sozialprodukt) entwickeln zu können. Jetzt ist es angebracht einige Konten etwas genauer anzuschauen und die Behandlung einiger Transaktionen zu spezifizieren:

1) Beim ersten Durchgang durch das VGR-System hatten wir die Produktionskonten der privaten Haushalte sowie der privaten Organisationen ohne Erwerbscharakter kurz vorgestellt, sie aber nicht in das System integriert. Sie sollten imstande sein, dieses jetzt nachzuholen:

   Die privaten Organisationen beziehen vom Unternehmenssektor Vorleistungen $\mathbf{V}_{O}^{U}$ und Investitionsgüter $\mathbf{Ib}_{O}^{U}$. Auch fallen für sie Faktoreinkommen aus Vermögenswerten an $\mathbf{Y}_{U}^{O}$ (denken Sie etwa an Vermögen, das die Kirchen bei Banken halten oder an produktive Unternehmungen, deren Eigentümer eine Organisation ohne Erwerbscharakter ist). Der Sektor O verkauft einen Teil seiner Produktion an private Haushalte $\mathbf{C}_{H}^{O}$. Der größte Teil seines Produktionswertes stellt Eigenverbrauch dar (das sind Güter und Dienstleistungen, die er seinen Mitgliedern unentgeltlich zur Verfügung stellt). Unter Berücksichtigung der Produktionskonten der privaten Haushalte sowie der privaten Organisationen ohne Erwerbscharakter erweitern sich auch entsprechend die Einkommenskonten. Folgende Veränderungen treten auf: Die privaten Haushalte beziehen jetzt sowohl Faktoreinkommen für ihre Arbeit in den privaten Organisationen $\mathbf{Y}_{O}^{H}$ als auch aus ihren eigenen Dienstleistungen, die die Haushalte für Haushalte produzieren $\mathbf{Y}_{H}^{H}$. Für die privaten Haushalte treten zusätzliche Konsumausgaben auf für Dienstleistungen, die die privaten Organisationen ohne Erwerbszweck an sie verkaufen $\mathbf{C}_{H}^{O}$, für Dienstleistungen, die sie von anderen Haushalten kaufen $\mathbf{C}_{H}^{H}$ und für Beiträge, die sie an die privaten Organisationen ohne Erwerbscharakter entrichten, damit diese ihren Eigenverbrauch finanzieren können ($\mathbf{Tr}_{H}^{O}$).

   Die privaten Organisationen erhalten Einnahmen aus Transferzahlungen (Mitgliedsbeiträgen) der privaten Haushalte. Darüberhinaus können einige Organisationen auch Transfers vom Staat erhalten (z.B. soziale Einrichtungen). Schließlich erzielen die privaten Organisationen Fakroreinkommen (siehe oben). Mit diesen Einnahmen müssen sie ihren

BOX: 11 - 1

Veränderungen im VGR - System durch die Berücksichtigung von Produktionskonten des Sektors private Haushalte und Organisationen ohne Erwerbscharakter

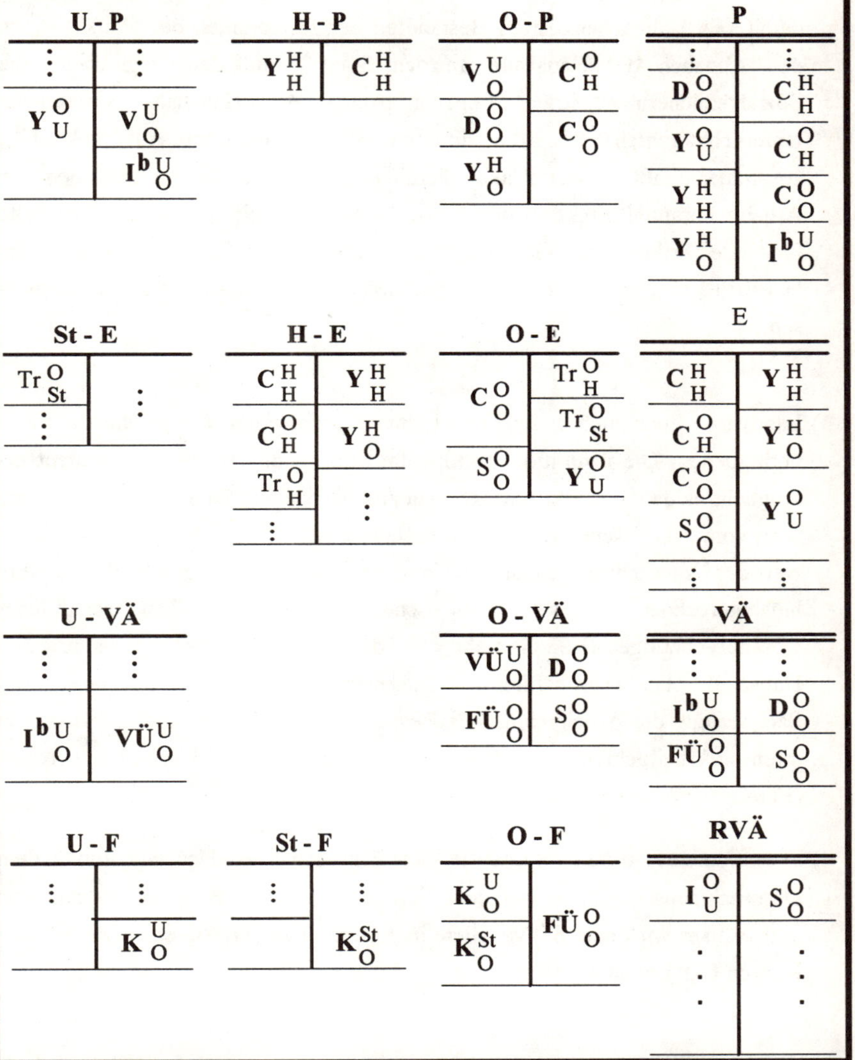

Eigenverbrauch bezahlen. Als Saldo ergibt sich die Ersparnis, die auf dem Vermögensänderungskonto gegengebucht wird. Die Vermögensbildung durch Bruttoinvestitionen wird auf dem Vermögensänderungskonto des Sektors U erfaßt. Eine entsprechende Vermögensübertragung stellt die Finanzmittel bereit. Auf dem VÄ-Konto der Organisation verbleibt i.d.R. ein Finanzierungsüberschuß, der zur Bildung von Finanzvermögen dient (vgl. BOX 11 - 1).

2) Auf dem Produktionskonto des Unternehmenssektors fallen Faktoreinkommen an, die den Haushalten als Löhne und Gehälter zufließen. Im Rahmen der VGR haben wir in diese Löhne auch den Arbeitgeberanteil der Unternehmungen an den Sozialversicherungsbeiträgen hineingerechnet. Er ist damit (als Lohnnebenkosten) Bestandteil der Einkommen der Haushalte. In den Abgaben der Haushalte an den Staat sind dementsprechend die Sozialversicherungsbeiträge (eigener Anteil der Haushalte sowie der Unternehmeranteil) und die direkten Steuern in dem Ausdruck $\mathbf{T}^{\mathbf{d}}_{H}$ zusammengefaßt. In der Praxis allerdings überweisen die Unternehmen den Arbeitgeberanteil direkt an den Staat, so daß einerseits die an die Haushalte fließende Lohn- und Gehaltssumme niedriger aus-fällt, andererseits die Haushalte auch niedrigere Sozialversicherungsabgaben an den Staat überweisen.

3) Landwirte, aber auch andere Unternehmer produzieren Güter, die sie selbst verbrauchen. Die institutionelle Identität von Produzent und Konsument ermöglicht es dabei, Markttransaktionen auszuschließen. Dieser Eigenverbrauch wird vom Statistischen Bundesamt geschätzt und sowohl in den Produktionswert der Unternehmungen als auch in den Konsum der (bäuerlichen) Haushalte hineingerechnet. Das europäische System Volkswirtschaftlicher Gesamtrechnungen (ESVG) sieht vor, "daß der Eigenverbrauch der privaten Haushalte landwirtschaftlicher Unternehmungen und der Wert der Sachbezüge, die Arbeitnehmer als Bestandteil ihrer Löhne und Gehälter von ihren Arbeitgebern erhalten (Deputate), mit Herstellungspreisen (Erzeugerpreisen) bewertet werden".[1]

4) Die privaten Haushalte werden in ihrer Eigenschaft als Hauseigentümer dem Unternehmenssektor zugerechnet. Für selbstgenutzte Eigentumswohnungen und -häuser wird eine fiktive Miete in Ansatz gebracht. Sie erscheint auf den Konten **U-P** und **H-E**.

[1] Wirtschaft und Statistik 4/1991, S. 234.

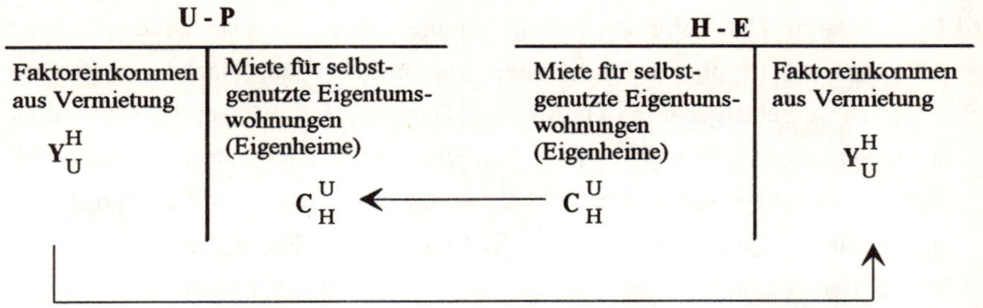

5) In der "Vermögensaufstellung eines Haushalts" finden sich sehr unterschiedliche Vermögensgegenstände. Viele dieser Gegenstände (z.B. Wohnungseinrichtung, Schmuck, Automobil) sind vom Haushalt in der Vergangenheit als dauerhafte Konsumgüter angeschafft worden. Diese Güter können zwar von den Haushalten als privates Vermögen deklariert werden (z.B. gegenüber ihrer Bank, bei der sie um Kredite nachsuchen), sie stellen aber volkswirtschaftlich kein "Produktivvermögen" dar, werden also in der VGR nicht als Vermögen aktiviert, sondern sind ex definitione Konsumgüter genauso wie die Verbrauchs-Konsumgüter (z.B. Bier oder Brot). Eine Ausnahme allerdings stellt das Eigenheim (die Eigentumswohnung) dar. Diese Anschaffung eines privaten Haushalts wird nicht als (dauerhaftes) Konsumgut angesehen, sondern als ein Investitionsgut, das laufend Nutzungen abgibt. Allerdings gilt der private Haushalt in der Eigenschaft des Bauherrn als Unternehmer! In der VGR ist er unter diesem Aspekt dem Unternehmenssektor zuzuordnen. Als Konsequenz ergibt sich daraus, daß der Unternehmenssektor die Investition (den Bau des Eigenheims) nicht nur produziert, sondern auch investiert und der Haushaltssektor eine entsprechende "Vermögensübertragung" vornimmt. Als eigenständige Vermögensbildung verbleibt dem Haushaltssektor nach diesen Vermögenstransfers nur die Bildung von Finanzvermögen, d.h. der Erwerb von Forderungen. Die Vermögensänderungskonten beider Sektoren verändern sich unter diesen Annahmen wie folgt:

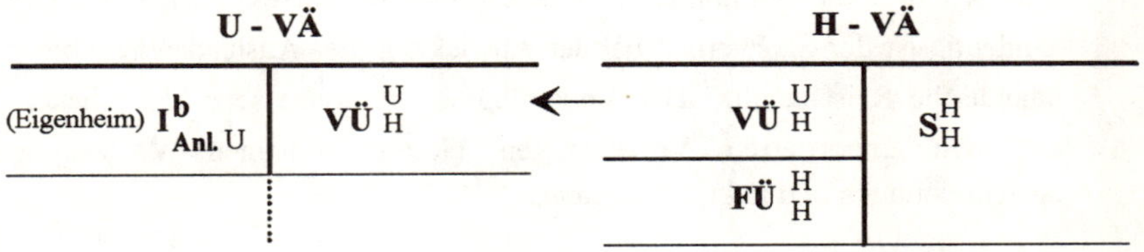

6) Die privaten Haushalte entwickeln gerade beim Hausbau auch durchaus nennenswerte produktive Aktivitäten (durch Selbstbau, Nachbarschaftshilfe u.ä.). Diese selbstgebauten Häuser und Garagen sind zum einen Bestandteil des Produktionswertes ($\mathbf{PW}_U$) auf dem Konto **U-P**, zum anderen sind sie Teil der Investitionen und finden sich damit auf dem Konto **U-VÄ** wieder. Ein entsprechendes Einkommen erhöht die Ersparnis der Haushalte, wird aber im Wege der Vermögensübertragung auf das Vermögensänderungskonto des Sektors U umgebucht.

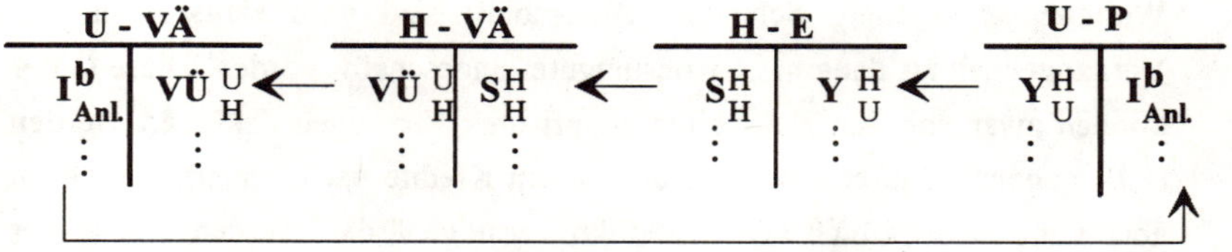

7) Deutsche Touristen geben im Ausland Geld aus. Sie kaufen Dienstleistungen (z.B. den Service eines Hotels) und Güter für den täglichen Konsum sowie Andenken oder andere Mitbringsel. Es handelt sich also um Direktimporte von Gütern und Dienstleistungen durch Haushalte. Wegen der Schwierigkeiten, die Ausgaben der Haushalte auf Güter und Dienstleistungen statistisch genau aufzuteilen, werden sämtliche Touristenausgaben im Ausland als Importe von Dienstleistungen betrachtet, was erst bei der Behandlung der Zahlungsbilanz bedeutsam wird. Zur korrekten Erfassung ist in der VGR fiktiv wie folgt vorzugehen: Die Haushalte importieren diese Dienstleistungen und produzieren mit diesen "Vorleistungen" ihre Auslandsreisen selbst. Faktoreinkommen der Haushalte fallen nicht an, denn jeder Haushalt "produziert" seine eigenen Ferien. Durch die Einschaltung des Produktionskontos Haushalte wird sichergestellt, daß die Auslandsausgaben sowohl in den Importen als auch in den privaten Konsumausgaben enthalten sind, wodurch die Ermittlung des Inlandsproduktes korrekt ausgewiesen wird. Eindeutig ist der Sachverhalt bei der Abwicklung der Auslandsreise über eine inländische Reiseagentur: Der Verkaufspreis der Reise setzt sich zusammen aus den importierten Vorleistungen ($\mathbf{Im}^D$), sonstigen Vorleistungen, Abschreibungen und Faktoreinkommen $\mathbf{Y}^H_U$.

a) Reiseausgaben der Touristen im Ausland (selbstorganisierte Reise):

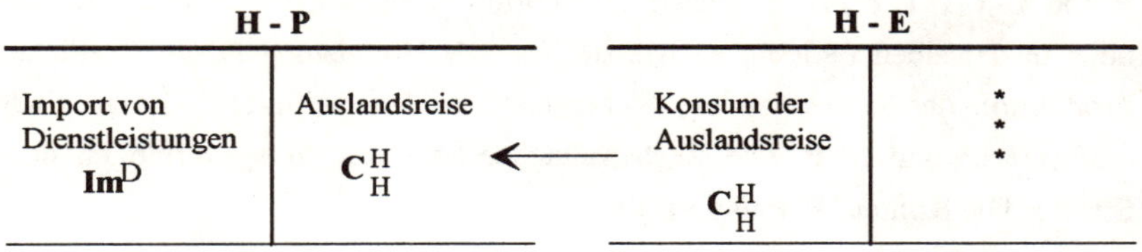

b) Abwicklung von Auslandsreisen über eine inländische Reiseagentur:

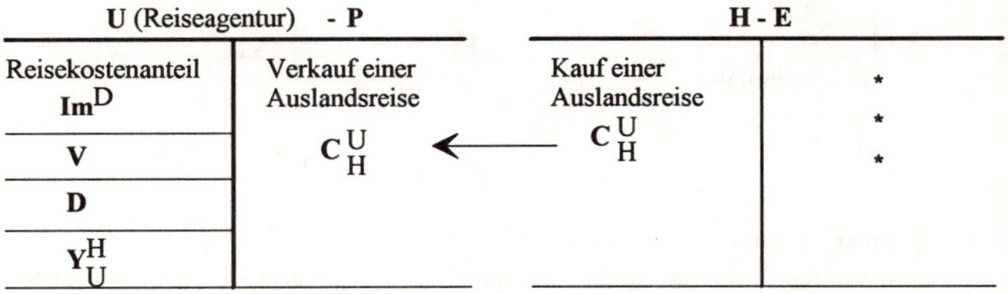

8) Deutsche Unternehmen importieren z.T. Investitionsgüter, die sie direkt zur Erweiterung des eigenen Produktionsapparates verwenden. Würden diese Importe unmittelbar auf dem Vermögensänderungskonto erfaßt, würde das Inlandsprodukt zu niedrig ausgewiesen werden. Bei korrekter Behandlung in der VGR müssen auch diese Importe von Investitionsgütern über das Produktionskonto **U-P** verbucht werden.

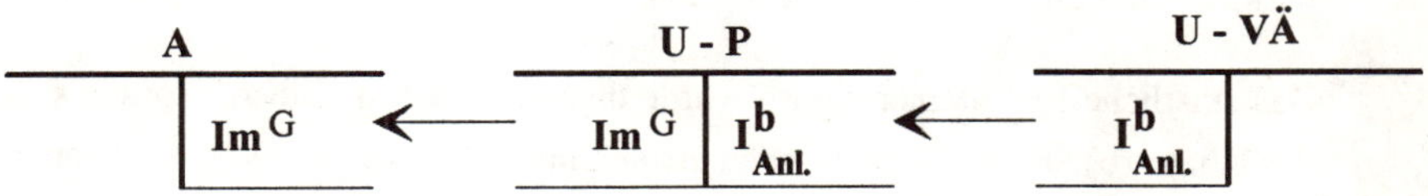

9) Ein deutsches Unternehmen baut Lokomotiven und Panzer und Rechenanlagen. Die Lokomotiven werden von der Deutschen Bundesbahn abgenommen, die Panzer vom Verteidigungsministerium, die Rechenanlagen vom Finanzamt. Wie werden diese Transaktionen in der VGR festgehalten? Die Lokomotive ist eine Bruttoinvestition der Bundesbahn, die zum Sektor

Unternehmen gehört, auch wenn die Eigentumsrechte an dieser Unternehmung ganz oder teilweise dem Staat zustehen sollten. Die berührten Konten sind **U-P** und **U-VÄ**. Die Panzer stellen keine Bruttoinvestition dar, sondern gehen noch in derselben Periode, so wie sie sind, als Vorleistung in die staatliche Produktion des Gutes "äußere Sicherheit" ein. Die berührten Konten sind hierbei **U-P** und **St-P**. Die Rechenanlage erhöht das Anlagevermögen des Staates. Die Konten: **U-P** und **St-VÄ**.

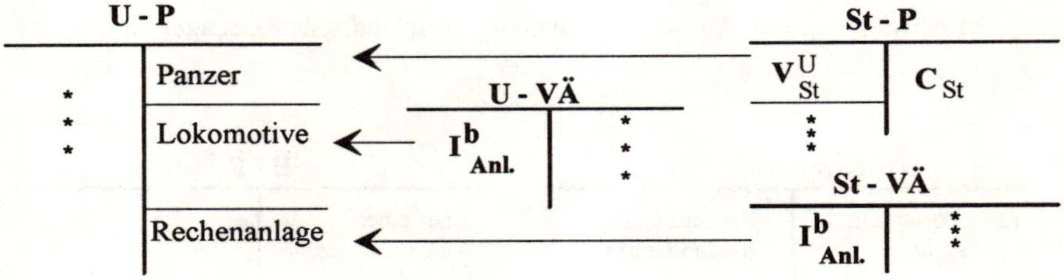

10) Der Staat (Gebietskörperschaften = Bund, Länder, Gemeinden) hatte 1994 einen Schuldenstand (öffentliche Verschuldung) von knapp 1.723 Mrd. DM[2]. Allein der Bund hat in seinen Bundeshaushalt 1994 Zinszahlungen in Höhe von 53,5 Mrd. DM eingestellt (11,2 % der Gesamtausgaben). Im System der VGR werden diese Zinszahlungen nicht als Faktorentgelt für die Nutzung von Kapital auf dem staatlichen Produktionskonto verbucht, sondern auf dem Einkommenskonto des Staates als Ausgaben eingesetzt, die gegen die Faktoreinnahmen des Staates saldiert werden. Damit ist die Nutzung des Kapitals nicht in dem staatlichen Produktionswert enthalten.
Eine solche Vorgehensweise ist nicht unumstritten. Sie geht davon aus, daß Kredite an den Staat <u>nicht</u> produktiv im staatlichen Produktionsprozeß wirksam sind und keinen entsprechenden Beitrag zum Inlandsprodukt leisten.

Das staatliche Einkommenskonto würde das Aussehen (a) haben, woraus sich das Konto (b) ergibt. Hierin werden die empfangenen Faktoreinkommen gegen die Zinszahlungen saldiert (für **U** und **A**) und die Zinsen an die Haushalte wie Transferzahlungen behandelt. Zinszahlungen des Staates werden damit hinsichtlich ihrer Wirkungen auf das Volkseinkommen neutralisiert.

[2] Siehe Box 11 - 2, S. 164.

(a) St - E

Zinsen auf öffentliche Schulden	Empfangene Einkommen aus Unternehmertätigkeit und Vermögen
Zi^{U}_{St}	
Zi^{H}_{St}	Y^{St}_{U}
Zi^{A}_{St}	Y^{St}_{A}
⋮	⋮

(b) St - E

Zi^{H}_{St}	$Y^{St}_{U} - Zi^{U}_{St}$
=	$Y^{St}_{A} - Zi^{A}_{St}$
Tr^{H}_{St}	
⋮	⋮

11) Bei der Erstellung der Einkommenskonten in der VGR-Rechnung haben wir von Einkommenstransfers weitgehend abgesehen mit Ausnahme der Transferzahlungen vom Staat an die Haushalte und an das Ausland. Natürlich gibt es noch zahlreiche weitere Übertragungen von Einkommen. Genannt seien hier nur Prämien für Schadensversicherungen und entsprechende Leistungen in Versicherungsfällen, Lottogewinne, Unterstützungszahlungen von Haushalten an Haushalte (z.B. von Eltern an Studenten). Wie würde sich eine Berücksichtigung dieser Transferzahlungen in unserem VGR-System niederschlagen und welche Konsequenz hätte die Berücksichtigung auf die Höhe des Volkseinkommens? Auch wären Vermögensübertragungen zu berücksichtigen. Auf eine bedeutende Vermögensübertragung hatten wir bereits hingewiesen: von den Haushalten werden Finanzmittel (angesparte Eigenmittel sowie Tilgungszahlungen der Bausparer u.a.) auf den Sektor Unternehmen übertragen, weil private "Bauherren" als Unternehmer angesehen werden. Darüber hinaus gibt es eine Reihe anderer Vermögensübertragungen: Der Staat gewährt Wohnungsbauprämien, Sparprämien, staatliche Zuschüsse für Investitionen der Unternehmungen usw., er erhält Erbschaftssteuer u.ä.. Auch bei den Finanzierungskonten haben wir von der Vielfalt gegenseitiger Kreditbeziehungen abgesehen und lediglich Nettokreditströme betrachtet. Tatsächlich gibt es Kreditaufnahmen und -vergaben zwischen allen Sektoren in jede Richtung.

12) Bei der Ermittlung der Wertschöpfung der Banken geht das Statistische Bundesamt davon aus, daß die ausgewiesenen Gebühren und Provisionen nur einen Teil der tatsächlich erbrachten Leistungen umfassen. Es unterstellt, daß sowohl die Ertragszinsen als auch die Aufwandszinsen der Banken zum Teil ein Entgelt für erbrachte Bankdienstleistungen enthalten. Zur quantitativen Erfassung dieser Größe wird die Differenz zwischen Ertragszinsen (einschließlich anderer Vermögenseinkommen) und Aufwandszinsen gebildet. In Höhe dieser Differenz werden Bankdienstleistungen unterstellt. Diese unterstellten Bankdienstleistungen erhöhen den Produktionswert und die Wertschöpfung der Banken. Diese unterstellten Bankdienstleistungen müßten genaugenommen den Wirtschaftssubjekten in Rechnung gestellt werden, die sie beanspruchten (bei den Unternehmen handelt es sich dabei um eingekaufte Vorleistungen, bei den privaten Haushalten um einen Teil ihres Konsums). Diese genaue Zuordnung unterbleibt. Stattdessen führt das Statistische Bundesamt ein fiktives Produktionskonto des Unternehmenssektors ein: es enthält auf der Sollseite zum einen die "unterstellten" Bankdienstleistungen als Vorleistungen, hat aber einen Produktionswert von Null, d.h. die resultierende Wertschöpfung ist negativ in Höhe der unterstellten Bankdienstleistungen. Auf diese Art und Weise soll die Wirkung auf das Bruttoinlandsprodukt neutralisiert werden:

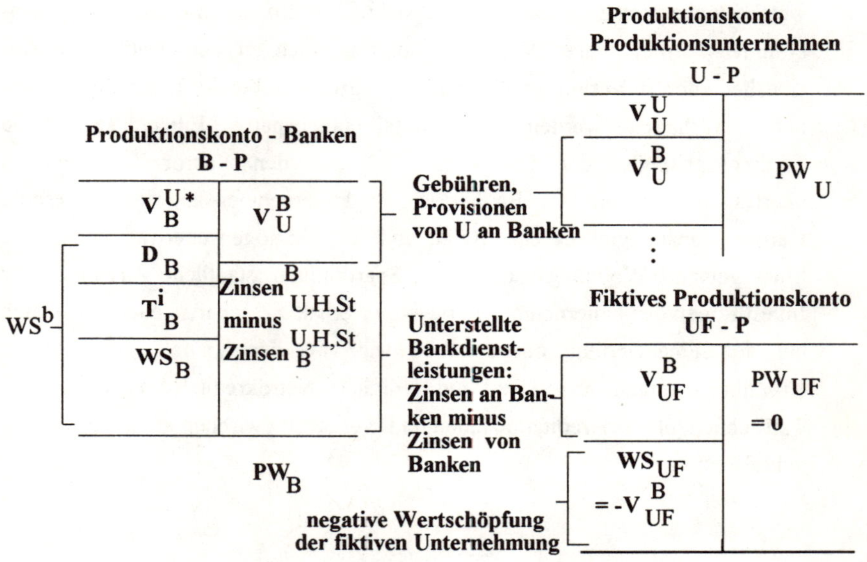

* U = Produktionsunternehmen

Produktionskonten des Sektors Unternehmungen
(Werte des früheren Bundesgebietes für 1991 in Mrd. DM)

Produktionsunternehmen (U)

V 3618,91	PW_U 5719,01
D 305,28	
T^i - Z 79,69	
WS_U 1715,13	
PW_U 5719,01	PW_U 5719,01

Kreditinstitute (B)

V 38,65	**Gebühren, Provisionen u. ä.** 32,05
D 4,89	**Unterstellte Entgelte für Bankdienstleistungen** 114,14
T^i 5,41	
WS_B 97,24	
PW_B 146,19	PW_B 146,19

fiktives Unternehmen (UF)

V **Unterstellte Entgelte für Bankdienstleistungen** 114,14	PW_{UF} 0
WS_{UF} - 114,14	
PW_{UF} 0	PW_{UF} 0

Unternehmenssektor (U + B + UF)

V 3771,7	PW_U 5719,01
D 310,17	+ PW_B 146,19
T^i - Z 85,1	+ PW_{UF} 0
WS 1698,23	
PW 5865,2	**PW** 5865,2

(Quelle: Statistisches Bundesamt; eigene Berechnungen)

BOX: 11 - 2 Daten zur Staatsverschuldung

Im Zuge der Wiedervereinigung erhöhte sich die Verschuldung der Gebietskörperschaften (Bund, einschließlich der Sondervermögen wie Fonds "Deutsche Einheit", Kreditabwicklungsfonds, ERP-Sondervermögen und Lastenausgleichsfonds, Länder und Gemeinden) sprunghaft. Die Nettokreditaufnahme ist erheblich gestiegen, ebenso die Belastung der öffentlichen Haushalte mit Zinszahlungen. Die folgenden Schaubilder zeigen die empirische Situation:

Schaubild 1: Schulden und Schuldenquote (= Schulden/BIP) der Gebietskörperschaften

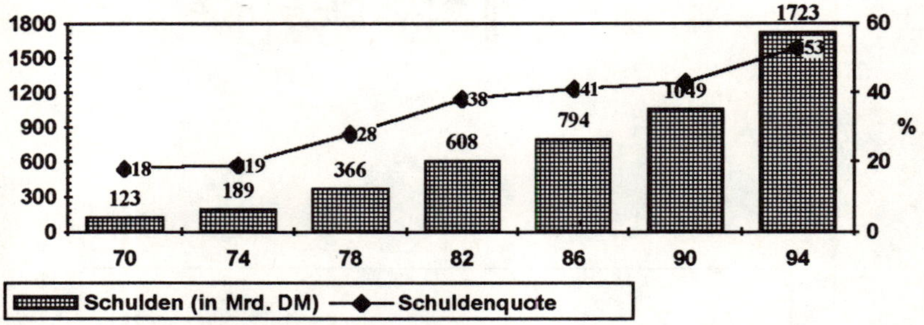

Quelle: Bundesministerium der Finanzen, Fakten 1/94, Mai 1994

Schaubild 2: Schuldenquoten ausgewählter Industrieländer, 1993

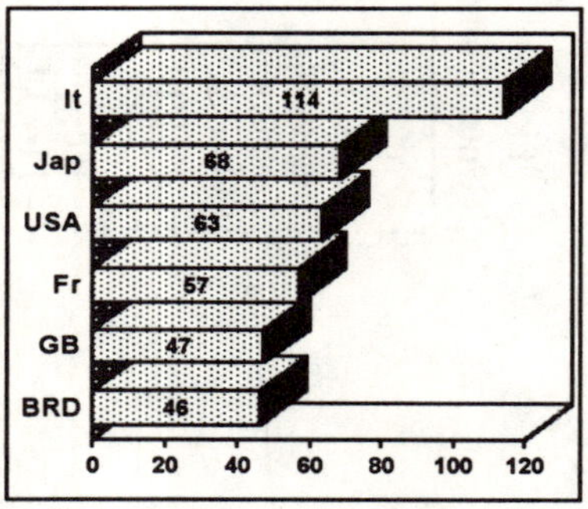

Schaubild 3: Nettokreditaufnahme (der Gebietskörperschaften) in Mrd. DM

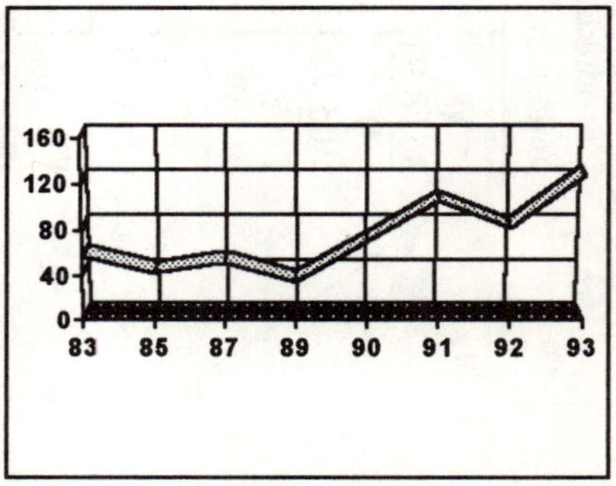

Quelle: Bundesministerium der Finanzen

Schaubild 4: Zinsen auf öffentliche Schulden (Gebietskörperschaften [GK] und Bund),

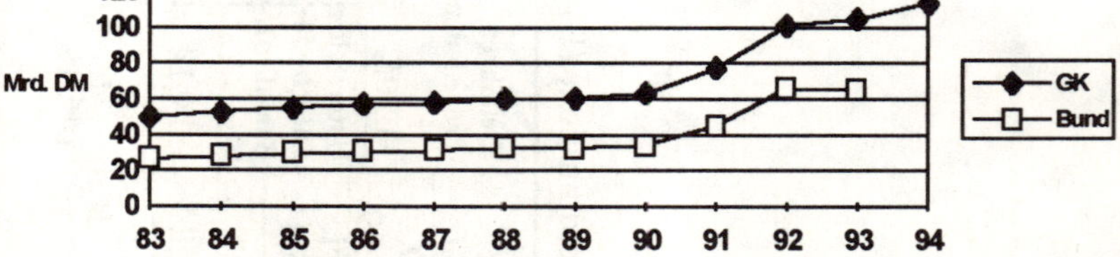

Quelle: Statistisches Bundesamt, Fachserie 18.

12 Entstehung, Verteilung und Verwendung des Sozialprodukts

12.1 Die Berechnungsarten

In der VGR haben wir gesehen, daß im Zuge der Güterproduktion Einkommen entstehen, daß diese Einkommen auf die am Produktionsprozeß beteiligten Produktionsfaktoren verteilt werden und daß schließlich die Einkommensbezieher ihre Einkommen verwenden um beispielsweise Güter und Dienstleistungen nachzufragen. Das Sozialprodukt bzw. das Volkseinkommen läßt sich also nach drei Arten ermitteln[1]: Der

- Entstehungsrechnung,
- Verteilungsrechnung und
- Verwendungsrechnung.

In diesem Abschnitt werden wir uns auf die Berechnungsarten konzentrieren, im nächsten dann die zugehörigen empirischen Daten studieren und uns ein detailliertes Bild über die Volkswirtschaft der Bundesrepublik Deutschland verschaffen.

1) Die Einkommensentstehung erfolgt im Zuge des Produktionsprozesses in den einzelnen Sektoren und Wirtschaftsbranchen. Im Rahmen der Entstehungsrechnung wird der Sektor Unternehmungen zu diesem Zweck noch einmal unterteilt in:

- Landwirtschaft, Forstwirtschaft und Fischerei (LW)
- Warenproduzierendes Gewerbe (WG)
- Handel und Verkehr (HV)
- Dienstleistungsunternehmen (DL).

Die Bruttowertschöpfung $\mathbf{WS^b}$ dieser Sektoren ergibt sich wie folgt:

a) als Differenz zwischen Produktionswert und Vorleistung

$$\mathbf{WS^b_U = PW_U - V_U - Im^{GD}_U}$$

---

[1] Vgl. Box 12 - 5: "Entstehung, Verteilung und Verwendung des Sozialprodukts".

b) als Summe von Nettowertschöpfung (Faktoreinkommen) plus indirekte Steuern minus Subventionen plus Abschreibungen[2]:

$$WS^b_U = WS_U + (T^i - Z) + D_U$$

Die Summe aus den einzelnen Bruttowertschöpfungen der aufgeführten Sektoren ergibt die (unbereinigte) Bruttowertschöpfung aller Unternehmungen:

$$WS^b_U = WS^b_{LW} + WS^b_{WG} + WS^b_{HV} + WS^b_{DL}$$

Teil des Sektors "Dienstleistungsunternehmen" sind die Geschäftsbanken. Mangels exakterer Erfassungsmöglichkeiten werden in der VGR über die durch Provisionen und Gebühren erfaßten Dienstleistungen hinaus weitere Dienstleistungen "unterstellt" in Höhe der Differenz zwischen eingenommenen und gezahlten Zinsen. Dadurch erhöht sich die Wertschöpfung des Dienstleistungssektors. Es erfolgt aber keine Zurechnung dieser unterstellten Bankdienstleistungen auf die anderen Sektoren, die diese nachfragen und in ihrem Produktionsprozeß einsetzen, wodurch die gesamte Bruttowertschöpfung des Unternehmenssektors zu hoch ausgewiesen wird. Denn auch die unterstellten Dienstleistungen der Banken sind für die anderen Unternehmen Vorleistungen. Werden diese nicht angesetzt, ergeben sich in den Sektoren der Nicht-Banken zu hohe Bruttowertschöpfungen. Die Ergänzung der Unternehmenssektoren durch einen "fiktiven" Unternehmenssektor ermöglicht die pauschale Korrektur der "unterstellten" Bankdienstleistungen: Der fiktive Sektor setzt die unterstellten Bankdienstleistungen als Vorleistungen ein, hat aber einen Produktionswert von Null und damit eine negative Wertschöpfung in Höhe der unterstellten Bankdienstleistungen. Eine Aufteilung auf die einzelnen Sektoren, die diese Bankdienstleistungen in Anspruch genommen haben, unterbleibt. Es wird nur die Wertschöpfung des gesamten Unternehmenssektors bereinigt (vgl. auch Kapitel 11, Punkt 12):

$$WS^b_{UF} = PW_{UF} - V^{BK}_{UF}$$

$$WS^b_{UF} = -\text{ unterstellte Bankdienstleistungen}$$

$$WS^b_{U\,\text{bereinigt}} = WS^b_U + WS^b_{UF}$$

Zur Entstehungsrechnung gehören weiterhin die Bruttowertschöpfungen des Sektors Staat sowie die des Sektors Haushalte einschließlich privater Organisationen ohne Erwerbscharakter.

[2] Vgl. auch Kapitel 6.

BOX: 12 - 1 **Bruttowertschöpfung**

Beitrag der einzelnen Wirtschaftsbereiche zur Bruttowertschöpfung

Den größten Beitrag zur Güterproduktion leistete 1993 mit 35,6 % das produzierende Gewerbe. An zweiter Stelle stehen die Dienstleistungen mit 35 %. Das Schlußlicht bildet die Landwirtschaft mit einem Anteil von 1,1%. 1990 erhielten Land- und Forstwirtschaft allein 14,3 Milliarden DM an Subventionen, während sie gleichzeitig nur einen Beitrag in Höhe von 37 Mrd. DM erwirtschafteten. Vergleichen wir die jeweiligen Beiträge in den Jahren 1960, 1980 und 1993 stellen wir eindeutige Trends fest. In dem betrachteten Zeitraum sanken die Beiträge der Landwirtschaft und des Handels und Verkehrs beständig. Dies gilt auch für den Beitrag des produzierenden Gewerbes, der noch in den 50er Jahren starke Zuwächse zu verzeichnen hatte. Neben den Beiträgen des Staates und der privaten Haushalte stieg vor allem der Beitrag des Dienstleistungsbereichs, der sich mehr als verdoppelte. Diese Entwicklung wird für Industriestaaten als typisch angesehen. Während sich in der ersten Hälfte dieses Jahrhunderts in den Industriestaaten ein Wechsel der Wirtschaftsstruktur vom primären (Grundstoffe, Rohstoffe) zum sekundären Sektor (industrielle Weiterverarbeitung) vollzog, ist insbesondere in der Nachkriegszeit ein Wechsel vom sekundären auf den tertiären Sektor (Dienstleistungen) zu beobachten. In den USA leistet der Dienstleistungsbereich mittlerweile mit über 35% den größten Beitrag zur Bruttowertschöpfung. Diese sich verändernden Gewichte in den Produktionsbereichen einer Volkswirtschaften wird als Strukturwandel bezeichnet.

Beiträge einzelner Branchen zur Bruttowertschöpfung

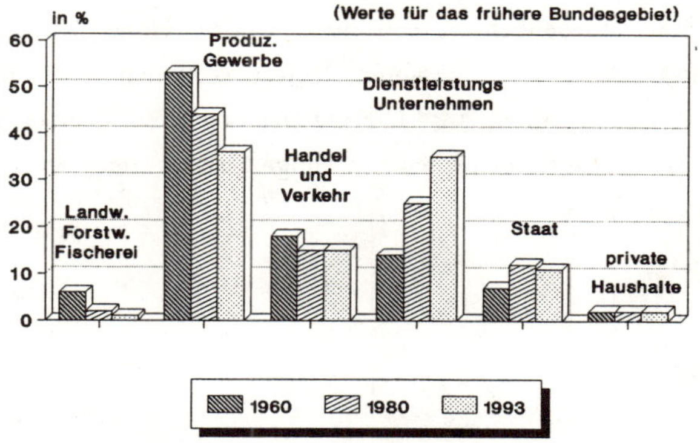

Quelle: SVR, JG 1994/95, S 348,

Vergleicht man die Anteile, die auf die einzelnen Sektoren entfallen im Zeitablauf, lassen sich daran wichtige Veränderungen der Produktionsstruktur einer Volkswirtschaft ablesen. Typische Entwicklungen der letzten Jahrzehnte in den Industrieländern zeigten u.a. ein deutliches Schrumpfen des landwirtschaftlichen Sektors (aber auch des Industriesektors) und eine überproportionale Zunahme des Dienstleistungssektors. Im internationalen Vergleich erkennt man, daß die Sektoren von Land zu Land unterschiedliche Gewichte haben. Dieser Tatbestand begründet u.a. unterschiedliche Wirtschaftsinteressen der Länder und Differenzen in ihren Wirtschaftspolitiken (siehe auch Box 12-1).

2) Die Verteilungsrechnung des Sozialproduktes[3] weist aus, wie die Einkommen funktional verteilt sind, d.h. welche Einkommen auf welche Produktionsfaktoren entfallen. Unterschieden werden in der sogenannten Primärverteilung zwei Gruppen:

- Einkommen aus unselbständiger Arbeit und
- Einkommen aus Unternehmertätigkeit und Vermögen.

Aus dieser funktionalen Einteilung in zwei Einkommensarten dürfen keine voreiligen Schlüsse gezogen werden: zum einen sorgt der Staat via Steuererhebungen und Transferzahlungen für eine sogenannte Querverteilung, zum anderen mag die Einkommenskategorie "aus Unternehmertätigkeit und Vermögen" auch Einkommenskomponenten enthalten, die privaten Haushalten zufließen, deren überwiegendes Einkommen aus unselbständiger Arbeit resultiert. Auch können abhängig Beschäftigte über Vermögenswerte verfügen, aus denen sie Miet-, Pacht- oder Zinseinnahmen bzw. Dividenden erzielen. Setzt man die Höhe des Einkommens aus unselbständiger Arbeit zum gesamten Volkseinkommen in Beziehung, so spricht man auch von der Lohnquote.[4] Die Entwicklung dieser Lohnquote ist beispielsweise für die Gewerkschaften eine wichtige Orientierung, an der sie ihre Lohnpolitik mit ausrichten.

[3] Vgl. Box 12-5, S. 176, Punkt II.
[4] Zur Berechnung der Lohnquote siehe Kapitel 14.6.4.

BOX: 12 - 2 Verteilung des Volkseinkommens

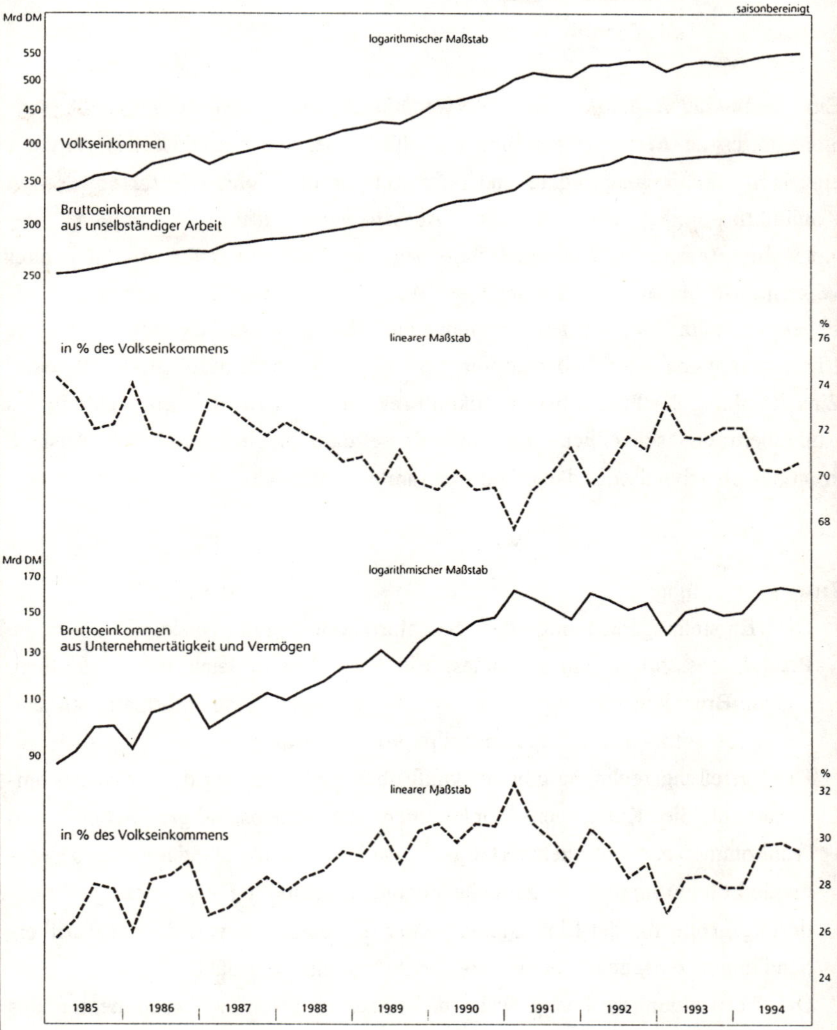

Quelle: Deutsche Bundesbank, Saisonbereinigte Wirtschaftszahlen, April 1995

3) Die Verwendungsrechnung ist bereits vom Produktionskonto bzw. von der Sozialproduktberechnung her bekannt. Die gesamtwirtschaftliche Nachfrage wird in den einzelnen Verwendungskomponenten zusammenstellt:

- Privater Verbrauch
- Staatsverbrauch
- Anlageinvestitionen
- Vorratsinvestitionen
- Außenbeitrag.

Ein Zeitreihenvergleich der Verwendungskomponenten des Bruttosozialproduktes zu Marktpreisen gibt Aufschluß über die Veränderungsraten der einzelnen Nachfrageaggregate und ist damit für die Konjunkturforschung und Konjunkturpolitik von hohem Aussagewert. Ein Schrumpfen der Anlageinvestitionen gilt beispielsweise als ein Indikator zukünftig sinkender Wachstumschancen. Ein übermäßiger Aufbau der Lagerinvestitionen gilt als sicheres Indiz für einen kommenden Konjunkturabschwung, da die Unternehmungen auf überproportionalem Lagerbestandsaufbau mit einer Einschränkung der Produktion in Zukunft reagieren werden. Die Entwicklung des Außenbeitrages schließlich gibt Aufschlüsse darüber, inwieweit das Ausland konjunkturbelebend oder dämpfend wirksam geworden ist.

Zusammenfassung:

- Die Entstehungsrechnung des Sozialproduktes gibt Auskunft über die Produktionsstruktur eines Landes. Ein Zeitreihenvergleich macht deutlich, welche Branchen schrumpfen und welche wachsen. Diese Informationen sind für die Struktur- und Wachstumspolitik von Bedeutung.
- Die Verteilungsrechnung gibt Auskunft über die Verteilung des Volkseinkommens auf die Kategorien "Einkommen aus unselbständiger Arbeit" und "Einkommen aus Unternehmertätigkeit und Vermögen". Die daraus zu berechnende Lohnquote und ihre zeitliche Veränderung sind u.a. eine wichtige Orientierungsgröße für die Einkommenspolitik des Staates sowie für die Tarifverhandlungen zwischen Arbeitgeber- und Arbeitnehmerverbänden.
- Die Verwendungsrechnung weist die einzelnen Nachfragekomponenten des Bruttosozialprodukts aus. Veränderungen im Umfang, aber auch in der Struktur der Nachfrage sind u.a. wichtige Informationen für die Konjunkturpolitik.

BOX: 12 - 3 Verwendung des Bruttosozialproduktes

Werte für Westdeutschland in Prozent

1994: 2980 Mrd. DM

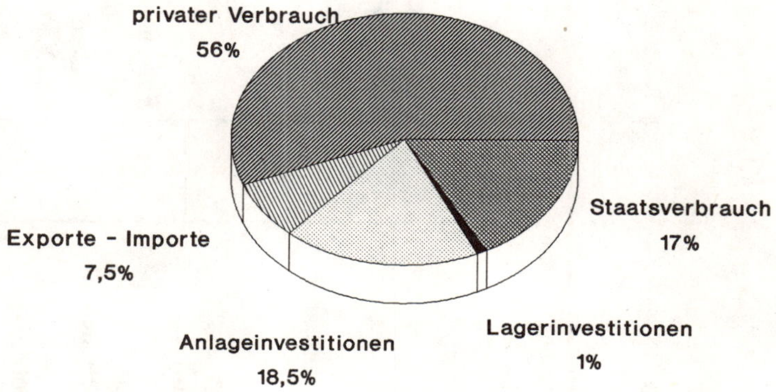

Quelle: BBK, Monatsbericht März 95

Schaubild 12-1: Entstehung, Verwendung und Verteilung des Sozialproduktes im Säulendiagramm

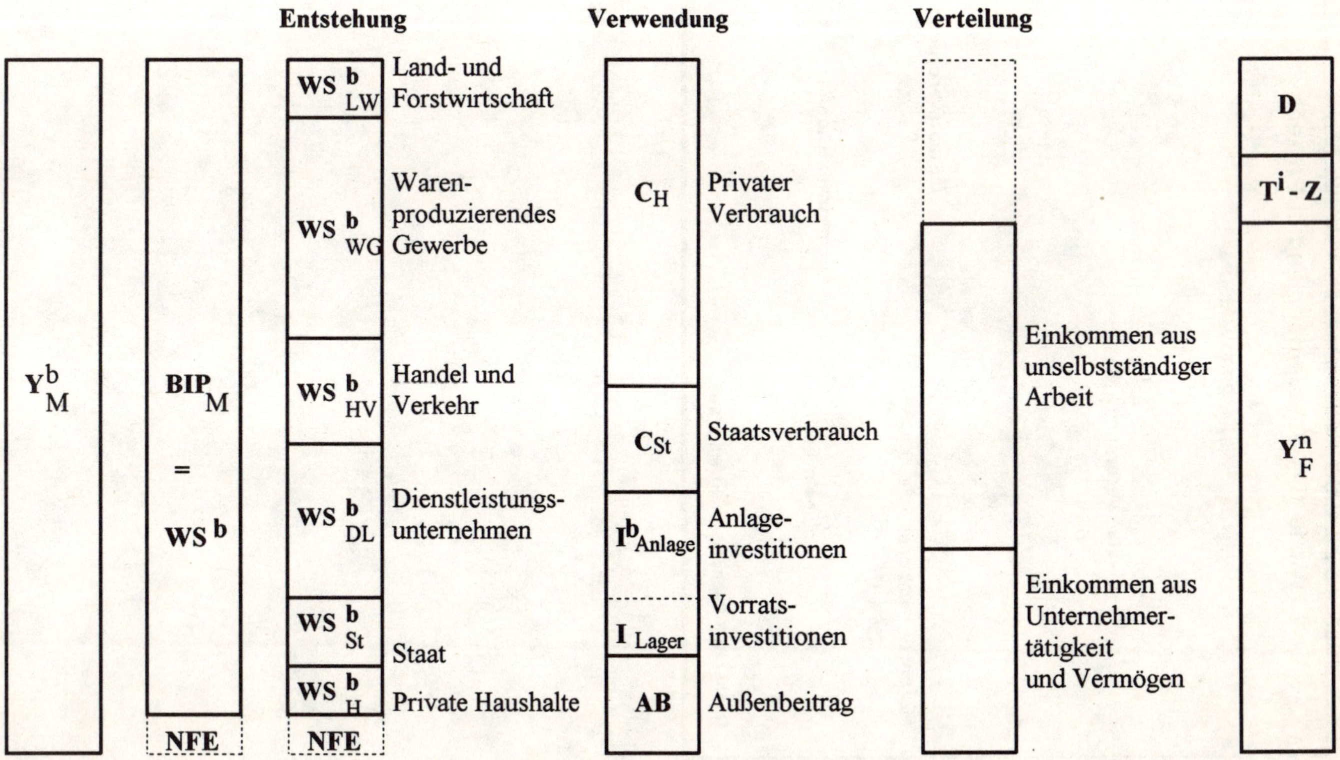

BOX: 12 - 4: Die drei Berechnungsarten in der Volkswirtschaftlichen Gesamtrechnung

I. Entstehungsrechnung *)

Produktionswert
– Vorleistungen
= Bruttowertschöpfung (unbereinigt)
– Unterstellte Entgelte für Bankdienstleistungen
= Bruttowertschöpfung (bereinigt)
\+ Nichtabzugsfähige Umsatzsteuer
\+ Einfuhrabgaben
= Bruttoinlandsprodukt
± Saldo der Erwerbs- und Vermögenseinkommen zwischen Inländern und der übrigen Welt

II. Verwendungsrechnung

Privater Verbrauch
\+ Staatsverbrauch
\+ Ausrüstungsinvestitionen
\+ Bauinvestitionen
± Vorratsveränderung
\+ Ausfuhr
– Einfuhr

= Bruttosozialprodukt zu Marktpreisen
– Abschreibungen
= Nettosozialprodukt zu Marktpreisen
– Indirekte Steuern
\+ Subventionen
= Nettosozialprodukt zu Faktorkosten = Volkseinkommen

III. Verteilungsrechnung

Volkseinkommen

Bruttoeinkommen aus Unternehmertätigkeit und Vermögen
– Öffentliche Abgaben auf Einkommen aus Unternehmertätigkeit und Vermögen (direkte Steuern, u. ä.)
± Sonstige Zu- und Absetzungen
= Nettoeinkommen aus Unternehmertätigkeit und Vermögen

Bruttoeinkommen aus unselbständiger Arbeit
– Tatsächliche Sozialbeiträge der Arbeitgeber
– Unterstellte Sozialbeiträge
= Bruttolohn- und -gehaltssumme
– Lohnsteuer
– Tatsächliche Sozialbeiträge der Arbeitnehmer
= Nettolohn- und -gehaltssumme

Quelle: Sachverständigenrat, Jahresgutachten 1993/94

*) In der Theorie (vgl. Schaubild 12-1) ist die Summe der (um die Bankdienstleistungen bereinigten) Bruttowertschöpfungen gleich dem Bruttoinlandsprodukt zu Marktpreisen. Bei der Verwendung empirischer Daten des Statistischen Bundesamtes muß jedoch beachtet werden, daß in der Bruttowertschöpfung der größte Teil der indirekten Steuern nicht enthalten ist, nämlich die nicht abzugsfähigen Umsatzsteuer und die Einfuhrabgaben (vgl. auch Box 12-5, Fußnote 6). Diese werden deshalb beim Übergang von der Bruttowertschöpfung zum Bruttoinlandsprodukt hinzuaddiert.

12.2 Die Empirie

Im folgenden wird zunächst die volkswirtschaftliche Gesamtrechnung für West- und Ostdeutschland getrennt aufgeführt. Bei dieser Vorgehensweise ist es wichtig zu bedenken, daß bei der Erstellung der VGR für die alten Bundesländer Ostdeutschland VGR-technisch als Ausland behandelt wird und umgekehrt!!

a)...für Westdeutschland

Nach der konzeptionellen Vorarbeit wollen wir uns in diesem Abschnitt endlich mit der empirischen Datenlage der deutschen VGR auseinandersetzen. Das Statistische Bundesamt in Wiesbaden ist u.a. damit befaßt, empirische Daten zur VGR (teilweise selbst zu erheben und sie) systematisch aufzubereiten. Das Kontensystem des Statistischen Bundesamtes ist zwar prinzipiell identisch mit dem in diesem Buch entwickelten allerdings erheblich detaillierter: insbesondere ist das Einkommenskonto tief untergliedert in "Entstehungs-, Verteilungs-, Umverteilungs-, Verwendungskonten". Die Deutsche Bundesbank hingegen publiziert regelmäßig in ihren Monatsberichten (auf der Datenbasis des Statistischen Bundesamtes) eine Aufstellung über die "Entstehung, Verteilung und Verwendung des Sozialprodukts", die wir hier kurz vorstellen (vgl. Box 12-5).

Unter "I.Entstehung des Sozialprodukts" erhalten wir Informationen über die Bruttowertschöpfung der einzelnen Sektoren. Hier fällt auf, daß auf den Sektor "Landwirtschaft, Forstwirtschaft und Fischerei" ein Anteil von lediglich 1,2 % am Bruttosozialprodukt zu Marktpreisen entfällt, was nicht einmal die Hälfte des Anteils der privaten Haushalte ausmacht. Den größten Anteil hält das warenproduzierende Gewerbe mit insgesamt 37,2%, gefolgt von den Dienstleistungsunternehmen (alle Zahlen beziehen sich auf 1992). Diese Relationen weisen keine Konstanz auf, sondern sind das vorläufige Ergebnis einer Volkswirtschaft, die in den vergangenen Dekaden gravierende strukturelle Veränderungen erfuhr: Der Anteil der Landwirtschaft am Bruttosozialprodukt ist permanent rückläufig (und seit 1950 um über 2/3 geschrumpft), auch das Gewicht des warenproduzierenden Gewerbes hat sich (von knapp 50%) deutlich verringert, wohingegen die Dienstleistungsunternehmen ihren Anteil erheblich aufstocken konnten (siehe auch Box 12-1).

Der Saldo der Erwerbs- und Vermögenseinkommen zwischen In- und Ausland war für die Bundesrepublik i.d.R. positiv. Er unterliegt aber starken Schwankungen, die (bis zur Wiedervereinigung) fast ausschließlich auf Schwankungen der Vermögenseinkommen zurückzuführen waren. Nach der Wiedervereinigung wurde der Saldo der Erwerbseinkommen (Faktoreinkommen) negativ, da eine große Zahl von Einpendlern aus Ostdeutschland in der "alten" Bundesrepublik zu arbeiten begann (ihren Wohnsitz aber in Ostdeutschland behielt). Diese Einpendler gelten mithin "VGR-technisch" als Ausländer. Das Einkommen, das die Ostdeutschen in Westdeutschland erwerben, ist (solange man die VGR für West- und Ostdeutschland getrennt betrachtet) für die westdeutsche Volkswirtschaft "Faktoreinkommen an Ostdeutschland" (d.h. ans Ausland!!). Aber auch die Vermögenseinkommen wurden per Saldo negativ: Ausländische Vermögensanlagen wurden abgebaut und Auslandsverschuldung wurde aufgebaut, wodurch die Erträge zurückgingen (der Rückgang der Zinseinnahmen wurde durch rückläufige Weltmarktzinssätze verstärkt) und die Zinszahlungen auf Neuschulden zunahmen.

Unter "III. Verwendung des Sozialprodukts" wird deutlich, daß der private Verbrauch weit über 50% des Bruttosozialproduktes ausmacht, die Bruttoinvestitionen über 20% und der Außenbeitrag (Differenz zwischen Exporten und Importen) um die 7% beträgt. Doch ist auch bei diesem Außenbeitrag zu bedenken, daß der Handel mit den neuen Bundesländern in diesen Zahlen enthalten ist. Denn auch hier gilt: eine VGR, die nur für Westdeutschland erstellt wird, muß ex definitione Ostdeutschland als Ausland behandeln.

Die Angaben zur Verwendung des Sozialprodukts "in Preisen von 1991" sind keine beobachteten Werte sondern berechnete. Zu den Berechnungsmethoden siehe Kap. 14. Von besonderem Interesse ist ein Vergleich der Zahlen in der Rubrik "Veränderung gegenüber Vorjahr in %": Die Angaben "in jeweiligen Preisen" geben die Veränderungsraten der nominalen Werte wider, die Angaben "in Preisen von 1991" die sogenannten "realen" Veränderungen. Die Differenz zwischen realen und nominalen Angaben ist auf reine Preissteigerungen zurückzuführen!

BOX 12 - 5: Entstehung, Verwendung und Verteilung des Sozialproduktes für Westdeutschland

Position	1991 p)	1992 p)	1993 p)	1991 p)	1992 p)	1993 p)	1991 p)	1992 p)	1993 p)
	Mrd DM			Veränderung gegen Vorjahr in %			Anteil in %		
in jeweiligen Preisen									
I. Entstehung des Sozialprodukts									
Bruttowertschöpfung									
Landwirtschaft, Forstwirtschaft und Fischerei	33,9	32,8	29,3	− 7,8	− 3,1	− 10,8	1,3	1,2	1,0
Warenproduzierendes Gewerbe	1 002,2	1 028,6	981,1	+ 6,7	+ 2,6	− 4,6	37,6	36,5	34,5
Energieversorgung [1] und Bergbau	74,1	76,0	73,5	+ 5,5	+ 2,6	− 3,3	2,8	2,7	2,6
Verarbeitendes Gewerbe	790,8	799,9	749,0	+ 6,6	+ 1,1	− 6,4	29,6	28,4	26,3
Baugewerbe	137,3	152,7	158,6	+ 7,6	+ 11,2	+ 3,9	5,1	5,4	5,6
Handel und Verkehr [2]	386,7	405,9	405,6	+ 11,5	+ 5,0	− 0,1	14,5	14,4	14,3
Dienstleistungsunternehmen [3]	797,0	891,9	964,8	+ 12,6	+ 11,9	+ 8,2	29,9	31,6	33,9
Unternehmen zusammen	2 219,7	2 359,2	2 380,8	+ 9,3	+ 6,3	+ 0,9	83,2	83,7	83,7
desgl. bereinigt [4]	2 108,5	2 235,1	2 247,7	+ 9,0	+ 6,0	+ 0,6	79,0	79,3	79,1
Staat	271,2	289,4	299,7	+ 7,1	+ 6,7	+ 3,6	10,2	10,3	10,5
Private Haushalte [5]	64,6	70,9	74,9	+ 10,7	+ 9,8	+ 5,6	2,4	2,5	2,6
Alle Wirtschaftsbereiche	2 444,2	2 595,4	2 622,3	+ 8,8	+ 6,2	+ 1,0	91,6	92,0	92,2
Bruttoinlandsprodukt [6]	2 647,6	2 813,0	2 853,7	+ 9,1	+ 6,2	+ 1,4	99,2	99,8	100,4
Saldo der Erwerbs- und Vermögenseinkommen zwischen In- und Ausland	+ 20,4	+ 6,8	− 10,9	.	.	.	0,8	0,2	−0,4
Bruttosozialprodukt zu Marktpreisen	2 668,0	2 819,8	2 842,8	+ 9,0	+ 5,7	+ 0,8	100	100	100
II. Verteilung des Sozialprodukts									
Einkommen aus unselbständiger Arbeit [7]	1 422,2	1 513,6	1 535,9	+ 8,0	+ 6,4	+ 1,5	53,3	53,7	54,0
Einkommen aus Unternehmertätigkeit und Vermögen	621,2	627,2	593,3	+ 8,0	+ 1,0	− 5,4	23,3	22,2	20,9
Volkseinkommen	2 043,5	2 140,7	2 129,2	+ 8,0	+ 4,8	− 0,5	76,6	75,9	74,9
III. Verwendung des Sozialprodukts									
Privater Verbrauch	1 448,8	1 536,3	1 588,9	+ 9,7	+ 6,0	+ 3,4	54,3	54,5	55,9
Staatsverbrauch	466,5	502,9	508,5	+ 5,1	+ 7,8	+ 1,1	17,5	17,8	17,9
Ausrüstungen	263,9	257,6	213,3	+ 12,5	− 2,4	− 17,2	9,9	9,1	7,5
Bauten	299,3	329,3	338,5	+ 9,6	+ 10,0	+ 2,8	11,2	11,7	11,9
Vorratsinvestitionen	+ 20,4	− 2,6	− 11,5	.	.	.	0,8	−0,1	−0,4
Inländische Verwendung	2 498,9	2 623,5	2 637,7	+ 9,4	+ 5,0	+ 0,5	93,7	93,0	92,8
Außenbeitrag [8]	+169,1	+196,3	+205,1	.	.	.	6,3	7,0	7,2
Ausfuhr	998,3	1 062,4	1 043,3	+ 12,9	+ 6,4	− 1,8	37,4	37,7	36,7
Einfuhr	829,3	866,1	838,1	+ 15,2	+ 4,4	− 3,2	31,1	30,7	29,5
Bruttosozialprodukt zu Marktpreisen	2 668,0	2 819,8	2 842,8	+ 9,0	+ 5,7	+ 0,8	100	100	100
in Preisen von 1991									
Privater Verbrauch	1 448,8	1 480,4	1 483,0	+ 5,7	+ 2,2	+ 0,2	54,3	54,8	56,2
Staatsverbrauch	466,5	485,3	479,7	+ 0,3	+ 4,0	− 1,2	17,5	18,0	18,2
Ausrüstungen	263,9	252,8	208,3	+ 9,5	− 4,2	− 17,6	9,9	9,4	7,9
Bauten	299,3	312,2	309,7	+ 2,7	+ 4,3	− 0,8	11,2	11,6	11,7
Vorratsinvestitionen	+ 20,4	− 0,5	− 7,0	.	.	.	0,8	−0,0	−0,3
Inländische Verwendung	2 498,9	2 530,2	2 473,8	+ 4,9	+ 1,3	− 2,2	93,7	93,7	93,7
Außenbeitrag [8]	+169,1	+170,8	+165,2	.	.	.	6,3	6,3	6,3
Ausfuhr	998,3	1 047,3	1 016,2	+ 11,0	+ 4,9	− 3,0	37,4	38,8	38,5
Einfuhr	829,3	876,5	851,0	+ 12,4	+ 5,7	− 2,9	31,1	32,5	32,2
Bruttosozialprodukt zu Marktpreisen	2 668,0	2 701,0	2 639,0	+ 4,9	+ 1,2	− 2,3	100	100	100
Bruttoinlandsprodukt zu Marktpreisen	2 647,6	2 694,3	2 648,6	+ 5,0	+ 1,8	− 1,7	99,2	99,8	100,4

Quelle: Statistisches Bundesamt. — 1 Einschl. Wasserversorgung. — 2 Einschl. Nachrichtenübermittlung. — 3 Kreditinstitute, Versicherungsunternehmen, Wohnungsvermietung und sonstige Dienstleistungen. — 4 Bruttowertschöpfung der Unternehmen minus unterstellte Entgelte für Bankdienstleistungen. — 5 Einschl. privater Organisationen ohne Erwerbszweck. — 6 Bruttowertschöpfung aller Wirtschaftsbereiche zuzüglich Umsatzsteueraufkommen sowie einbehaltene Umsatzsteuer aufgrund gesetzlicher Sonderregelungen sowie Einfuhrabgaben (Einfuhrzölle, Verbrauchsteuern auf Einfuhren, Abschöpfungsbeträge und Währungsausgleichsbeträge auf eingeführte landwirtschaftliche Erzeugnisse). — 7 Einschl. Arbeitgeberbeiträge zur Sozialversicherung und zusätzlicher Sozialaufwendungen der Arbeitgeber (u.a. für die betriebliche Altersversorgung). — 8 Einschl. Waren- und Dienstleistungsverkehr mit der ehemaligen DDR bzw. den neuen Bundesländern. — r Ab 1990.

Quelle:

Deutsche Bundesbank,

Monatsbericht Mai 1994

b) ...für Ostdeutschland

Seit dem 1. Juli 1990 ist mit der "Wirtschafts-, Währungs- und Sozialunion" in den ab Ende 1990 "neuen Bundesländern" ein den "alten Bundesländern" entsprechendes marktwirtschaftliches Wirtschaftssystem eingeführt worden. Zur empirischen Erfassung gesamtwirtschaftlicher Daten wird seitdem auch für Ostdeutschland ein VGR-System aufgebaut.

Das in der ehemaligen DDR existierende Rechnungssystem zur Erfassung des "gesellschaftlichen Gesamtprodukts" ist nicht kompatibel mit dem Rechnungswesen wie es in Marktwirtschaften üblich ist. Die gravierendsten Unterschiede bestehen darin,
- daß in Marktwirtschaften Güterpreise (zumindest im Prinzip) auf Märkten festgelegt werden und sie damit die Funktion von Knappheitsindikatoren übernehmen. In zentralen Planwirtschaften werden Güterpreise administrativ festgelegt und sind das Ergebnis politischer Entscheidungen;
- daß in zentralen Planwirtschaften Dienstleistungen überwiegend als "unproduktive" Leistungen angesehen werden, die nicht im Nationaleinkommen berücksichtigt werden; (Zur Illustration: in den alten Ländern machen allein die Bankdienstleistungen das Vierfache der Bruttowertschöpfung der Landwirtschaft aus. Bei Anwendung des materiellen Nationaleinkommens-Konzepts der ehemaligen DDR würde zwar das Landwirtschaftsprodukt berücksichtigt werden, das der Banken jedoch nicht!);
- daß volkswirtschaftliche Kategorien wie z.B. privater und gesellschaftlicher Konsum, Kapitalakkumulation und Abschreibung nicht identisch abgegrenzt werden.

Die an die Stelle des Systems der materiellen Produktion getretene VGR liefert zunächst noch keine vergleichbar verläßlichen Daten wie das seit Jahrzehnten in den alten Bundesländern praktizierte Verfahren, doch dürften die strukturellen Veränderungen, die sich aus dem Zusammenbruch des kommunistischen Systems ergeben haben, "VGR-technisch" noch am schnellsten zu überwinden sein. Werfen wir also einen Blick in die ersten empirischen VGR-Daten der neuen Länder für die Jahre 1990-1993 (vgl. Box 12.6):

- Auffallend ist, daß das Bruttosozialprodukt das Bruttoinlandsprodukt deutlich übersteigt. Da die neuen Länder über kein nennenswertes Auslandsvermögen verfügen, können die Nettofaktoreinkommen vom Ausland nur vom Faktor Arbeit herrühren: viele neuen Bundesbürger arbeiten als "Pendler" zwischen Ost und West, d.h. sie leben im Osten (VGR-technisch "Inland") und verdienen im Westen (VGR-technisch "Ausland"): für die ostdeutsche VGR stellen diese Einnahmen Faktoreinkommen vom "Ausland" dar.

- Ein Vergleich zwischen Entstehung und Verwendung des Sozialprodukts zeigt auf, daß die letzte inländische Verwendung von Gütern und Dienstleistungen fast doppelt so hoch ist wie das selbst hergestellte Inlandsprodukt. Allein der private Verbrauch überstieg zeitweise die gesamte inländische Bruttowertschöpfung.

- Das Spiegelbild dieses "Lebens über die eigenen ökonomischen Verhältnisse" findet sich auf dem Auslandskonto: Die Importe von Gütern und Dienstleistungen übersteigen die Exporte bei weitem. Das Defizit ist fast größengleich dem Bruttoinlandsprodukt. Auch unter Berücksichtigung der Nettofaktoreinkommen beläuft sich der negative Außenbeitrag noch auf 90% des BSP.

Länder, die sich ein derartiges Defizit ihrer Außenhandelsposition (bzw. ihres Außenbeitrags) leisten, müssen entweder über ein sehr hohes Auslandsvermögen verfügen (z.B. Währungsreserven), das zur Finanzierung eingesetzt werden kann (und das sich demzufolge entsprechend reduziert), oder sie müssen über umfangreiche Kreditmöglichkeiten verfügen und sich entsprechend verschulden, (was zukünftig einen wachsenden Schuldendiest bedeuted), oder sie müssen die Chance haben, Transferzahlungen zu erhalten (z.B. Entwicklungshilfe), so daß sie ihren Finanzierungsbedarf decken können, ohne sich verschulden oder das Auslandsvermögen abbauen zu müssen. Die neuen Bundesländer finanzieren ihr Defizit mithilfe von Transferzahlungen aus den alten Bundesländern. Vergleichbare Möglichkeiten haben andere ehemalige "Ostblockstaaten" nicht.

c)... für Gesamtdeutschland

Ein Vergleich zwischen Ost- und Westdeutschland zeigt in der Entstehungsrechnung Differenzen in der Produktionsstruktur, die in der Ausgangslage in allen Sektoren (mit Ausnahme von Handel und Verkehr) noch gravierend waren. Die Produktionsstruktur Ostdeutschlands paßt sich aber zügig der Weststruktur an. Ein Vergleich der Verwendung des Sozialproduktes zeigt, daß der Anteil, der auf den privaten Verbrauch entfällt, in Ostdeutschland deutlich geringer ist als in Westdeutschland und der Anteil der Bruttoinvestitionen in Ostdeutschland dafür deutlich höher liegt. Bei einem Vergleich der prozentualen Anteile darf aber nicht übersehen werden, daß das Einkommensniveau zwischen West und Ost noch stark divergiert: Das

Sozialprodukt Ostdeutschlands beläuft sich auf weniger als 8% des gesamtdeutschen Sozialprodukts bei einem Bevölkerungsanteil von 20%.

Eine bedeutende ökonomische Veränderung hat die Bundesrepublik durch die Wiedervereinigung erfahren: Das frühere Bundesgebiet war als relativ wohlhabendes Industrieland ein traditioneller "Nettokapitalexporteur" und zwar neben Japan der zweitgrößte der Welt. Die inländische Ersparnis überwog ständig die inländischen Nettoinvestitionen, so daß die alte Bundesrepublik in großem Umfang Währungsreserven oder andere Auslandsaktiva erwarb. Sie stellte dem Ausland damit Kapital zur Verfügung. In der VGR hatten wir auf dem Vermögensänderungs- sowie auf dem Auslandskonto den Forderungserwerb als "Kredite ans Ausland" K^A bezeichnet. Es galten folgende Beziehungen :

$\mathbf{S > I}$	und wegen:
$\mathbf{S = I + (Ex - Im) - Tr^A}$	betrugen die Nettokredite ans Ausland:
$\mathbf{K^A = S - I = Ex - Im - Tr^A}$	bei: $\mathbf{Ex > Im + Tr^A}$

Diese Beziehung hat sich mit der Wiedervereinigung ins Gegenteil gewendet. Statt dem Ausland Kredite zu gewähren nimmt Deutschland seither vom Ausland Nettokredite auf. Die inländische Ersparnis reicht nicht mehr aus, die inländischen Nettoinvestitionen insgesamt zu finanzieren. Das wiederum ist eine Konsequenz der Transferzahlungen von West nach Ost, die zu einem großen Teil auf dem Kreditwege (und nicht durch Konsumverzicht und Steuerzahlung) aufgebracht werden. Und ein wichtiger Kreditgeber ist das Ausland. Es gelten nach der Wiedervereinigung die Relationen:

$\mathbf{S < I}$	und wegen:
$\mathbf{S = I + (Ex - Im) - Tr^A}$	betragen die Nettokredite vom Ausland:
$\mathbf{K_A = I - S = Im - Ex + Tr^A}$	bei: $\mathbf{Ex < Im + Tr^A}$

In wenigen Jahren dürfte die Aufteilung in eine "West"- und eine "Ost"-VGR überholt sein und das Zahlenmateriel für Deutschland insgesamt aufbereitet werden. Dennoch wird es wirtschaftspolitisch noch lange von großem Interesse sein, die Entwicklungen in Ost und West genauer und das heißt auch getrennt analysieren zu können.

BOX: 12 - 6 **Sozialproduktsrechnung**

Empirische Daten

a) Entstehung

Zeitraum	Bruttowertschöpfung								Bruttoinlandsprodukt[8])	Einkommen aus der übrigen Welt[9])	Bruttosozialprodukt
	unbereinigt							bereinigt[7])			
	zusammen	davon: Land- und Forstwirtschaft, Fischerei	Produzierendes Gewerbe	Handel und Verkehr[4])	Dienstleistungsunternehmen[5])	Staat, private Haushalte[6])					
	In jeweiligen Preisen										
	Deutschland										
1991	2 763,75	40,91	1 078,48	416,50	842,86	385,00		2 639,74	2 853,60	28,40	2 882,00
1992	2 982,08	39,92	1 119,64	439,64	958,90	423,98		2 845,24	3 075,60	17,60	3 093,20
1993	3 058,36	35,93	1 086,25	444,39	1 048,94	442,85		2 912,25	3 159,10	−1,50	3 157,60
1990 2. Hj.	1 313,31	34,44	519,22	198,30	374,26	187,09		1 258,03	1 361,40	14,40	1 375,80
1991 1. Hj.	1 323,15	6,70	534,46	204,84	403,91	173,24		1 263,10	1 367,60	15,00	1 382,60
2. Hj.	1 440,60	34,21	544,02	211,66	438,95	211,76		1 376,64	1 486,00	13,40	1 499,40
1992 1. Hj.	1 434,71	8,36	556,90	216,35	464,76	188,34		1 367,82	1 483,10	9,60	1 492,70
2. Hj.	1 547,37	31,56	562,74	223,29	494,14	235,64		1 477,42	1 592,50	8,00	1 600,50
1993 1. Hj.	1 469,72	8,71	533,04	217,04	509,35	201,58		1 397,92	1 519,50	4,80	1 524,30
2. Hj.	1 588,64	27,22	553,21	227,35	539,59	241,27		1 514,33	1 639,60	−6,30	1 633,30
1994 1. Hj.	1 543,56	8,43	555,85	222,83	550,75	205,70		1 466,78	1 600,10	−6,00	1 594,10
	Neue Bundesländer und Berlin-Ost										
1991	208,27	7,03	76,27	29,85	45,89	49,23		195,50	206,00	8,00	214,00
1992	262,64	7,10	91,06	33,75	66,99	63,74		249,87	262,60	10,80	273,40
1993	303,00	6,64	105,12	38,79	84,18	68,27		290,00	305,40	9,40	314,80
1990 2. Hj.	94,82	6,89	40,47	17,34	10,60	19,52		89,11	95,30	1,60	96,90
1991 1. Hj.	88,52	−0,07	36,61	14,04	19,18	18,76		82,35	87,20	2,70	89,90
2. Hj.	119,75	7,10	39,66	15,81	26,71	30,47		113,15	118,80	5,30	124,10
1992 1. Hj.	117,72	0,80	42,59	15,87	32,57	25,89		111,49	117,10	5,00	122,10
2. Hj.	144,92	6,30	48,47	17,88	34,42	37,85		138,38	145,50	5,80	151,30
1993 1. Hj.	138,95	1,26	48,88	18,33	41,19	29,29		132,56	139,70	4,60	144,30
2. Hj.	164,05	5,38	56,24	20,46	42,99	38,98		157,44	165,70	4,80	170,50
1994 1. Hj.	155,95	0,80	58,37	19,65	46,29	30,84		149,23	158,50	3,70	162,20

b) Verwendung

Zeitraum	Privater Verbrauch	Staatsverbrauch	Anlageinvestitionen			Vorratsveränderung	Ausfuhr[2])	Einfuhr[2])	Außenbeitrag[3])	Bruttoinlandsprodukt
			zusammen	Ausrüstungen	Bauten					
	In jeweiligen Preisen									
	Deutschland									
1991	1 628,38	554,21	655,30	305,73	349,57	19,38	714,16	717,83	− 3,67	2 853,60
1992	1 754,82	612,77	713,27	304,17	409,10	− 0,05	720,85	726,06	− 5,21	3 075,60
1993	1 832,18	623,04	701,83	263,63	438,20	− 7,28	682,04	672,71	9,33	3 159,10
1990 2. Hj.	767,63	274,05	304,55	140,40	164,15	−14,85	363,72	333,70	30,02	1 361,40
1991 1. Hj.	782,12	247,52	307,03	143,48	163,55	32,83	350,58	352,48	− 1,90	1 367,60
2. Hj.	846,26	306,69	348,27	162,25	186,02	−13,45	363,58	365,35	− 1,77	1 486,00
1992 1. Hj.	844,06	276,62	342,39	147,45	194,94	22,40	359,72	362,09	− 2,37	1 483,10
2. Hj.	910,76	336,15	370,88	156,72	214,16	−22,45	361,13	363,97	− 2,84	1 592,50
1993 1. Hj.	881,52	285,24	335,66	126,34	209,32	9,99	335,75	328,66	7,09	1 519,50
2. Hj.	950,66	337,80	366,17	137,29	228,88	−17,27	346,29	344,05	2,24	1 639,60
1994 1. Hj.	923,36	291,19	354,57	123,33	231,24	20,37	355,93	345,32	10,61	1 600,10
	Neue Bundesländer und Berlin-Ost									
1991	179,61	87,69	92,08	41,83	50,25	− 1,05	46,86	199,19	−152,33	206,00
1992	218,50	109,91	126,40	46,62	79,78	2,54	52,08	246,83	−194,75	262,60
1993	243,28	114,56	150,03	50,30	99,73	4,24	54,90	261,61	−206,71	305,40
1990 2. Hj.	81,92	37,33	34,37	13,22	21,15	− 9,69	30,02	78,65	− 48,63	95,30
1991 1. Hj.	81,21	32,96	41,39	18,70	22,69	− 0,39	20,85	88,82	− 67,97	87,20
2. Hj.	98,40	54,73	50,69	23,13	27,56	− 0,66	26,01	110,37	− 84,36	118,80
1992 1. Hj.	102,67	45,98	59,59	21,98	37,61	3,43	25,53	120,10	− 94,57	117,10
2. Hj.	115,83	63,93	66,81	24,64	42,17	− 0,89	26,55	126,73	−100,18	145,50
1993 1. Hj.	115,22	49,80	69,85	23,10	46,75	2,81	25,67	123,65	− 97,98	139,70
2. Hj.	128,06	64,76	80,18	27,20	52,98	1,43	29,23	137,96	−108,73	165,70
1994 1. Hj.	124,06	53,07	84,19	25,22	58,97	3,75	30,36	136,93	−106,57	158,50

Quelle: Sachverständigenrat, Jahresgutachten 1994/95

13 Kritische Würdigung des Sozialproduktkonzepts

13.1 Wozu wird es verwendet?

Die Volkswirtschaftliche Gesamtrechnung, die die empirischen Daten einer Volkswirtschaft erfaßt, ist in dieser Form erst nach dem Zweiten Weltkrieg in den westlichen Industrieländern eingeführt und ausgebaut worden. Dieses geschah durchaus nicht einmütig und selbstverständlich. Von Prof. Erhard, dem ersten deutschen Bundesminister für Wirtschaft, wurde die Einführung eines derart aufwendigen empirischen Erhebungssystems sehr skeptisch beurteilt. In seiner (neo-) liberal geprägten Gesinnung befürchtete er insgeheim, die VGR könnte ein erster Schritt in Richtung einer zentralen Planwirtschaft sein. Doch zeigte sich, daß diese Befürchtung unbegründet war, heute verfügen fast alle Länder über eine mehr oder weniger detaillierte VGR.

Ohne umfassende Datenkenntnisse über "relevante" wirtschaftliche Größen ist heutzutage Wirtschaftspolitik nicht mehr denkbar. Man benötigt die VGR zur Erfassung der augenblicklichen wirtschaftlichen Situation, zur Erfolgskontrolle der Wirtschaftspolitik und zur Prognose der weiteren Entwicklung. Prognose ist aber nur vor dem Hintergrund bestimmter theoretischer Zusammenhänge möglich.

Die moderne Volkswirtschaftliche Gesamtrechnung selbst basiert auf der Einkommens- und Beschäftigungstheorie, wie sie von Keynes entwickelt wurde. Keynes analysierte in seiner "General Theory of Employment, Interest, and Money" in den 30er Jahren Ursachen der Unterbeschäftigung und entwickelte aus dieser Theorie ein wirtschaftspolitisches Instrumentarium zur Überwindung der Unterbeschäftigung. Die Entwicklung einer umfassenden VGR war Voraussetzung zur Anwendung der Keynes'schen Theorie. 1984 wurde übrigens der Nobelpreis für Wirtschaftswissenschaften an den Engländer Sir Richard Stone verliehen für "bahnbrechende Einsätze bei der Entwicklung von volkswirtschaftlichen Gesamtrechnungssystemen, wodurch er die Grundlage empirischer Wirtschaftsanalyse radikal verbessert" habe.

Die VGR gipfelt in dem zentralen Ausweis des Bruttosozialproduktes einer Volkswirtschaft. Insbesondere die Wachstumsraten des Bruttosozialproduktes erlangten für alle Industrieländer eine geradezu mystische Bedeutung. Sie veranstalten jährliche "Olympiaden" um das höchste Pro-Kopf-Einkommen und die höchsten Zuwachsraten. Lange Zeit fiel die "Goldmedaille" regelmäßig an die USA. Unterdessen hat sich das Bild gewandelt: Während einige Jahre die Vereinigten Arabischen Emirate an der Spitze der "Weltrangliste" lagen, verfügt nun die Schweiz über das höchste Pro-Kopf-Einkommen mit 33.610 US-$ für 1991. Im gleichen Jahr lag Japan mit 26.930 US-$ an der zweiten Stelle, die USA belegte mit 22.240 US-$ den achten und die Bundesrepublik Deutschland (alte Länder) mit 23.650 US-$ den siebten Platz. Im Vergleich dazu beträgt das von der Weltbank ausgewiesene durchschnittliche BSP/Kopf in Mozambik lediglich 80 US-$ (jeweils auf's Jahr bezogen)![1] Auch der ehemalige Ostblock beteiligte sich an diesem internationalen Vergleich und ließ sich auf einen Wettbewerb um das Bruttosozialprodukt pro Kopf und seine jährlichen Wachstumsraten ein. (Chruschtschow: "Wir überholen die USA im Pro-Kopf-Einkommen").

Unterdessen wird das Sozialproduktkonzept in den Industrieländern selbst immer schärfer kritisiert. Je mehr dieser Indikator nicht nur für die ökonomische Leistungsfähigkeit einer Volkswirtschaft herangezogen wird, sondern auch als Wohlstandsmaßstab zur Bestimmung der "Lebensqualität" benutzt wird, desto gravierender treten Mängel zutage. Auf diese Mängel wollen wir im folgenden näher eingehen.

13.2 Was wird im Sozialprodukt nicht erfaßt - ist aber wohlstandsrelevant?

Hier ist noch einmal in Erinnerung zu rufen, was wir bereits bei der Erstellung der Produktionskonten der privaten Haushalte ausführten: Die gesamte, nichtmarktgerichtete Hausarbeit bleibt auf dem Produktionskonto und im Bruttosozialprodukt unberücksichtigt. Lediglich die von Haushalten für andere Haushalte gegen Entgelt erbrachten Dienstleistungen werden berücksichtigt. Zweifellos tragen die häuslichen Dienstleistungen sehr viel zur individuellen Qualität des Lebens bei. Im internationalen Vergleich ergeben sich dadurch Probleme, daß Volkswirtschaften in unterschiedlichem Umfang arbeitsteilig organisiert sind. Die Spannbreite reicht von häuslichen Subsistenzwirtschaften, wie sie in vielen Entwicklungsländern dominieren, bis zu hochgradig diversifizierten Volkswirtschaften der Industrieländer:

In einigen Entwicklungsländern, in denen der landwirtschaftliche Sektor noch

[1] Die Daten entstammen dem Weltentwicklungsbericht 1993 der Weltbank.

einen sehr großen Anteil am Bruttosozialprodukt hat, ist häufig auch die landwirtschaftliche Subsistenzwirtschaft noch weit verbreitet, d.h. man produziert und konsumiert unter einem Dach und vermarktet lediglich auftretende Produktionsüberschüsse. In stark diversifizierten Volkswirtschaften werden immer mehr früher im Haushalt vollbrachte Dienstleistungen für den Markt produziert und über den Markt bezogen, wodurch das ausgewiesene Bruttosozialprodukt zwar steigt, nicht aber notwendigerweise die Wohlfahrt.

Bei internationalen Vergleichen des BSP/Kopf spielen auch sogenannte "freie" Güter eine Rolle, die den Volkswirtschaften in unterschiedlichem Ausmaß zur Verfügung stehen. Während in der Bundesrepublik Deutschland ein nicht unbeträchtlicher Teil des Bruttosozialproduktes für z.B. Heizenergie aufgewendet werden muß, haben Länder wie z.B. Haiti oder Sri Lanka Wärme als freies Gut über das ganze Jahr zur Verfügung. Bei einem Wohlstandsvergleich müßten mithin hierzulande Energiekosten in Abzug gebracht werden oder in den klimatisch begünstigten Ländern hinzuaddiert werden. Diese Klimadifferenzen haben in den "wintergeschädigten" Ländern darüberhinaus noch weitere Konsequenzen: laufende Kosten der Schneebeseitigung zur Aufrechterhaltung des Verkehrs, winterbedingte Unfälle mit Milliarden-Schäden, höhere Baukosten bei Gebäuden durch Installation von Heizungsanlagen sowie stark isolierten Wänden und Decken. Auch diese Ausgaben wirken sozialproduktsteigernd - werden aber nicht wohlfahrtssteigernd empfunden, was die alljährlichen Touristenströme "in den warmen Süden" belegen.

Vom Bruttosozialprodukt-Konzept wird auch die Umwelt als freies Gut betrachtet. Die Umweltverschmutzung erscheint nicht auf den Produktionskonten. Vielmehr stellt sie ein "Dysprodukt" dar, das bei der Entstehung oder Verwendung des Sozialprodukts anfällt: Chemieverschmutztes Flußwasser, abgasvergiftete Luft, pestizidverseuchter Boden. Unter Wohlstandsgesichtspunkten sind diese "Dysprodukte" kein Zuwachs sondern ein Verlust. Ihre "wohlstandsneutrale" Beseitigung durch entsprechende Klärwerke, Abfallbeseitigungsanlagen, Einbau von Katalysatoren in Schornsteinen und Auspuffanlagen usw. steigert das Bruttosozialprodukt sogar erneut - nämlich um diese Investitionen und die damit verbundene (Brutto-) Wertschöpfung. Schließlich fällt das Sozialprodukt nach Gebrauch oder Verbrauch (mit Ausnahme der Dienstleistungen und der Güter, die "recycled" werden) an die Umwelt zurück und führt zu abfallbelasteten Landschaften und Meeren.

Die Höhe des Bruttosozialproduktes sagt nichts darüber aus, in welcher Arbeitszeit es erwirtschaftet wurde, ob in einer 35- oder 60-Stunden-Woche. Es sagt nichts darüber aus, wie es auf die einzelnen Haushalte als persönlich verfügbares Einkommen verteilt wurde. Die Einkommensverteilung ist in einigen Entwicklungsländern extrem ungleich: 50 - 60 Prozent des Bruttosozialproduktes fließen nicht selten den obersten 20 Prozent der Bevölkerung zu, während auf die untersten 20 Prozent in der Einkommenspyramide lediglich ein Anteil am Bruttosozialprodukt von 3 v.H. entfällt. In Industrieländern ist in der Regel nicht nur das durchschnittliche Pro-Kopf-Einkommen erheblich höher, es ist auch (etwas) gleichmäßiger verteilt. Im Durchschnitt der Industrieländer entfallen auf die untersten 20 Prozent der Bevölkerung 12,5 Prozent des Bruttosozialproduktes, auf die obersten 20 Prozent der Bevölkerung 40 bis 50 Prozent des Bruttosozialproduktes (siehe auch Box 7-3).

Die Zusammensetzung des Bruttosozialproduktes ist für die individuelle Wohlfahrt ebenfalls von großer Bedeutung. Wie hoch ist der Konsumgüteranteil der privaten Haushalte daran? Wenn das Bruttosozialprodukt wächst, wächst dann auch der Konsum der privaten Haushalte oder wachsen nur der Konsum des Staates und die Bruttoinvestitionen? Ein Anwachsen des Staatskonsums kann z.B. durch militärische Aufrüstung oder bürokratische Aufblähung erfolgen. Beides wird die Wohlfahrt nicht unbedingt erhöhen. Da der Konsum des Staates nach dem Kostenprinzip ermittelt wird, bewirkt allein eine Steigerung der Beamtengehälter eine Zunahme des Staatskonsums, auch wenn die Leistungsabgabe sich real nicht ändert. Wachsen allerdings die produktiven Investitionen, so besteht Aussicht, daß zumindest in einer späteren Periode auch die Konsumgüterproduktion wachsen wird.

13.3 Umklassifizierung innerhalb des Sozialproduktes

a) Vorleistung versus Endprodukt

Eine Umgruppierung zwischen Vorleistungen und Endprodukten würde das Bruttosozialprodukt unmittelbar verändern.

Privater Konsum versus Vorleistung

Ein Teil der privaten Konsumausgaben dient nicht der Sicherung des individuellen Wohlstands sondern steht in unmittelbarem Zusammenhang mit dem Arbeitsprozeß, ist also eine zur Erzielungvon Einkommen notwendige Ausgabe: z.B. Arbeitskleidung, Kosten für Arbeitswege usw.. Möglicherweise könnte man sogar soweit gehen, den gesamten zur Erhaltung der Arbeitskraft lebensnotwendigen Konsum als Vorleistungen anzusehen.

Aber auch aus dem Konsumtionsprozeß selbst ergibt sich zum Teil "dysfunktionaler" Folgekonsum, der zwar das Bruttosozialprodukt steigert, aber nur Konsumschäden ausgleicht: z.B. haben die ohrenbetäubenden musikalischen Darbietungen moderner Diskotheken erwiesenermaßen zeitliche Folgewirkungen von Schwerhörigkeit bis zur Gehörlosigkeit. Im Produktionsprozeß einer Fabrik wäre bei vergleichbaren Geräuschpegeln das Tragen eines Ohrenschutzes zwingend vorgeschrieben. Die Behandlung dieser "Konsumkrankheiten" steigert natürlich das Bruttosozialprodukt, konkret das Einkommen der Ärzte und Hörgerätehersteller, aber die Wohlfahrt? Überlegen Sie sich selbst weitere Beispiele vom Skilaufen und Beinbrüchen, Zuckerschleckereien und Zahnerkrankungen usw..

Einige Vorleistungen könnten allerdings statt als Vorleistungen besser als privater Konsum verbucht werden. Zu nennen sind hierbei z.B. Freizeitzentren, Kindergärten, Werkskantinen u.ä., die von Unternehmungen für ihre Beschäftigten unterhalten werden und bei den Unternehmen als Vorleistungen verbucht werden.

<u>Staatlicher Konsum versus Vorleistung</u>

Der staatliche Konsum wurde schon mehrfach kritisch unter die Lupe genommen. Hier geht es darum, einen Teil des staatlichen Konsums als das einzustufen, was er auch tatsächlich ist: nämlich Vorleistungen für die Unternehmungen bzw. den volkswirtschaftlichen Produktionsprozeß: Die Gewährung von Rechtssicherheit im Geschäftsverkehr, Bereitstellung von Straßen für den Gütertransport usw. kommen dem Unternehmenssektor zugute. Ebenfalls als volkswirtschaftliche Vorleistungen wären die staatlichen Ausgaben zum Funktionieren des "social framework", d. h. die Aufrechterhaltung der äußeren und inneren Sicherheit, die öffentliche Verwaltung usw., anzusehen. Als Endnachfrage dürfte lediglich der Teil zum Staatskonsum gerechnet werden, der als staatliche Dienstleistungen tatsächlich den privaten Haushalten zugute kommt.

Eine solche Trennung scheitert aber an der empirisch-praktischen Unterscheidbarkeit: Welcher Anteil der Straßenabnutzung entfällt tatsächlich auf die privaten PKW's, welcher auf die LKW's? Wie hoch sind die Kosten der Rechtssicherheit, die für den Geschäftsverkehr bzw. die privaten Angelegenheiten anfallen?

Vorleistung versus Investition

Forschungs- und Ausbildungsausgaben der Unternehmungen sind Vorleistungen, doch sollte man den Investitionsbegriff (wohlfahrtstheoretisch) weiterfassen, und diese Ausgaben als Bruttoinvestition behandeln, denn es sind Investitionen für zukünftige Produktionen und daraus resultierende Einkommen. Doch müßte der Kapitalbegriff (das Produktivvermögen) zu diesem Zwecke neu definiert werden.

b) Konsum versus Investition

Eine Umstrukturierung innerhalb der Endprodukte (von Kosum auf Investitionsgüter) verändert zwar das Bruttosozialprodukt nicht, aber das Nettosozialprodukt sowie das Volkseinkommen.

Zu den Konsumgütern privater Haushalte gehören bekanntlich auch dauerhafte Güter wie z.B. ein PKW. Täglich passieren in der Bundesrepublik Deutschland über 1000 Verkehrsunfälle. Die meisten mit Blechschäden und leichten Verletzungen (so werden täglich bei Verkehrsunfällen ca. 1200 Menschen verletzt und verlieren 22 Menschen ihr Leben). Die Blechschäden werden von den Autowerkstätten, die Körperschäden - wenn noch möglich - von den Ärzten "repariert". Der private Konsum in Höhe der "Reparaturkosten" wirkt Bruttosozialprodukt erhöhend, gleicht aber gerade den "Wohlfahrtsverlust" des Unfalls aus. Es wäre deshalb richtiger, die dauerhaften Verbrauchsgüter der Haushalte als Bruttoinvestitionen der Haushalte zu erfassen und darauf entsprechende Abschreibungen vorzunehmen. Die Reparatur wäre dann eine Reinvestition, durch die die unfallsbedingten Abschreibungen gerade ausgeglichen würden. (Der Umfang der Schäden wird als Folge des gesamtwirtschaftlichen Produktonsprozesses bzw. als notwendige Kosten des "framework" einer diversifizierten Volkswirtshaft interpretiert).

In Analogie zur angesprochenen Umweltproblematik ließe sich hier auch folgendes feststellen: Sollten sich im Zusammenhang mit dem Produktionsprozeß sozusagen produktionsbedingte Krankheiten einstellen (psychischer Streß, seelische Ängste, medizinische Erkrankungen), dann wird dadurch die Wohlfahrt der Betroffenen gemindert. Versuchen die privaten Wirtschaftssubjekte diese Schädigungen zu kurieren (durch Nachfrage psychiatrischer, seelsorgerischer und medizinischer Dienstleistungen) wird dadurch das Bruttosozialprodukt erneut erhöht. Richtigerweise müßte dieser Ausgabenanteil des privaten Konsums den Vorleistungen zugeordnet werden und damit das Bruttosozialprodukt entsprechend reduzieren.

Ähnlich ließen sich Teile der staatlichen Ausgaben für (berufliche) Bildung und Gesundheit z.T. als Investitionen in "Humankapital" interpretieren: Der akkumulierte Bildungsvorrat verliert im Laufe der Zeit (vor allem bedingt durch technischen Fortschritt) an Wert, er muß abgeschreiben werden. Umschulungsmaßnahmen wären dann "Re-Investitionen" in das Humankapital "Bildung". Die Durchführung des volkswirtschaftlichen Produktionsprozesses beeinträchtigt u.U. die Gesundheit der Bevölkerung. Staatliche Ausgaben in das Gesundheitssystem, die diese Schäden heilen, wären Re-Investitionen in das Humankapital "Gesundheit".

Staatliche und private Ausgaben zur Beseitigung von Umweltschäden wären in ähnlicher Weise als Bruttoinvestitionen in das "Umweltkapital", die Umweltverschmutzung entsprechend als Abschreibung auf das Umweltkapital anzusehen. Doch erfordern diese Vorschläge einen viel weiteren Kapitalbegriff, als er derzeit der Volkswirtschaftlichen Gesamtrechnung zugrundeliegt.

13.4 Soziale Indikatoren

Zum Zwecke der Wohlstandsmessung ist das Bruttosozialprodukt nicht ohne weiteres geeignet. Nordhaus und Tobin haben ein spezielles Maß für den wirtschaftlichen Wohlstand entwickelt (MEW: Measure of Economic Welfare), das die hier diskutierten Mängel zum Teil beseitigt, aber seinerseits nicht problemlos ist. Daneben gibt es Versuche, die Wohlfahrt nicht mehr nur eindimensional mit einer Meßziffer zu erfassen (wie das Bruttosozialprodukt), sondern eine ganze Reihe von sozialen Indikatoren zu entwickeln und nebeneinander zu betrachten.

Für die Industriestaaten hat die OECD (Organization for Economic Cooperation and Development) ein System sozialer Indikatoren erstellt, das folgende soziale Tatbestände erfassen soll:

- Ausbildung - Gesundheit - Arbeit - Kaufkraft - Umwelt - Sicherheit	zu jedem Bereich zahlreiche Unterscheidungs-tatbestände	zu jedem Unterbereich mehrere meßbare Einzelgrößen (Indikatoren)

Eine Fülle von Problemen sind mit derartigen Meß-Systemen verbunden, die sich zu zwei zentralen Fragegruppen zusammenstellen lassen:

1. Inwieweit sind die tatsächlich erfaßten und gemessenen Einzeltatbestände zur Erklärung des Zielbereiches geeignet? Ist die Anzahl der Ärzte z.B. ein eindeutiger Indikator für die "Gesundheit" eines Volkes? Ist die Anzahl der Fernsehgeräte gleichzusetzen mit der Höhe der Freizeitqualität?

2. Können diese unterschiedlichen Einzelindikatoren zu einem einheitlichen Lebensqualitätsindikator zusammengefaßt werden, der es gestatten würde, unterschiedliche Situationen vergleichbar zu machen? Relativ eindeutig wäre der Vergleich, wenn sich sämtliche Indikatoren "verbessern" bzw. sich einige verbessern, die anderen aber nicht verschlechtern. Was aber ist, wenn ein Indikator sich positiv, der andere aber negativ verändert? Z.B. nimmt die Anzahl der PKW's zu, aber gleichzeitig auch die der Straßenunfälle.

Das grundsätzliche Problem bleibt aber auch durch Indikator-Systeme ungelöst: Wie kann man (Lebens-) Qualität quantitativ messen?

Ergebnis: Das BSP/Kopf ist als direkter Maßstab für Lebensqualität und Wohlstand nicht geeignet. Eine solche Verwendung des Sozialproduktkonzepts wird in dem "System of National Accounts", das gemeinsam von der OECD, der EU, Weltbank, UN und dem IWF entwickelt wurde, strikt abgelehnt. Dennoch zeigte sich, daß der Indikator "pro-Kopf-Einkommen" mit den Systemen der Sozialindikatoren in aller Regel positiv korreliert.

Abschnitt III

Ergänzungsrechnungen zur Volkswirtschaftlichen Gesamtrechnung

14 Volkswirtschaftliche Indikatoren

Die wirtschaftliche Tätigkeit gemessen am Bruttosozialprodukt und ihren Wachstumsraten ist durch (zyklische) Schwankungen gekennzeichnet, die man als Konjunkturzyklus bezeichnet. Zur Beschreibung und Beurteilung der Konjunkturentwicklung werden Kennzahlen herangezogen wie z.B. Auftragseingänge in den verschiedenen Bereichen einer Wirtschaft, Produktion und Kapazitätsauslastung, Arbeitslosigkeit und Produktivität. Konjunkturindikatoren werden unterteilt in Früh-, Präsenz- und Spätindikatoren. Frühindikatoren weisen bereits auf eine bestimmte konjunkturelle Entwicklung hin bevor sie tatsächlich eintritt (z.B. die Auftragseingänge im Verarbeitenden Gewerbe oder im Bauhauptgewerbe). Der Wendepunkt dieser Zeitreihen liegt vor dem des Konjunkturverlaufs. Ein Präsenzindikator ist z.B. der Auslastungsgrad des Produktionspotentials, ein Spätindikator wäre z.B. die Arbeitslosenquote. Die VGR stellt bei der Berechnung der genannten Indizes einen Teil des benötigten Zahlenmaterials. Wir interessieren uns hier nur für die Bildung einiger, uns wichtig erscheinender Indikatoren.

14.1 Nominales und reales Sozialprodukt

Verfolgt man die Entwicklung des Bruttosozialproduktes über mehrere Jahre hinweg, so ist weniger der Vergleich der nominalen Werte als vielmehr der der realen Werte von Bedeutung. Wie hoch war der reale Zuwachs in der Güterversorgung? Um die reinen Preissteigerungen herauszurechnen (das Sozialprodukt zu deflationieren), bedarf es der Anwendung bestimmter mathematischer und empirischer Methoden und Techniken, die hier nicht detailliert behandelt werden sollen. Lediglich auf die dabei auftretenden Probleme sei hingewiesen:

- Kein Problem taucht auf, wenn es nur ein einziges Gut gibt und dieses sich in Menge (q) und Preis (p) verändert, wie im folgenden Beispiel:

Zeitpunkt	Menge	Preis	Produkt nominal	Produkt real
	q	p	$q * p = Y^n$	Y^r
t_0	100	10	1000	1000
t_1	110	11	1210	1100

Zur Berechnung des realen Sozialproduktes gilt allgemein:

$$Y^r = \frac{Y^n}{\left[\frac{Pt}{Po}\right]} = \frac{\text{nominales Sozialprodukt}}{\text{Preisindex}} \qquad \text{z.B.: } Y_1^r = \frac{Y_1^n}{P1/P0} = \frac{1210}{11/10} = 1100$$

P_t = Preis zum aktuellen Zeitpunkt t $\qquad$ Y^r = reales Einkommen

P_o = Preis zum Zeitpunkt 0 (Basis) $\qquad$ Y^n = nominales Einkommen

$\left[\frac{P_t}{P_0}\right]$ = Preisindex

Schwieriger wird es, die "reale" Veränderung eines Warenkorbes zu berechnen (siehe Box. 14-1). Einige Waren des Korbes werden im Zeitablauf relativ teurer als andere, einige Waren werden mengenmäßig ihr Gewicht erhöhen, andere werden es verringern. Es ergibt sich das aus der Statistik bekannte Problem der Bildung eines "Preisindex", der die gewichtete Preisänderung des Güterbündels wiedergibt. Hier wird auf zwei Verfahren zurückgegriffen, die Ihnen aus der Statistik geläufig sind:

<u>Preisindex nach Laspeyres:</u>

$$P_{Las} = \frac{\sum_{i=1}^{n} Pi_t * qi_0}{\sum_{i=1}^{n} Pi_0 * qi_0} = \frac{P_t}{P_0}$$

<u>Preisindex nach Paasche:</u>

$$P_{Pa} = \frac{\sum_{i=1}^{n} Pi_t * qi_t}{\sum_{i=1}^{n} Pi_0 * qi_t} = \frac{P_t}{P_0}$$

Pi = Preise der Güter i $\qquad$ t = aktueller Zeitpunkt

qi = Mengen der Güter i $\qquad$ 0 = Basisperiode

Mengengewichte "q" aus der <u>Basisperiode</u> $\qquad$ Mengengewichte "q" aus der <u>Berichtsperiode</u>

Wie Sie leicht erkennen können, besteht der Unterschied beider Berechnungsverfahren in dem Zeitpunkt, zu dem die Gütermengen zugrundegelegt werden. Bei Laspeyres ist es der Korb der Basisperiode, bei Paasche der aktuelle. Und damit kommen wir bereits zu zentralen Problemen der Indexierung:

- Es verändern sich nicht sämtliche Preise sämtlicher Güter im Gleichschritt, sondern die Preisstruktur verändert sich.
- Es nehmen nicht sämtliche Gütermengen mit derselben Wachstumsrate zu, sondern die Güterstruktur ändert sich.
- Es bleiben nicht sämtliche Güterarten im zugrundeliegenden Güterkorb über die Periode erhalten, sondern es verschwinden Güterarten und völlig neue Produkte kommen hinzu.
- Die Güterqualität erfährt im Zeitablauf Veränderungen.
- Die Preise werden von allen diesen Veränderungen beeinflußt.

Am Beispiel eines Konsumgüterkorbes können Sie bereits die wichtigsten der auftretenden Probleme erkennen. In einem "repräsentativen" Konsumgüterkorb sind z.B. enthalten: Bier, Eier, Fleisch, Mehl, Kühlschrank, Waschmaschine, Auto, Wohnungsnutzung, Hausratversicherung etc.. In einer zugrundegelegten Basisperiode wird das Haushaltseinkommen auf die Nachfrage nach den einzelnen Warenarten aufgeteilt. Die nachgefragten Gütermengen werden dabei mit ihren jeweiligen Güterpreisen gewichtet (d.h. hier multipliziert). Auf diese Art und Weise kann der Warenkorb durch einen Geldwert ausgedrückt werden.

Tatsächlich haben sich z.B. in den 70er Jahren Heizöl- und andere Energiepreise erheblich schneller entwickelt als andere Preise, auch ist die Nachfrage nach Auslandsreisen sprunghaft gestiegen. Während die Nachfrage nach Kartoffeln stagniert oder sogar im pro Kopf-Verbrauch rückläufig ist, sind Heimcomputer, Farbfernseher, Videogeräte etc. als vollkommen neue Güter in den Warenkorb hinzugekommen und andere relativ zurückgedrängt worden (etwa Sockenhalter und Leibchen). Ein Automobil der 90er Jahre ist qualitätsmäßig nicht zu vergleichen mit einem PKW der 50er Jahre à la Modell Lloyd 400, dessen Karosserie aus Sperrholz mit Plastiküberzug bestand und der von einem Zwei-Zylinder-Motor mit 13 PS angetrieben wurde. Auf diesen vier Rädern rollte in großem Umfang die Nachkriegsmotorisierung des "kleinen Mannes". Ein technisch ähnliches Modell namens "Trabbi" bestritt bis vor kurzem die Motorisierung der jetzt "neuen Bundesländer".

BOX: 14-1 Berechnung eines realen Güterkorbes nach Laspeyres und Paasche

Berechnung eines realen Güterkorbes nach Laspeyres und Paasche

In einer geschlossenen Volkswirtschaft werden über drei Perioden lediglich drei Güter hergestellt und konsumiert.
Wir untersuchen die realen Veränderungen, die der Wert eines Warenkorbes erfährt, der aus den Gütern A, B, C besteht und sich zwischen den Zeitpunkten t_0, t_1 und t_2 hinsichtlich der mengenmäßigen Zusammensetzung und der zugehörigen Preise verändert.

	Zeitpunkt t_0			Zeitpunkt t_1			Zeitpunkt t_2		
Gut	Menge q_0	Preis p_0	$q_0 \times p_0$	Menge q_1	Preis p_1	$q_1 \times p_1$	Menge q_2	Preis p_2	$q_2 \times p_2$
A	20	150	3000	30	100	3000	40	90	3600
B	50	100	5000	50	80	4000	50	80	4000
C	100	20	2000	70	50	3500	80	60	4800
			Σ 10000			Σ 10500			Σ 12400

Es ergeben sich die nominalen Sozialprodukte (Y_t^n) für die jeweiligen Perioden aus der Summe der Mengen multipliziert mit den jeweiligen Preisen.

$Y_0^r = Y_0^n = 10000$ $\qquad$ $Y_1^n = 10500$ $\qquad$ $Y_2^n = 12400$

Preisindices

Ein Laspeyres- bzw. ein Paasche-Index zeigt die Preisänderung eines Warenkorbes bzw. des Sozialproduktes an. Die Veränderung kann sowohl in Prozent als auch in Prozentpunkten angegeben werden. So steigt z. B. der Laspeyres- Index in der Periode t_2 von 110 auf 118. Dies entspricht einem Anstieg von 8 Prozentpunkten (110 + 8 = 118) oder auch einem Anstieg um 7,3% (110* 1,073 = 118)

Laspeyres = $p_t * q_0 / p_0 * q_0$ $\qquad$ Paasche = $p_t * q_t / p_0 * qt$

Gut	$p_1 \times q_0$	$p_2 \times q_0$	$p_0 \times q_1$	$p_0 \times q_2$
A	2000	1800	4500	6000
B	4000	4000	5000	5000
C	5000	6000	1400	1600
	Σ 11000	Σ 11800	Σ 10900	Σ 12600

$P^L_{t0,t1} = 11000/10000 = 1{,}1$ $P^P_{t0,t1} = 10500/10900 = 0{,}96$

$P^L_{t0,t2} = 11800/10000 = 1{,}18$ $P^P_{t0,t2} = 12400/12600 = 0{,}984$

Laspeyres-Index			**Paasche-Index**		
	Veränderung zum Vorjahr			Veränderung zum Vorjahr	
Index-Wert	in Prozentpunkten	in %	Index-Wert	in Prozentpunkten	in %
$t_0 = 100$			$t_0 = 100$		
$t_1 = 110$	10	10	$t_1 = 96$	- 4	- 4
$t_2 = 118$	8	7,3	$t_2 = 98{,}4$	2,4	2,5

Reales Sozialprodukt

Die so erhaltenen Preisindices können zur Deflationierung des Sozialproduktes verwandt werden. Aus den nominalen Sozialprodukten lassen sich die realen Werte bezogen auf die Periode t_0 errechnen.

Laspeyres-Index

$Y_1^r = 10500 / 1{,}1 = 9545$

$Y_2^r = 12400 / 1{,}18 = 10508$

Paasche-Index

$Y_1^r = 10500 / 0{,}96 = 10900$

$Y_2^r = 12400 / 0{,}984 = 12600$

Wachstumsraten

Es ist nicht nur der absolute Wert des realen Sozialproduktes ökonomisch von Interesse, sondern auch die Veränderung dieses Wertes . Die reale Mehrung bzw. Minderung des Sozialproduktes wird ins Verhältnis zum realen Wert der Vorperiode gesetzt und gibt so die reale Wachstumsrate des Sozialproduktes an. In der Periode t_2 ist das Sozialprodukt nach Paasche real um 15,6% gewachsen.

Laspeyres-Index

$(Y_1^r - Y_0^r)/ Y_0^r = \Delta Y_1^r$

$(9545 - 10000) / 10000 = -4{,}55\%$

$(Y_2^r - Y_1^r)/Y_1^r = \Delta Y_2^r$

$(10508 - 9545) / 9545 = 10{,}1\%$

Paasche-Index

$(Y_1^r - Y_0^r)/ Y_0^r = \Delta Y_1^r$

$(10900 - 10000) / 10000 = 9\%$

$(Y_2^r - Y_1^r)/ Y_1^r = \Delta Y_2^r$

$(12600 - 10900) / 10900 = 15{,}6\%$

In diesem Zusammenhang geht es aber nicht mehr nur um einen (individuellen) Konsumgüterwarenkorb, sondern um das Sozialprodukt insgesamt. Die Entwicklung der nominalen Werte sagt noch nichts über den realen Zuwachs der Güterversorgung aus. Was aber ist das reale Sozialprodukt?

Das Statistische Bundesamt berechnet nicht nur das Bruttosozialprodukt zu laufenden Marktpreisen, sondern auch zu konstanten Preisen einer Basisperiode (siehe Box 14-4). Diese Basisperiode wird in angemessenen Zeitabständen neu festgelegt. Die zur Zeit übliche Vergleichsperiode ist das Jahr 1991. Es ist:

$$\mathbf{Y}_{\mathbf{M}}^{\mathbf{b}}\mathbf{r}(\text{real, in Preisen der Basisperiode}) = \frac{\mathbf{Y}_{\mathbf{M}}^{\mathbf{b}}(\text{in jeweiligen Preisen})}{\mathbf{P}(\text{Preisindex Basisperiode})}$$

Als Preisindex wird ein Paasche Index verwendet. Dieser Index zeigt an, ob und wieviel der Warenkorb des laufenden Jahres in den jeweiligen Preisen gestiegen oder gefallen ist im Vergleich zu seinem Wert in den Preisen des Basisjahres. Zu bedenken ist bei diesem Index, daß die gütermäßige Zusammensetzung des berechneten Warenkorbes sich verändern kann. D.h. der Preisindex könnte selbst dann steigen, wenn alle Einzelpreise unverändert blieben. Dieses wäre der Fall, wenn z.B. teurere Produktgruppen ihren Anteil am Warenkorb zu Lasten billigerer erhöhen. Der Preisindex, der das Bruttosozialprodukt zu Marktpreisen deflationiert, ist selbst eine zusammengesetzte Größe und besteht aus Preisindizes für die einzelnen Verwendungskomponenten des Sozialprodukts. Es werden u. a. Preisindizes für den privaten und staatlichen Konsum, Investitionsgüter, Exportgüter und Importgüter ermittelt ($\mathbf{C}_{\mathrm{H}}$, $\mathbf{C}_{\mathrm{St}}$, $\mathbf{I}^{\mathrm{b}}$, $\mathbf{Ex}^{\mathrm{G}}$, $\mathbf{Im}^{\mathrm{G}}$). Das arithmetische Mittel dieser Indizes (gewichtet mit den Anteilen der einzelnen Komponenten am Sozialprodukt) ergibt den Preisindex des Sozialprodukts. Ob diese Methode, die das Bruttosozialprodukt in konstanten Preisen ausdrückt, damit auch tatsächlich den "Realwert" des Sozialprodukts erfaßt, ist in der wissenschaftlichen Diskussion bestritten[1]. Er ist zwar der umfassendste jedoch nicht der aussagefähigste Index: Preissteigerungen für Exportgüter erhöhen den Index, treffen aber nur das Ausland. Preissteigerungen für Importgüter treffen das Inland, ermäßigen aber den Index (wegen des negativen Vorzeichens Ex^{G}-Im^{G}). Zur Vermeidung dieser Defizite berechnet man auch den Preisindex der letzten

[1] Im Jahresgutachten 1984/85 des Sachverständigenrates zur Begutachtung der gesamtwirtschaftlichen Entwicklung, Drucksache 10/2541 des Deutschen Bundestages, wird dieses Problem im Ersten Kapitel XII: Was ist das reale Sozialprodukt?, S. 135 ff, ausführlich diskutiert.

BOX: 14 - 2 Zur Ermittlung des Preisindex für die Lebenshaltung in der Bundesrepublik Deutschland

Die Messung der Preisentwicklung in der Bundesrepublik Deutschland erfolgt durch das Statistische Bundesamt. Das Statistische Bundesamt betrachtet die Ausgaben eines repräsentativen Haushaltes für einen (repräsentativen) Warenkorb und vergleicht diese Ausgaben mit denen eines Basisjahres (gegenwärtig 1991). Die Preisveränderungen der einzelnen Güter werden entsprechend ihres Anteils an den Gesamtausgaben gewichtet und so ein Durchschnitt der Preisveränderungen gebildet. In der Regel erfolgen die Preiserhebungen monatlich bei einer repräsentativen Auswahl von Unternehmen des Einzelhandels, des Handwerks, des Beherbergungs- und Gaststättengewerbes, Inhabern von Mietwohnungen u.s.w.. Die dabei ermittelten Preise sind Endverbraucherpreise einschließlich Steuern und Abgaben. Das Statistische Bundesamt erfaßt hierzu gegenwärtig in 118 Gemeinden mehr als 300.000 Einzelpreise für insgesamt rund 750 Güter[2].

Die Zusammensetzung des "Warenkorbes" läßt sich u.a. nach dem Verwendungszweck aufgliedern:

- Wohnzwecke	25,1 %
Wohnungsmieten einschl. Nebenkosten	17,8 %
Energie (ohne Kraftstoffe)	7,3 %
- Nahrungsmittel, Getränke, Tabakwaren	23,0%
- Güter für Verkehr u. Nachrichtenübermittlung (d.h. KFZ, Fahrräder, Treibstoffe, Reparaturen, usw.)	14,4 %
- Güter für die persönliche Ausstattung, Dienstleistungen des Beherbergungsgewerbes sowie Güter sonstiger Art	10,9 %
- Güter für Bildung, Unterhaltung, Freizeit (ohne Dienstleistungen des Gastgewerbes)	8,4 %
- Möbel, Haushaltsgeräte u.a. Güter für die Haushaltsführung	7,2 %
- Bekleidung, Schuhe	6,9 %
- Güter für die Gesundheits- u. Körperpflege	4,1 %

Im Gegensatz zur Deflationierung des Sozialproduktes, die nach dem Paasche-Index erfolgt, werden die verbraucherpreisstatistischen Indizes nach der Laspeyres-Formel berechnet. Der wichtigste Preisindex ist der für die Gesamtheit aller privaten Haushalte berechnete Index (mit einer durchschnittlichen Zahl der Haushaltsmitglieder von 2,3). Daneben werden aber weitere Indizes für andere Haushalts- und Einkommensgrößen berechnet.

[2] Vgl. Stat. Bundesamt; Volkswirtschaftliche Gesamtrechnungen, Fachserie 18, Reihe 1.3.

inländischen Verwendung, der aus den Komponenten C_H, C_{St}, I^b besteht. Aufschlußreicher für die Konsumenten (die privaten Haushalte) ist allerdings die Preisentwicklung der von ihnen nachgefragten Konsumgüter. Diese Entwicklung erfaßt das statistische Bundesamt in verschiedenen Preisindizes der Lebenshaltung (unter Anwendung der Laspeyres-Methode).

BOX: 14 - 3 Ausgewählte Preisindizes:

1. Preisindex für das Bruttosozialprodukt zu Marktpreisen:
   $Y^b_M = C + I^b + Ex - Im$
2. Preisindex für das Bruttoinlandsprodukt zu Marktpreisen:
   $BIP_M = C + I^b + Ex^{G+D} - Im^{G+D}$
3. Preisindex für die letzte Verwendung: $C + I^b + Ex^{G+D}$
4. Preisindex für die letzte inländische Verwendung: $C + I^b$
5. Preisindex für die Ausfuhren: Ex^{G+D}
6. Preisindex für die Einfuhren: Im^{G+D}
7. Preisindex für den privaten Verbrauch: C_H
8. Preisindex der Lebenshaltung

a) - 4 Personen Arbeitnehmerhaushalt (mit mittlerem Einkommen)

b) - 4 Personen Angestellten- und Beamtenhaushalt (mit höherem Einkommen)

c) - 2 Personen Haushalt mit niedrigem Einkommen (Rentner, Sozialhilfeempfänger)

d) - aller privaten Haushalte (2 Erwachsene, 0,6 Kinder, durchschnittliches Einkommen)

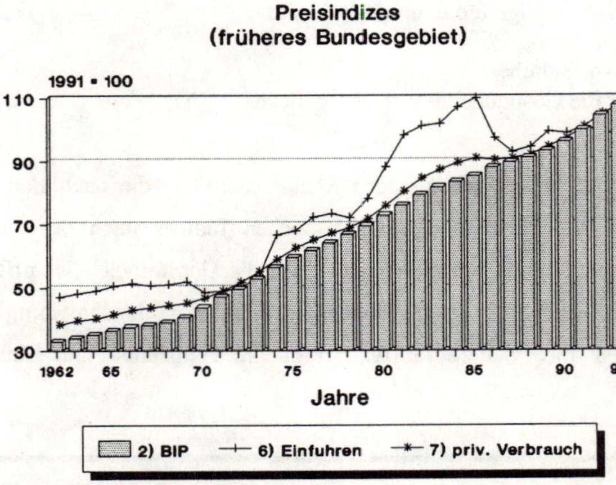

Quelle: SVR, JG 94/95 S. 430

14.2 Indikatoren des Wirtschaftswachstums

Um die Entwicklung des Sozialprodukts im Zeitablauf (i.d.R. ein Kalenderjahr) zu beschreiben, errechnet man Wachstumsindikatoren. Die wichtigsten sind die nominalen und realen Wachstumsraten des Sozialprodukts und des Sozialprodukts pro Kopf[3]

$$\text{(a)} \qquad \Delta Y_t = \frac{Y_t - Y_{t-1}}{Y_{t-1}}.$$

Das Sozialprodukt pro Kopf (b) und seine Wachstumsrate (c) berechnet sich wie folgt (auch bei diesem Indikator lassen sich nominale und reale Größen unterscheiden):

$$\text{(b)} \qquad Y / \text{Kopf} = \frac{Y}{\text{Bevölkerung}}$$

$$\text{(c)} \qquad \Delta Y / \text{Kopf} = \frac{(Y/\text{Kopf})_t - (Y/\text{Kopf})_{t-1}}{(Y/\text{Kopf})_{t-1}}$$

Die Wachstumsraten des Bruttosozialprodukts allein geben jedoch auch keine eindeutige Auskunft über den Konjunkturverlauf einer Wirtschaft. Ist z.B. eine Wachstumsrate des Bruttosozialprodukts von 4% mit einer Hochkonjunktur gleichzusetzen oder eine Wachstumsrate von 2% mit einem Konjunkturrückgang? Eine Antwort auf diese Frage gibt das Konzept des Produktionspotentials, das die mögliche Bruttowertschöpfung aller Wirtschaftsbereiche einer Volkswirtschaft angibt. Diese Kennzahl kann nicht direkt gemessen werden - sie muß geschätzt werden. Der Sachverständigenrat (SVR), die Deutsche Bundesbank (BuBk) und die Wirtschaftsforschungsinstitute schätzen das Produktionspotential einer Volkswirtschaft, indem sie die Auslastung eines Basisjahres als Vollauslastung oder die Normalauslastung des Produktionsapparates über einen Konjunkturzyklus hinweg zugrundelegen[4]. Wächst der Kapitalstock schneller als das Bruttoinlandsprodukt, führt das zu einer Unterauslastung des Produktionspotentials (bei gleichbleibendem Arbeitseinsatz). Der Auslastungsgrad des gesamtwirtschaftlichen Produktionspotentials (λ) errechnet sich nach der Formel:

---

[3] Das Symbol „Y" möge hier für irgendeines der möglichen Sozial- (oder Inlands-)produkte stehen.

[4] Zur Berechnungsmethode siehe z.B. Sachverständigengutachten 1989/90, Anhang IV, Absch. A, S. 206.

(d) Auslastungsgrad des Produktionspotentials $\lambda = \frac{BIP^r}{Y^*}$

Y^* = Gesamtwirtschaftliches Produktionspotential

Der Auslastungsgrad des Produktionspotentials ist das BIP_r in vH des Produktionspotentials. "λ" ist somit ein Gradmesser der Kapazitätsauslastung in einer Volkswirtschaft (siehe Box 14-5). Der SVG hat den Auslastungsgrad des westdeutschen Produktionspotentials für 1991 mit 100% angegeben. Der "normale" Auslastungsgrad des Produktionspotentials wird vom SVR auf 96,5% festgesetzt.

BOX: 14 -4 Bruttosozialprodukt der Bundesrepublik Deutschland

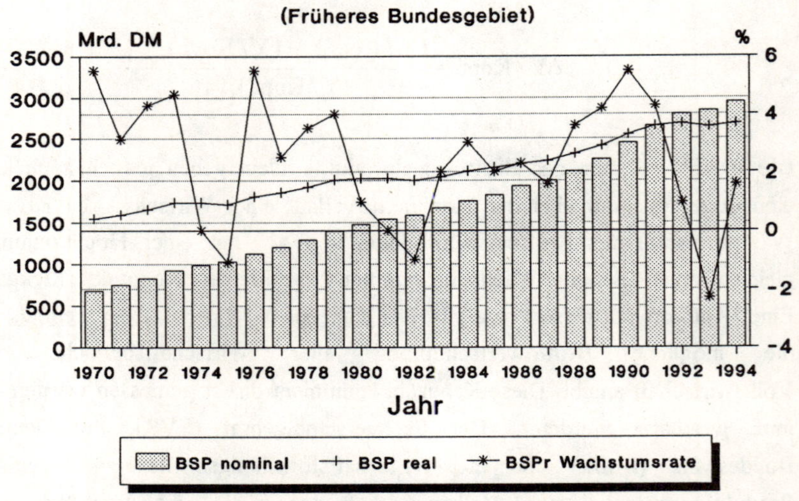

Quelle: SVR,JG 1993/94,S. 331, W+St.1/95

BOX: 14 - 5 Gesamtwirtschaftliches Produktionspotential und Entwicklung der Arbeitslosigkeit

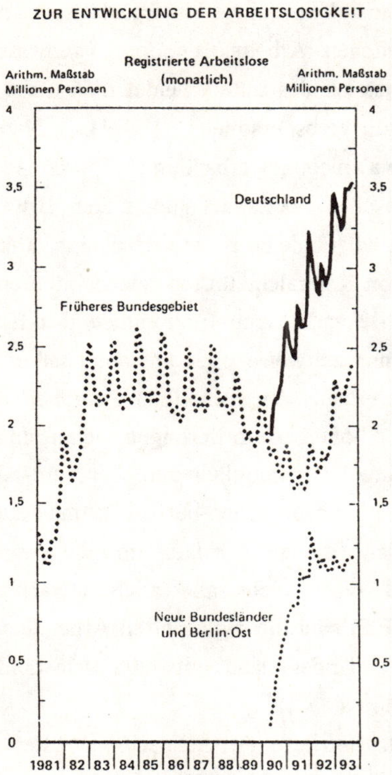

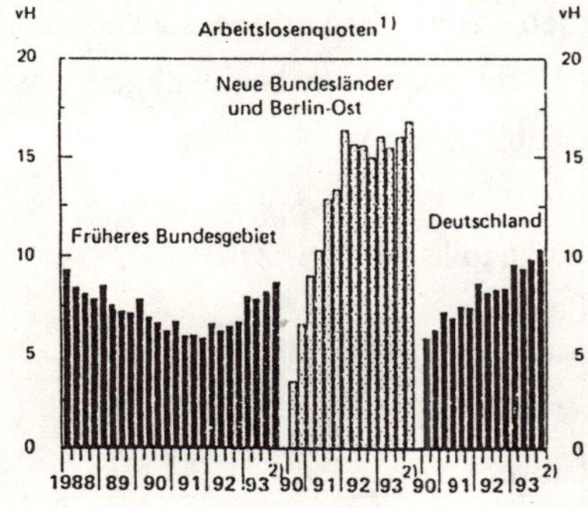

1) Registrierte Arbeitslose in Relation zu den abhängigen Erwerbspersonen (beschäftigte Arbeitnehmer - Inländer, in der Abgrenzung der Volkswirtschaftlichen Gesamtrechnungen plus Arbeitslose). Vierteljährliche Ergebnisse. – 2) 4. Vierteljahr eigene Schätzung.

Quelle für Arbeitslosenzahlen: BA

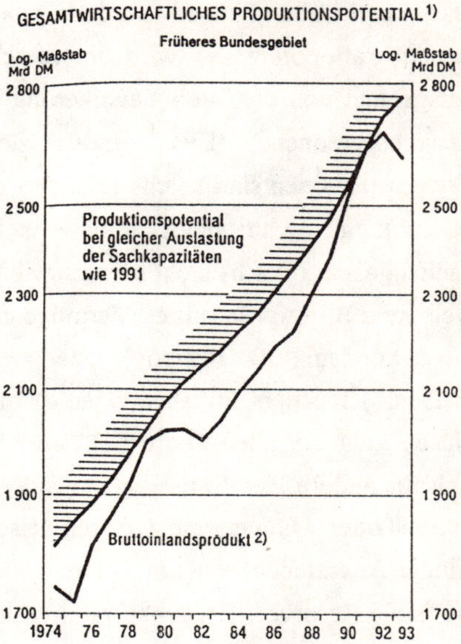

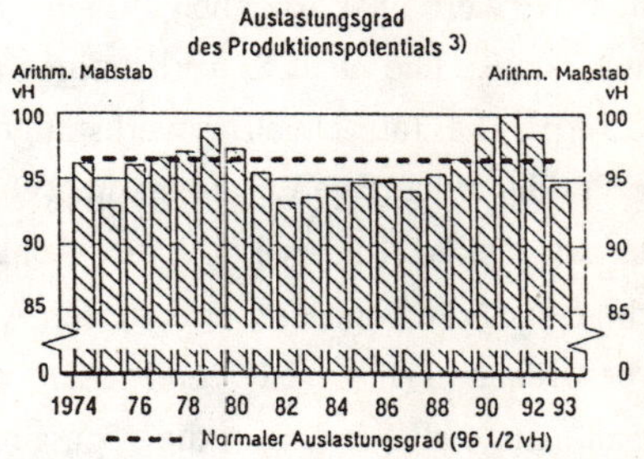

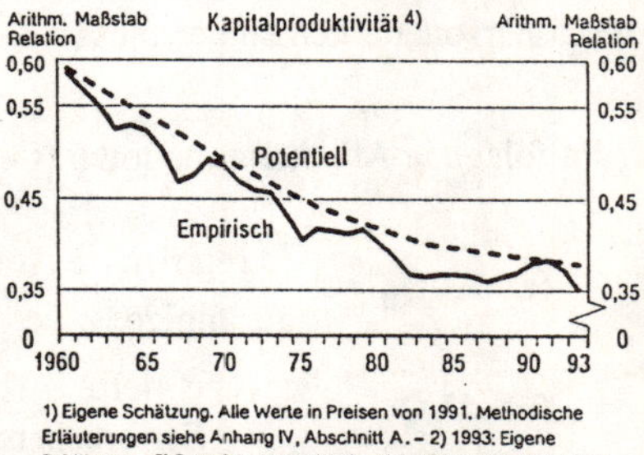

1) Eigene Schätzung. Alle Werte in Preisen von 1991. Methodische Erläuterungen siehe Anhang IV, Abschnitt A. – 2) 1993: Eigene Schätzung. – 3) Bruttoinlandsprodukt in vH des Produktionspotentials. – 4) Bruttowertschöpfung in Relation zum Kapitalstock.

Quelle: SVR, Jahresgutachten 1993/94, S. 102, 106.

14.3 Indikatoren zur Beschäftigung (Arbeitsmarktindikatoren)

Das empirische Phänomen der Arbeitslosigkeit (eine Unterauslastung des Arbeitskräftepotentials) wird in verschiedenen Arbeitslosenquoten gemessen. Ausgehend von der Wohnbevölkerung eines Landes unterscheidet man diese in Erwerbspersonen (EP) und Nicht-Erwerbspersonen (NEP). Nicht-Erwerbspersonen sind solche Inländer, die a) nicht erwerbsfähig sind, weil sie z. B. zu jung, zu alt, physisch oder psychisch außerstande sind, einem Erwerb nachzugehen, oder b) nicht erwerbswillig sind (obgleich sie erwerbsfähig wären), weil sie z.B. aufgrund ihres Vermögens von Kapitaleinkünften oder Bodenrente leben können (z.B. Playboy), oder weil sie z. B. vom Einkommen des Ehe- (Lebens-) Partners mitleben oder c) die nur zeitweise oder umständehalber in diese Kategorie fallen, "potentiell" aber Erwerbspersonen sind (z.B. Personen, die sich für andere Berufe umschulen, oder für höhere Anforderungen weiterbilden. Frauen oder Männer, die nur zeitweise ihre Berufstätigkeit aufgeben, um z.B. Kinder zu erziehen). Diesen Teil der Nichterwerbspersonen bezeichnet man auch als "stille Reserve". Erwerbspersonen sind alle, die zur Zeit fähig und willig sind, einem Erwerb nachzugehen, doch sind diese nicht alle auch tatsächlich erwerbstätig. Die nicht Erwerbstätigen (NET) sind die registrierten Arbeitslosen (ALreg). Die tatsächlich erwerbstätigen (Inländer) sind entweder selbständig (sET) oder abhängige Erwerbstätige (aET).
Die sog. stille Reserve (ALres = nichtregistrierte Arbeitslose = versteckte Arbeitslosigkeit) und die registrierten Arbeitslosen (ALreg) bilden zusammen die Arbeitslosen (AL). EP und AL werden zum Erwerbspersonenpotential zusammengefaßt, d.h., die gesamte Zahl der Arbeitswilligen wird Erwerbspersonenpotential genannt (vgl. Schaubild 14 -1).

Es gibt folgende Arbeitslosenquoten (siehe Schaubild 14-7, S. 212):

$$\text{(a) } ALQ_a = \frac{\text{registrierte Arbeitslose}}{\text{abhängige Erwerbspersonen}} = \frac{ALreg}{aEP} = \frac{ALreg}{aET + ALreg}$$

$$\text{(b) } ALQ_b = \frac{\text{registrierte Arbeitslose}}{\text{Erwerbspersonen}} = \frac{ALreg}{EP} = \frac{ALreg}{ET + ALreg}$$

$$\text{(c) } ALQ_c = \frac{\text{Arbeitslose}}{\text{Erwerbspersonenpotential}} = \frac{AL}{EPP} = \frac{ALreg + ALres}{ET + AL}$$

1986 wurde die von der Bundesanstalt für Arbeit üblicherweise für die Öffentlichkeit publizierte Arbeitslosenquote von der Quote ALQ_a auf die Quote

ALQ_b umgestellt. (Frage: Welchen Einfluß hat das auf die Höhe der ausgewiesenen Arbeitslosenquote?).
Ist ALQ_c z.B. Null, so ist das ganze Arbeitskräfteangebot befriedigt. Dieser Quotient beschreibt also die Inanspruchnahme des Arbeitsangebots. Das Erwerbspersonenpotential wird z.B. vom Institut für Arbeitsmarkt- und Berufsforschung (IAB) geschätzt.

Schaubild 14 - 1: Begriffsübersicht zu den Arbeitsmarktindikatoren

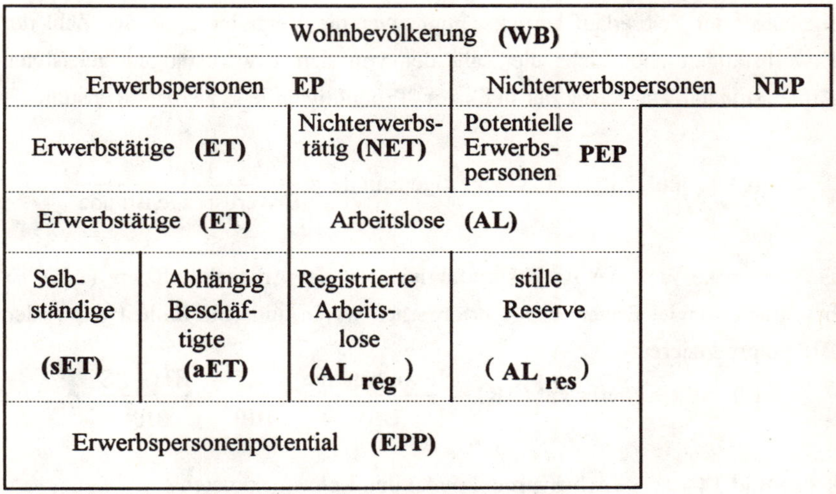

14.4 Gesamtwirtschaftliche Arbeitsindikatoren

Gesamtwirtschaftliche Arbeitsindikatoren sollen den Beitrag messen den der Produktionsfaktor Arbeit zur Erstellung des Bruttoinlandsproduktes leistet. Hierbei ist zu beachten, daß die Zahl der Erwerbstätigen wie sie für die Arbeitsmarktindikatoren abgegrenzt wurden, durch den sogenannten "Pendlersaldo" (PS) zu ergänzen ist: Erwerbspersonen aus dem umliegenden Ausland pendeln ins Inland ein, um hier zu arbeiten. Umgekehrt pendeln Inländer aus, um im Ausland erwerbstätig zu werden. Die Differenz aus Einpendlern und Auspendlern nennt man Pendlersaldo. Nur unter Berücksichtigung dieses Pendlersaldos kann der Beitrag des Faktors Arbeit zum Inlandsprodukt exakt gemessen werden. Erwerbstätige werden in diesem Abschnitt definiert als Summe aus erwerbstätigen Inländern (ETi) + Pendlersaldo (PS): ET = ETi + PS

Die Frage, wie hoch der Beitrag eines Erwerbstätigen zum Bruttoinlandsprodukt (BIP) ist, wird durch die (durchschnittliche) Arbeitsproduktivität (AP) beantwortet.

$$\text{(a) Arbeitsproduktivität (AP)} = \frac{\text{reales Bruttoinlandsprodukt}}{\text{Erwerbstätige}} = \frac{BIP^r}{ETi + PS}$$

Die Arbeitsproduktivität gibt an, wieviel ein Erwerbstätiger zur Produktion des BIP beiträgt. Dieser Quotient BIP_r durch Erwerbstätige wird vom Statistischen Bundesamt gesamtwirtschaftliche Produktivität genannt. Ein Vergleich dieses Indikators im Zeitverlauf berücksichtigt zwar die Veränderungen der Zahl der Erwerbstätigen aber nicht die Zahl der von den Erwerbstätigen geleisteten Arbeitsstunden. Das leistet der Indikator "Produktivität je Erwerbstätigenstunde":

$$\text{(b) Produktivität je Erwerbstätigenstunde} = \frac{BIP^r}{\text{Erwerbstätigenstunde}}$$

Der reziproke Wert der Arbeitsproduktivität ist der Arbeitskoeffizient (AK). Er beschreibt wieviel Erwerbstätige erforderlich waren, um eine Einheit des realen BIP zu produzieren.

$$\text{(c) Arbeitskoeffizient (AK)} = \frac{\text{Erwerbstätige}}{BIP^r} = \frac{ET}{BIP^r} = \frac{ETi + PS}{BIP^r}$$

Schaubild 14 - 2: Arbeitsproduktivität und Lohnstückkosten in der Bundesrepublik Deutschland

Index 1991 = 100

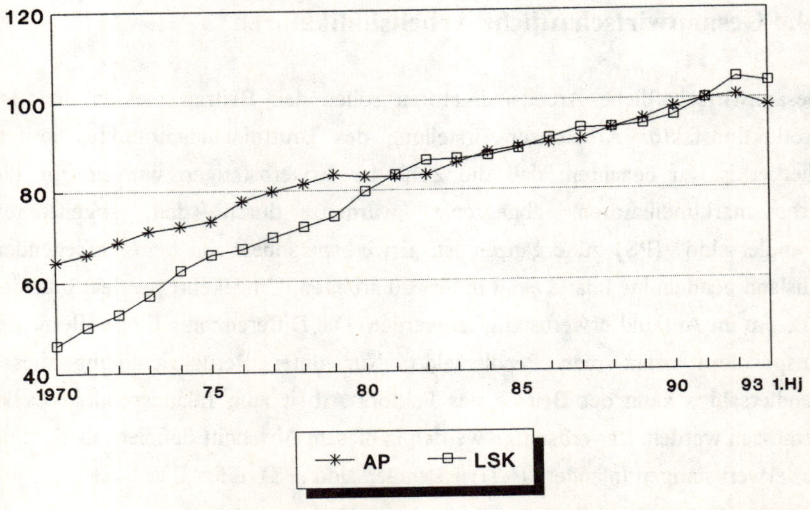

Quelle: Sachverständigenrat 93/94, S.335

14.5 Gesamtwirtschaftliche Kapitalindikatoren

Unter Kapital verstehen wir den Kapitalstock, der durch das Bruttoanlagevermögen (ohne Grund und Boden) erfaßt und in Preisen eines Basisjahres ausgedrückt wird. Die Kapitalproduktivität (KP) gibt an, wieviel eine Kapitaleinheit (hier: BAV) durchschnittlich zur Produktion des BIP beigetragen hat. Verringert sich z.B. das BIP (Konjunkturabschwung), so sinkt (bei kurzfristiger Konstanz des Kapitalstocks) die Kapitalproduktivität.

Berechnet werden folgende Kennzahlen:

$$\text{a) Kapitalproduktivität (KP)} = \frac{\text{BIP}^r}{\text{Bruttoanlagevermögen}} = \frac{\text{BIP}^r}{\text{BAV}}$$

Der Kapitalkoeffizient (KK) ist der reziproke Wert der Kapital-Produktivität (KP). Er beschreibt, wieviel Kapitaleinheiten erforderlich waren, um eine Einheit des BIP zu produzieren. Je höher der KK ist, desto mehr Kapitaleinheiten waren zur Produktion einer BIP-Einheit erforderlich. Entwickelte Volkswirtschaften haben einen eher hohen KK, Entwicklungsländer dagegen einen niedrigen. Grund ist die unterschiedliche Ausstattung der Volkswirtschaften mit den Produktionsfaktoren Arbeit und Kapital: Entwicklungsländer haben eine relativ geringe Ausstattung mit dem Produktionsfaktor Kapital und verfügen über relativ viel (ungelernte) Arbeit, in den Industrieländern ist diese Relation umgekehrt.

$$\text{(b) Kapitalkoeffizient (KK)} = \frac{\text{Bruttoanlagevermögen}}{\text{BIP}^r} = \frac{\text{BAV}}{\text{BIP}^r}$$

Eine weitere Kennzahl ist die Kapitalintensität (KI). Sie wird berechnet indem man den Kapitalstock durch die Erwerbstätigen teilt.Die Kapitalintensität gibt an wieviel Kapitaleinsatz pro Erwerbstätigen benötigt wurde, m.a.W. wie hoch die durchschnittliche Ausstattung einer Erwerbsperson mit Sachkapital war.

$$\text{(c) Kapitalintensität (KI)} = \frac{\text{Bruttoanlagevermögen}}{\text{Erwerbstätige}} = \frac{\text{BAV}}{\text{ET}}$$

Schaubild 14 - 3: Kapitalkoeffizient und - intensität in der BRD 1960-1992

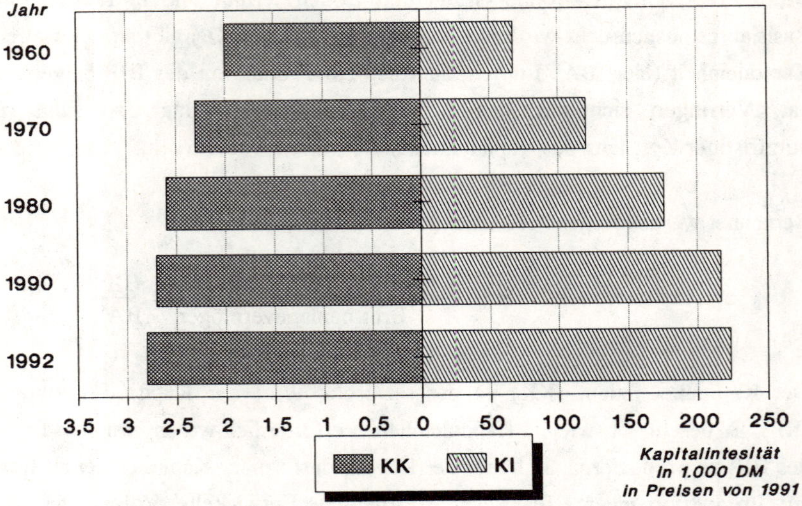

Quelle: IDW, Zahlen 1994.

Schaubild 14 - 4: Kapitalkoeffizient und -intensität nach Branchen 1991

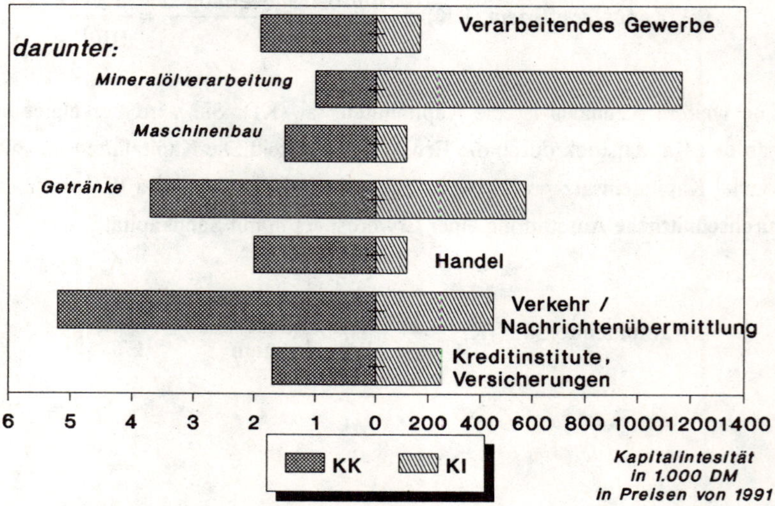

Quelle: IDW, Zahlen 1994.

Diese Indikatoren lassen sich nicht nur für die gesamte Volkswirtschaft berechnen, sondern auch für einzelne Sektoren bzw. Branchen innerhalb einer Volkswirtschaft. Es wird dann das Anlagevermögen einer Branche zu dem Beitrag zum Inlandsprodukt, den diese Branche leistet, in Beziehung gesetzt.

Aus dem Schaubild 14 - 3 wird deutlich, daß sowohl der Kapitalkoeffizient als auch die Kapitalintensität im Zeitablauf zunehmen, d.h. es wird sowohl pro Einheit des Inlandsproduktes mehr Kapital eingesetzt als auch pro Beschäftigten. Das Schaubild 14 - 4 zeigt, daß der Bereich Kreditinstitute/Versicherungen mit 1,7 einen relativ niedrigen KK hat, der Sektor Verkehr/Nachrichten mit 5,2 einen relativ hohen - er produziert relativ kapitalintensiv. Die Ausstattung einer Erwerbsperson mit Sachkapital ist von Branche zu Branche unterschiedlich: in der Branche Verkehr/Nachrichen am größten, in der Branche Handel am geringsten. Unterteilt man das Verarbeitende Gewerbe so erkennt man, daß die Mineralölverarbeitung eine sehr hohe Kapitalintensität (906.700 DM) besitzt. Der Bereich Maschinenbau hat dagegen eine Kapitalintensität von nur 83.800 DM.

Die Kapitalintensität ergibt sich auch als:

(d) Kapitalkoeffizient * Arbeitsproduktivität = Kapitalintensität

$$KK \quad * \quad AP \quad = \quad KI$$

$$\frac{BAV}{BIP} \quad * \quad \frac{BIP}{ET} \quad = \quad \frac{BAV}{ET}$$

14.6 Gesamtwirtschaftliche Quoten

Die folgenden Quoten (a), (b), (f) und (g) sind weder in den theoretischen Wirtschaftswissenschaften noch in der Empirie einheitlich definiert. So gibt es z.B. nicht "die" Staatsquote oder "die" Investitionsquote. Nach dem jeweiligen Zweck der Untersuchung sind verschiedene Ausprägungen üblich. Wir werden diese Quoten daher allgemein definieren und auf die jeweils üblichen Ausprägungen speziell eingehen.

14.6.1 Investitions- und Sparquote

Werden die gesamtwirtschaftlichen Investitionen (Bruttoanlageinvestitionen) in Relation zum Bruttosozialprodukt gesetzt, so erhält man die durchschnittliche Investitionsquote:

$$\text{(a) Investitionsquote (IQ)} = \frac{\text{Investitionen}}{\text{Sozial} - \text{(oder Inlands)produkt}} = \frac{I^b}{Y_M^b} \text{ bzw. } \frac{I^b}{BIP_M}$$

Je höher die Investitionsquote, desto höher sind die potentiellen Wachstumschancen einer Volkswirtschaft. In der Regel interessiert man sich für die Brutto-Investitionen (I^b). Es ist jedoch auch üblich, die Nettoinvestitionen (I^n) einzusetzen.

Legt man die Definition (a) zugrunde, so beträgt die Investitionsquote für die (alte) Bundesrepublik etwa 20 % der Bruttosozialprodukts.

Setzt man die Ersparnis der Haushalte in Relation zum Einkommen, so erhält man die Sparquote:

$$\text{(b) Sparquote (SQ)} = \frac{\text{Ersparnis}}{\text{Einkommen}} = \frac{S}{Y} \text{ bzw. } \frac{S_H}{Y_H^{verf}}$$

Dies ist der Teil des Einkommens, der nicht konsumiert - also gespart wird. Sie ist eine der Bestimmungsgründe für die Höhe der Investitionen einer Volkswirtschaft. Wie wir aus Kapitel 9 bereits kennen, muß in einer offenen Volkswirtschaft die Identität I = S nicht mehr gegeben sein und es können die Investitionen auch durch Auslandskapital (ausländische Ersparnis) finanziert werden.

Der Sachverständigenrat berechnet in seinem Jahresgutachten folgende Sparquote: Ersparnis der privaten Haushalte (ohne nicht entnommene Gewinne) S_H, dividiert durch das verfügbare Einkommen der privaten Haushalte Y_H^{verf} (ohne nicht entnommene Gewinne der Unternehmen ohne eigene Rechtspersönlichkeit).

Die Deutsche Bundesbank berechnet für die privaten Haushalte folgende Sparquote (vgl. Monatsbericht der Deutschen Bundesbank): Private Ersparnis (einschließlich Ansprüche aus betrieblichen Pensionsfonds) dividiert durch das verfügbare Einkommen der privaten Haushalte. Letzteres ist definiert als: Nettolöhne und -gehälter plus öffentliche Einkommensübertragungen plus Vermögenseinkunfte der privaten Haushalte plus Privatentnahmen der Selbständigen minus Einkommensübertragungen an das Ausland.

14.6.2 Import- und Exportquote

Die Bundesrepublik ist eine relativ "offene" Volkswirtschaft, d. h. sie ist stark in die Weltwirtschaft integriert. Die Entwicklung der Importe und Exporte sind für sie also relativ wichtig:

$$\text{(c) Exportquote (ExQ)} = \frac{\text{Exporte}}{Y_M^b} \qquad \text{(d) Importquote (ImQ)} = \frac{\text{Importe}}{Y_M^b}$$

$$\text{(e) Offenheitsgrad (OG)} = \frac{(c)+(d)}{2}$$

Die Exportquote beschreibt den Anteil der Exporte an Gütern, Dienstleistungen und Faktoreinkommen am Bruttosozialprodukt. Es ist der Anteil am Bruttosozialprodukt, auf den eine Volkswirtschaft zur eigenen Verwendung verzichtet und dem Ausland zur Verfügung stellt. Von der Höhe der Exportquote lassen sich Rückschlüsse auf die Abhängigkeit einer Volkswirtschaft vom Ausland ziehen.

Die Exportquote der Bundesrepublik betrug 1992 rund 33,3 %. Das bedeutete u. a., daß 1/3 aller Arbeitsplätze von der Nachfrage des Auslands abhängen. Bestimmen Sie selbst die entsprechende Importquote und den Offenheitsgrad.

Der Offenheitsgrad einer Volkswirtschaft errechnet sich als arithmetisches Mittel aus der Summe der Import- und der Exportquote. Ein großes Lande (wie z.B. die USA) hat einen kleineren Offenheitsgrad als ein kleines Land (wie z. B.

Österreich oder die Schweiz). Die Export- bzw. Importquote der Bundesrepublik sind etwa doppelt so hoch wie die der USA.

14.6.3 Staatsausgaben- und Steuerquote

Die Staatsausgabenquote (kurz: Staatsquote genannt) ist definiert als das Verhältnis von Gesamtausgaben des Staates (Staat = Bund, Länder, Gemeinden sowie Sozialversicherungen) zum Bruttosozialprodukt:

$$\text{(f) Staatsquote (StQ)} = \frac{\text{Gesamtausgaben des Staates}}{Y_M^b} = \frac{C_{St} + I_{St}^b + Tr_{St}}{Y_M^b}$$

Die Staatsquote spiegelt den Anteil der Staatsausgaben am Bruttosozialprodukt wider und lag in Deutschland 1992 in der Berechnung des Sachverständigenrates (also bezogen auf das Produktiospotential) um die 48 %. Die Staatsausgaben sind nicht identisch mit den uns aus der Verwendungsrechnung bekannten Größen C_{St} und $I^b{}_{St}$. Hier werden zusätzlich noch andere Ausgaben wie Übertragungen berücksichtigt.
Neben dieser globalen Quote können noch eine Vielzahl von speziellen Staatsquoten berechnet werden, Z. B. wenn man nur den Anteil der Sozialausgaben oder den Anteil der Transfers oder den Anteil der Entwicklungshilfen am $Y^b{}_M$ berechnen will.

Die Steuerquote ergibt sich aus:

$$\text{(g) Steuerquote (TQ)} = \frac{\text{Steueraufkommen der Gebietskörperschaften}}{Y_M^b}$$

Sie gibt an, wie hoch der Anteil der Steuern am $Y^b{}_M$ ist. In der Steuerquote sind die Sozialbeiträge nicht enthalten (rechnet man sie ein, so nennt man diese Kennzahl Abgabenquote). Die Steuerquote liegt in der Bundesrepublik bei etwa 25 %, 1992 betrug sie in Gesamtdeutschland 27,2 % (ohne vermögenswirksame Steuern). Auch können spezielle Steuerquoten errechnet werden, z. B. wenn man nur an dem Anteil der Körperschaftssteuer (KSt) oder der Einkommensteuer (ESt) am $Y^b{}_M$ interessiert ist.

Für alle Quoten gilt, daß vor allem deren Veränderung im Zeitablauf wichtige Informationen insbesondere für die Wirtschaftspolitik liefern. Ferner ist es auch üblich, die Quoten real (d. h. in konstanten Preisen) zu berechnen.

Schaubild 14 - 5: Investitions- und Staatsquoten in ausgewählten Ländern (1990)

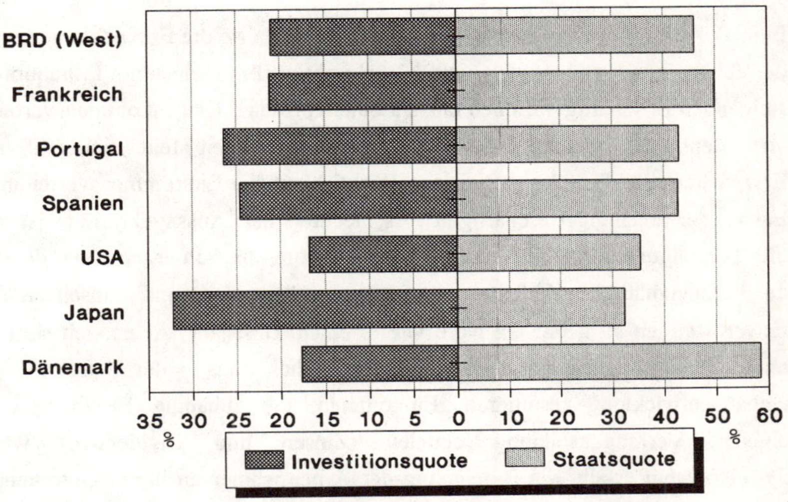

Quelle: IDW, Zahlen 1993

14.6.4 Lohnquote, Gewinnquote und Lohnstückkosten

Auskunft über die funktionale Einkommensverteilung gibt die Lohnquote. Sie ist der Anteil des Bruttoeinkommens aus unselbständiger Arbeit am Volkseinkommen:

$$\text{(h) Bruttolohnquote (LQ)} = \frac{\text{Bruttoeinkommen aus unselbständiger Arbeit}}{\text{Volkseinkommen}}$$

In ihrer Aussagekraft ist sie aber einzuschränken, da sie die Entwicklung der Zahl der abhängigen Beschäftigten nicht berücksichtigt. Eine konstante Lohnquote bei steigenden Beschäftigtenzahlen täuscht eine Konstanz der Einkommensverteilung vor, denn der gleiche Anteil am Volkseinkommen teilt sich auf mehr Erwerbstätige auf, d. h., daß sich in Wirklichkeit die Einkommensverteilung zu Lasten der abhängig Beschäftigen verschlechtert hat. Aussagekräftiger ist daher die "bereinigte Lohnquote", das ist die Lohnquote, die sich ergeben würde, wenn das zahlenmäßige Verhältnis zwischen selbständig und unselbständigen Erwerbstätigen so geblieben wäre wie in einem Basisjahr. Aber auch sie erfaßt nur Einkommensverteilungsänderungen, die aus der Lohn- und Gehaltsentwicklung resultieren. Einkommen, die abhängig Beschäftigte aus eigener Vermögensbildung erzielen (Zinsen und Dividenden) werden genausowenig erfaßt wie Beteiligung der Arbeitnehmer an ihrem Unternehmen, die sie z. B. anstelle von Lohn- und Gehaltserhöhungen erhalten haben. Diese Kapitaleinkünfte werden bei der funktionalen Verteilung in der Kategorie "Einkommen aus Unternehmertätigkeit und Vermögen" erfaßt.

Setzt man die Bruttoeinkommen aus Unternehmertätigkeit und Vermögen zum Volkseinkommen in Relation, so erhält man die Gewinnquote (GQ), als den Anteil am Volkseinkommen, den die Unternehmer bekommen. Lohn- und Gewinnquote addieren sich zu Eins:

$$\text{(i) Gewinnquote (GQ)} = \frac{\text{Einkommen aus Unternehmertätigkeit und Vermögen}}{\text{Volkseinkommen}}$$

Es gilt:

$$\text{(j) } LQ + GQ = 1$$

Die Lohnstückkosten (LSK) (Lohnkosten je Produkteinheit) sind definiert als das Bruttoeinkommen aus unselbständiger Arbeit je beschäftigten Arbeitnehmer geteilt durch das Bruttoinlansprodukt je Erwerbstätigen (es wird jeweils das Inlandskonzept zugrunde gelegt).

$$\text{(k) LSK} = \frac{\text{Bruttolohn- und gehaltssumme je beschäftigten Arbeitnehmer}}{\text{BIP je Erwerbstätigen}}$$

Die Lohnstückkosten und deren Entwicklung sind ein wichtiger Indikation für die (internationale) Wettbewerbsfähigkeit von Unternehmen. So stiegen die Lohnstückkosten in Westdeutschland von 1985-1992 um etwa 30 % (siehe auch Schaubild 14 -2).
Auch international bestehen erhebliche Unterschiede in den Lohnstückkosten. Ab 1991 produziert die Bundesrepublik im Vergleich zu ihren ausländischen Konkurrenten mit den höchsten Lohnstückkosten. Dies gilt insbesondere für Japan, USA und Frankreich. Die deutschen Lohnstückkosten liegen etwa um 1/4 höher als die der übrigen Industrieländer.

Schaubild 14 - 6:

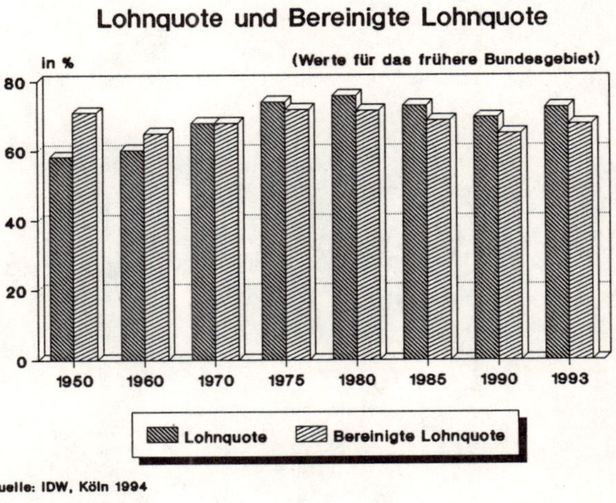

Schaubild 14 - 7: Arbeitslosenquoten in der BRD (West)

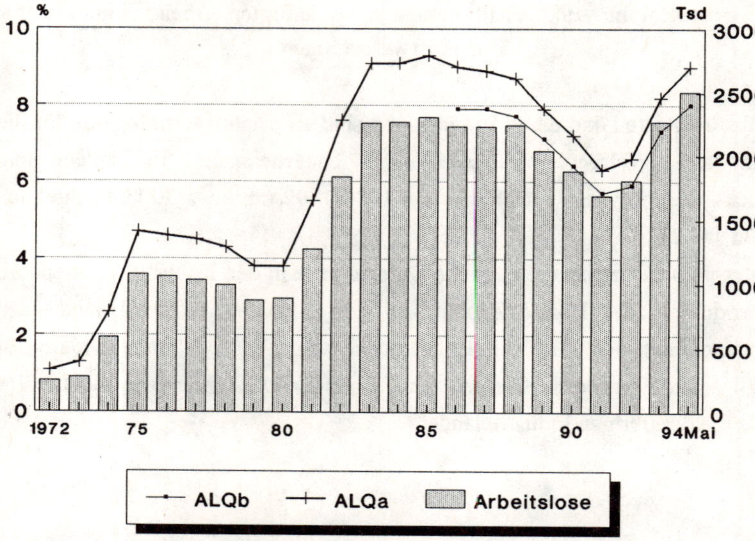

Quelle: BBk, Monatsberichte

15 Die Input-Output-Tabelle

15.1 Ziel der Input-Output-Tabelle

Bei der Erstellung der Produktionskonten der VGR und ihrer Zusammenfassung zum gesamtwirtschaftlichen Produktionskonto gingen die Informationen über die Vorleistungsverflechtung verloren zugunsten der Ermittlung des Bruttoinlandsproduktes. Die input-output-Tabelle hat speziell die Aufgabe, diese empirischen Informationen über die Produktionsverflechtung einer Volkswirtschaft systematisch zu erfassen und zusammenzustellen. Aus der Sicht einer einzelnen Unternehmung lautet die hier interessierende Fragestellung: Welche Güter müssen in welchen Mengen von anderen Unternehmungen bezogen und im eigenen Produktionsprozeß eingesetzt werden (inputs), um eine Mengeneinheit des Fertigproduktes (output) herzustellen? Und welche Wirtschaftseinheiten nehmen welche Menge der produzierten Güter ab, um sie entweder selbst als Vorleistungen einzusetzen oder als Endprodukt zu verbrauchen? In der input-output-Tabelle werden unter anderem genau diese Lieferbeziehungen (die Vorleistungsverflechtung) festgehalten. Sie werden aber nicht bis zur Mikroebene der einzelnen Unternehmungen hin erstellt, sondern es werden i.d.R. Produktionssektoren gebildet, die sich dadurch auszeichnen, daß sie möglichst gleiche Güter produzieren. Ziel ist es, die volkswirtschaftliche Produktionsverflechtung abzubilden.

Die input-output-Tabelle beantwortet z.B. die Frage, an welche Sektoren die elektrotechnische Industrie ihre Erzeugnisse geliefert hat, und von welchen Sektoren sie ihre Vorleistungen bezogen hat. Kenntnisse über derartige Zusammenhänge können unter bestimmten wirtschafts-theoretischen und wirtschaftspolitischen Fragestellungen von großer Bedeutung sein: Z.B. sei angenommen, die Automobilindustrie fährt aufgrund einer Absatzeinbuße die Produktion um 100.000 PKW zurück. Aus der input-output-Tabelle ließe sich genau ablesen, welche Zulieferindustrien in welchem Umfang von dem Produktionsrückgang in der Automobilindustrie betroffen sind und vermutlich ebenfalls ihre Produktion drosseln müssen und welche Konsequenzen ein

Rückgang der Produktion in diesen Bereichen bei deren Zuliefer-Betrieben hat usw..

Strenggenommen sind kausale Schlüsse aus dieser Tabelle aber nur unter bestimmten zusätzlichen Annahmen möglich, denn die input-output-Tabelle ist eine Stromrechnung, die wie die VGR lediglich ex-post Beobachtungen festhält. Erst die input-output- Analyse erlaubt Aufschlüsse über Kausalitäten. Eine einfache Annahme könnte beispielsweise die sein, daß die aus der Tabelle zu berechnenden relativen Liefer-/ Abnehmer-Anteile konstant sind und auch zukünftig dieselben Relationen aufweisen werden.

15.2 Aufbau der Input-Output-Tabelle

Der Aufbau der input-output-Tabelle wird am besten verständlich, wenn wir uns noch einmal das (nicht konsolidierte) Produktionskonto eines Sektors vor Augen führen, aber dieses hinsichtlich der eingekauften und verkauften Vorleistungen weiter disaggregieren als es in der VGR erfolgte (vgl. Schaubild 15 - 1). Die von dem Sektor 1 eingekauften Vorleistungen (auf der Sollseite) werden detailliert nach den jeweils verkaufenden Sektoren untergliedert. Die Güter, die der Sektor 1 an andere Sektoren verkauft (Habenseite) und die von diesen als Vorleistungen eingesetzt werden, werden ebenfalls nach den jeweiligen abnehmenden Sektoren spezifiziert und entsprechend indexiert. Derartige Konten lassen sich von sämtlichen Sektoren aufstellen. Ihre systematische Zusammenstellung bildet die input-output-Tabelle: Die Soll-Seiten der Sektorkonten (input) finden sich als Spalten der Sektoren (1...n) wieder, die Haben-Seiten (output) sind als Zeilen angeordnet (vgl. Schaubild 15 - 3). Durch diese Anordnung entstehen drei Matrizen: Die Vorleistungs-, die Endnachfrage- und die Primäraufwands-Matrix (vgl. Schaubild 15 - 2).

15.3 Die Matrizen der Input-Output-Tabelle

Vergleichen Sie zu den folgenden Ausführungen bitte das Schaubild 15 - 2 und 15 - 3.

Die Vorleistungsmatrix (I) steht im Zentrum der input-output-Tabelle. Schauen wir uns deshalb ihren Inhalt etwas genauer an:

Schaubild 15 - 1: Nicht-Konsolidiertes Produktionskonto Sektor 1

Vorleistungen die der Sektor 1 von den Sektoren 1 bis n einkauft	$\mathbf{V}_{11}$ $\mathbf{V}_{21}$ $\mathbf{V}_{31}$ $\vdots$ $\mathbf{V}_{i1}$ $\vdots$ $\mathbf{V}_{n1}$	$\mathbf{V}_{11}$ $\mathbf{V}_{12}$ $\mathbf{V}_{13}$ $\vdots$ $\mathbf{V}_{1j}$ $\vdots$ $\mathbf{V}_{1n}$	Vorleistungen die der Sektor 1 an die Sektoren 1 bis n verkauft
Abschreibungen	$\mathbf{D}_1$	$\mathbf{C}_1$	Konsumgüter
Indirekte Steuern minus Subventionen	$(\mathbf{T}^{\mathbf{i}}\text{-}\mathbf{Z})_1$	$\mathbf{I}^{\mathbf{b}}_1$	Brutto-investitionen
Löhne	$\mathbf{L}_1$		
Gewinne	$\mathbf{G}_1$	$\mathbf{Ex}_1^{G+D}$	Exporte von Gütern und Dienstleistungen
Importe von Gütern und Dienstleistungen	$\mathbf{Im}_1^{G+D}$		

Σ **PW**$^{\mathbf{b}}$ = Bruttoproduktionswert

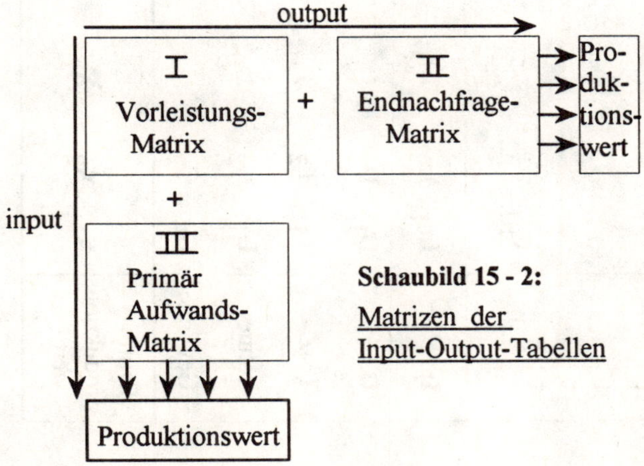

Schaubild 15 - 2:
Matrizen der Input-Output-Tabellen

Schaubild 15 - 3: Allgemeine Struktur einer Input-Output-Tabelle

von \ an		Vorleistungen Sektor 1	2	i	n	Endprodukte C	I^b	Ex^{G+D}	Brutto Produktionswert =Zeilensumme
Sektor	1	V_{11}	V_{12}	V_{1j}	V_{1n}	C_1	I_1	Ex_1	X_1
	2	V_{21}	V_{22}	V_{2j}	V_{2n}	C_2	I_2	Ex_2	X_2
	i	V_{i1}	V_{i2}	V_{ij}	V_{in}	C_i	I_i	Ex_i	X_i
	n	V_{n1}	V_{n2}	V_{nj}	V_{nn}	C_n	I_n	Ex_n	X_n
Im^{G+D}		Im_1	Im_2	Im_j	Im_n				$\sum_1^n X_i$
D		D_1	D_2	D_j	D_n				
T^i-Z		T_1	T_2	T_j	T_n				
Löhne		L_1	L_2	L_j	L_n				
Gewinne		G_1	G_2	G_j	G_n				
Brutto-produktions-wert		X_1	X_2	X_j	X_n	$\sum_1^n X_j$			

$\sum_1^n X_i$ ⇒ **Gesamte Güterverwendung = Gesamtes Güteraufkommen** ⇐ $\sum_1^n X_j$

V	=	Vorleistungen
L	=	Löhne
D	=	Abschreibungen
T	=	indirekte Steuern minus Subventionen
Im^{G+D}	=	Importe von Gütern und Dienstleistungen
Ex^{G+D}	=	Exporte von Gütern und Dienstleistungen
G	=	Gewinne
X_i	=	Bruttoproduktionswert des Sektors i
X_j	=	Bruttoproduktionswert des Sektors j

- Die Symbole V_{11}, V_{12}, $V_{13}...V_{1n}$, allgemein V_{1j} bedeuten die Vorleistungen, die vom Sektor 1 (= abgebender Sektor) an den Sektor j (= empfangender Sektor) geliefert wurden, wobei es hier um die realen Güterströme geht. (In der VGR hatten wir die Vorleistungsverflechtungen als monetäre Ströme interpretiert: dem Sektor, der die Güter real lieferte, floß das monetäre Äquivalent als Einnahme zu). Der Sektor 1 bildet die erste Zeile der Matrix.

- Die Symbole V_{11}, V_{21}, $V_{31}...V_{n1}$, allgemein V_{i1} bezeichnen die Vorleistungen, die der Sektor 1 von allen anderen (aber auch von sich selbst) bezogen hat.

- V_{11}, V_{22}, V_{33}, V_{ii},V_{jj}, geben die jeweils intrasektoral eingesetzten und gelieferten Vorleistungen an. Diese internen Ströme bilden in der Vorleistungs-Matrix die Hauptdiagonale.

Die Endnachfrage-Matrix (II) weist aus, welcher Sektor, welche Endprodukte hergestellt hat und von welchen Nachfragern diese Produkte abgenommen wurden. Die Zeilensummen der Endnachfrage-Matrix geben den Beitrag zum gesamtwirtschaftlichen Endprodukt der einzelnen Sektoren wider. Die Spalten weisen die letzte Verwendung der Güter nach ihren Nachfragekomponenten aufgeschlüsselt aus: Konsum, Bruttoinvestition, Exporte von Gütern und Dienstleistungen. Die Zeilensumme aus (I+II) Vorleistungs- und Endnachfrage-Matrix ergibt den gesamten output eines Sektors, d.h. seinen Bruttoproduktionswert.

Die Matrix der primären Aufwendungen (III) verzeichnet aus der Sicht der einzelnen Sektoren alle weiteren Aufwendungen, die zum Produktionsergebnis beigetragen haben, also auch die importierten Vorleistungen, da diese in der Vorleistungsmatrix nicht berücksichtigt werden. Aus den Spalten dieser Matrix lassen sich (bei Abzug der importierten Vorleistungen) die Brutto- und Nettowertschöpfungen der einzelnen Sektoren berechnen. Als Gesamtsumme einer Spalte ergibt sich wiederum der Bruttoproduktionswert dieses Sektors. Die Zeilensummen stellen den volkswirtschaftlichen Aufwand in den einzelnen Kategorien dar: Einkommen aus unselbständiger Arbeit, Einkommen aus Unternehmertätigkeit und Vermögen, Abschreibungen, indirekte Steuern minus Subventionen.

Tabelle 15 - 1: Input-Output-Tabelle für die Bundesrepublik Deutschland

Tabelle 2: Input-Output-Tabelle
- Inländische
Mill.

Lfd. Nr.	Verwendung / Aufkommen	Input der Produk							
		Erzg. v. Produkten d. Land- u. Forstwirtschaft, Fischerei	Erzg. v. Energie, Gew. v. Wasser u. Bergbauerzeugn.	H.v. chemischen u. Mineralölerzeugn., Gew. v. Steinen, Erden	Erzg. u. Bearb. v. Eisen, Stahl u. NE-Metallen	H.v. Stahl- u. Masch.-bauerzeugn., ADV-Einr., Fahrzeugen	H.v. elektrotechn., feinmech. Erzeugn., EBM-Waren usw.	H.v. Holz-, Papier-, Lederwaren, Textilien, Bekleidung	H.v. Nahrungsmitteln, Getränken, Tabakwaren
		1	2	3	4	5	6	7	8
	Output nach Gütergruppen 2) (Z.1 bis Z.12):								
1	Produkte der Land- und Forstwirtschaft, Fischerei	6 943	30	86	27	23	28	1 787	36 322
2	Energie, Wasser, Bergbauerzeugnisse	2 280	34 488	14 109	12 307	4 562	2 333	4 508	3 228
3	Chemische und Mineralölerzeugnisse, Steine und Erden usw.	4 734	1 394	67 607	3 835	16 631	12 571	10 615	4 513
4	Eisen, Stahl, NE-Metalle, Gießereierzeugnisse u.ä.	631	989	1 243	63 883	31 175	14 346	446	95
5	Stahl- und Maschinenbauerzeugnisse, ADV-Einrichtungen, Fahrzeuge	1 057	4 298	2 658	911	64 064	2 721	1 363	1 227
6	Elektrotechnische und feinmechanische Erzeugnisse, EBM-Waren usw.	379	2 054	3 423	1 052	23 904	18 099	3 110	2 407
7	Holz-, Papier- und Lederwaren, Textilien, Bekleidung	583	338	4 911	434	3 988	3 303	34 980	3 761
8	Nahrungsmittel, Getränke, Tabakwaren	6 005	47	464	29	132	84	37	30 112
9	Bauleistungen	656	4 250	925	301	1 668	355	529	456
10	Dienstleistungen des Handels, Verkehrs, Postdienstes usw.	4 424	3 932	21 549	10 491	24 558	12 298	13 216	15 024
11	Übrige marktbestimmte Dienstleistungen	2 695	7 763	27 754	6 468	37 867	18 574	14 573	12 365
12	Nichtmarktbestimmte Dienstleistungen	313	802	2 555	741	2 306	767	652	1 295
13	Vorleistungen der Produktionsbereiche (Sp.1 bis Sp.13) bzw. letzte Verwendung von Gütern (Sp.14 bis Sp.19) aus inländischer Produktion ohne Umsatzsteuer	30 700	60 385	147 284	100 479	210 878	85 479	85 816	110 805
14	Vorleistungen der Produktionsbereiche (Sp.1 bis Sp.13) bzw. letzte Verwendung von Gütern (Sp.14 bis Sp.19) aus der Einfuhr ohne Umsatzsteuer	5 985	11 390	53 651	16 146	41 993	21 138	27 052	25 701
15	Nichtabziehbare Umsatzsteuer	-	-	-	-	-	-	-	-
16	Vorleistungen der Produktionsbereiche (Sp.1 bis Sp.13) bzw. letzte Verwendung von Gütern (Sp.14 bis Sp.19) einschl. nicht-	36 685	71 775	200 935	116 625	252 871	106 617	112 868	136 506
17	Abschreibungen	10 895	17 720	14 396	6 599	16 947	8 041	7 713	6 588
18	Produktionssteuern abzüglich Subventionen	-3 222	658	21 321	456	2 850	1 485	1 341	15 935
19	Einkommen aus unselbständiger Arbeit	8 455	31 221	73 728	31 855	131 687	85 386	50 617	26 178
20	Einkommen aus Unternehmertätigkeit und Vermögen	13 311	20 099	13 999	3 409	14 598	20 372	15 267	15 271
21	Bruttowertschöpfung zu Marktpreisen	29 439	69 698	123 444	42 319	166 082	115 284	74 938	63 972
22	Produktionswert	66 124	141 473	324 379	158 944	418 953	221 901	187 806	200 478

1) Zusammengefaßte Produktionsbereiche der Übersicht 2 im Anhang.

2) Abgrenzung entspricht derjenigen für Produktionsbereiche.

1987 zu Ab-Werk-Preisen
Produktion –
DM

tionsbereiche 1)					Letzte Verwendung von Gütern							
Bau	Leistg.d. Handels, Verkehrs, Postdienstes u.ä.	Übrige marktbestimmte Dienstleistungen	Nichtmarktbestimmte Dienstleistungen	zusammen	Privater Verbrauch im Inland	Staatsverbrauch	Anlageinvestitionen	Vorratsveränderung	Ausfuhr von Waren und Dienstleistungen	zusammen	Gesamte Verwendung von Gütern	Lfd. Nr.
9	10	11	12	13	14	15	16	17	18	19	20	
36	213	4 902	1 112	51 509	12 045	–	259	-1 847	4 158	14 615	66 124	1
500	8 979	9 440	7 509	104 243	34 205	–	–	-343	3 368	37 230	141 473	2
31 177	8 996	10 268	16 062	188 403	44 942	–	1 138	-881	90 777	135 976	324 379	3
4 629	810	489	177	118 913	103	–	7 695	418	31 815	40 031	158 944	4
5 234	5 527	1 773	10 186	101 019	53 708	–	82 878	-4 327	185 675	317 934	418 953	5
7 484	2 017	7 697	9 624	81 250	24 192	–	39 528	4 961	71 970	140 651	221 901	6
6 690	7 735	22 564	4 995	94 282	52 283	–	6 034	-791	35 998	93 524	187 806	7
28	1 043	16 503	4 901	59 385	122 396	–	–	-540	19 237	141 093	200 478	8
3 257	2 537	18 943	7 918	41 795	2 966	–	160 521	–	2 183	165 670	207 465	9
14 091	33 627	20 639	21 463	195 312	203 593	–	19 526	6 467	48 203	277 789	473 101	10
18 732	64 895	197 828	73 721	483 235	327 733	–	15 262	–	15 526	358 521	841 756	11
921	1 993	12 719	57 276	82 340	35 780	397 510	–	–	440	433 730	516 070	12
92 779	138 372	323 765	214 944	1 601 686	913 946	397 510	332 841	3 117	509 350	2 156 764	3 758 450	13
11 037	20 520	19 731	18 020	272 364								14
–	397	9 522	14 971	24 890								15
103 816	159 289	353 018	247 935	1 898 940								16
5 180	39 966	97 630	17 775	249 450								17
1 587	-6 300	20 229	280	56 620								18
67 259	183 973	138 611	250 080	1 079 050								19
29 623	96 173	232 268	–	474 390								20
103 649	313 812	488 738	268 135	1 859 510								21
207 465	473 101	841 756	516 070	3 758 450								22

Quelle: Statistisches Bundesamt: Volkswirtschaftliche Gesamtrechnung, Fachserie 18, Reihe 2.

Die Input-Output-Tabelle kann somit als ein nach bestimmten Kriterien erweitertes Produktionskonto interpretiert werden, in dem die Vorleistungen aufgeschlüsselt (disaggregiert) nach einzelnen Sektoren erscheinen. Jeder Sektor ist durch eine Spalte und eine Zeile in der Tabelle repräsentiert. Diese entsprechen der Soll- und Haben-Seite seines Produktionskontos und ergeben folgerichtig als jeweilige Endsumme den Bruttoproduktionswert des Sektors. Dennoch ist eine gewisse Vorsicht geboten bei einem unmittelbaren Vergleich der Angaben aus einer input-output-Tabelle mit den Angaben aus den Produktionskonten der VGR: In der VGR wird der Produktionssektor nach Unternehmenseinheiten untergliedert, deren ökonomische Beziehungen (Käufe/Verkäufe) auf Marktvorgänge zurückzuführen sind. Nur wenn die input-output-Tabelle nach dem Prinzip dieser volkswirtschaftlichen Marktverflechtung aufgebaut ist, ist sie mit der VGR kongruent. Nur dann gilt, daß die Summe aller sektoralen Bruttoproduktionswerte gleich ist dem volkswirtschaftlichen Bruttoproduktionswert. Werden jedoch in der input-output-Tabelle die Sektoren nach technischen Produktionsbereichen unterteilt, die nicht identisch sein müssen mit Unternehmenseinheiten, entsteht eine volkswirtschaftliche Produktionsverflechtung, deren Ergebnisse von denen der volkswirtschaftlichen Marktverflechtung abweichen (können). Die empirische Tabelle des Statistischen Bundesamtes gibt eine technische Produktionsverflechtung wider (vgl. Tabelle 15-1). Die Bewertung der Gütermengen erfolgt in dieser Tabelle zu Ab-Werk-Preisen[1] (Es gibt aber auch Tabellen zu Anschaffungs-, Herstellungs- oder Marktpreisen).

15.4 Input-Output-Koeffizienten

Aus dem Datenmaterial einer input-output-Tabelle lassen sich Koeffizienten berechnen, die sozusagen "auf einen Blick" einen tiefen Einblick in die Poduktionsstruktur einer Volkswirtschaft ermöglichen. Hierbei geht es nicht mehr - wie in der VGR - um die Frage, welchen Beitrag welcher Sektor zum Bruttoinlandsprodukt liefert, sondern welchen Beitrag jeder Sektor für die Produktion der anderen Sektoren leistet. Schauen wir uns also die einzelnen Koeffizienten einmal näher an und studieren dabei ihren Informations- und Aussagewert:

[1] Das sind die Preise, zu denen die jeweiligen Erzeugnisse vom herstellenden Betrieb in Rechnung gestellt werden.

Gegeben ist die folgende Input-Output-Tabelle:

an / von	Vorleistungen Sektoren 1	2	3	Endprodukte C	I^b	Ex^{G+D}	PW
Sek- 1	500	1000	800	0	2000	1000	5300
2	2000	600	400	1000	500	100	4600
toren 3	700	300	500	500	1000	800	3800
Im^{G+D}	200	1150	500				Σ
D	100	300	200				
T^i-Z	300	450	400				
Löhne	500	300	500				
Gewinne	1000	500	500				
PW	5300	4600	3800	Σ			**13700**

a) Input-Koeffizienten:

Sie bilden allgemein einen Quotienten aus irgendeinem Faktor, der in die Produktion hineingegangen ist und dem Bruttoproduktionswert dieses Sektors. Die in der Produktion eingesetzten Faktoren können zum einen Vorleistungen sein und zum anderen Faktoren des "primären Aufwandes" bzw. Faktorleistungen.

Einzel-Vorleistungs-Koeffizient = V_{ij} / X_j

Dieser Koeffizient gibt an, wie hoch der Input-Anteil ist, den der Sektor "j" vom Sektor "i" als Vorleistungen bezogen hat, um eine Einheit seines Produktionswertes "Xj" herzustellen. Je höher dieser Koeffizient, desto größer ist die Abhängigkeit des Sektors j vom Sektor i. Aus der Tabelle ergibt sich z.B., daß der Sektor 1 für je 1 Einheit (Brutto)Produktionswert 0,3773 Einheiten des Sektors 2 einsetzt aber lediglich 0,132 Einheiten des Sektors 3.

$$\frac{V_{21}}{X_1} = \frac{2000}{5300} = 0{,}3773 \qquad \text{und} \quad \frac{V_{31}}{X_1} = \frac{700}{5300} = 0{,}132$$

(Den Sektor 1 finden Sie in Spalte eins der Tabelle, den Sektor 2 in Zeile zwei und den Sektor 3 in Zeile drei).

Werden die gesamten Vorleistungen (ohne Importe), die von einem Sektor eingesetzt werden, seinem Produktionswert gegenübergestellt, erhält man den

$$\text{Gesamten Vorleistungskoeffizienten} = \mathbf{V_j / X_j}$$

Im Falle des Sektors 1 beträgt dieser:

$$\frac{V_{1\text{-}3,1}}{X_1} = \frac{3200}{5300} = 0{,}6038$$

d.h. 60,38% des Produktionswertes sind Vorleistungen.

Neben diesen Koeffizienten, die aus der Vorleistungsmatrix gebildet werden, lassen sich nach demselben Prinzip entsprechende Koeffizienten für die Primär-Aufwands-Matrix formulieren. Diese heißen dann Abschreibungs-, Lohn-, Gewinn- und Import-Koeffizienten. Für den Sektor 1 lauten diese Koeffizienten in der angegebenen Reihenfolge: 0,019 / 0,094 / 0,189 / 0,0377. Allgemein hat z.B. der Lohnkoeffizient des Sektors j folgende Definition:

$$\text{Lohnkoeffizient} = \mathbf{L_j / X_j}$$

Zur Bestimmung der Importabhängigkeit wird der Importkoeffizient gebildet, indem der Importwert zum gesamten Aufkommen an Gütern des betreffenden Sektors in Beziehung gesetzt wird. Für den Sektor 1 lautet dieser Koeffizient 0,0377. Allgemein hat er folgendes Aussehen:

$$\text{Importkoeffizient} = \mathbf{Im_j / X_j}$$

Ein Vergleich der Koeffizienten über alle Sektoren ergibt ein sehr detailliertes Strukturbild wechselseitiger Abhängigkeiten in einer Volkswirtschaft. Unter der Annahme, daß diese Koeffizienten von der Produktionstechnik determiniert werden, bleiben sie nur bei unveränderter Technik konstant. Technische Veränderungen hingegen bewirken langfristig Veränderungen der Koeffizienten.

<u>b) Output-Koeffizienten:</u>

Geht es darum, die Bedeutung einzelner Sektoren als Abnehmer von Vorleistungen (oder auch Endabnehmern) zu erkennen, müssen output-Koeffizienten gebildet werden. Der folgende bezieht sich auf die Vorleistungen und gibt an, welcher Anteil vom output des Sektors i und den Sektor j geliefert wurde:

Output-Koeffizient	$= \mathbf{V_{ij}} / \mathbf{X_i}$

Für den Sektor 1 ergibt sich ein Output-Koeffizient gegenüber dem Sektor 3 von 0,1509 d.h. 15,09% der Erzeugnisse des Sektors 1 werden an den Sektor 3 verkauft. Umgekehrt bezieht der Sektor 1 aber13,2% aller inputs von Sektor 3:

Output-Koeffizient Sektor 1/Sektor 3:

$$\frac{V_{13}}{X_1} = \frac{800}{5300} = 0{,}1509$$

Input-Koeffizient Sektor 1/Sektor 3:

$$\frac{V_{31}}{X_1} = \frac{700}{5300} = 0{,}132$$

Lautet die Fragestellung, welcher Anteil am output auf eine bestimmte Endnachfragekategorie entfällt, muß der obige output-Koeffizient entsprechend modifiziert werden: Statt $\mathbf{V_{ij}}$ werden dann $\mathbf{C_i}$, $\mathbf{I_i}$ oder $\mathbf{Ex_i}$ in den Zähler eingesetzt.

Sie sollten jetzt in der Lage sein, aus der Tabelle und aus der empirischen Tabelle des Statistischen Bundesamtes für jeden Sektor die einzelnen Koeffizienten berechnen zu können. Ein Vergleich der Koeffizienten macht deutlich wie unterschiedlich die einzelnen Sektoren voneinander abhängig sind. Eine detailliertere Analyse verbietet sich an dieser Stelle. Das wäre die Aufgabe einer Theorie der industriellen Verflechtung bzw. der input-output-Analyse, von der bereits zu Beginn dieses Kapitels die Rede war.

16 Die Vermögens- und Finanzierungsrechnung

16.1 Die Vermögensrechnung

16.1.1 Allgemeine Vermögensbilanzierung

Die Vermögensrechnung ist -im Gegensatz zur Vermögensänderung der VGR- eine Bestandsrechnung, die den Vermögensbestand einer Wirtschaftseinheit, eines Sektors oder einer Volkswirtschaft zu einem Zeitpunkt feststellt. Allgemein wird die Vermögensrechnung einer Wirtschaftseinheit in einer Bilanz[1] festgehalten:

<u>Vermögensrechnung einer Wirtschaftseinheit</u>

VM^b	Sachvermögen	(SV)	Verbindlichkeiten	(Vb)	
	Forderungen	(Fo)	Reinvermögen	(RV)	VM^n

VM^b = Bruttovermögen VM^n = Nettovermögen

A) Für eine einzelne Wirtschaftseinheit gilt[2] :

(1)	Sachvermögen + Forderungen = Verbindlichkeiten + Reinvermögen

(2)	Bruttovermögen = Verbindlichkeiten + Reinvermögen

(3)	Geldvermögen = Forderungen - Verbindlichkeiten

1 Vgl. auch Kapitel 3, Schaubilder 3-1 und Box 3-1, S. 44-45.

2 Nach dem Vermögensbegriff der VGR würde sich das Sachvermögen der Haushalte auf Null reduzieren und damit aus der Vermögensrechnung herausfallen.

Übersteigen die Forderungen die Verbindlichkeiten, dann besitzt die Wirtschaftseinheit eine positive Nettoposition (Nettogläubiger), im umgekehrten Fall spricht man von einer negativen Nettoposition (Nettoschuldner).

Setzt man (3) in (1) ein, so erhält man die fundamentale Beziehung:

(4) Sachvermögen + Geldvermögen = Reinvermögen

B) Für eine geschlossene Volkswirtschaft gilt:

(5) Forderungen = Verbindlichkeiten
Forderungen - Verbindlichkeiten = Null
Geldvermögen = Null

und somit vereinfacht sich (4) zu:

(6) Sachvermögen = Reinvermögen

In einer geschlossenen Volkswirtschaft als Ganzes gilt immer, daß die Forderungen aller Wirtschaftssubjekte gleich sein müssen den Verbindlichkeiten aller Wirtschaftssubjekte. Dies hat zur Folge, daß das Sachvermögen gleich ist dem Reinvermögen. Nur zwischen einzelnen Sektoren bzw. Wirtschaftssubjekten kann es zu positiven bzw. negativen Geldvermögen kommen und damit zum Auseinanderfallen von Sachvermögen und Reinvermögen.

C) Für eine offene Volkswirtschaft gilt:

(7) Sachvermögen + Netto-Forderungen an das Ausland = Reinvermögen

Das Reinvermögen einer Volkswirtschaft heißt auch Volksvermögen, es ergibt sich aus der Konsolidierung der Vermögensrechnungen aller inländischen Vermögensrechnungen. In einer offenen Volkswirtschaft kann es durch die internationalen Kapitalbeziehungen zu positiven bzw. negativen Nettoforderungen kommen. Sind in einem Land die Forderungen an das Ausland größer als die Verbindlichkeiten gegenüber dem Ausland, hält dieses Land eine positive Nettoauslandsposition, man spricht dann von einem Gläubigerland. Im umgekehrten Fall spricht man von einem Schuldnerland. Die Bundesrepublik Deutschland ist ein Netto-Gläubigerland; Mexiko, Brasilien und viele andere Entwicklungsländer sind dagegen Netto-Schuldnerländer.

Eine volkswirtschaftliche Vermögensrechnung würde wie folgt aufgebaut:

<u>Schema der Vermögensrechnung</u>

Vermögensrechnung			
Sektoren			
Unternehmen	private Haushalte	Staat	Volkswirtschaft
VR-U	**VR-H**	**VR-St**	**VR-VW**

VR = Vermögensrechnung

Die Probleme einer derartigen Vermögensrechnung liegen in der Abgrenzung und Bewertung der jeweiligen Aktiva und Passiva in den Vermögensbilanzen. Nach der definitorischen Abgrenzung der VGR bilden z.B. private Haushalte kein Sachvermögen. Die von den Haushalten erworbenen Gebrauchsgüter (Automobile, Fernsehgeräte, Personal-Computer, Lehrbücher) zählen ohne Unterschied zu den Verbrauchsgütern als Konsumgüter - erhöhen also nicht das Volksvermögen. Haushalte bilden vielmehr lediglich Finanzvermögen. Nur der Sektor Unternehmen bildet Sachvermögen, das im Rahmen der VGR identisch ist mit dem "Produktivvermögen" einer Volkswirtschaft. Schaubild 16 - 1 zeigt sowohl die jährlichen als auch die kummulierten Nettoinvestitionen in der BRD in den Jahren 1970-92.

Das Statistische Bundesamt bilanziert nur das "reproduzierbare Sachvermögen" (siehe Schaubild 16 - 2), wodurch die Vermögensrechnung zwar mit der VGR konsistent bleibt, aber durch diesen engen Vermögensbegriff auch andere Probleme aufwirft, die zum Teil bereits in dem Kapitel über die "Kritik zur VGR" angesprochen wurden und zum Teil in dem Kapitel zum "Öko-Sozialprodukt" als "Umweltvermögen" diskutiert werden. Wir wollen uns hier an diesem relativ engen Vermögensbegriff halten, um ihn abschließend mit einem sehr weiten Vermögensbegriff zu vergleichen, der aber seinerseits voller neuer Probleme steckt.

Schaubild 16 - 1

Sachvermögensbildung in der Bundesrepublik Deutschland 1970 - 1992

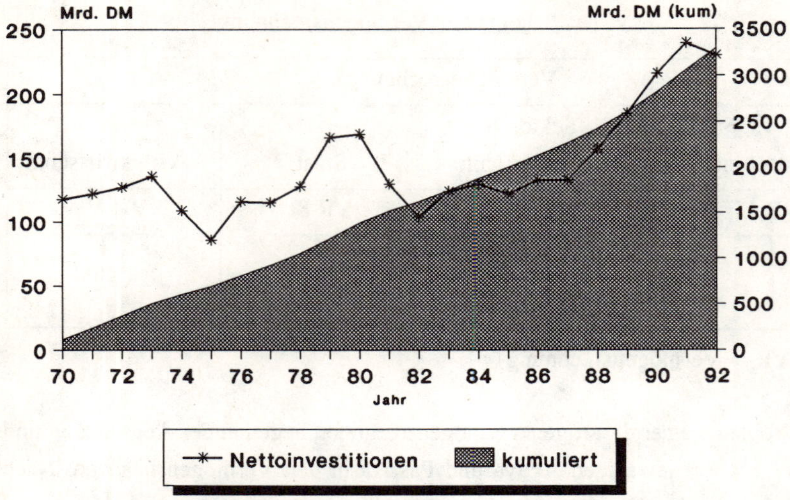

Quelle: SVR, Jahresgutachten 93/94, S. 334.

16.1.2 Vermögensbestand und Vermögensänderung

Über das Vermögensänderungskonto bzw. das Reinvermögensänderungs-Konto besteht eine direkte Beziehung zwischen der VGR und der Vermögensrechnung. Der Vermögensbestand vergrößert sich in jeder Periode durch die Netto-Neuzugänge, die aus dem laufenden Produktionsprozeß stammen, und entsprechend in der VGR erfaßt werden. Die in der Vergangenheit akkumulierten Vermögensveränderungen ergeben den aktuellen Vermögensbestand. Nicht erfaßt werden in der VGR (und der darauf aufbauenden Vermögensrechnung): militärische Anlagen und (Aus-) Rüstungen, die bereits erwähnten Sachgüter im Besitz privater Haushalte, aber auch alle nicht reproduzierbaren Güter (z.B. Boden- und Kunstschätze, Grundstücke, Flüsse, Seen) sowie immaterielle Güter (wie z.B. Lizenzen, Patente oder Humankapital).

Unterstellt man einen breiter definierten Vermögensbegriff, der etwa die eben genannten Vermögensbestände umschließt, müßten die Konventionen der VGR verlassen werden mit der Konsequenz, daß auch das Einkommen neu zu definieren wäre. Unter dem Gesichtspunkt, ein besseres Wohlstandsmaß zu entwickeln, mag das sogar wünschenswert erscheinen. Dann wären sämtliche materiellen und im-

Schaubild 16 - 2:

Vermögensbegriffe

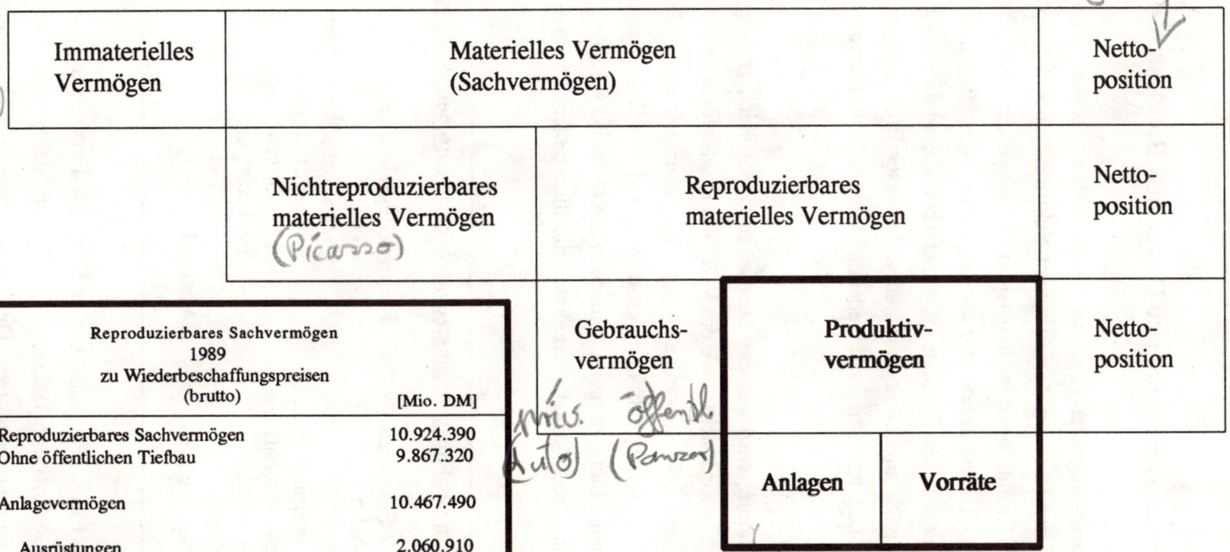

Reproduzierbares Sachvermögen 1989 zu Wiederbeschaffungspreisen (brutto)	[Mio. DM]
Reproduzierbares Sachvermögen	10.924.390
Ohne öffentlichen Tiefbau	9.867.320
Anlagevermögen	10.467.490
Ausrüstungen	2.060.910
Bauten	8.406.580
Wohnungen	4.159.370
Bauten ohne Wohnungen	4.247.210
Darunter: öffentlicher Tiefbau	1.057.070
Vorratsbestände	456.900

Quelle: Volkswirtschaftliche Gesamtrechnungen, Fachserie 18, Reihe 1.3
Statistisches Bundesamt

Der Vermögensbegriff des Statistischen Bundesamtes (Sachvermögensrechnung) ist fett gedruckt. In der VGR werden zusätzlich der Erwerb und die Veräußerung von Grundstücken berücksichtigt (die sich allerdings gesamtwirtschaftlich wieder ausgleichen).

materiellen Güter als Vermögen zu erfassen, sofern sie materielles oder immaterielles Einkommen zu schaffen "vermögen".

16.2 Die Finanzierungsrechnung der Deutschen Bundesbank

Zwischen den Wirtschaftssubjekten kommt es zu Kreditbeziehungen, die sich vor allem in den Finanzierungskonten der einzelnen Sektoren niederschlagen: z.B. nehmen Unternehmen Kredite bei den Haushalten und im Ausland auf, die Haushalte geben Kredite an Unternehmen und an den Staat. Allgemein kann gesagt werden, daß Sektoren mit einem Finanzierungsüberschuß diesen den Sektoren mit einem Finanzierungsdefizit zur Verfügung stellen. In dieser Ergänzungsrechnung beschäftigen wir uns nun mit den verschiedenen Arten von Forderungen bzw. Verbindlichkeiten.

Die Finanzierungsrechnung wird von der Deutschen Bundesbank erstellt und ist eine Stromrechnung. Sie wird nicht - wie die VGR - in Kontenform veröffentlicht, sondern in Tabellenform. Die Sektoreneinteilung ist gegenüber der VGR etwas modifiziert, da nun der Schwerpunkt der Betrachtung auf den Kreditbeziehungen zwischen den finanziellen und den nichtfinanziellen Sektoren liegt. Konsequenterweise werden nun aus dem Sektor Unternehmen die finanziellen Sektoren ausgegliedert:

Sektoreneinteilung in der Finanzierungsrechnung der Deutschen Bundesbank.

Nichtfinanzielle Sektoren	**Finanzielle Sektoren**
-Private Haushalte	-Banken
-Unternehmen	Deutsche Bundesbank
Produktionsunternehmen	Kreditinstitute
Wohnungswirtschaft	-Bausparkassen
-Öffentliche Haushalte	-Versicherungen
Gebietskörperschaften	
Sozialversicherungen	**Ausland**

Schaubild 16 - 3 zeigt in leicht modifizierter Form die Finanzierungssalden der einzelnen Sektoren für die Jahre 1985-90. Die Zahlenangaben stellen hier - wie generell in der Fianzierungsrechnung - Differenzen zwischen Forderungen und Verbindlichkeiten dar (Nettoausweis). Es wird die typische Situation in der Bundesrepublik ersichtlich, nämlich daß die privaten Haushalte die

Hauptfinanzierungsquelle sind, die die Finanzierungsdefizite der Unternehmen und der öffentlichen Haushalte finanzieren. Der minimale Überschuß der öffentlichen Haushalte im Jahre 1989 ist in den 80er Jahren die einzige Ausnahme. Der Nichtfinanzielle Sektor und der Finanzielle Sektor haben im betrachteten Zeitraum immer einen Finanzierungsüberschuß, der dem Ausland zur Verfügung steht. Seit 1986 tritt ein erheblich gewachsener Ressourcentransfer an das Ausland ein (Zunahme des Nettoauslandsvermögens der Bundesrepublik). 1989 betrug er ca. 104 Mrd. DM und damit etwa 5% des Nettosozialproduktes. Seit 1990 weisen die öffentlichen Haushalte wieder erhebliche Defizite aus.[3]

Schaubild 16 - 3

Finanzierungssalden in der Bundesrepublik Deutschland 1980 - 1990

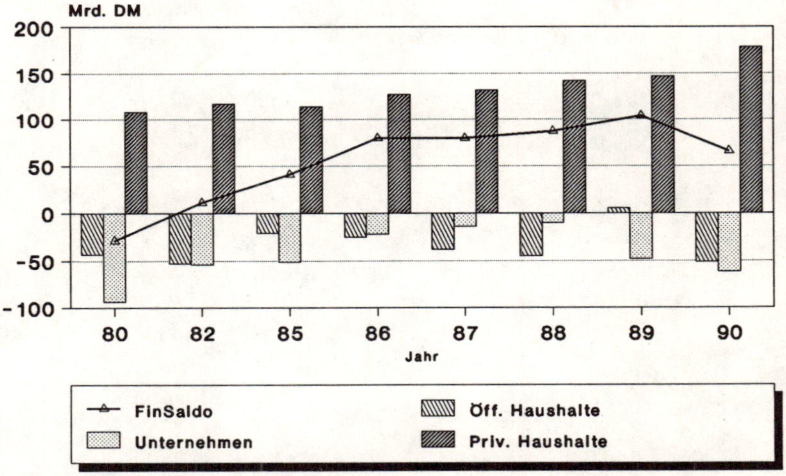

Quelle: Deutsche Bundesbank, Monatsbericht Mai 1991, S. 16.

[3] Zur detaillierten Analyse z. B. der methodischen Vorgehensweise, der Gliederung der Forderungen und Verbindlichkeiten und anderer Probleme im Zusammenhang zur Finanzierungsrechnung siehe Deutsche Bundesbank, Sonderdruck Nr. 4.

17 Geld und Geldmengen

Wir haben uns bisher im wesentlichen mit der Produktion des Sozialproduktes beschäftigt und dieses als Geldwert ausgedrückt. Die Fragen, was eigentlich Geld ist, wie es entsteht und welche Geldmenge eine Volkswirtschaft zur Abwicklung seines Sozialproduktes benötigt, blieben dabei unbehandelt. In diesem Abschnitt wollen wir die Beantwortung dieser Fragen nachholen.

17.1 Die Definition von Geld

In den Teilen I und II dieses Buches haben wir sehr detailliert die vielfältigen ökonomischen Transaktionen zwischen den Wirtschaftssubjekten beschrieben: Einkauf und Verkauf von Gütern, Dienst- und Faktorleistungen, Aufnahme und Vergabe von Krediten. Diese Transaktionen vollziehen sich in modernen Volkswirtschaften nicht in Form des Naturaltausches Gut gegen Gut. Vielmehr entsteht beim Kauf eines Gutes für den Käufer "uno actu" (d.h.gleichzeitig mit dem Kaufakt) eine Verbindlichkeit in Geldeinheiten (er wird zum Schuldner), und in gleicher Höhe für den Verkäufer eine entsprechende Forderung(er wird zum Gläubiger). Forderungen sind Ansprüche auf Zahlung des Kaufpreises, Verbindlichkeiten Verpflichtungen zu Zahlungen. Zahlungsmittel ist ein jederzeit zur Erfüllung der aus den ökonomischen Transaktionen resultierenden Verbindlichkeiten geeignetes Mittel. Der Staat regelt in seiner Rechtsordnung was als "gesetzliches" Zahlungsmittel von allen Wirtschaftssubjekten zu akzeptieren ist. Darüberhinaus steht es der Wirtschaft frei, andere Zahlungsmittel zu benutzen. Gesetzliche und allgemein akzeptierte Zahlungsmittel nennt man Geld.

<u>Gesetzliche Zahlungsmittel</u> sind in der Bundesrepublik die von der Deutschen Bundesbank ausgegebenen Banknoten und Münzen, wobei die Ausgabe der Münzen in die Kompetenz der Bundesregierung fällt, die die Verteilung der Münzen aber der Deutschen Bundesbank überläßt. Banknoten, die allein von der Bundesbank ausgegeben werden, müssen in unbegrenzter Höhe zur Begleichung von Verbindlichkeiten vom Gläubiger angenommen werden, Münzen nur bis zu einem

Betrag von maximal DM 20,-. Ende 1990 waren Banknoten im Werte von 167 Mrd. DM und Münzen für 13 Mrd. DM im Umlauf, so daß sich die gesetzlichen Zahlungsmittel auf 180 Mrd. DM beliefen. Das Bruttosozialprodukt des Jahres 1990 hatte einen Wert von 2.425 Mrd. DM. Die gesetzlichen Zahlungsmittel machten also gerade 7,4 % des Bruttosozialproduktes aus, und bezogen auf den Bruttoproduktionswert (den gesamtwirtschaftlichen Umsatz) schrumpft der Anteil auf nur 3,5%. Mit gesetzlichen Zahlungsmitteln allein ist ein derartiger "Umsatz" sicherlich nicht abzuwickeln.

Den größten Anteil am gesamten Geldvolumen einer Volkswirtschaft bildet das Giralgeld der Geschäftsbanken. Dieses Giralgeld besteht aus Sichteinlagen, die Nicht-Banken bei Banken unterhalten. Aus der Sicht der Nicht-Banken sind es Forderungen gegenüber den Banken, aus der Sicht der Banken sind es Verbindlichkeiten gegenüber den Nicht-Banken. Nicht-Banken sind Produktionsunternehmen, private und staatliche Haushalte. Banken sind Unternehmen, deren Verbindlichkeiten von allen Wirtschaftssubjekten als allgemeines Zahlungsmittel akzeptiert werden, d.h. als Geld fungieren: Geschäftsbanken, Volksbanken, Sparkassen, Post-Giro usw.. Wir fassen diese Finanzinstitutionen zukünftig zum Begriff "Geschäftsbanken" oder "Banken" zusammen und grenzen diese von der "Zentralbank" ab: Die Zentralbank eines Landes (in der Bundesrepublik die Deutsche Bundesbank) hat das Monopol zur Herausgabe "gesetzlicher" Zahlungsmittel. Die Sichtguthaben bei Geschäftsbanken (Forderungen gegen eine Bank, die auf einem Girokonto verbucht sind) eignen sich zur Abwicklung ökonomischer Transaktionen in hervorragender Weise: Die Zahlung erfolgt dann statt mit gesetzlichen Zahlungsmitteln durch Überweisungen von einem Konto auf ein anderes oder durch Ausstellung eines Schecks (d.h. Zahlungsanweisung an die Bank zugunsten des Scheckeinreichers auf das eigene Guthaben zu ziehen). Schließlich kann der Kontoinhaber von seiner Bank verlangen, sein Guthaben in gesetzliche Zahlungsmittel (Banknoten) umzutauschen und ihm auszuzahlen. Die Sichteinlagen der Unternehmen und Privatpersonen betrugen Ende 1990 mit 390 Mrd. DM mehr als das Doppelte der gesetzlichen Zahlungsmittelmenge.

Neben den Sichteinlagen, die jederzeit für Zahlungszwecke zur Verfügung stehen, unterhalten die Nicht-Banken noch weitere Guthaben bei Banken: Termineinlagen und Spareinlagen. Termineinlagen sind in der Regel auf 1/4 oder 1/2 Jahr festgelegt oder es ist ein bestimmter Termin vereinbart zu dem sie "fällig" sind (Festgelder), d.h. in Sichteinlagen umgewandelt werden. Spareinlagen haben bestimmte Kündigungsfristen und Betragshöhen, die bei der Umwandlung in Sichteinlagen oder Banknoten einzuhalten sind[1]. Man kann davon ausgehen, daß Spareinlagen längerfristig gehalten werden.

Geld findet sich in den Vermögensbilanzen der Wirtschaftssubjekte wider:

(a) Die Nicht-Banken halten einen Teil ihres Vermögens in Form von Geld (Bargeld und Giralgeld). Diese Forderungen gegen Banken werden bei den Banken auf der Passivseite, bei den Nicht-Banken auf der Aktivseite ihrer Bilanz verbucht.

(b) Die Geschäftsbanken verbuchen die Sicht-, Termin- und Spareinlagen als Verbindlichkeiten auf der Passivseite ihrer Bilanz. Gleichzeitig verfügen sie jedoch auch über Banknoten (Kasse) und Sichteinlagen auf ihren Zentralbankkonten. Dieses sind Forderungen gegen die Zentralbank und werden demzufolge auf der Aktivseite ihrer Vermögensbilanz erfaßt.

(c) Für die Zentralbank stellen die von ihr ausgegeben Banknoten sowie die bei ihr unterhaltenen Guthaben Verbindlichkeiten dar, die demzufolge auf der Passivseite ihrer Vermögensbilanz auftreten. (Am Rande vermerkt sei hier die Besonderheit, daß die Bundesbank die in ihrem Besitz befindlichen Münzen als Aktiva bilanziert: sie sind in der Tat eine Forderung gegenüber der Bundesregierung, die das Recht der Münzprägung für sich in Anspruch nimmt).

Zusammenfassend ergeben sich folgende Geldarten:

1) Geld der Geschäftsbanken[2],
   - Sichteinlagen bei Geschäftsbanken
   - Termineinlagen bei Geschäftsbanken
   - Spareinlagen bei Geschäftsbanken

2) Zentralbankgeld[3],
   - Sichteinlagen bei der Zentralbank
   - Banknoten (Bargeld)

3) Münzen (von der Bundesregierung herausgegebenes Geld. Der Einfachheit halber werden Münzen häufig als "metallene Banknoten" betrachtet und der Zentralbankgeldmenge zugeschlagen).

---

[1] Von einem Sparkonto mit gesetzlicher Kündigungsfrist dürfen derzeit maximal DM 2.000,-- pro Monat ohne vorhergehende Kündigung abgehoben werden. Bei Einhaltung einer dreimonatigen Kündigungsfrist darf jeder Betrag bis zur Guthabenhöhe abgehoben werden. Daneben gibt es Spareinlagen mit vereinbarten längeren Kündigungsfristen.

[2] Vgl. Bilanz einer Geschäftsbank S. 35.

[3] Vgl. Bilanz der Deutschen Bundesbank S. 204.

Diese Geldarten werden in bezug auf ihren Liquiditätsgrad (d.h. ihre Fähigkeit in sofort fällige Zahlungsmittel umgewandelt zu werden) zu verschiedenen Geldmengenbegriffen zusammengefaßt (vgl. Abschnitt 17.3).

17.2 Die Entstehung von Geld

Die Entstehung von Geld ist nicht zu verwechseln mit der technischen Produktion von Banknoten und Scheidemünzen. Das wesentliche Charakteristikum des Geldes liegt nicht in seinem Warenwert, sondern in seiner Eigenschaft als allgemein akzeptiertes Zahlungsmittel (und darüberhinaus als Wertaufbewahrungsmittel und als allgemeine Recheneinheit) zu fungieren. In dieser Eigenschaft ist es nicht das Ergebnis eines technischen Produktionsprozesses sondern Ausdruck von Kreditverflechtungen, die als Netz über die realen, ökonomischen Transaktionen in Form von Forderungen und Verbindlichkeiten gespannt sind. Forderungen gegen Banken sind Geld. Wie kommt es zu diesen Forderungen, und wie also entsteht Geld?

Versuchen wir uns diesen "Produktionsprozeß" des Geldes anhand einiger Beispiele klarzumachen: Wir unterstellen, daß die Unternehmung 1 (U1) an die Unternehmung 2 (U2) Güter im Werte von 100 GE (Geldeinheiten) verkauft. Mit der Lieferung gehen die Güter von U1 auf U2 über und im gleichen Moment entsteht eine entsprechende Kreditbeziehung: U1 erhält eine Forderung gegen U2 in Höhe von 100 GE. Diese Kreditbeziehung entsteht aber zwischen Nicht-Banken und repräsentiert damit kein Geld. U2 hat jetzt mehrere Möglichkeiten, seinen Zahlungsverpflichtungen nachzukommen:

a) Die Zahlung erfolgt in bar (Übergabe von Banknoten), die Kreditbeziehung ist erloschen, neues Geld ist nicht entstanden.
b) Die Zahlung erfolgt per Überweisung. Das Konto von U2 wird belastet, das Konto von U1 erkannt. Die Kreditbeziehung ist erloschen. Neues Geld ist nicht entstanden (sofern das Konto U2 durch ein hinreichendes Guthaben gedeckt war). Nimmt U2 bei seiner Bank einen Kredit auf, um diese Überweisung tätigen zu können (indem er z.B. einfach das Konto "überzieht"), erlöscht zwar seine Zahlungsverpflichtung gegenüber U1, es entsteht aber eine neue Kreditbeziehung zwischen U2 und seiner Geschäftsbank B2, wodurch die Giralgeldmenge der Banken steigt.

BOX: 17 - 1 Buchungsbeispiel zu Fall b)

U1 verkauft an U2 Güter, U2 nimmt zum Zwecke der Bezahlung bei der Bank B2 einen Kredit auf und überweist an U1 den Gegenwert des Gütereinkaufs.

U1

(1) Zunahme der Forderungen Fo^{U2}_{U1} + 100	Verkauf (1) 100
(4) Fo^{U2}_{U1} - 100 (4) Fo^{B2}_{U1} + 100	

U2

(1) Einkauf 100	Zunahme der Verbindlichkeiten (1) Vb^{U1}_{U2} + 100
(2) Gutschrift aufgrund des Kreditvertrages Fo^{B2}_{U2} + 100	Kreditvertrag (2) Vb^{B2}_{U2} + 100
(3) Überweisung an U1 über B2/B1 Fo^{B2}_{U2} - 100	Überweisung an U1 (3) Vb^{U1}_{U2} - 100

Bank B1

(4) Guthaben bei B2 Fo^{B2}_{B1} + 100	Gutschrift an U1 (4) Vb^{U1}_{B1} + 100

Bank B2

(2) Kreditvertrag Fo^{U2}_{B2} + 100	Gutschrift auf dem Konto U2 (2) Vb^{U2}_{B2} + 100
	Überweisung von U2 an U1 über B1 (3) Vb^{U2}_{B2} - 100
	Vb^{B1}_{B2} + 100 (3)

(1) Mit dem Verkauf von U1 an U2 entstehen uno actu Forderungen von U1 an U2 in gleicher Höhe.
Mit dem Einkauf entstehen bei U2 uno actu Verbindlichkeiten in gleiche Höhe.
(2) Aufgrund des Kreditvertrages zwischen U2 und B2 entstehen gleichzeitig Verbindlichkeiten und Forderungen von U2 gegen B2.
Die Bank B2 erwirbt durch den Kreditvertrag eine Forderung gegen U2 (auf Rückzahlung) des eingeräumten und auf dem Konto U2 gutgeschriebenen Kreditbertrages.
(3) U2 überweist an U1 über die Banken B2 und B1 den Betrag, wodurch seine Forderungen gegen B2 abnehmen und die Verbindlichkeiten gegen U1 erlöschen.
Die Bank B2 überweist an die Bank B1 (die bei B2 ein Konto unterhält), wodurch die Verbindlichkeiten gegen U2 abnehmen, die gegenüber B1 zunehmen.
(4) Die Bank B1 erwirbt durch diese Gutschrift Forderungen gegen B2. In gleicher Höhe nehmen die Verbindlichkeiten gegen U1 zu.
Für U1 erlöschen die Forderungen gegen U2. U1 erhält dafür Forderungen gegen B1.
Ergebnis: Die Geldmenge hat zugenommen um die zusätzlichen Forderungen respektive Verbindlichkeiten zwischen Banken und Nichtbanken: also die Forderungen U1 an B1 respektive die Verbindlichkeiten B1 an U1. Die Ursache dieser "Geldschöpfung" ist der Kreditvertrag zwischen U2 und B2: Die Bank B2 hat den Schuldschein von U2 (Kreditvertrag) monetisiert! Der neuentstandene Geldbetrag wurde innerhalb des Bankensystems an U1 weitergeleitet.

c) Statt Zahlung übersendet U2 einen Handelswechsel an U1. Die Kreditbeziehung zwischen beiden ist damit nicht erloschen, sondern nur in eine bestimmte schriftliche Form gebracht. Für den Kreditgeber U1 hat der Besitz eines Handelswechsels (gegenüber einer allgemeinen Kreditvereinbarung) einen entscheidenden Vorteil: U1 kann diesen Wechsel bei Bedarf in Geld verwandeln, wenn es den Wechsel bei seiner Geschäftsbank B1 zum Diskont einreicht. Dadurch entsteht eine Kreditbeziehung zwischen U1 und B1 und es erhöht sich die Geldmenge. Bei Fälligkeit des Wechsels muß U2 den Wechsel einlösen, d.h. die Wechselsumme wird seinem Konto bei der Bank B2 belastet, sein Guthaben reduziert sich entsprechend und die Geldmenge geht wiederum zurück.

d) Handelt es sich bei U2 um ein ausländisches Unternehmen und erfolgt die Zahlung beispielsweise durch Übersendung eines auf US-Dollar lautenden Schecks, wird U1 diesen Scheck zur Gutschrift des DM-Gegenwertes seiner Bank B1 einreichen. Das Sichtguthaben von U1 erhöht sich, die Giralgeldmenge ist gestiegen, bei der Geschäftsbank hat sich eine Bilanzverlängerung ergeben. Verkauft die Geschäftsbank diese Dollar an die Zentralbank (die Zentralbank müßte also auf dem Devisenmarkt intervenieren, um z.B. den Wechselkurs = Preis des Dollars in DM zu stützen), so erhalten sie dafür Zentralbankgeld, d.h. die Zentralbankgeldmenge erhöht sich.

Bei inländischen Überweisungen von U2 an U1 über die zugehörigen Geschäftsbanken ändert sich die Giralgeldmenge des Bankensystems nicht: Der Verringerung der Sichteinlagen bei B2 steht eine entsprechende Erhöhung der Sichteinlagen bei B1 gegenüber. Die Diskontierung des Handelswechsels, die Gewährung eines (Überziehungs-) Kredits, der Ankauf des Auslandsschecks hingegen vergrößern die Giralgeldmenge der Banken. Allgemein läßt sich sagen, daß die Geldmenge immer dann wächst, wenn die Banken ein (Vermögens-) Aktivum "monetisieren", da sie diese Aktiva mit Verbindlichkeiten auf sich selbst bezahlen und diese Verbindlichkeiten Geld sind! Ihre Bilanz verlängert sich.

In gleicher Weise entsteht auch Zentralbankgeld. Wenn die Zentralbank z.B. Handelswechsel von den Geschäftsbanken "rediskontiert", Dollar-Guthaben der Banken übernimmt oder Wertpapiere kauft, bezahlt sie mit Zentralbankgeld. Also auch hier gilt: Die Zentralbankgeldmenge erhöht sich, wenn sich die Bilanz der Zentralbank verlängert, wenn sie also ein "Aktivum monetisiert". Sie reduziert sich entsprechend im umgekehrten Fall, wenn sie also ein Aktivum

BOX: 17 - 2 Zur Deutschen Bundesbank

Die Deutsche Bundesbank ist die oberste geldpolitische Instanz in der Bundesrepublik Deutschland. Sie ist zwar laut Bundesbank-Gesetz verpflichtet die Bundesregierung in ihrer Politik zu unterstützen, aber in ihrer eigenen Bundesbank-Politik ist sie unabhängig von Weisungen durch die Bundesregierung und nur auf die Sicherung der Geldwertstabilität verpflichtet. Der Regierung ist es insbesondere nicht gestattet, sich (mit Ausnahme von Kassenkrediten) bei der Bundesbank zu verschulden. Um den Geldwert stabil zu halten, steuert die Bundesbank die Geldmengenentwicklung (M3) innerhalb eines Zielkorridors, den sie öffentlich bekannt gibt. Die von ihr geplante Geldmengenentwicklung reflektiert die erwartete Wachstumsrate des realen Sozialproduktes und die noch als tolerierbar akzeptierte Inflationsrate. Direkt steuern kann die Bundesbank aber lediglich die Zentralbankgeldmenge.

Wachstum der Geldmenge M3*)

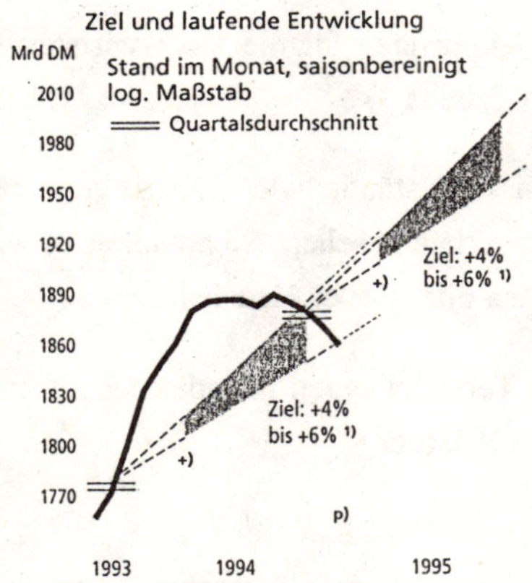

* Gemittelt aus fünf Bankwochenstichtagen; dabei Ultimostände jeweils zur Hälfte angerechnet. — + Der Zielkorridor wurde jeweils bis März nicht schraffiert, weil M3 um die Jahreswende i.d.R. stärkeren Zufallsschwankungen unterliegt. — 1 Jeweils vom 4. Quartal des vorangegangenen bis zum 4. Quartal des laufenden Jahres.

Deutsche Bundesbank

Bargeldumlauf und Bruttosozialprodukt

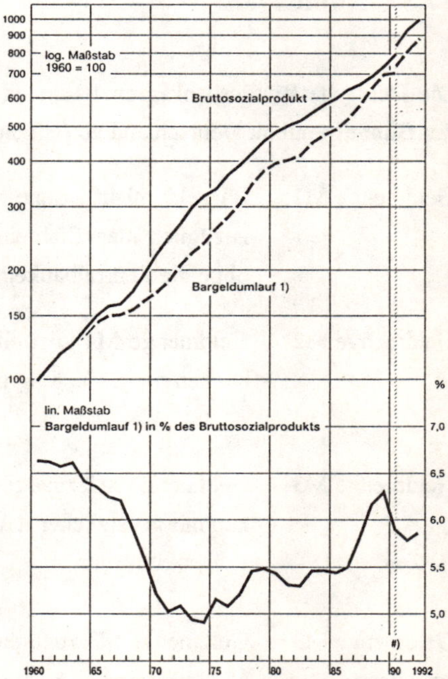

1) Ohne Kassenbestände der Kreditinstitute.- #) Ab zweitem Halbjahr 1990 neuer Gebietsstand der Bundesrepublik Deutschland.

Quelle: Deutsche Bundesbank, Monatsbericht März 1995, Sonderdruck Nr. 7.

"demonetisiert", d.h. z.B. Wertpapiere oder Dollar verkauft. In diesem Fall erhält sie das von ihr ausgegebene Geld zurück, ihre Verbindlichkeiten werden liquidiert. Nicht-Banken halten Zentralbankgeld in der Regel als Banknoten mit Ausnahme weniger Großunternehmen, die über ein eigenes Konto bei der Zentralbank verfügen. Die Geschäftsbanken unterhalten sämtlich ein Zentralbankkonto (ein Sichtguthaben). Denn sie sind gesetzlich dazu verpflichtet, einen bestimmten Prozentsatz ihrer Einlagen als Zentralbankgeld zu halten (die sogenannte Mindestreserve). Darüberhinaus unterhalten sie eine freiwillige Überschußreserve (die aber auch Null sein kann), um damit u.a. ihren laufenden Überweisungsverkehr abzuwickeln. Der Nicht-Banken-Sektor kommt i.d.R in den Besitz von Zentralbankengeld nur über die Geschäftsbanken, wenn er seine Sichteinlagen in Banknoten umtauscht. Die Geschäftsbanken sind dazu verpflichtet, da das einzige "gesetzliche" Zahlungsmittel zur Begleichung von Verbindlichkeiten Zentralbankgeld ist.

17.3 Geldmengen

Die Deutsche Bundesbank grenzt folgende Geldmengen für die Volkswirtschaft der Bundesrepublik Deutschland ab (vgl. auch Tabelle 3):

Geldmenge M1: Bargeldumlauf ohne Kassenbestände der Kreditinstitute zuzüglich der Sichteinlagen inländischer Nichtbanken aber ohne die Zentralbankeinlagen öffentlicher Haushalte.

Geldmenge M2: Geldmenge M1 zuzüglich Termineinlagen inländischer Nichtbanken mit Befristung unter 4 Jahren.

Geldmenge M3: Geldmenge M2 zuzüglich Spareinlagen inländischer Nichtbanken mit gesetzlicher Kündigungsfrist.

Geldmenge M3 erweitert: Geldmenge M3 zuzüglich Einlagen von inländischen Nichtbanken bei Auslandsfilialen und Auslandstöchtern inländischer Kreditinstitute sowie Inhaberschuldverschreibungen im Umlauf bei inländischen Nichtbanken.

Die Zentralbankgeldmenge nennt man auch Geldbasis. Sie besteht aus dem Banknotenumlauf und dem Giralgeld der Zentralbank, das fast ausschließlich von den Geschäftsbanken gehalten wird. Der Bargeldumlauf setzt sich aus dem Banknotenumlauf zuzüglich der umlaufenden Münzen zusammen.

Die Zentralbankgeldmenge kann von der Bundesbank gesteuert werden, da sie autonom darüber bestimmt, welche Aktiva in welchem Umfang und zu welchem Zeitpunkt von ihr monetisiert oder demonetisiert werden. Da die Geschäftsbanken gesetzlich gezwungen sind, einen Teil ihrer Verbindlichkeiten in Zentralbankgeld zu halten, kann die Zentralbank auch auf die gesamte Geldmenge Einfluß nehmen. Sie gibt regelmäßig einen Zielkorridor für ihre Geldmengenpolitik bekannt, d.h. eine gewisse Bandbreite, innerhalb derer sie die Geldmengenentwicklung zu steuern wünscht. Die Geldmenge ist eine der wichtigsten Variablen, wenn es um das Wachstum des Sozialproduktes aber auch der Preise geht. Schauen Sie sich jetzt diese Zusammenhänge in folgender Tabelle an und vergleichen Sie auch dazu das Schaubild 17-1, S. 246:

Tabelle 17 - 1

Geldmenge in Händen der inländischen Nichtbanken

Mrd DM; Stand am Jahresende

Position	1976	1981	1986	1991[1]
Bargeldumlauf[2] (DM-Noten und Münzen)	60,6	84,2	112,2	171,8
Sichteinlagen[3] (täglich fällig sowie mit Befristung unter 1 Monat)	126,3	171,1	246,6	432,3
Geldmenge M1	186,9	255,3	358,7	604,0
Termineinlagen mit Befristung bis unter 4 Jahren[3]	111,3	222,9	252,2	480,5
Geldmenge M2	298,2	478,1	610,9	1084,5
Spareinlagen mit gesetzlicher Kündigungsfrist[3]	233,8	297,9	439,8	513,1
Geldmenge M3	532,0	776,0	1050,7	1597,7

1 Einschl. neue Bundesländer – 2 Ohne Kassenbestände der Kreditinstitute. – 3 Bei inländischen Banken. Differenzen in den Summen durch Runden der Zahlen. BBk

Quelle: Deutsche Bundesbank, Geldpolitische Aufgaben und Instrumente, Sonderdruck Nr. 7.

BOX: 17 - 3 Bilanz der Deutschen Bundesbank

I. Bilanz der Deutschen Bundesbank zum 31. Dezember 1993

Aktiva

			DM	31. 12. 1992 Mio DM
1 Gold			13 687 518 821,70	13 687
2 Reserveposition im Internationalen Währungsfonds und Sonderziehungsrechte				
2.1 Ziehungsrechte in der Reservetranche		6 832 720 551,–		(6 842)
2.2 Kredite aufgrund besonderer Kreditvereinbarungen		–		(–)
2.3 Sonderziehungsrechte		1 663 034 725,29		(1 357)
			8 495 755 276,29	8 199
3 Forderungen an den Europäischen Fonds für währungspolitische Zusammenarbeit im Rahmen des Europäischen Währungssystems				
3.1 Guthaben in ECU	43 662 758 367,97			
abzüglich: Unterschiedsbetrag zwischen ECU-Wert und Buchwert der eingebrachten Gold- und Dollarreserven	11 786 810 373,–			
		31 875 947 994,97		(26 786)
3.2 sonstige Forderungen		4 300 114 010,64		(6 833)
			36 176 062 005,61	33 619
4 Guthaben bei ausländischen Banken und Geldmarktanlagen im Ausland			61 761 872 472,26	85 825
5 Sorten			21 851 147,71	20
6 Kredite und sonstige Forderungen an das Ausland				
6.1 Kredite im Rahmen des mittelfristigen EG-Zahlungsbilanzbeistands		–		(–)
6.2 sonstige Kredite an ausländische Währungsbehörden		–		(–)
6.3 Kredite an die Weltbank		2 411 509 000,–		(2 418)
6.4 sonstige Forderungen an das Ausland		208 050 000,–		(190)
			2 619 559 000,–	2 608
7 Kredite an inländische Kreditinstitute				
7.1 Im Offenmarktgeschäft mit Rücknahmevereinbarung angekaufte Wertpapiere		184 530 935 000,–		(124 099)
7.2 Inlandswechsel		47 586 414 382,89		(50 037)
7.3 Auslandswechsel		10 548 993 068,28		(13 150)
7.4 Lombardforderungen		14 835 435 400,–		(1 643)
			257 501 777 851,17	188 929
8 Kassenkredite (Buchkredite)				
8.1 Bund		–		(4 354)
8.2 Lastenausgleichsfonds und ERP-Sondervermögen		–		(–)
8.3 Länder		–		(188)
			–	4 542
9 Ausgleichsforderungen an den Bund und unverzinsliche Schuldverschreibung wegen Berlin			8 683 585 988,93	8 684
10 Kredite an Bundesbahn und Bundespost				
10.1 Kassenkredite (Buchkredite)		–		(–)
10.2 Schatzwechsel und unverzinsliche Schatzanweisungen		–		(–)
			–	–
11 Wertpapiere			4 728 953 601,74	6 066
12 Deutsche Scheidemünzen			2 067 176 829,59	1 661
13 Postgiroguthaben			451 456 460,03	299
14 Grundstücke und Gebäude			3 175 486 082,26	2 819
15 Betriebs- und Geschäftsausstattung			238 211 046,–	281
16 Schwebende Verrechnungen			2 962 951 430,59	7 705
17 Sonstige Vermögensgegenstände			2 506 462 363,21	3 344
18 Rechnungsabgrenzungsposten			488 269 239,06	51
			405 566 949 616,15	368 339

Passiva

				31. 12. 1992
			DM	Mio DM
1	Banknotenumlauf		224 341 120 275,–	213 355
2	Einlagen von Kreditinstituten			
	2.1 auf Girokonten	73 344 909 046,07		(88 844)
	2.2 sonstige	32 828 125,41		(28)
			73 377 737 171,48	88 872
3	Einlagen von öffentlichen Haushalten			
	3.1 Bund	13 024 835 634,38		(80)
	3.2 Lastenausgleichsfonds, ERP-Sondervermögen, Fonds „Deutsche Einheit"	21 823 111,90		(14)
	3.3 Länder	386 801 071,13		(302)
	3.4 andere öffentliche Einleger	62 720 196,73		(33)
			13 496 180 014,14	429
4	Einlagen von anderen inländischen Einlegern			
	4.1 Bundesbahn	5 253 083,58		(5)
	4.2 Reichsbahn	6 051 088,76		(14)
	4.3 sonstige Einleger	769 585 828,47		(774)
			780 890 000,81	793
5	Verbindlichkeiten aus abgegebenen Liquiditätspapieren		26 207 400 000,–	2 011
6	Verbindlichkeiten aus dem Auslandsgeschäft			
	6.1 Einlagen ausländischer Einleger	22 032 537 637,79		(24 637)
	6.2 sonstige	19 108 141,43		(16)
			22 051 645 779,22	24 653
7	Ausgleichsposten für zugeteilte Sonderziehungsrechte		2 875 881 905,20	2 687
8	Rückstellungen			
	8.1 für Pensionsverpflichtungen	2 665 000 000,–		(2 554)
	8.2 sonstige Rückstellungen	8 643 373 322,50		(7 266)
			11 308 373 322,50	9 820
9	Sonstige Verbindlichkeiten		560 088 685,32	596
10	Rechnungsabgrenzungsposten		485 199 902,93	753
11	Grundkapital		290 000 000,–	290
12	Rücklagen			
	12.1 gesetzliche Rücklage	10 667 700 000,–		(9 065)
	12.2 sonstige Rücklagen	290 000 000,–		(290)
			10 957 700 000,–	9 355
13	Bilanzgewinn		18 834 732 559,55	14 725
			405 566 949 616,15	368 339

Quelle: Deutsche Bundesbank, Geschäftsbericht 1993.

Schaubild 17 - 1: **Geldbasis und Geldmenge**

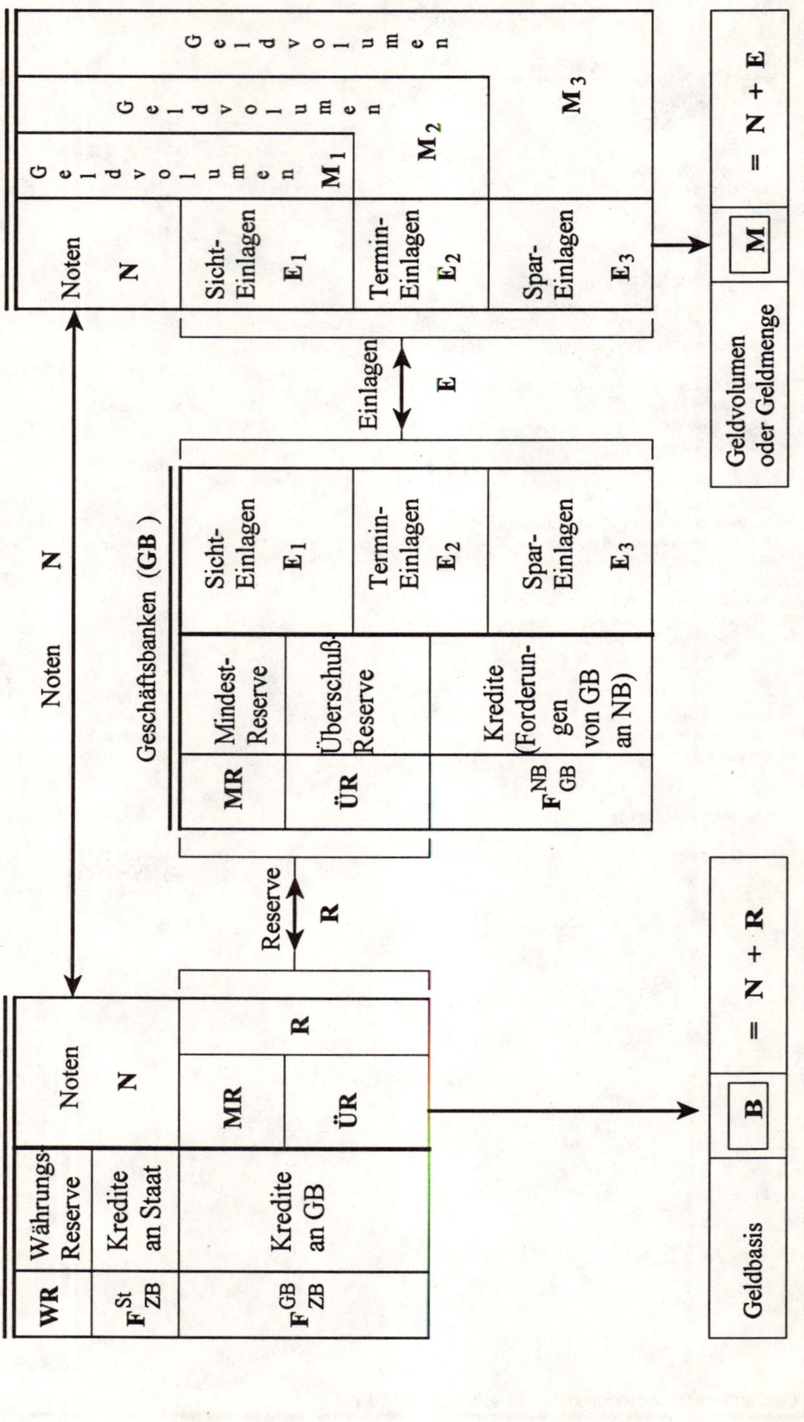

18 Die Zahlungsbilanz

18.1 Die Teilbilanzen der Zahlungsbilanz

Unter der Zahlungsbilanz eines Landes (im statistischen Sinne) versteht man die systematische Aufzeichnung sämtlicher ökonomischer Transaktionen zwischen Inländern und Ausländern in einer abgelaufenen Periode. Die Bezeichnung "Bilanz" ist etwas irreführend, da es sich hier nicht um Bestandsgrößen, sondern um Stromgrößen handelt. Auch werden keinesfalls nur "Zahlungen" festgehalten, sondern auch Forderungen, Verbindlichkeiten, Übertragungen und Tauschgeschäfte. Schließlich gibt es gewisse Transaktionen, die in der Zahlungsbilanz festgehalten werden, obgleich sie ausschließlich zwischen Inländern stattfinden (z.B. zwischen Zentralbank und Geschäftsbanken).

Das Grundmuster der Zahlungsbilanz ist weitgehend identisch mit dem Auslandskonto der Volkswirtschaftlichen Gesamtrechnung. Aus diesem Grunde ist es empfehlenswert, vor dem Studium der Zahlungsbilanz sich noch einmal das Kapitel zum "Außenbeitrag und Auslandskonto" anzusehen.[1] Der wesentliche Unterschied zum Auslandskonto der VGR ist darin zu sehen, daß in der Zahlungsbilanz sämtliche ökonomischen Transaktionen erfaßt werden: d.h. nicht nur solche, die mit der Einkommensentstehung und -verwendung der laufenden Periode im Zusammenhang stehen und damit in der VGR und dem Auslandskonto erfaßt werden, sondern z.B. auch Vermögensübertragungen alter (d.h. in der Vergangenheit akkumulierter) Vermögenswerte. Die Zahlungsbilanz ist mithin umfassender als das Auslandskonto. Das Auslandskonto ist aber vollständig in der Zahlungsbilanz enthalten. Die Zahlungsbilanz untergliedert sich nach dem neuesten Schema der Deutschen Bundesbank ab März 1995 in folgende Teilbilanzen:

1) In der **Handelsbilanz (HB)** wird der Außenhandel verbucht: Exporte (Ausfuhr) im Soll und Importe (Einfuhr) von Waren im Haben.

---

[1] Vgl. Kapitel 10.

2) Die Dienstleistungsbilanz (DLB), enthält auf den ersten Blick recht unterschiedliche ökonomische Transaktionen, die sich aus weiteren Teilbilanzen zusammensetzen:

- Reiseverkehr: (z.B. Käufe von Dienstleistungen und Waren im Ausland durch deutsche Touristen bzw. durch ausländische Touristen in Deutschland),
- Transportleistungen (z.B. Frachten, Personenbeförderungen, Hafendienste und Reparaturen an Transportmitteln),
- Versicherungen: (z.B. die Wertschöpfung aus Versicherungstransaktionen mit dem Ausland, aber nicht die Schadens- und Kapitalleistungen, die bei den laufenden Übertragungen erfaßt werden),
- Dienstleistungen von Regierungsstellen: (in der Bundesrepublik Deutschland sind das fast ausschließlich Einnahmen von ausländischen, militärischen Dienststellen in der BRD, und zwar aus Dienstleistungen und Warenlieferungen),
- Übrige Dienstleistungen (z.B. Provisionen, Werbe- und Messekosten, Lizenzen und Patente, Bauleistungen).

3) Die Faktorleistungsbilanz (FLB) - Bilanz der Erwerbs- und Vermögenseinkommen enthält:

- Kapitalerträge: (Dividenden und sonstige Gewinne aus Direkt- und Portfolioinvestitionen, sowie Zinsen für Kredite und Darlehen),
- Arbeitsentgelte (ohne Arbeitsentgelte an Gastarbeiter).

4) In der laufenden Übertragungsbilanz (LÜB) unterscheidet man geleistete und empfangene Übertragungen aus dem laufenden Einkommen im öffentlichen und privaten Bereich.
Zu den öffentlichen Übertragungen gehören u.a.:

- Beiträge an internationale Organisationen (hier insbesondere zum Haushalt der Europäischen Union aber auch Weltbank, IWF, UNO usw.),
- Entwicklungshilfezuwendungen an Entwicklungsländer,
- Wiedergutmachungsleistungen an das Ausland,
- Renten und Unterstützungszahlungen an das Ausland.

Bei den privaten Übertragungen entfällt der größte Teil auf
- Heimatüberweisungen der Gastarbeiter und
- Unterstützungszahlungen, Renten, Pensionen an Ausländer.

1. Handelsbilanz (HB)

Ex^G	Export von Waren (Ausfuhr)	Import von Waren (Einfuhr)	Im^G

2. Dienstleistungsbilanz (DLB)

Ex^D	Export von Dienstleistungen (Einnahmen)	Import von Dienstleistungen (Ausgaben)	Im^D

3. Faktorleistungsbilanz (FLB)
(Bilanz der Erwerbs- und Vermögenseinkommen)

Ex^F	Export von Faktorleistungen (Einnahmen)	Import von Faktorleistungen (Ausgaben)	Im^F

4. Bilanz der laufenden Übertragungen (LÜB)

Tr_A	Transferzahlungen vom Ausland (fremde Leistungen = Einnahmen)	Transferzahlungen an das Ausland (eigene Leistungen = Ausgaben)	Tr^A

5. Bilanz der Vermögensübertragungen (VÜB)

$VÜ_A$	Vermögensübertragungen vom Ausland (fremde Leistungen = Vermögenszugänge)	Vermögensübertragungen an das Ausland (eigene Leistungen = Vermögensabgabe)	$VÜ^A$

6. Bilanz der Direktinvestitionen (DIB)

KIm^{DI}	Kapitalimport in Form von Direktinvestitionen (ausländische Anlagen im Inland) Zunahme + Abnahme -	Kapitalexport als Direktinvestitionen (deutsche Anlagen im Ausland) Zunahme + Abnahme -	KEx^{DI}

7. Wertpapierbilanz (WPB)

KIm^{WP}	Kapitalimport in Form von Wertpapieren (ausländische Anlage im Inland) Zunahme + Abnahme -	Kapitalexporte in Form von Wertpapieren (deutsche Anlage im Ausland) Zunahme + Abnahme -	KEx^{WP}

8. Kreditverkehrsbilanz (KVB)

KIm^{Kr}	Kreditaufnahme im Ausland: kurz- und langfristige Verbindlichkeiten inländischer a) Kreditinstitute, b) Unternehmen, c) Privatpersonen und d) öffentlicher Stellen Zunahme + Abnahme -	Kreditvergabe an das Ausland: kurz- und langfristige Forderungen inländischer a) Kreditinstitute, b) Unternehmen, c) Privatpersonen und d) öffentlicher Stellen Zunahme + Abnahme -	KEx^{Kr}

9. Bilanz sonstiger Kapitalanlagen (SKB)

KIm^{So}	Sonstige Kapital- anlagen des Auslands im Inland Zunahme + Abnahme -	Sonstige deutsche Kapitalanlgen im Ausland Zunahme + Abnahme -	KEx^{So}

10. Gold- und Devisenbilanz (GDB)
(Veränderung der Nettoauslandsaktiva der Deutschen Bundesbank)

KIm^{ZBK}	Kapitalimport der Zentralbank (Auslandsver- bindlichkeiten) Zunahme + Abnahme -	Kapitalexport der Zentralbank (Auslandsforderungen) Zunahme + Abnahme -	KEx^{ZBK}

5) **Die Vermögensübertragungsbilanz (VÜB)** wird untergliedert in:
- öffentliche Übertragungen (z. B. Schuldenerlaß für Entwicklungsländer, Zahlungen der Europäischen Union für Infrastrukturmaßnahmen und
- private Übertragungen (z. B. Schenkungen, Erbschaften, Vermögensmitnahmen von Aus- bzw. Einwanderern).

Eine Vermögensübertragung wird mindestens von einer der beteiligten Seiten als „einmalig" und nicht als laufend betrachtet. Es verändert sich durch sie die Vermögensposition beider Länder.

6) **Die Bilanz der Direktinvestitionen (DIB)** erfaßt als erste Teilbilanz des Kapitalverkehrs diejenigen wirtschaftlichen Beziehungen, die sich durch ein besonders intensives, unternehmerisches Engagement auszeichnen wie:
- Beteiligungskapital (z. B. in Form von Aktien und anderen Kapitalanteilen),
- Reinvestierte Gewinne,
- übrige Anlagen (z. B. langfristige Darlehen, aber auch kurzfristige Finanzbeziehungen verbundener Unternehmen),
- Immobilienerwerb bzw. -veräußerung.

7) **Die Wertpapierbilanz (WPB)** untergliedert sich wie folgt:
- Dividendenwerte,
- Investmentzertifikate (darunter Geldmarktfonds),
- langfristige festverzinsliche Wertpapiere (darunter auch Fremdwährungsanleihen),
- Geldmarktpapiere,
- Finanzderivate.

8) **Die Kreditverkehrsbilanz (KVB)** kann nach unterschiedlichen Gesichtspunkten untergliedert werden:
a) funktional: Finanzkredite / Handelskredite
b) Fristigkeit: lang-/kurzfristige Kredite
c) Akteure: Kreditinstitute/Unternehmen und Privatpersonen/öffentliche Stellen.

9) **Bilanz sonstiger Kapitalbeziehungen (SKB)**. In dieser Bilanz werden solche Transaktionen verbucht, die nicht unter 6-8 erfaßt werden können.

10) **Die Gold- und Devisenbilanz (GDB)** enthält die Veränderungen der Auslandsaktiva und -passiva der Zentralbank (ZBK). Ihre wichtigsten Aktiva sind Devisen (insbesondere US-Dollar- Bestände) und Gold sowie Reserven beim Internationalen Währungsfonds (und beim Europäischen Währungsinstitut). Die institutionelle Sonderstellung des Kapitalverkehrs der Zentralbank in einer eigenen Teilbilanz erklärt sich aus der wirtschaftspolitischen Bedeutung der Zentralbank: Sie hat für die Stabilität der Währung zu sorgen, sie kann über Geldmengen- und Zinssatzpolitik den Wirtschaftsablauf beeinflussen und sie hält die offiziellen Währungsreserven eines Landes.

Unter Devisen versteht man Sichtguthaben, die von Inländern bei ausländischen Banken gehalten werden. Gehört dieses Sichtguthaben beispielsweise einer deutschen Geschäftsbank, erscheint es in der Kreditverkehrsbilanz, gehört es der Bundesbank, erscheint es in der Gold- und Devisenbilanz. In der Bankpraxis werden auch auf ausländische Währungseinheiten lautende Schecks und Wechsel zu den Devisen gerechnet, obgleich sie streng genommen lediglich Anweisungen auf die Übertragung von Sichtguthaben sind. Bei Sorten handelt es sich dagegen um Bargeld in einer ausländischen Währung, das sich im Besitz von Inländern befindet. Bargeld ist immer eine Forderung gegen die jeweilige Zentralbank.

Während die Verbuchungspraxis auf den ersten fünf Teilbilanzen relativ leicht nachvollziehbar ist, taucht bei der Verbuchung der Finanztransaktionen das Problem auf, daß Forderungen und Verbindlichkeiten zu- oder abnehmen können. Die Forderungen stehen im Haben, die Verbindlichkeiten im Soll. Nehmen sie ab, werden sie (entgegen den buchhalterischen Gepflogenheiten) mit einem Minus-Zeichen verbucht: Die auf ausländische Währungseinheiten lautenden Forderungen werden mit ihrem DM-Gegenwert auf der Kapitalbilanz im Haben verbucht bei einer Zunahme mit positivem und bei einer Abnahme mit negativem Vorzeichen. Die DM-Verbindlichkeiten finden sich hingegen auf der Soll-Seite der Kapitalverkehrsbilanz. Auch hier wird ihre Zunahme mit positivem und ihre Abnahme mit negativem Vorzeichen verbucht.

18.2 Die Teilbilanzen und ihre Salden

Die Zahlungsbilanz wird nach den Regeln der doppelten Buchführung aufgestellt. D.h. jede ökonomische Transaktion wird zweimal erfaßt (z.B. Verkauf von Waren $[Ex^G]$ gegen Forderungen in Devisen $[KEx]$). Als Ergebnis dieses Verfahrens ergibt sich, daß die Zahlungsbilanz insgesamt (die Summe sämtlicher Teilbilanzen) jederzeit ausgeglichen ist. Für die einzelnen Teilbilanzen gilt das allerdings nicht. Vielmehr werden in allen Teilbilanzen zu jedem Zeitpunkt Salden auftreten. Nur in höchst unwahrscheinlichen Ausnahmefällen wäre der Saldo einer Teilbilanz gleich Null. Dem Saldo einer Teilbilanz muß ein größengleicher Saldo (mit umgekehrtem Vorzeichen) der zusammengefaßten übrigen Teilbilanzen gegenüberstehen.

"Bei der Erfassung außenwirtschaftlicher Transaktionen in der Zahlungsbilanz bildet die Unterscheidung zwischen den Vorgängen des Leistungsverkehrs und des Kapitalverkehrs das grundlegende Gliederungskriterium".[2] Zum Leistungsverkehr zählen nach internationaler Abgrenzung zunächst alle wirtschaftlichen Vorgänge, bei denen Waren, Dienst- und Faktorleistungen zwischen dem In- und Ausland ausgetauscht werden. Daneben umfaßt der Leistungsverkehr die unentgeltliche Übertragung von Waren, Diensten und finanziellen Aktiva aus dem laufenden Einkommen. „Zum Kapitalverkehr rechnen alle Transaktionen, bei denen finanzielle Aktiva, z.B. Guthaben, Wertpapiere, Beteiligungen zwischen In- und Ausländern übertragen werden. Hierbei handelt

[2] Die Zahlungsbilanzstatistik der Bundesrepublik Deutschland, Sonderdruck der Deutschen Bundesbank Nr. 8, 1987, S. 15.

es sich entweder um den Gegenwert von Leistungstransaktionen oder um einen Austauch von Vermögenswerten zwischen In- und Ausländern wie z.B. den Erwerb ausländischer Wertpapiere gegen Zahlung aus Bankguthaben"[3].

Schaubild 18 - 1: Zahlungsbilanz und Teilbilanzen im Überblick

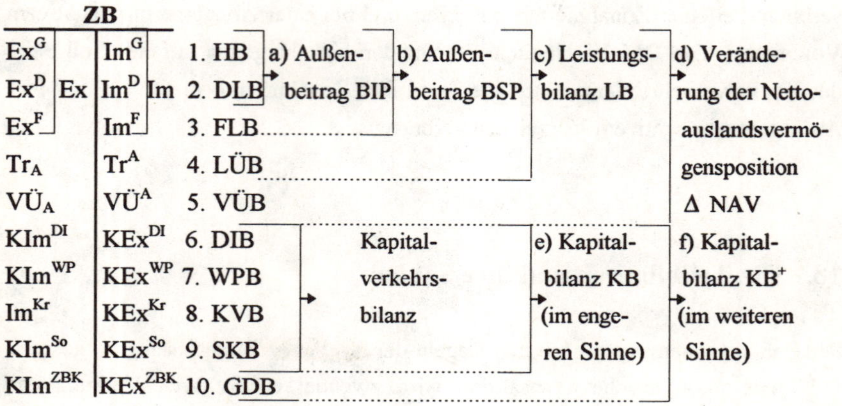

Die Leistungsbilanz enthält die zusammengefaßten Ergebnisse der Handels-, Dienstleistungs-, Faktorleistungs- und laufenden Übertragungsbilanz. Der Saldo der Leistungsbilanz ist identisch mit der Veränderung des Netto-Auslandsvermögens (des Inlandes) aus laufendem Einkommen[4] (ohne reine Vermögensübertragungen).

Der Außenbeitrag ist ein Teil der Leistungsbilanz. Bezogen auf das Bruttoinlandsprodukt ist er der zusammengefaßte Saldo der Handels- und Dienstleistungsbilanz. Bezogen auf das Bruttosozialprodukt muß noch der Saldo der Faktorleistungsbilanz hinzuaddiert werden. In beiden Fällen ist es unerheblich, ob ein Teil des Außenbeitrags z.B. unentgeltlich in Form von Übertragungen abgewickelt wird. Aus dem laufenden Einkommen geleistete Übertragungen reduzieren lediglich das verfügbare Einkommen (empfangene Übertragungen erhöhen es). Ein positiver Außenbeitrag führt aber nicht notwendigerweise zu entsprechenden Forderungen gegen das Ausland (und damit zu einem Nettozuwachs an Auslandsvermögen), sondern lediglich in dem Umfange, wie er die unentgeltlichen Leistungen an das Ausland (netto) übersteigt. Ist das Defizit

3 Die Zahlungsbilanzstatistik der Bundesrepublik Deutschland, Sonderdruck der Deutschen Bundesbank Nr. 8, 1987, S. 15.
4 Vgl. auch das Kapitel 10 über das Auslandskonto.

der Übertragungsbilanz größer als der positive Außenbeitrag (die Situation Deutschlands nach der Wiedervereinigung) verringert das Land per Saldo sein Netto-Auslandsvermögen (bzw. muß sich im Ausland verschulden in Höhe des dann auftretenden Leistungsbilanz-Defizits).

Diese Teilbilanzen werden wie folgt zusammengefaßt (vgl. Schaubild 18 - 1):

a) Aus der Summe der Teilbilanzen 1 + 2 (Handels- und Dienstleistungsbilanz) ergibt sich der Außenbeitrag zum Bruttoinlandsprodukt. Es ist

$$(Ex^G + Ex^D) - (Im^G + Im^D) = AB_{BIP}.$$

b) Die Summe der Teilbilanzen 1 + 2 + 3 (Handels-, Dienst- und Faktorleistungsbilanz) ergibt den Außenbeitrag zum Bruttosozialprodukt. Es ist

$$(Ex^G + Ex^D + Ex^F) - (Im^G + Im^D + Im^F) = AB_{BSP}$$
$$Ex - Im = AB_{BSP}.$$

c) Die Zusammenfassung der ersten vier Teilbilanzen nennt man auch die Leistungsbilanz:

$$(Ex^G + Ex^D + Ex^F) - (Im^G + Im^D + Im^F) + (Tr_A - Tr^A) = S_{LB}$$
$$(Ex + Tr_A) - (Im + Tr^A) = S_{LB}.$$

d) Die Veränderung der Nettoauslandsvermögensposition eines Landes resultiert nicht allein aus dem vermögensbezogenen Transaktionen des laufenden Einkommens, sonder auch aus reinen Vermögensübertragungen (von Vermögensbeständen). Zur Leistungsbilanz sind mithin diese Vermögensübertragungen noch hinzuzuaddieren. Die Veränderung der gesamten Nettoauslandsvermögensposition (Δ NAV) ist:

$$(Ex + Tr_A + VÜ_A) - (Im + Tr^A + VÜ^A) = \Delta NAV$$

Die Kapitalbilanz (im weiteren Sinn) steht der Leistungsbilanz gegenüber. Ihre Salden entsprechen einander (bei ausgeglichenen Vermögensübertragungen) aber unterscheiden sich im Vorzeichen. Die Kapitalbilanz gibt Auskunft, wie die Transaktionen der Leistungsbilanz finanziert worden sind. Darüberhinaus enthält die Kapitalbilanz vom Leistungsverkehr unabhängige Kapitaltransaktionen. Auch kann der Kapitalverkehr Leistungstransaktionen induzieren (z. B. kann durch Direktinvestitionen der Außenhandel stimuliert werden).

e) Der Kapitalverkehr aller Inländer mit Ausnahme der Deutschen Bundesbank wird zur Kapitalverkehrsbilanz bzw. Kapitalbilanz (im engeren Sinne) zusammengefaßt. Der Zusatz „im engeren Sinne" soll andeuten, daß der Kapitalverkehr der Zentralbank in dieser Kapitalbilanz nicht enthalten ist. Die Deutsche Bundesbank selbst versteht unter „Kapitalbilanz" stets diese im engeren Sinne. Ihr Saldo ist:

$$KIm^{\text{ohne ZBK}} - KEx^{\text{ohne ZBK}} = KBS \text{ i.e.S.}$$

f) Die Kapitalbilanz „im weiteren Sinne" umfaßt den gesamten Kapitalverkehr eines Landes, also einschließlich der Kapitaltransaktionen der Zentralbank. Ihr Saldo ist:

$$KIm - KEx = KBS \text{ i.w.S.}$$

In den Kapitalverkehrsbilanzen wird der Kapitalverkehr aller Inländer festgehalten mit Ausnahme des Kapitalverkehrs der Zentralbank (der Deutschen Bundesbank). Ihre Kapitaltransaktionen werden auf der **Gold- und Devisenbilanz** verbucht, die von der Bundesbank selbst als "Veränderung der Netto-Auslandsaktiva der Bundesbank" bezeichnet wird. Dieses hat seine Berechtigung darin, daß die Transaktionen der Bundesbank von anderen Motiven bestimmt sind, als diejenigen, die sich in den Kapitalverkehrsbilanzen niederschlagen. (So war sie im Währungssystem von Bretton Woods (bis 1973) verpflichtet, auf dem Devisenmarkt zu intervenieren, um einen vereinbarten festen Wechselkurs zu stabilisieren. Bei einem Überschußangebot an Dollar auf dem Devisenmarkt mußte sie z.B. unbegrenzt Dollar ankaufen. Im derzeitigen Währungssystem bestehen gegenüber dem US$, dem Yen und den meisten anderen Währungen flexible Wechselkurse, wodurch die Verpflichtung der Zentralbank, am Devisenmarkt zu intervenieren, entfällt. Im Europäischen Währungssystem dominieren jedoch feste Wechselkursvereinbarungen, d. h. gegenüber den Währungen der Mitgliedsländer der Europäischen Union besteht weiterhin eine gesetzliche Interventionspflicht der Zentralbank, um die Wechselkurse in den vereinbarten Bandbreiten zu halten.

Schaubild 18 - 2: Leistungs- und Kapitalbilanz (im weiteren Sinne)

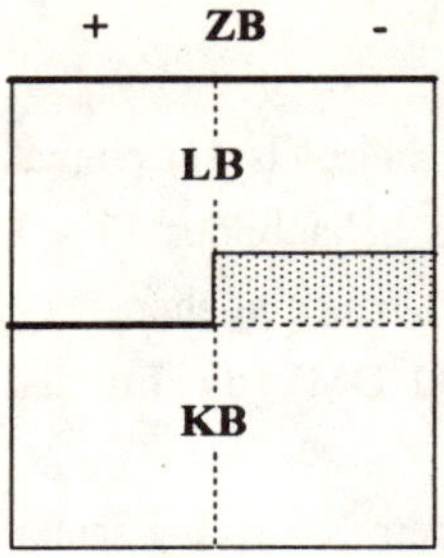

Leistungsbilanz-Überschuß	⟷	Kapitalbilanz-defizit
$Ex + Tr_A > Im + Tr^A$		$KIm < KEx$
$(Ex - Im) + (Tr_A - Tr^A) > 0$		$KIm - KEx < 0$
$LBS > 0$ (Saldo)		$KBS < 0$ (Saldo)

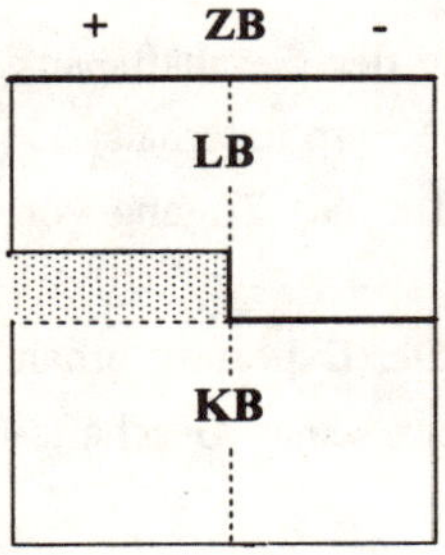

Leistungsbilanz-Defizit	⟷	Kapitalbilanz-Überschuß
$Ex + Tr_A < Im + Tr^A$		$KIm > KEx$
$(Ex - Im) + (Tr_A - Tr^A) < 0$		$KIm - KEx > 0$
$LBS < 0$		$KBS > 0$

18.3 Ein Buchungsbeispiel

Die Zahlungsbilanz lernen wir am besten kennen, indem wir verschiedene ökonomische Transaktionen verbuchen. Als ausländische Währungseinheiten nehmen wir den US-Dollar zu einem Wechselkurs von DM 2,-- pro 1 US-$. Die Zahlungsbilanz wird aber stets in inländischen Währungseinheiten, also in DM, bilanziert. Die Beschreibung der Transaktionen erfolgt immer aus der Sicht des Inlandes.

(1) Ein deutsches Unternehmen exportiert in die USA für DM 600,--. Die Bezahlung erfolgt durch eine Überweisung des amerikanischen Käufers in US-Dollar.

In der Handelsbilanz werden 600,-- DM im Soll verbucht. Die Geschäftsbank des Exporteurs erhält den Gegenwert (300 US-Dollar) überwiesen und schreibt dem Exporteur auf seinem Bankkonto DM 600,-- gut. Die deutsche Geschäftsbank hält damit 300 US-Dollar als kurzfristige Forderung gegenüber einer amerikanischen Geschäftsbank. Bilanziert wird diese Forderung auf der Kreditverkehrsbilanz im Haben, da die Dollarforderungen eines Inländers (der Geschäftsbank) zugenommen haben. Da die Zahlungsbilanz eine deutsche Bilanz ist, müssen diese Dollarforderungen mit ihrem Gegenwert in DM umgerechnet und bilanziert werden.

Zum besseren Verständnis sollen für den Fall des Buchungsbeispiels (1) einmal alle stattfindenden Transaktionen aufgeführt und anhand des Schaubildes 18 - 3 veranschaulicht werden und nicht nur die, die in die Zahlungsbilanz eingehen:

(a) Das inländische Unternehmen U_i exportiert Güter (600 DM), die für das ausländische Unternehmen U_a Importe sind (300 $).

(b) U_a überweist den Dollargegenwert der Importe von seinem Konto bei seiner Geschäftsbank Bk_a.

(c) Die Bk_a belastet das Konto U_a und schreibt den Betrag der Geschäftsbank des inländischen Exporteurs Bk_i gut (die bei der Bk_a ein Konto unterhält).

(d) Die inländische Bank Bk_i verbucht das Guthaben bei Bk_a als Zugang von Forderungen (600 DM) gegen einen Ausländer

(e) Dieser Betrag wird dem Konto der U_i gutgeschrieben. Der Exporteur erhält als Gegenwert seines Exports eine Forderung gegenüber seiner Geschäftsbank (als Guthaben auf seinem laufenden Bankkonto).

In die Zahlungsbilanz gehen von diesen Transaktionen nur diejenigen ein, die zwischen inländischen und ausländischen Wirtschaftssubjekten stattfanden. Das sind die Transaktionen (a) und (d). Der Export von Gütern wird in der Handelsbilanz erfaßt (a), der Erwerb von Devisen durch die Bk_i auf der Kreditverkehrsbilanz (d).

(2) Ein deutsches Unternehmen importiert für DM 200,--. Die Bezahlung erfolgt durch eine Überweisung an die Geschäftsbank des ausländischen Exporteurs in DM.

Der Import von Waren wird in der Handelsbilanz im Haben verbucht. Die Überweisung lautet auf DM und wird von der deutschen Geschäftsbank zugunsten der ausländischen Geschäftsbank überwiesen. D.h. das DM Guthaben der ausländischen Geschäftsbank bei der deutschen Geschäftsbank erhöht sich. Anders ausgedrückt: die DM-Verbindlichkeiten der deutschen Geschäftsbank gegenüber einem Ausländer nehmen zu. Die Gegenbuchung des Imports erfolgt auf der Kreditverkehrsbilanz im Soll mit positivem Vorzeichen.

(3) Ein deutsches Unternehmen importiert für DM 100,--. Die Bezahlung erfolgt durch die Überweisung von US-Dollar über die Geschäftsbanken.

Schaubild 18 - 3: Buchungsbeispiel für Aufgabe 1

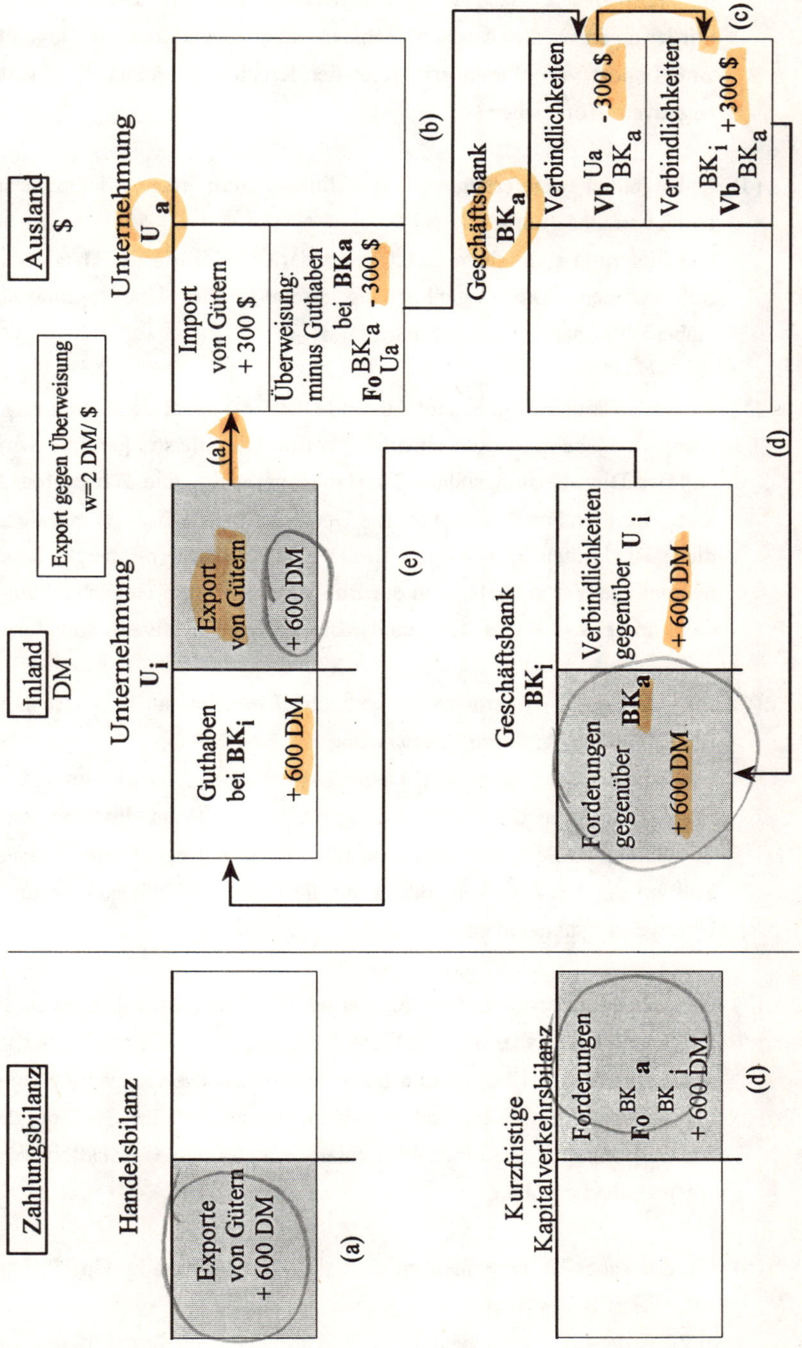

Der Güterimport wird wie unter (2) in der Handelsbilanz verbucht. Allerdings muß die deutsche Geschäftsbank den Gegenwert in US-Dollar an die ausländische Geschäftsbank anweisen, d.h. ihre Dollarbestände (ihre Forderungen an das Ausland) nehmen entsprechend ab. Die Gegenbuchung zum Import von Waren erfolgt in der Kreditverkehrsbilanz im Haben mit negativem Vorzeichen.

(4) Unentgeltliche Lieferung von Investitionsgütern in Entwicklungsländer in Höhe von DM 300,--.
Die Lieferung stellt einen Güterexport dar und wird in der Handelsbilanz im Soll verbucht. Die Gegenbuchung erfolgt in der Übertragungsbilanz im Haben: "Geleistete Übertragungen".

(5) Deutsche Touristen geben im Ausland DM 100,-- in Banknoten aus.
Diese Ausgabe entspricht einem Import an Dienstleistungen und wird daher auf der Dienstleistungsbilanz im Haben verbucht. Die Banknoten sind für jeden Inhaber Forderungen an die Deutsche Bundesbank (Zentralbank). Da diese Banknoten nun in den Besitz von Ausländern übergegangen sind, nehmen die Verbindlichkeiten der Bundesbank zu, die Gegenbuchung erfolgt daher in der Gold- und Devisenbilanz im Soll mit positivem Vorzeichen.

(6) Ein deutsches Unternehmen verkauft Lizenzen an das Ausland. Die Bezahlung erfolgt durch Überweisung von DM 150,--.
Es handelt sich dabei um einen Export von Dienstleistungen, da die Lizenzbilanz Teil der Dienstleistungsbilanz ist, erfolgt die Verbuchung auf derselbigen im Soll. Die Gegenbuchung erfolgt mit negativem Vorzeichen im Soll auf der Kreditverkehrsbilanz, da die DM-Verbindlichkeiten durch diese Überweisung abnehmen.

(7) Gastarbeiter überweisen DM 400,-- über die Geschäftsbanken ins Ausland.
Es handelt sich dabei um geleistete Übertragungen, die Verbuchung erfolgt auf der laufenden Übertragungsbilanz im Haben. Die Gegenbuchung steht in der Kreditverkehrsbilanz mit positivem Vorzeichen im Soll, da die DM-Verbindlichkeiten von Inländern (hier: inländischen Geschäftsbanken) sich entsprechend erhöhen.

(8) Ein deutsches Unternehmen gründet eine Tochterfirma in den USA im Wert von DM 500,--, wovon:
a) 20 % dieser Direktinvestitionen als Maschinen geliefert werden,

b) 80 % Erwerbskosten für Boden, Gebäude und Ausstattung sind, die in $ bezahlt werden und deren Abwicklung durch Geschäftsbanken erfolgt.
Die Direktinvestition wird in der Bilanz der Direktinvestitionen festgehalten. Sie stellt eine langfristige Forderung gegen die USA auf Dollar lautend dar und wird daher im Haben mit positivem Vorzeichen verbucht (DM 500,--). Die Direktlieferung von Maschinen in Höhe von DM 100,-- ist ein direkter Güterexport, die Verbuchung erfolgt also in der Handelsbilanz im Soll. Die Bezahlung der Erwerbskosten in Höhe von DM 400,-- über die Geschäftsbank erfolgt in Dollar, da Grund und Boden etc. in den USA
bezahlt werden müssen. Die Geschäftsbank verliert also einen Teil ihrer US-$-Forderungen (Verbuchung auf der Kreditverkehrsbilanz im Haben mit negativem Vorzeichen).

(9) Die Deutsche Bundesbank interveniert am Devisenmarkt und verkauft Dollar an inländische Geschäftsbanken für DM 200,--. Auf der Gold- und Devisenbilanz der Deutschen Zentralbank vermindern sich mithin die US-$-Forderungen, um in der Kreditverkehrsbilanz (der Geschäftsbanken) zuzunehmen. Die Verbuchung erfolgt sowohl in der Gold- und Devisenbilanz als auch in der Kreditverkehrsbilanz im Haben. In der ersteren allerdings mit negativem, in der VB dagegen mit positivem Vorzeichen.

(10) Deutsche Unternehmen erzielen (auf US-$ lautende) Dividenden im Ausland in Höhe von DM 250,--.
Die Dividenden fallen natürlich in US-Dollar an und sind nur in DM-Werte umgerechnet. Die kurzfristigen Dollar-Forderungen nehmen zu, d.h. die Verbuchung erfolgt in der Kreditverkehrsbilanz mit positivem Vorzeichen im Haben. In der Faktorleistungsbilanz entspricht die Dividendenzahlung einem Export an Faktorleistungen (nämlich der Nutzung von Kapital), die Verbuchung erfolgt daher im Soll.

(11) Ausländer kaufen deutsche festverzinsliche Wertpapiere und Bezahlen mit Devisen in Höhe von DM 300,--.
Es handelt sich um einen Kapitalimport (Zunahme der kurzfristigen Forderungen), der auf der Kreditverkehrsbilanz im Haben verbucht wird und einem Kapitalexport, der in der Wertpapierbilanz im Soll festgehalten wird.

Schaubild: 18 - 4: Buchungsbeispiel zur Zahlungsbilanz

Teilbilanzen

1. HD

(1)	600	(2)	200
(4)	300	(3)	100
(8)	100	S_{HB}	700
	1000		*1000*

2. DLB

(6)	150	(5)	100
		S_{DLB}	50
	150		*150*

3. FLB

(10)	250	S_{FLB}	250
	250		*250*

4. LÜB

$S_{LÜB}$	700	(7)	400
		(4)	300
	700		*700*

5. VÜB

$S_{VÜB}$	200	(12)	200
	200		*200*

6. DIB

S_{DIB}	500	(8)	500
	500		*500*

7. WPB

(11)	300	S_{WPB}	300
	300		*300*

8. KVB

(2)	200	(1)	600
(6)	-150	(3)	-100
(7)	400	(8)	-400
		(9)	200
		(10)	250
		(11)	300
S_{KVB}	200	(12)	-200
	650		*650*

9 SKB

/	/

10. GDB

(5)	100	(9)	-200
		S_{GDB}	300
	100		*100*

Salden der Teilbilanzen

	+	-	
1. S_{HB}	700		
2. S_{DLB}	50		
3.		S_{FLB}	250
4.		$S_{LÜB}$	700
5.		$S_{VÜB}$	200
6.		S_{DIB}	500
7.		S_{WPB}	300
8.		S_{KVB}	200
9.	/	/	
10. S_{GDB}	300		
	1600	1600	

ZB- Skalenform

1. HB	+ 700
2. DLB	+ 50
3. FLB	+ 250
4. LÜB	- 700
5. VÜB	- 200
6. DIB	- 500
7. WPB	+ 300
8. KVB	- 200
9. SKB	/
10. GDB	+ 300
	$\Sigma 0$

Zusammengefaßte Teilbilanzen

a) AB_{BIP}	= (1)+(2)	= 700	d) NAV	= (1)+(2)+(3)+(4)+(5)	= 100
b) AB_{BSP}	= (1)+(2)+(3)	= 1050	e) KB i.e.S.	= (6)+(7)+(8)+(9)	= -400
c) LB	= (1)+(2)+(3)+(4)	= 300	f) KB i.w.S.	= (6)+(7)+(8)+(9)+(10)	= -100

(12) Die Bundesregierung erläßt einem Entwicklungsland langfristige Schulden in Höhe von DM 200,--.
Dieser Vermögenstransfer steht zum einen in der Vermögensübertragungsbilanz als geleistete Vermögensübertragung im Haben. In der Kreditverkehrsbilanz werden die langfristigen Forderungen öffentlicher Stellen abnehmen, d. h. die Verbuchung erfolgt im Haben mit negativen Vorzeichen.

18.4 Zahlungsbilanz - empirisch

Betrachten wir nun die Zahlungsbilanz der Bundesrepublik Deutschland. Die Hauptposten der Zahlungsbilanz der Bundesrepublik Deutschland sind dem Monatsbericht der Deutschen Bundesbank vom März 1995 entnommen (vgl. Box 18-1). Hier werden einige Detailprobleme behandelt, die zum besseren Verständnis der empirischen Zahlungsbilanz führen:

Der Außenhandel wird von der Deutschen Bundesbank "fob" bewertet. Was heißt das? Die Abkürzung "fob" steht für "free on board". Bei dem (internationalen) Handel von Waren fallen Transport- und Versicherungskosten an. Erfolgt die Bewertung der gehandelten Güter "fob", so werden die Kosten für Transport und Versicherung, die auf dem Weg von der Grenze des ausführenden Landes bis zur Grenze des Empfängerlandes anfallen, nicht mit in den Wert einbezogen, der sich in der Handelsbilanz niederschlägt. Die Transport- und Versicherungskosten werden ausschließlich in der Dienstleistungsbilanz erfaßt. Für die Importe entspricht die Bewertung zum fob-Wert ebenfalls internationalen Gepflogenheiten, auch die deutschen Importe werden zu ihrem Wert an der ausländischen Grenze verbucht.
Sollten Sie hingegen die amtliche deutsche Außenhandelsstatistik in die Hände bekommen, finden Sie dort die Importe mit ihrem "cif"-Wert angesetzt. Das Kürzel "cif" steht für "cost, insurance, freight". In diesem Fall sind die gesamten Kosten, die mit dem Transport und der Versicherung der Güter von der ausländischen Grenze (d.h. der des exportierenden Landes) bis zur inländischen Grenze anfallen, in den Importwert eingerechnet, der in die Handelsbilanz eingeht. Dieser Wert umfaßt damit sowohl den Warenwert als auch die mit dem Import verbundenen Dienstleistungen.

BOX: 18 - 1 Hauptposten der Zahlungsbilanz

Wichtige Posten der Zahlungsbilanz

Mrd DM

Position	1992	1993 4)	1994 4)
I. Leistungsbilanz			
Außenhandel			
Ausfuhr (fob)	671,2	628,4	685,1
Einfuhr (cif)	637,5	566,5	611,2
Saldo	+ 33,7	+ 61,9	+ 73,9
Ergänzungen zum Warenverkehr 1)	– 3,6	– 7,1	– 3,6
Dienstleistungen			
Einnahmen	107,2	105,1	101,5
Ausgaben	138,4	146,4	152,3
Saldo	– 31,3	– 41,3	– 50,8
Erwerbs- und Vermögenseinkommen (Saldo)	+ 22,5	+ 19,7	+ 3,0
Laufende Übertragungen			
Fremde Leistungen	30,1	28,5	31,6
Eigene Leistungen	85,2	86,0	92,8
Saldo	– 55,1	– 57,5	– 61,2
Saldo der Leistungsbilanz	– 33,7	– 24,3	– 38,6
II. Vermögensübertragungen			
Fremde Leistungen	1,7	2,3	2,5
Eigene Leistungen	0,7	1,4	1,4
Saldo	+ 1,1	+ 0,9	+ 1,2
III. Kapitalbilanz (Nettokapitalexport: –)			
Direktinvestitionen	– 26,8	– 25,2	– 23,7
Deutsche Anlagen	– 30,5	– 25,6	– 25,8
Ausländische Anlagen	+ 3,7	+ 0,4	+ 2,1
Wertpapiere 2)	+ 45,3	+ 177,3	– 55,0
Deutsche Anlagen	– 75,5	– 53,2	– 96,3
Ausländische Anlagen	+ 120,8	+ 230,4	+ 41,4
Kreditverkehr 2)	+ 74,6	– 144,8	+ 133,2
Kreditinstitute	+ 81,0	– 87,6	+ 141,6
langfristig	+ 13,9	+ 12,0	+ 15,8
kurzfristig	+ 67,1	– 99,7	+ 125,8
Unternehmen und Privatpersonen	+ 6,2	– 51,8	– 17,1
langfristig	+ 6,0	+ 6,3	– 1,7
kurzfristig	+ 0,3	– 58,1	– 15,5
- Öffentliche Stellen	– 12,6	– 5,4	+ 8,8
langfristig	– 6,9	– 3,0	– 7,2
kurzfristig	– 5,7	– 2,4	+ 15,9
Sonstige Kapitalanlagen	– 2,8	– 2,6	– 2,8
Saldo der gesamten Kapitalbilanz	+ 90,3	+ 4,7	+ 51,7
IV. Saldo der statistisch nicht aufgliederbaren Transaktionen (Restposten)	+ 11,1	– 17,0	– 2,0
V. Veränderung der Netto-Auslandsaktiva der Bundesbank zu Transaktionswerten (Zunahme: +) 3) (I + II + III + IV)	+ 68,7	– 35,8	+ 12,2

1 Hauptsächlich Lagerverkehr auf inländische Rechnung und Absetzung der Rückwaren. — 2 Ohne Direktinvestitionen. — 3 Einschl. der ab März 1993 emittierten und an Gebietsfremde verkauften Liquiditäts-U-Schätze. — 4 Ergebnisse durch Änderung in der Erfassung des Außenhandels mit größerer Unsicherheit behaftet.

Außenhandel und Leistungsbilanz

saisonbereinigt, gleitende Dreimonatsdurchschnitte

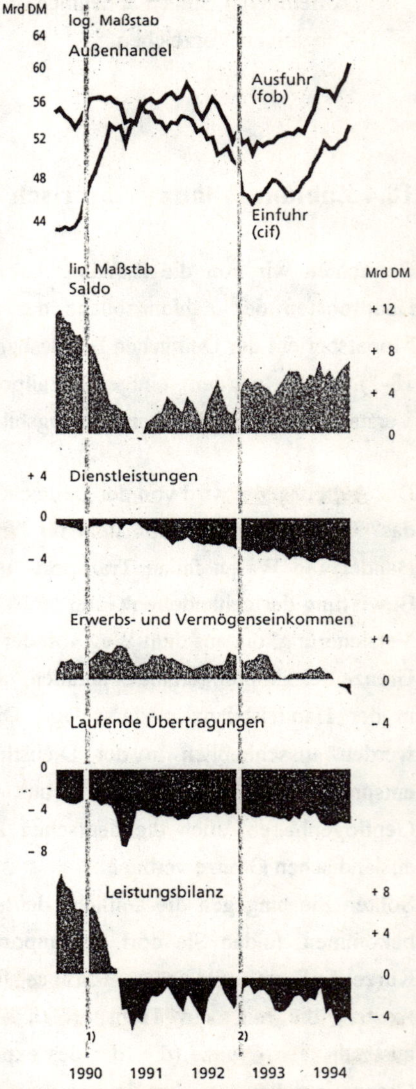

1 Ab Juli 1990 neuer Gebietsstand. — 2 Ab Januar 1993 Ergebnisse durch Änderung in der Erfassung des Außenhandels mit größerer Unsicherheit behaftet.

Quelle: Deutsche Bundesbank, Monatsbericht März 1995

Der Handelsbilanzsaldo der Bundesrepublik Deutschland ist durchgängig positiv, obwohl er sich ab 1990 aufgrund der stark angestiegenen Importe im Zuge der Wiedervereinigung und gleichzeitig stockender Exporte aufgrund der konjunkturellen Abschwächung der Weltwirtschaft seit langer Zeit erstmals deutlich verringerte. Im Gegensatz zur Handelsbilanz weist die Dienstleistungsbilanz durchgängig seit 1986 einen negativen Saldo aus, der sich von 1990 bis Ende 1994 verfünffachte! Diese Entwicklung ist u. a. darauf zurückzuführen, daß die Ausgaben für Auslandsreisen stark anwuchsen und die Einnahmen von ausländischen militärischen Dienststellen drastisch zurückgingen.
Die Faktorleistungsbilanz (Bilanz der Erwerbs- und Vermögenseinkommen) weist einen durchgängig positiven Saldo aus, der in der letzten Dekade allerdings stark schwankte: 1987 betrug er lediglich 6 Mrd. DM, erreicht 1991 mit 30 Mrd. DM einen maximalen Stand und schrumpfte bis 1995 auf lediglich 8 Mrd., ein Niveau, daß er bereits 1985 hatte. Zwar nehmen in der betrachteten Dekade (1985-1994) die Ausgaben für Erwerbseinkommen von 3,6 Mrd. DM auf 8,9 Mrd. DM kontinuierlich zu, doch entfallen die größten Veränderungen auf die Vermögenseinkommen, die allein zwischen 1991 (32 Mrd. DM) bis 1995 (12,8 Mrd. DM) um fast 20 Mrd. DM per Saldo abnehmen. Eine wichtige Entwicklung innerhalb dieser Bilanz zeigen die an das Ausland geleisteten Zinszahlungen für festverzinsliche öffentliche Anleihen aus: Diese Zahlungen betrugen 1985 noch lediglich 1,7 Mrd. DM und beliefen sich (aufgrund der wachsenden Auslandsverschuldung der öffentlichen Hand) 1994 auf 30,6 Mrd.
Typisch für die Bundesrepublik ist ihr strukturelles Defizit in der laufenden Übertragungsbilanz. Zwischen 1,5% und 2% des BIP stellt Deutschland dem Ausland ohne Gegenleistung zur Verfügung. Den größten Einzelposten bilden hier die Leistungen an die Europäische Union, die sich allein zwischen 1990 und 1995 fast verdoppelten und Ende 1994 brutto 42 Mrd. DM betrugen, wovon 14 Mrd. DM zurückflossen. Dagegen belaufen sich die Zuwendungen an Entwicklungsländer auf lediglich 3,1 Mrd. DM im Jahre 1994. Aber auch die privaten Übertragungen sind per Saldo durchgängig defizitär, wobei die Heimatüberweisungen der Gastarbeiter regelmäßig mit 7-8 Mrd. DM zu Buche schlagen.
Die Leistungsbilanz, d.h. die Summe aus Handelsbilanz, Dienstleistungs-, Faktorleistungs- und Übertragungsbilanz, entwickelte sich seit 1990 defizitär.

Die Bilanz der Vermögensübertragungen weist einen (absolut gesehen) unbedeutenden Saldo auf. Schwankungen gehen auf singuläre Ereignisse zurück, wie z. B. öffentliche Leistungen an das Ausland in Form eines Schuldenerlasses

Box: 18 - 2 Außenhandel und Leistungsbilanz

Wertpapieranlagen

Mrd DM

Position	1992	1993	1994
Deutsche Anlagen in ausländischen Wertpapieren (Netto-Käufe/Kapitalexport: –)	– 75,5	– 53,2	– 96,3
Aktien	– 1,4	– 8,1	– 11,6
Investmentzertifikate	– 61,0	– 18,7	– 28,0
darunter: Geldmarktfonds	–	–	– 16,3
Rentenwerte	– 7,8	– 13,1	– 27,1
Fremdwährungsanleihen	– 0,4	– 6,5	– 20,6
DM-Anleihen	– 7,3	– 6,5	– 6,5
Geldmarktpapiere	– 0,2	– 1,3	– 15,3
Optionsscheine und Finanzderivate 1)	– 5,1	– 11,9	– 14,2
Ausländische Anlagen in inländischen Wertpapieren (Netto-Käufe/Kapitalimport: +)	+ 120,8	+ 230,4	+ 41,4
Aktien	– 4,3	+ 8,4	+ 1,0
Investmentzertifikate	+ 0,1	+ 4,0	+ 4,1
Rentenwerte	+ 120,2	+ 208,1	+ 18,6
Öffentliche Anleihen	+ 76,5	+ 153,4	+ 3,0
Private Anleihen	+ 43,7	+ 54,7	+ 15,6
Geldmarktpapiere	+ 1,2	+ 1,2	– 0,2
Optionsscheine	+ 3,7	+ 8,8	+ 17,9
Saldo des gesamten Wertpapierverkehrs (Kapitalimport: +)	+ 45,3	+ 177,3	– 55,0

1 Die Finanzderivate enthalten den Saldo der Zahlungen in Optionen und Finanztermingeschäften.

Kreditverkehr

Mrd DM

Position	1992	1993	1994
Kreditinstitute	+ 81,0	– 87,6	+ 141,6
Langfristig	+ 13,9	+ 12,0	+ 15,8
Forderungen	– 9,4	– 26,3	– 21,3
Verbindlichkeiten	+ 23,3	+ 38,3	+ 37,1
Kurzfristig	+ 67,1	– 99,7	+ 125,8
Forderungen	+ 16,9	– 120,0	+ 51,9
Verbindlichkeiten	+ 50,2	+ 20,3	+ 73,9
Unternehmen und Privatpersonen	+ 6,2	– 51,8	– 17,1
Langfristig	+ 6,0	+ 6,3	– 1,7
Forderungen	– 0,6	– 0,5	+ 0,5
Verbindlichkeiten	+ 6,5	+ 6,9	– 2,2
Kurzfristig	+ 0,3	– 58,1	– 15,5
Forderungen	– 3,9	– 55,9	– 27,1
Verbindlichkeiten	+ 4,2	– 2,2	+ 11,7
Öffentliche Stellen	– 12,6	– 5,4	+ 8,8
Langfristig	– 6,9	– 3,0	– 7,2
Forderungen	– 4,1	– 6,6	– 5,2
Verbindlichkeiten	– 2,8	+ 3,5	– 2,0
Kurzfristig	– 5,7	– 2,4	+ 15,9
Forderungen	– 6,2	– 5,0	+ 8,7
Verbindlichkeiten	+ 0,5	+ 2,7	+ 7,2
Saldo des gesamten Kreditverkehrs (Kapitalimport: +)	+ 74,6	– 144,8	+ 133,2

Auslandsposition der Deutschen Bundesbank

Monatsendstände

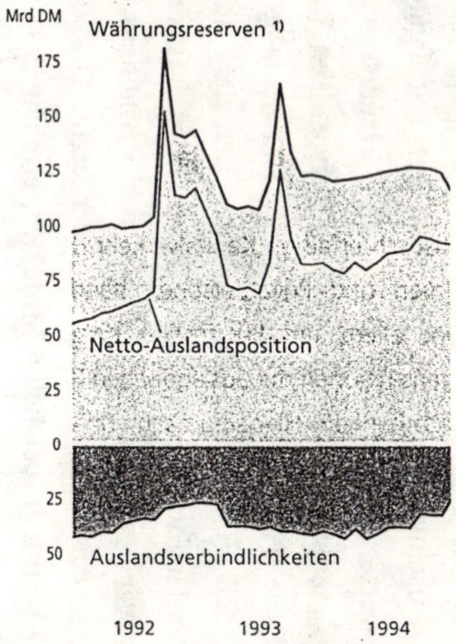

1 Einschließlich sonstiger Auslandsaktiva.

Quelle: Deutsche Bundesbank, Monatsbericht März 1995

gegenüber bestimmten Entwicklungsländern 1990 und 1991 von zusammengenommen 4 Mrd. DM.

Zum Verständnis der Kapital(verkehrs)bilanz erinnern wir uns, daß der Kapitalexport bzw. die Zunahme deutscher Anlagen im Ausland auf der Habenseite der Kapital(verkehrs)bilanz verbucht wird, und das heißt in der hier gewählten Skalendarstellung, sie werden mit einem negativen Vorzeichen versehen. Für Sie mag es möglicherweise verwirrend sein, daß der Kapitalexport auf derselben Seite verbucht wird wie der Güterimport. Zum leichteren Verständnis machen Sie sich klar, daß ein "Kapitalexport" identisch ist mit einem "Import an Forderungen" bzw. Eigentumsrechten auf ausländisches Vermögen - dann verbuchen Sie den "Import von Forderungen" wie den "Import von Gütern" auf derselben Seite der Bilanz!

Die einzelnen Teilbilanzen der Kapital(verkehrs)bilanz unterliegen stets relativ größeren Schwankungen als die der Leistungsbilanz. Z. B. nehmen die ausländischen Nettokapitalanlagen in festverzinslichen Wertpapieren von 20 Mrd. DM 1990 auf 208 Mrd. DM 1993 zu, um sich 1994 auf unter 19 Mrd. zurückzubilden. Die Kapital(verkehrs)bilanz insgesamt erreichte in der Dekade 1985-1994 einen maximalen Negativsaldo von -134 Mrd. DM im Jahre 1989 (ein Jahr vor der Wiedervereinigung) und einen maximalen Positivsaldo von +90 Mrd. im Jahre 1992. Hierin dokumentiert sich der Wiedervereinigungs"schock": Deutschland wurde von einem der größten Nettokapitalexporteure zu einem (vorübergehenden) Nettokapitalimporteur, und finanziert auf diese Weise den „Wiederaufbau Ost" z. T. duch Rückgriff auf ausländische Kreditaufnahme.

Der "Restposten" oder Saldo der statistisch nicht aufgliederbaren Transaktionen resultiert daraus, daß nicht alle tatsächlich getätigten ökonomischen Transaktionen mit dem Ausland erfaßt werden (können). In der Außenhandelsstatistik des Statistischen Bundesamtes werden die Handelsströme direkt erfaßt, aber nicht die damit verbundenen Finanzierungsströme. Das ist solange unproblematisch, wie die Finanzierungs- und Zahlungsmodalitäten, die "terms of payment", weitgehend unverändert bleiben. Sollten aber beispielsweise die Wirtschaftssubjekte eine Aufwertung der DM gegenüber dem US$ erwarten (z.B. von DM 1,60/1 US-$ auf DM 1,40/1 US-$), wird das ihre Zahlungsgewohnheiten verändern. Wie? Überlegen Sie getrennt für Exporteure, und Importeure und Kapitalanleger.
Auch verbergen sich im Restposten Kapitalströme, die in den "ordentlichen" Kapitalverkehrsbilanzen nicht erfaßt sind wie z.B. "Kapitalflucht", die unter

bestimmten ökonomischen und politischen Konstellationen sehr umfangreich ausfallen kann. Den deutlichen Swing im Restposten von +11 Mrd. DM auf -17 Mrd. DM in 1993 führt die Bundesbank u.a. darauf zurück, daß im Zusammenhang mit der Einführung der Zinsabschlagssteuer Vermögensumschichtungen vorgenommen wurden, die nicht sämtlich im "ordentlichen" Kapitalverkehr erfaßt wurden. Aus Kapitalflucht resultierende "unechte" Auslandskäufe am deutschen Wertpapiermarkt spiegeln sich im Restposten wider.[5]

Die Veränderung der Netto-Auslandsaktiva der Bundesbank ist die uns bekannte "Gold- und Devisenbilanz". Der Saldo dieser Bilanz muß (mit umgekehrten Vorzeichen) identisch sein mit der Summe der Salden aller bisherigen Teilbilanzen. Bei der Darstellungsweise der Zahlungsbilanz durch die Bundesbank ist allerdings genau hinzusehen: Eine Zunahme der Nettoauslandsaktiva versieht sie mit einem positiven Vorzeichen, obgleich die Zunahme auf der Haben-Seite (der Gold- und Devisenbilanz) verbucht wird und (wie auch die Zunahme der Auslandsaktiva der Geschäftsbanken in der Kapitalverkehrsbilanz) demzufolge ein negatives Vorzeichen haben müßte:

Die Bundesbank setzt sich über diese Zahlungsbilanzsystematik hinweg, da sie die Veränderung ihrer Auslandsaktiva aus ihrer Zentralbank-Bilanz entnimmt. Ein Ankauf von US$ gegen DM erhöht ihre Aktiva (Währungsreserven), was in der Zentralbank-Bilanz mit einem positiven Vorzeichen versehen wird. In der Gold- und Devisenbilanz steht der Ankauf von US$ gegen DM als Kapitalexport der Zentralbank auf der Habenseite und wäre dementsprechend mit einem negativen Vorzeichen zu versehen.

Es bleibt anzumerken, daß sie die Veränderungen ihrer Netto-Auslandsaktiva zu „Transaktionswerten" vornimmt, d. h. zu den Kursen, zu denen die Transaktionen tatsächlich erfolgten. Diese Angaben sind mit der übrigen Zahlungsbilanz konsistent. Nur noch nachrichtlich wird die Bewertung zu „Bilanzkursen" ausgewiesen: z. B. muß die Bundesbank ihre Bestände an Währungsreserven am Bilanzstichtag zu den dann herrschenden Wechselkursen bzw. nach dem Niederstwertprinzip zu dem in der Vergangenheit aufgetretenen niedrigsten Kurs bewerten, unabhängig davon, zu welchem Kurs die zugrundeliegende Transaktion ursprünglich abgewickelt wurde.[6]

5 Vgl. Geschäftsbericht der Deutschen Bundesbank, 1993, S. 54.

6 Im früheren Zahlungsbilanzschema der Bundesbank wurden die Veränderungen der Nettoauslandsaktiva zur Bilanzkursen angegeben und die Differenz gegenüber einer Bewertung zu Transaktionswerten in dem „Ausgleichposten zur Auslandsposition der Bundesbank" korrigiert.

BOX: 18 - 3 Zur Struktur des Außenhandels der Bundesrepublik Deutschland

Das Außenhandelsvolumen der Bundesrepublik Deutschland (früheres Bundesgebiet) hat sich von 1950 bis 1992 von 8 Mrd. DM auf 657 Mrd. DM gesteigert. 1992 machten die Exporte von Gütern und Dienstleistungen 34,5 % der Verwendung des Sozialprodukts aus und die Importe 29 % (Anteile nach Preisen von 1991). Eine Theorie des Außenhandels, die von dem Nationalökonom David Ricardo (1772 - 1823) entwickelt wurde besagt, daß Länder sich auf die Produktion und den Export der Güter spezialisieren sollen, bei denen sie komparative Vorteile besitzen. Wo liegen diese Vorteile im Fall der Bundesrepublik Deutschland? Um dies festzustellen betrachten wir die Struktur des bundesdeutschen Außenhandels. Schaubild 18-5 macht deutlich, daß die bundesdeutschen Exporte von zwei Gütergruppen dominiert werden. Fast die Hälfte der gesamten Exporte besteht aus Maschinen und Fahrzeugen, an zweiter Stelle rangieren Erzeugnisse der chemischen und der industriellen Produktion. Neben diesen beiden "Säulen" deutscher Exporte machen die Exporte von Nahrungs- und Genußmitteln, Rohstoffen und mineralischen Brennstoffen nur einen geringen Teil aus. Eine ähnliche Struktur läßt sich auch bei den Importen feststellen. Die größte Gruppe bilden hier die chemischen Erzeugnisse und sonstigen Industriewaren.

Schaubild 18-6 verdeutlicht, mit welchen Ländern dieser Außenhandel getätigt wird. Fast 80 % des Außenhandels findet mit westlichen Industriestaaten statt, darunter etwa 50 % mit den EG-Staaten. Das wichtigste Exportland ist hierunter Frankreich, auf der Importseite finden wir an vorderster Stelle neben Frankreich, Italien auch die Niederlande. Neben den EG-Staaten sind weitere wichtige Handelspartner die USA mit 7 - 8 % des deutschen Außenhandels und Japan, wobei mit Japan ein stark unausgeglichenes Verhältnis von Im- und Exporten besteht.

Die ehemalige DDR hatte eine ähnliche Güterstruktur ihres Außenhandels, doch einen regionalen Schwerpunkt in Richtung der RGW[1]-Staaten, mit denen sie früher rund 70 % ihres Außenhandels betrieb. Dieser Export ist nach der Wiedervereinigung weitestgehend zusammengebrochen: Zum einen müssen die Abnehmer jetzt in DM (d.h. in harten Devisen) bezahlen, zum anderen kaufen sie für diese dann lieber original West-Produkte modernster Technologie und schließlich verfügen sie nur beschränkt über die dafür notwendigen Devisen.

[1]Der RGW (Rat für gegenseitige Wirtschaftshilfe, auch Comecon genannt) wurde als Antwort auf den westlichen Marshallplan gegründet und hatte insbesondere die Förderung des Handels zwischen den Mitgliedsstaaten zur Aufgabe.

Schaubild 18-5:

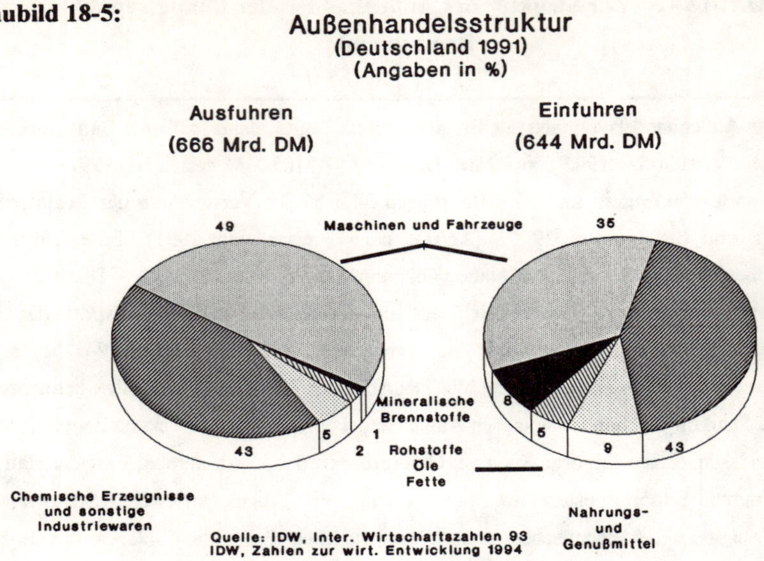

Schaubild 18-6:

Außenhandel der Bundesrepublik Deutschland 1993 in Prozent

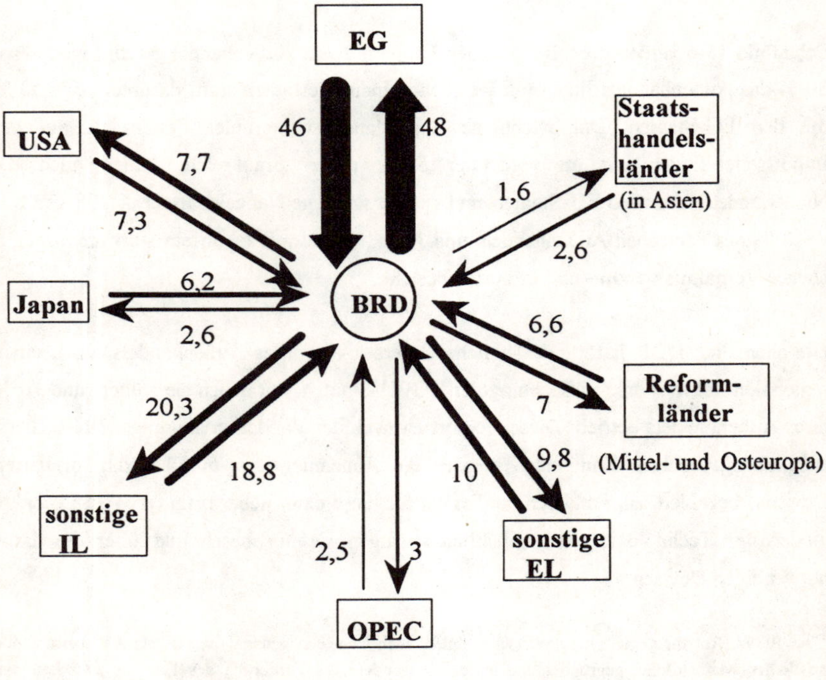

Quelle : Deutsche Bundesbank, Monatsbericht Mai 1994

19 Zur "Öko-Bilanz"

19.1 Vom Sozial- zum Öko-Sozial-Produkt

Die volkswirtschaftliche Gesamtrechnung (VGR) zielt auf die Erfassung des rein ökonomisch definierten Sozialproduktes einer Volkswirtschaft. Genaue Kenntnisse über die Entstehung, Verteilung, Verwendung und vor allem auch die Zuwachsraten bilden die Grundlage für viele wirtschaftliche und wirtschaftspolitische Entscheidungen. Der Wirtschaftskreislauf der VGR ist in sich geschlossen und auf die Erfassung von Marktvorgängen orientiert (mit den bekannten Ausnahmen). Die von der außerökonomischen Umwelt zur Verfügung gestellten Leistungen gehen in diesen Wirtschaftskreislauf als "freie Güter" ein und zwar sowohl auf der "Input"-Seite zu Beginnn des Wirtschaftsprozesses, als auch auf der "Output"-Seite am Ende des Wirtschaftsprozesses: die Umwelt stellt die natürlichen Ressourcen zur Verfügung und nimmt die produktionsbedingten Abfallprodukte auf, sowie große Teile des Sozialproduktes nach Gebrauch zurück (Müll). Das Sozialprodukt würde sogar weiter wachsen, wenn bei der "originären" Güterproduktion auftretende Umweltschäden durch "sekundäre" Produktionsprozesse wieder beseitigt werden. (Dieses ist z.B. der Fall, wenn Kläranlagen für die Reinigung verschmutzter Gewässer gebaut werden oder abgasvergiftete Luft durch Filter in Fabrikschornsteinen bzw. Katalysatoren in Auspuffanlagen gereinigt werden, oder wenn die Außenfassade des Kölner Doms, die aufgrund des Sauren Regens zerbröselt, zwecks Erhalt der Bausubstanz permanent renoviert wird). Die aus diesen "sekundären" Produktionsprozessen resultierende "Wertschöpfung" geht ungeschmälert in die Berechnung des Sozialproduktes ein, obgleich sie vielleicht gerade den an der Umwelt aufgetretenen "Werteverzehr" (die Schädigung der Umwelt) ausgleicht.

Die Erfahrungen mit dem intensiven, ökonomischen Wachstum der letzten Jahrzehnte haben deutlich gemacht, daß dieses Wachstum mit negativen Beeinträchtigungen der Umwelt erkauft wurde, die ihrerseits zunehmend stärker als Natur- und Wohlfahrtsverluste empfunden werden. Die von der Wachstumspolitik implizit unterstellte Gleichung "mehr Wachstum = mehr Wohlstand" stimmt nicht, wenn ein (immer größer werdender) Teil des Sozialproduktes für den

Umweltschutz eingesetzt werden muß als Reparatur-, Sanierungs-, Entsorgungs- oder Vorsorgekosten. Umwelt wird nicht länger als freies sondern als knappes Gut angesehen. Zwar läßt sich die Umwelt nicht so einfach als Vermögensbestand bilanzieren wie z.B. das Produktivvermögen einer Wirtschaft, aber Veränderungen dieses Vermögens werden zu berechnen bzw. zu schätzen versucht. Eine Einbeziehung der Umwelt in den Wirtschaftskreislauf könnte über ein "Umwelt-Vermögens-Änderungs-Konto" erfolgen. Auf diesem Konto wäre der "Verzehr" an Umwelt als Abschreibungen auf das Umweltkapital zu erfassen und Maßnahmen zur Wiederherstellung des "status quo ante" als Bruttoinvestitionen in die Umwelt. Überwiegen die Abschreibungen, reduziert sich das Umweltvermögen (vgl. die Konten des Zahlenbeispiels von Schaubild 19 - 1).

Schaubild 19 - 1: VGR und Umweltvermögen

a) Traditionelle VGR

P

D	80	**C**	200
WS	270	I^b	150
	350		350

RVÄ

I^b	150	**D**	80
		S	70
	150		150

b) Traditionelle VGR mit Umweltinvestitonen

P

D	80	**C**	200
WS	300	I^b	150
		I^b_{UW}	30
	380		380

RVÄ

I^b	150	**D**	80
I^b_{UW}	30	**S**	100
	180		180

c) Öko - VGR mit Umweltabschreibungen

$P_{Öko}$

D	80	**C**	200
D_{UW}	60	I^b	150
$WS_{Öko}$	240	I^b_{UW}	30
	380		380

$RVÄ_{Öko}$

I^b	150	**D**	80
I^b_{UW}	30	D_{UW}	60
		S	40
	180		180

P: Gesamtwirtschaftliches Produktionskonto

RVÄ: Gesamtwirtschaftliches Reinvermögensänderungskonto

Das Bruttosozialprodukt ist im Fall (a) am geringsten (350). Die Bruttosozialprodukte im Fall (b) und (c) sind größengleich (380). Das Nettosozialprodukt ist jedoch im Fall (c) am geringsten. Es gilt:

Bruttosozialprodukt	380
- Abschreibungen	80
= Nettosozialprodukt	300
- Abschreibungen auf das Umweltkapital	60
= Öko - Sozial - Produkt (netto)	240

Die Berechnung eines "Öko-Sozial-Produktes" würde die Wechselbeziehungen zwischen Natur- und Wirtschaftskreislauf miteinzubeziehen haben. Aus dem Vergleich des "ökonomischen" Sozialproduktes mit dem Öko-Sozial-Produkt ließe sich ablesen, welcher Teil des Sozialproduktes auf wirtschaftliche Aktivitäten zurückzuführen ist und welcher Teil durch die Umwelt erbracht wurde. Das Öko-Sozial-Produkt würde die ökologisch nachhaltige Produktion einer Volkswirtschaft ausweisen und damit die Orientierungsgröße ökologisch orientierter Wirtschaftspolitiken sein. Doch so einfach dieser Basiskreislauf zwischen Umwelt und Wirtschaft beschrieben werden kann, so schwierig ist es, ihn inhaltlich zu konkretisieren und zu operationalisieren.

Die Entwicklung einer umweltökonomischen Gesamtrechnung steht noch ganz am Anfang. Ihre Notwendigkeit leitet sich ab aus dem Auftreten ökologischer Krisen und Katastrophen, deren Bewältigung einen umwelt-politischen Handlungsbedarf nach sich zieht. Umweltpolitik geht auf die Erkenntnis zurück, daß eine intakte Umwelt ein zentrales Gut für die Menschheit ist und daß es offensichtlich Grenzen ihrer Ausbeutbarkeit und Belastbarkeit gibt. Die sich daraus ergebenden Fragen lauten: welche empirischen Sachverhalte sind umweltrelevant und müssen erhoben werden, wie sind diese Sachverhalte zu gewichten und zu bewerten, wie sind diese umweltökonomischen Berechnungen zu erstellen?

In Deutschland arbeitet das Statistische Bundesamt sowohl an der Entwicklung einer Umweltökonomischen Gesamtrechnung (UGR)[1] als auch an einem Umwelt-Satelliten-System[2], das die VGR (ähnlich der Input-Output Tabelle) durch eine Umwelt-Matrix ergänzt. Schauen wir uns die wichtigsten Ansätze und die auftretenden Probleme etwas genauer an.

[1] Vgl. auch Stellungnahme des Beirats Umweltökonomische Gesamtrechnung beim Bundesminister für Umwelt, Naturschutz und Reaktorsicherheit, Bonn, 1992.

[2] Vgl. Stahmer, C.: Umwelt-Satelliten-System zu den Volkswirtschaftlichen Gesamtrechnungen, in: Allgemeines Statistisches Archiv, Heft 1, 1988, S. 58ff.

19.2 Zur Umweltökonomischen Gesamtrechnung (UGR)

Die UGR soll u.a. folgende Ziele haben: "- Die Umweltökonomische Gesamtrechnung muß den Zustand der Umwelt und seine Entwicklung quantitativ erfassen und darstellen. Dabei sollen die Einflüsse menschlicher Tätigkeit auf die Umwelt als auch natürliche Umweltvorgänge einbezogen werden"...und "- Die Umweltökonomische Gesamtrechnung soll alle relevanten Umweltbereiche einbeziehen, sie soll sowohl regional als auch sachlich gegliedert sein".[3] Dabei wird die umweltökonomische Gesamtrechnung zwar unabhängig von den Volkswirtschaftlichen Gesamtrechnungen aufgebaut, aber es wird auf Verknüpfungen der Eckwerte beider Systeme geachtet. Praktisch soll das so geschehen, daß für Umweltziele Indikatoren berechnet werden, sog. Öko-Margen. "Öko-Margen lassen sich in absoluten monetären, beziehungsweise physikalischen Größen als Differenz zwischen Anfangs- und Endzustand oder als Saldo zwischen Belastungs- und Entlastungsvorgängen ausdrücken."[4] Es sollen zunächst einzelne Margen für den Bereich Rohstoffabbau und -verbrauch sowie für Immissionen und Emissionen berechnet werden (vgl. Schaubild 19 - 2). Die Entwicklung eines Gesamtumweltindex ist jedoch nicht vorgesehen wegen der noch ungelösten Bewertungsprobleme. Die UGR soll in einen Berichtsteil (Statistisches Umweltökonomisches Berichtssystem STUBS) und einen Analyseteil gegliedert werden (vgl. Schaubild 19 - 3). Das STUBS hat die Aufgabe, eine Beschreibung der Umweltlage zu geben, ihre Entwicklung aufzuzeigen und als Grundlage für den Analyseteil zu dienen.

Das Statistische Bundesamt sieht beim Erstellen eines Öko-Sozialprodukts jedoch erhebliche Schwierigkeiten und stuft dieses als Fernziel ein: "Die Berücksichtigung von Umweltnutzungen und Umweltschäden im Rahmen der Volkswirtschaftlichen Gesamtrechnung erweist sich als äußerst schwierig, die Einbeziehung von wohlfahrtserhöhenden oder -senkenden Umwelteinflüssen in ein System, das in erster Linie für Zwecke der Konjunkturbeobachtung auf die Darstellung der wirtschaftlichen Leistung und der damit verbundenen Einkommensströme ausgerichtet ist, macht komplizierte Überlegungen notwendig."[5] Überlegungen, das zur Zeit berechnete Sozialprodukt durch ein Öko-Sozialprodukt zu ersetzen, werden vom Statistischen Bundesamt als nicht sinnvoll betrachtet[6,7].

---

[3] Hölder, E.: Wege zu ..., S.8.
[4] Dorow, F.: Grundprogramm ..., S. 79.
[5] Ebenda, S. 75.
[6] Ebenda, S. 76.
[7] Bemühungen, eine ökologisch orientierte Kostenrechnung aufzustellen, werden allerdings in jüngster Zeit u. a. vom Statistischen Bundesamt und von Internationalen Organisationen wie den Vereinten Nationen und der Weltbank unternommen.

Schaubild 19 -2: Gesamtwirtschaftliche Öko - Margen

Umweltfelder / Bestandsgrößen, Veränderungen	Rohstoffverbrauch	Immissionen	Emissionen	Nutzungen
Lage am Beginn der Berichtsperiode	Anfangsbestand	Immissionszustand		Nutzungszustand
- Öko-Marge				
Belastungsvorgänge	Abbau/Verbrauch	Deposition	Emissionsanfall (evtl. Entsorgung)	Belastungen (Nutzungsänderungen und - verluste)
abzüglich:				
Entlastungsvorgänge	Regeneration, Forschungsaufwendungen für Substitution und Schonung der Ressourcen	Regeneration, Sanierungsaufwendungen	Aufwendungen zur Entsorgung (nachrichtlich auch: Aufwendungen zur Emissionsminderung)	Regeneration, Sanierungen, Nutzungsverbesserungen
= Lage am Ende der Berichtsperiode	Endbestand	Immissionszustand		Nutzungszustand
Bewertung in DM im Rahmen der UGR	Öko-Marge zu Marktpreisen/Einfuhrpreisen. Bewertung von Beständen nur, soweit Informationen vorhanden	Bewertung der Immissionen bzw. Öko-Marge zu Reproduktionskosten	Bewertung der Emissionen zu Schadensvermeidungskosten	keine Bewertung vorgesehen

Quelle: Dorow, F.: Einige Bemerkungen..., S. 80.

Schaubild 19 - 3: Aufbau der Umweltökonomischen Gesamtrechnung (UGR)

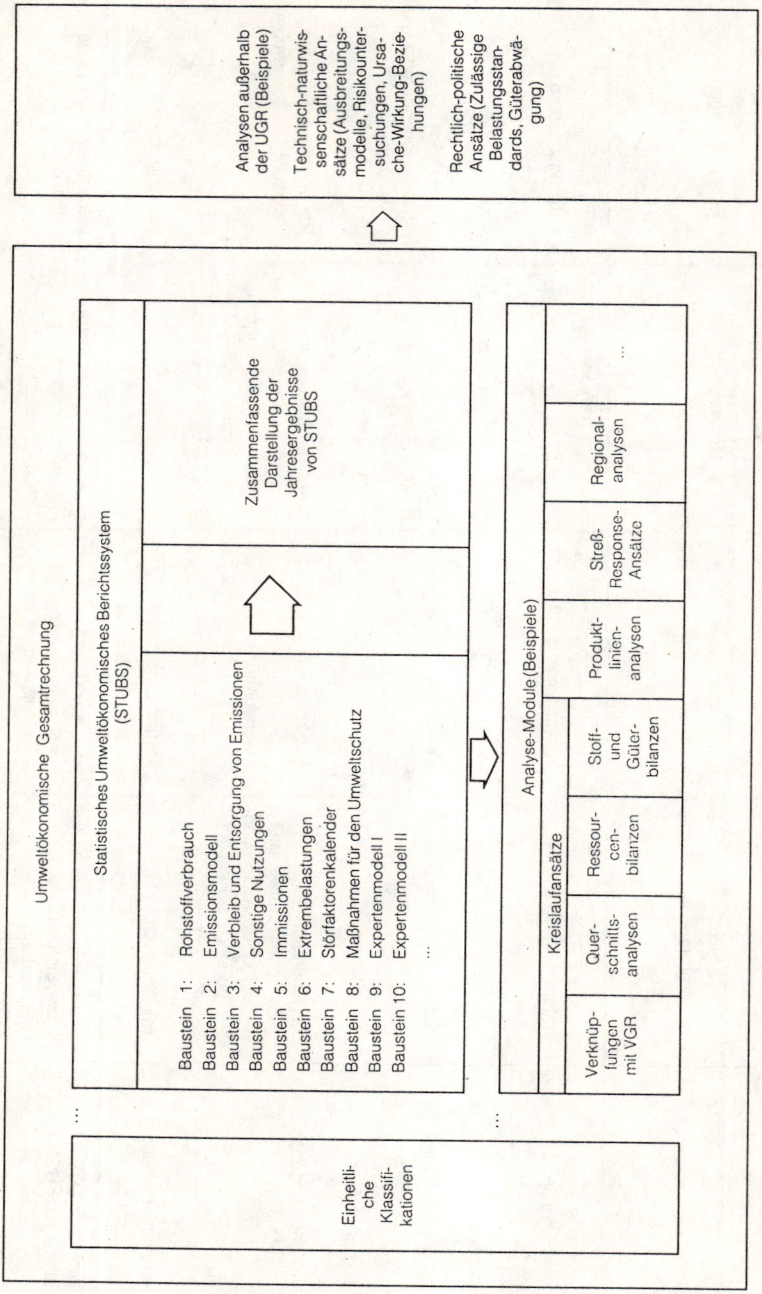

Quelle: Dorow, F.: Grundprogramm..., S. 24.

a) Umweltfunktionen

Der Sachverständigenrat für Umweltfragen schlägt eine funktionale Umweltdefinition vor als Grundlage einer zu entwickelnden umweltökonomischen Gesamtrechnung. Die zentralen Umwelt-Funktionen, die die Umwelt wahrnimmt, bestehen demnach in der sogenannten Produktions-, Träger-, Regelungs- und Informationsfunktion.

Die Produktionsfunktion[8] besteht in der Zurverfügungstellung von natürlichen Ressourcen durch die Umwelt: Nahrungsmittel und nachwachsende Rohstoffe, mineralische Rohstoffe, Baustoffe, fossile und nicht fossile Energieträger, aber auch Elementargüter wie Sonnenenergie, Luft, Wasser, Erde. Zunächst weist die Umwelt ein entsprechendes Produktionspotential der genannten Güter aus. Die Nutzung der Produktionsfunktion, d.h. die Inanspruchnahme der Ressourcen, stellt einen Eingriff in die Umwelt und in ihr Naturpotential dar. Der Abbau nicht erneuerbarer Rohstoffe wird irgendwann zu einer Erschöpfung des entsprechenden Ressourcen-Potentials führen. Die Gewinnung biotischer Rohstoffe muß hingegen nicht zu einer Erschöpfung führen, sondern kann u.U. von der Umwelt selbstregulierend ad infinitum erneuert werden.

Im ökologischen Kreislauf ist die Umwelt nicht nur "Anbieter" von Ressourcen, sondern auch "Abnehmer" aller (Abfall-) Produkte des ökonomischen Poduktionsprozesses und Standort aller (menschlichen) Aktivitäten. In diesen Eigenschaften erfüllt die Umwelt ihre Trägerfunktion: sie "trägt" als Standort z.B. Fabrik- und Wohnanlagen, Infrastrukturanlagen für Transport und Kommunikation, Ver- und Entsorgung, Bildung, Freizeit und Erholung. Sie "erträgt" sämtliche Emissionen und Immissionen, indem sie Abfälle, Abgase, Abwässer aufnimmt.

Die Regelungsfunktion der Umwelt ermöglicht den Abbau bestimmter Abfall- oder Schadstoffe ohne nachhaltige Schädigung der Trägerfunktion.(z.B. reinigen sich Flüsse in einem gewissen Umfang selbstätig, Regen wäscht Luft rein und der Boden filtert das Regenwasser).

Die Regelungsfunktion steuert bzw. ermöglicht die Entnahme bestimmter Quantitäten an Ressourcen ohne nachhaltige Beeinträchtigung der Produktionsfunktion (z.B. biologischer Anbau, erneuerbare Energie). Schließlich bedarf es bestimmter Informationen über die genannten Funktionen, die die Umwelt selbst bereitstellt und die erkannt werden müssen, um die aus den Funktionen resultierenden Leistungen (die die Umwelt bereitstellt) nachhaltigen Nutzen (für den Menschen) ziehen zu können. Man spricht in diesem Zusammenhang von der Informationsfunktion der Umwelt.

---

8 Nicht zu verwechseln mit dem Begriff "Produktionsfunktion" aus der reinen Volkswirtschaftslehre.

b) S T U B S - Statistisches Umweltökonomisches Berichtssystem

Das Konzept einer umweltökonomischen Berichterstattung ist zwar weit entfernt von dem Ziel, ein "Öko-Sozial-Produkt" entwickeln zu können, es hat aber dafür den Vorteil, am weitesten vorangeschritten und unterdessen auch praktisch umsetzbar zu sein. Das heißt natürlich nicht, daß sämtliche Probleme der Erfassung, Bewertung usw. als gelöst gelten können. Mit der Einführung eines umweltökonomischen Berichtssystems betritt das Statistische Bundesamt Neuland. Es hat ein "Baustein-System" gewählt, um sich möglichst problemlos an neue Umweltanforderungen anpassen zu können. Schauen wir uns also einmal an, wie das Statistische Bundesamt das STUBS (das statistische umweltökonomische Berichtssystem) aufgebaut hat.
Aus der Fülle aller umweltrelevanten Tatbestände sind als Grundprogramm vier zentrale Informationen herauszudestillieren:

- Abbau und Verbrauch von Rohstoffen,
- Belastungen von Boden, Wasser, Luft,
- Emission von Schadstoffen und Abfällen,
- Aufwendungen für Umweltschutzmaßnahmen.

In zehn Bausteinen werden die entsprechenden Informationen gesammelt und ausgewertet (siehe Schaubild 19 - 3):

<u>Baustein 1:</u> Rohstoffverbrauch

Welche Mengen der einzelnen Ressourcen werden im Berichtsjahr entnommen und welche Mengen werden im Inland verbraucht? Bei biotischen Ressourcen ist der Gesichtspunkt der Nachhaltigkeit von Bedeutung: die Entnahmen von Ressourcen sollten den natürlichen Nachwuchs nicht übersteigen (z.B. Überfischung). Der Verbrauch nicht erneuerbarer Ressourcen stößt auf das prinzipielle Problem der Erschöpfbarkeit. Der Verbrauch dieser Ressourcen kann die Umwelt nicht unverändert lassen, allerdings bleibt ebenfalls der Verbrauch bestimmter Ressourcen im Zeitverlauf nicht unverändert: Je knapper ein Rohstoff wird, desto teurer wird er; je teurer er wird, desto sparsamer wird er verbraucht, desto eher wird er substituiert. Dem Wert der Ressourcenentnahme werden deshalb die Kosten der Maßnahmen gegengerechnet, die der Ressourcenausweitung dienen bzw. ihrer verbesserten Nutzung dienen. Beide Stromgrößen lassen sich mit Marktpreisen bewerten,um die Bestände geht es dabei nicht.

Baustein 2: Emissionsmodell

Welche Mengen an Schadstoffen (und ehemaligen Rohstoffen) werden bei der Herstellung von Gütern und Dienstleistungen, bei ihrem Transport und beim Verbrauch der Konsumgüter emittiert? Die hier benötigten Angaben werden aber nicht durch (flächendeckende) Messungen gewonnen, sondern durch Modellrechnungen, die Emissions-koeffizienten mit Produktionsdaten kombinieren. Die Bewertung erfolgt (soweit möglich) zu Schadensvermeidungskosten, also zu hypothetischen Aufwendungen, die erforderlich wären, um die Emissionen überhaupt zu vermeiden. Aus der Entwicklung der Emissionskoeffizienten läßt sich der technische Beitrag zur Schadensverringerung ablesen.

Baustein 3: Verbleib und Entsorgung von Emissionen

Wo verbleiben die Emissionen/Schadstoffe nach den Vorgängen der Güterproduktion und des Verbrauchs? Die Emissionen können in der Umwelt verbleiben, entsorgt werden oder wiederverwendet werden durch recycling. Die nicht entsorgten Emissionen werden zu ihren fiktiven Schadensvermeidungskosten bewertet, die anderen zu ihren (tatsächlich anfallenden) Entsorgungs- bzw. Recyclingkosten. Die derzeitige Datengrundlage, die zum Ausfüllen dieses Bausteins erforderlich ist, gilt als sehr lückenhaft.

Baustein 4: Sonstige Nutzungen

Welche Nutzungen stellt die Umwelt als Standort für die Durchführung (ökonomischer) Aktivitäten zur Verfügung? Diese Nutzungen werden nur dann erfaßt, wenn wenigstens eines der nachfolgenden Kriterien erfüllt wird: Knappheiten oder Kapazitätsgrenzen im Umweltbereich/ konkurrierende Nutzungsmöglichkeiten/ Eingriffe in die Regelungsfunktion der Umwelt/ oder Eingriffe in die räumliche Umwelt. Umweltnutzungen sind i.d.R. freie Güter. Eine ökologische Bewertung ist daher ohne weiteres nicht möglich, so daß sich dieser Baustein mit einer quantitativen Umschreibung der Nutzungen begnügen muß.

Baustein 5: Immissionen

Welche Umweltbelastungen ergeben sich in den verschiedenen Umweltmedien? Die Emissionen (vgl. Baustein 2) führen (wenn sie nicht entsorgt werden) zu Belastungen von Boden, Wasser, Luft, aber auch zu Strahlungen, Lärm, Erschütterungen, sie führen dann zu "Immissionen" dieser Umweltmedien. Die jeweiligen Belastungen werden mit fiktiven Reproduktionskosten bewertet, die anfielen, wenn das belastete Umweltmedium "gereinigt" würde. Ersatzweise ließen sich stattdessen auch die entsprechenden Schadensvermeidungskosten heranziehen.

Baustein 6: Extrembelastungen

Welcher Art sind Spitzenbelastungen und Belastungskombinationen? Wo, wie häufig und in welchem Umfang treten sie auf? Der Baustein 5 liefert nur Durchschnittswerte. Wegen der besonderen Bedeutung von Extrembelastungen für bestimmte Umweltsituationen sollen die entsprechenden Daten gesondert dargestellt werden. Die Datengrundlage ist hierbei sogar vergleichsweise gut.

Baustein 7: Störfaktorenkalender

Welche Sonderfaktoren beeinflussen in welchem Umfang, in welcher Weise und in welchen Zeitabständen die Umwelt? Solche Störfaktoren können auf die Natur selbst zurückgehen (Vulkanausbrüche, Erdbeben, Überschwemmungen) als auch vom Menschen ausgelöst werden (Reaktorunfall, Ölpest, Chemieverseuchung). Die Datenlage ist für diese singulären Ereignisse vergleichsweise gut.

Baustein 8: Maßnahmen für den Umweltschutz

Welchen Umfang, welche Art, welche Effizienz haben die im Bereich Umweltschutz ergriffenen Maßnahmen? Hier werden sowohl die laufenden Aufwendungen als auch Investitionen in den Umweltschutz erfaßt (einschließlich der Abschreibungen auf diese Investitionen). Die Aufwendungen können einen eingetretenen Schaden reparieren, Emissionen senken, Ressourcen sparen oder entsprechende Forschungsvorhaben abdecken. Auch für diesen Baustein dürfte die Datenlage relativ befriedigend ausssehen.

Bausteine 9 und 10: Expertenmodell I und II

Wie beurteilen Umwelt-Experten die "objektiv" beschriebene Umweltsituation? Die Experten geben ihr "subjektives" aber sachverständiges Urteil zu einer Reihe von Umweltindikatoren ab, die sie mit Hilfe eines Punktesystems reien (Modell I). Die Experten bewerten die Umweltindikatoren mit Noten (Modell II). Die Hereinnahme von Expertenbeurteilungen ist u.a. Ausdruck der objektiv vorhandenen Unsicherheiten auch des Statistischen Bundesamtes beim Aufbau des STUBS, sowie der Tatsache, daß STUBS nicht auf rein quantitativ erfaßbare Daten zurückgreifen kann, sondern auch Qualitäten messen will.

Die Fülle der in jedem Baustein steckenden praktischen Probleme läßt noch keine direkte Verzahnung mit der volkswirtschaftlichen Gesamtrechnung zu. Auf der Basis des hier vorgestellten STUBS arbeitet u.a. das Statistische Bundesamt an einem Satellitensystem Umwelt, das als eine weitere Ergänzungsrechnung zur VGR vorgesehen ist.

19.3 Zum Umwelt-Satelliten-System

Am weitesten fortgeschritten ist auf diesem Gebiet der Vorschlag der Vereinten Nationen, die im Rahmen ihres "System of National Accounts" (SNA) ein Satellitensystem zur Erfassung der Umwelt entwickeln, das als "System for Integrated Environmental and Economic Accounting" (SEEA) firmiert. Im folgenden werden einige zentrale Elemente dieses Systems präsentiert.

Das SEEA besteht aus einer Stromrechnung zur Erfassung ökonomischer Umweltnutzungen und aus einer Bestandsrechnung, die neben dem produzierten Sachvermögen das nicht-produzierte Naturvermögen umfaßt. Die kombinierte Erfassung von Strom- und Bestandsrechnungen ist ein typisches Kennzeichen für die sogenannte SEEA-Matrix. In verschiedenen Ausbaustufen A-D (vgl. Schaubild 19 - 4) werden die monetären Daten der traditionellen VGR mit den physischen Informationen verbunden, die aus einer speziellen Umweltstatistik geliefert werden und über die Wechselbeziehung zwischen Umwelt und Wirtschaft Auskunft geben. Aus dem komplexen Satelliten-System seien hier nur zwei Matrizen herausgegriffen:

a) In einer umweltbezogenen Disaggregation der traditionellen VGR werden Umweltschutzleistungen explizit dargestellt. Diese Leistungen können entweder von den bestehenden Unternehmen für ihren eigenen Bedarf selbst produziert werden (man spricht dann von "internen" Umweltschutzleistungen), oder sie können von speziellen (auf die Produktion von Umweltschutzleistungen spezialisierten) Unternehmen bezogen werden (man spricht dann von "externen" Umweltschutzleistungen). Während die externen Leistungen in vollem Umfang den gesamtwirtschaftlichen Produktionswert erhöhen, werden die internen Leistungen wie selbsterstellte Vorleistungen bzw. zusätzliche Abschreibungen behandelt, die im Ergebnis die Wertschöpfung entsprechend reduzieren.

b) Eine umweltbezogene Sachvermögensbilanz hat neben den traditionellen Produktivvermögen das Naturvermögen (das nicht produzierte Sachvermögen) in seinen Beständen und Veränderungen zu erfassen. Neben den Abschreibungen auf produzierte Anlagegüter treten andere Volumensänderungen des Sachvermögens, die die ökonomische Nutzung des nichtproduzierten Sachvermögens widerspiegeln. Diese Nutzung kann z. B. unterteilt werden in:

- den Abbau von natürlichen Rohstoffen,
- die Landnutzung als Standort und Lebensraum,
- die Belastung mit Rest- und Schadstoffen und
- die Beseitigung von nutzungsbedingten Schädigungen.

Darüber hinaus müssen diese Berechnungen gegebenenfalls korrigiert werden durch

- natürliche Zu- und Abnahmen,
- neue Funde, neue Schätzungen,
- Veränderungen, die von Naturkatastrophen oder Kriegen hervorgerufen werden.

Die Beurteilung dieser Volumenänderungen kann nach einem "Marktwertkonzept" oder einem "Vermeidungskostenansatz" erfolgen. Die Marktbewertung führt unmittelbar zu Korrekturen der Wertschöpfung der Unternehmen und zu einem entsprechend korrigierten Beitrag zum "Öko-Inlandsprodukt". Der Vermeidungskostenansatz macht umfangreichere Korrekturen im traditionellen Kontenschema der VGR erforderlich.

Schaubild 19 - 4: SEEA als Umwelt-Satellitensystem

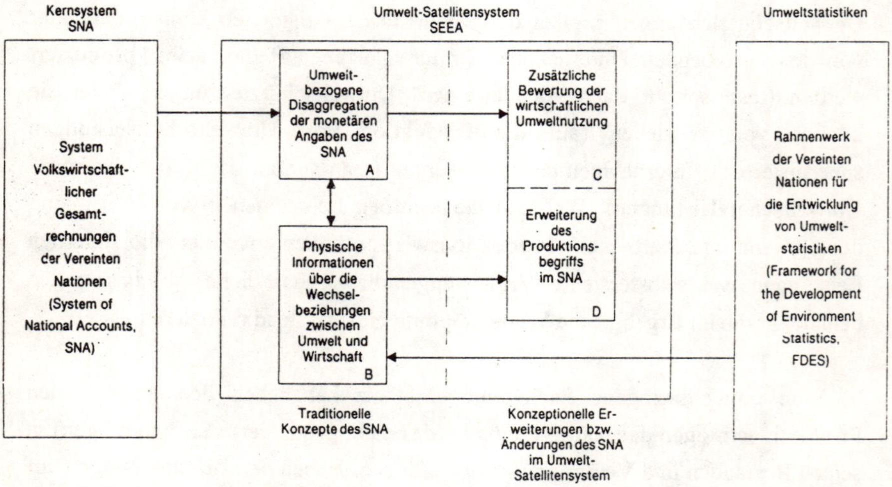

Quelle: Wirtschaft und Statistik 9/1992

Schaubild 19 - 5: Bausteine für eine Realisierung des SEFA
Ausbaustufe A + B + C

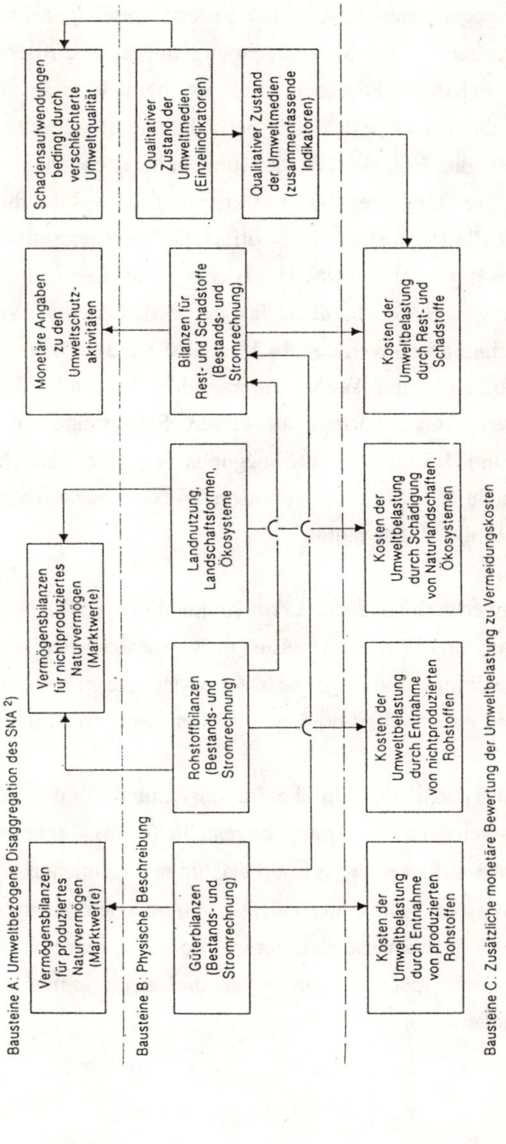

Quelle: Wirtschaft und Statistik 9/1992

19.4 Umweltkostenschätzung

Wie in den vorangegangenen Abschnitten dieses Kapitels gezeigt wurde, ist eine der VGR entsprechende Öko-Kostenrechnung mit noch außerordentlich vielen Schwierigkeiten behaftet. Dennoch gibt es bereits erste Versuche einer Quantifizierung, die jedoch eine nicht beträchtliche Bandbreite aufweisen. So berechnet Leipert die Folgekosten der umweltbelastenden Produktions- und Konsumweise in der Bundesrepublik mit knapp 60 Mrd. DM für das Jahr 1988 (vgl. auch die Tabelle 19 - 1).[9] Wicke beziffert die "rechenbaren Schäden" auf fast das Doppelte: 104 Mrd. DM.[10] Hierin enthalten sind Kosten der Luftverschmutzung in Höhe von allein fast 50 Mrd. DM und Wohnwertverluste durch Lärmbelästigung von weiteren 30 Mrd. DM. Andere Schätzungen kommen auf nochmals deutlich höhere Werte, die zwischen 500 und 1000 Mrd. DM pro Jahr liegen. Zwei Dinge dürften an diesen Schätzungen deutlich werden: Umweltkosten sind keine "quantité négligeable", aber die Methoden ihrer Erfassung sind nicht frei von einer gewissen Willkür. Viele methodische Fragen türmen sich auf. Einige davon lauten:

- Wie sind Wohnwertverluste durch Lärm zu quanitifizieren?
- Wie ist der Natur- und Wohlfahrtsverlust durch aussterbende Arten zu erfassen?
- Wie ist die Vernichtung von Regenwald-Ökosystemen zu beurteilen, deren Komplexität und Artenvielfalt noch gar nicht entdeckt ist?

In der folgenden Tabelle sind für die Bundesrepublik Deutschland sowohl die Kosten des Umweltschutzes zusammengestellt (d. h. "defensive" Ausgaben, durch die die sonst auftretende Umweltbelastungen vermieden werden) als auch Umweltschadenskosten (die aus nicht vermiedenen Umweltschäden der Produktions- und Konsumweise resultieren). So aufschlußreich diese Tabelle ist, so ist sie doch nicht mehr als ein erster und noch immer recht ungenauer Orientierungsrahmen.

---

[9] Leipert, Christian: Die heimlichen Kosten des Fortschritts, Wie Umweltzerstörung das Wirtschaftswachstum fördert, Frankfurt a. M. 1989 und Leipert, Christian: Die volkswirtschaftlichen Kosten der Umweltbelastung, in : Aus Politik und Zeitgeschichte, 01.03.1991, S. 26-36.

[10] Vgl. Wicke, Lutz: Die ökologischen Milliarden. Das Kostet die zerstörte Umwelt, München 1986, S. 123.

Tabelle 19 - 1:
Folgekosten der umweltbelastenden Produktions- und Konsumweise in der Bundesrepublik: Kompensatorische Kosten, 1970-1988 (in Mrd. DM; in Preisen von 1980)

	1970	1980	1985	1986	1988
I. Kosten zur Verminderung von Umweltbelastungen					
1. Umweltschutzkosten im Produzierenden Gewerbe	5,7	7.8	11,65	13,4	ca. 16-17
2. Privatwirtschaftliche Entsorgungsunternehmen		1,1	2.3		mindestens 2,8
3. Investitionen zur Einführung bleifreien Benzins				0,35	
4. Höhere Kosten der atomtechnischen Sicherheitsstandards			2.3	2.3	mindestens 2.3
5. Umweltschutzkosten im Staatssektor	6,0	12,75	11,8	12,9	ca. 15
6. Mehrkosten für den Einbau des Katalysators				0.5	1.0
Summe I	11,7	21.65	28,05	31,25	37,1–39,1
II. Folgekosten nicht-vermiedener Umweltschäden					
1. Zusatzkosten der Privaten Haushalte aufgrund der Lärmbelastung		ca. 2,0	ca. 2.0	2.0	ca. 2.0
2. Kosten der Altlastensanierung		0,05	0,15	0.25	1.0
3. Kosten der Asbestsanierung					0.4
4. Kosten des Ersatzes PCB-haltiger Kondensatoren					0.1
5. Aufbereitungskosten von Wasserwerken					
a. Oberflächengewässerverschmutzung	1.6	3.3	4.8	4.8	über 5.0
b. Grundwasserverschmutzung	0,11	0.14	0.15		
c. Zusatzkosten aufgrund der CKW-Belastung			0,94		mindestens 1.0
d. Zusatzkosten aufgrund der Nitratbelastung			0.5		mindestens 1,0
6. Wassertransportkosten aufgrund der Grundwasserbelastung	1.0	ca. 1.0	ca. 1.0		mindestens 1.0
7. Kosten zur Beseitigung von Schäden von Schiffsunfällen			0.1		0.1
8. Mehraufwendungen in der Forstwirtschaft aufgrund des Waldsterbens			0.4		0.5
9. Kosten zur Sicherung der Lawinenschutzfunktion des Waldes und für technische Ersatzmaßnahmen			0.3		0.3–0.5
10. Zusätzliche Kosten aufgrund von Material- und Gebäudeschäden	2.4	2.4	ca. 4.0		mindestens 4.0
11. Kosten zur Sanierung von Kunstwerken		0.05	0.15		0.15
12. Zusatzaufwand bei Autos aufgrund streusalzbedingter Korrosionsschäden		2.55	2.85	3.0	3.1
Summe II	5.1	11.5	17.2		19.70
Summe I und II	16.8	33.15	45.25		58.1

Quelle: Leipert, C.: Die volkswirtschaftlichen Kosten..., in: Politik und Zeitgeschichte, B10/91, März 1991

Abschnitt IV

Historische Entwicklungsstufen der Volkswirtschaftlichen Gesamtrechnung

20 Das Tableau Économique von Francois Quesnay

Das Tableau Économique markiert den historischen Beginn der volkswirtschaftlichen Gesamtrechnung und des volkswirtschaftlichen Kreislaufmodells. Quesnay (1694 - 1774) war Leibarzt der Mme de Pompadour am Hofe Louis XV in Paris. Er hatte seine Hand nicht nur am Puls(schlag) der Mme de Pompadur, sondern auch am feudalen Wirtschaftssystem seiner Zeit. Als Arzt und Wirtschaftswissenschaftler kam er auf die geniale Assoziation vom Blutkreislauf zum Wirtschaftskreislauf: Die feudale Wirtschaftsgesellschaft des 18. Jahrhunderts faßt Quesnay in drei - wir würden heute sagen - "makroökonomischen Aggregaten oder Sektoren" zusammen:

1. Die produktive Klasse (la classe productive)

Es ist der Sektor der Urerzeugung: Bauern und Bergarbeiter. Quesnay: "Die produktiven Ausgaben werden für den Ackerbau verwendet, für Wiesen, Weiden, Waldungen, für den Bergbau und Fischfang usw., damit die Reichtümer in Gestalt von Getreide, Getränken, Holz, Zuchtvieh sowie von Rohstoffen für gewerblich gefertigte Dinge usw. niemals eingehen."[1]

2. Die sterile Klasse (la classe sterile)

oder der Sektor der Manufakturisten und Gewerbetreibenden.
Quesnay: "Die sterilen Ausgaben werden für gewerblich gefertigte Waren gemacht, für Wohnraum, Kleidung, Zinsen, Dienstpersonal, Handelskosten, ausländische Waren usw."[2]

3. Die Klasse der Grundeigentümer (la classe propriétaires oder distributive)

Hierzu zählen alle weltlichen und kirchlichen Grundeigentümer, die das Land in der Regel an die produktive Klasse verpachten und aufgrund dieser Eigentumsrechte Pachteinnahmen erzielen.

Zwischen diesen drei Sektoren hat Quesnay folgende Kreislaufbeziehung hergestellt: Der produktive Sektor produziert Nahrungsmittel (N) und Rohstoffe (R), die er zum Teil im eigenen Produktionsprozeß (als Vorleistungen) einsetzt bzw. als Eigenverbrauch benötigt, zum Teil an die beiden anderen Sektoren veräußert. Die sterile Klasse produziert Manufaktur-Waren (M), die sie an die beiden anderen Sektoren verkauft und zum Teil selbst als Vorleistungen benötigt. Sie bezieht

[1] Quesnay, F.: Tableau Economique, Berlin 1965, S. 44.
[2] Quesnay, F.: Tableau Economique, Berlin 1965, S. 44.

Nahrungsmittel (zu Konsumzwecken) und Rohstoffe vom produktiven Sektor. Die Grundeigentümer erwerben ihrerseits Nahrungsmittel und Manufakturen von den beiden anderen Sektoren. Sie bestreiten diese Ausgaben von ihren Pacht- und sonstigen Einkommen, die sie vom produktiven Sektor beziehen. Quesnay war der Ansicht, daß nur die Landwirtschaft produktiv und imstande sei, das Produkt zu mehren. Die Manufakturen bearbeiten lediglich vorhandene Güter, sie mehren damit nicht das Gesamtprodukt, sondern verwandeln es lediglich. Daß im Grunde genommen die besitzende Klasse die eigentlich sterile ist, hatte er vermutlich erkannt, vermochte es aber nicht politisch zu artikulieren.

Schaubild 20 - 1:

Das Tableau Économique als Kreislauf

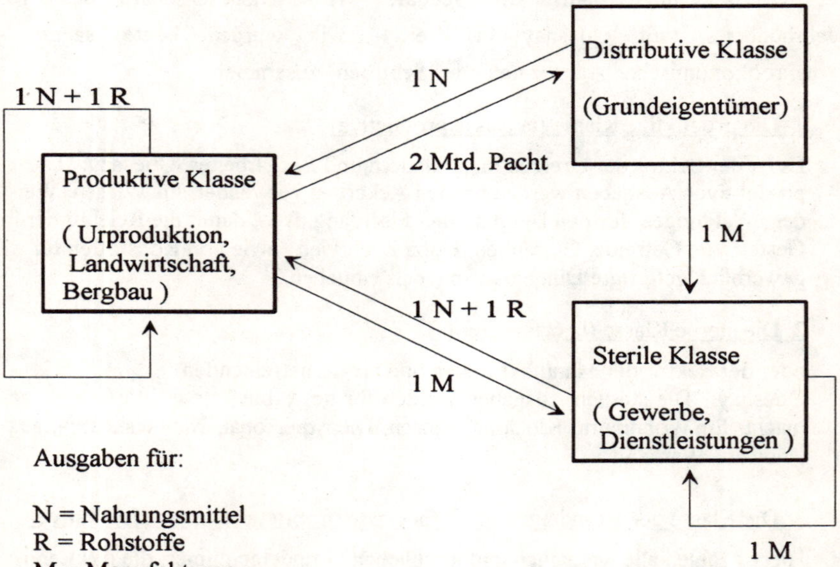

Ausgaben für:

N = Nahrungsmittel
R = Rohstoffe
M = Manufakturen

Zahlen in Mrd. Livre

Die angegebenen Ströme sind monetäre Ströme, die angegebenen Zahlen entsprechen laut Quesnay in etwa den damaligen Relationen und sind absolut als Milliarden Livre zu lesen (siehe Schaubild 20 - 1). Das Tableau Économique ist im Original die Darstellung einer Verlaufssequenz, die mit der Verausgabung der Revenuen (Pachteinnahmen) durch die Grundbesitzer beginnt und detailliert verfolgt, wie sich diese Ausgaben im Zeitablauf im Wirtschaftsprozeß auswirken, wenn jeweils 50 v. H. der Ausgaben auf Manufakturen und Bodenprodukte entfallen. Die hier gewählte Darstellung als Wirtschaftskreislauf ist bereits für unsere Zwecke vereinfacht.

Wie würde dieser Kreislauf mit Hilfe unserer modernen VGR zu behandeln sein? Wie würden wir den sterilen Sektor behandeln? Welche Konten sind in den dargestellten Polen enthalten? Wie hoch sind der Produktionswert, das Bruttosozialprodukt und das Volkseinkommen?

Es gelten folgende Abkürzungen:

N	=	Nahrungsmittel	*p* =		produktiver Sektor (Landwirtschaft)
R	=	Rohstoffe	*s* =		steriler Sektor (Manufakturen)
M	=	Manufakturen	*d* =		distributiver Sektor (Grundbesitzer).

Die Indizes lesen sich wieder als monetäre Ströme vom unten indizierten Sektor zum oben indizierten Sektor. Die angegebenen Zahlen entsprechen jeweils Milliarden Livre.

Der produktive Sektor (p)

Das Produktionsergebnis (der Produktionswert) des produktiven Sektors (die in den Pol hineinfließenden bzw. verbleibenden Ströme) betragen insgesamt 5 Mrd. Livre. Es ist auf dem Produktions-Konto festgehalten und entfällt auf folgende Nachfragekomponenten: 1 Mrd. Rohstoffe (R) setzt die Landwirtschaft als Vorleistungen (V_p^p) für die eigene Produktion ein (Quesnay: "werden für Fütterung und Unterhalt des Zuchtviehs verbraucht"). 1 Mrd. Nahrungsmittel (N), die ebenfalls direkt in den produktiven Sektor zurückfließen, können wir nicht als Vorleistungen ansehen, sondern als Konsum derjenigen, die in diesem Sektor tätig sind (C_p^p = 1 N). (Quesnay: "werden vom Pächter ausgegeben ..., indem er Bodenprodukte, welche die eigene Klasse liefert, verzehrt.") Auch die anderen produzierten und an die sterilen sowie distributiven Sektoren verkauften Nahrungsmittel stellen Konsumgüter dar (C_s^p = 1 N) (C_d^p = 1 N), die von den Wirtschaftssubjekten dieser Sektoren nachgefragt werden. An den Manufaktursektor liefert der produktive Sektor außerdem noch für 1 Mrd. Rohstoffe (R). Diese stellen für den Produktionsprozeß dieses Sektors Vorleistungen dar (V_s^p = 1 R).

Mit welchen input-Faktoren hat der produktive Sektor diesen Produktionswert erzeugt? Zunächst hat er die selbst produzierten Rohstoffe in Höhe von 1 Mrd. im eigenen Produktionsprozeß wieder als Vorleistungen eingesetzt (V_p^p). Auch hat sich der Produktionsapparat dieses Sektors im Zuge des Produktionsprozesses abgenutzt für dessen Instandhaltung vom sterilen Sektor Manufakturen bezogen wurden. Auch das hat Quesnay bereits gesehen und bemerkt, daß ein Teil der Ausgaben der Pächter "der Instandhaltung von Kleidung, Utensilien, Werkzeugen usw. dient." Er hat allerdings nicht getrennt, welcher Anteil der eingekauften 1 Mrd. Manufakturen nun zum Ersatz der "Werkzeuge und Utensilien" und welcher Teil dem privaten Konsum zuzurechnen ist. Wir betrachten hier die gesamten Einkäufe an Manufakturen als Ersatzinvestitionen oder was dasselbe ist als Abschreibungen (D_p = 1 M). Von staatlichen Aktivitäten wie die Erhebung indirekter Steuern und Gewährung von Subventionen wird hier abgesehen. Auf der Sollseite verbleibt mithin die gesamte Wertschöpfung (WS_P). Diese fließt in Höhe von 2 Mrd. an die Grundeigentümer (dem distributiven Sektor) (Y_p^d = 2 Mrd.). Schließlich erzielen die im produktiven Sektor Tätigen ein Leistungseinkommen, das ihnen selbst zufließt (Y_p^p = 1 Mrd.). Wir erkennen, daß der Produktionswert dieses Sektors 5 Mrd. beträgt.

Auf dem Einkommenskonto des produktiven Sektors findet sich das dem eigenen Produktionsprozeß entstammende Faktoreinkommen, das gänzlich zur Konsumgüternachfrage nach eigenen Produkten verwendet wird ($Y_p^p = C_p^p$). Eine Ersparnis fällt nicht an.

So bleibt für das Vermögensänderungskonto festzuhalten, daß die bereits auf dem Produktionskonto verbuchte Abschreibung zur Finanzierung der Bruttoinvestitionen herangezogen wird. Die Bruttoinvestition selbst besteht aus den vom sterilen Sektor eingekauften Gütern M. Eine positive Nettoinvestition stellt sich nicht ein, vielmehr ist $I^b{}_p = D_p$ bzw. $I^n{}_p = I_p = 0$, d.h. der landwirtschaftliche Sektor (und wie sich gleich zeigen wird, die gesamte Wirtschaft) wird als stationär angesehen, eine Wirtschaft ohne Wachstum.

Der sterile Sektor (s)

Quesnay: "Die sterilen Ausgaben werden für gewerblich gefertigte Waren gemacht, für Wohnraum, Kleidung, Zinsen, Dienstpersonal, Handelskosten, ausländische Waren." Sehen wir einmal von den Ausgaben für ausländische Waren ab (Importe würden hier also über den sterilen Sektor verbucht werden), handelt es sich um die Produktion gewerblicher Erzeugnisse sowie Dienstleistungen. Auf dem zu-gehörigen Produktionskonto erscheint im Haben der Produktionswert PW_s in Höhe von 3 Milliarden. 1 Mrd. Manufakturen sind an den produktiven Sektor p verkauft worden als Bruttoinvestition ($I^b{}_p$). Die Gegenbuchung erfolgte auf dem Vermögensänderungskonto des produktiven Sektors. Die zweite

Milliarde Manufakturen wurde vom distributiven Sektor nachgefragt. Es handelt sich dabei zweifelsfrei um Konsumgüter der Klasse der Grundeigentümer (C_d^s).

Quesnay: Es sind "Ausgaben für Kleidung, Mobiliar, Utensilien etc.", für "äußeren Prunk" und "übertriebenen Luxus"[3].

Quesnay hat auch gesehen, daß ein Teil der Manufakturen-Produktion gewissermaßen als Vorleistungen für den eigenen Produktionsprozeß selbst erzeugt wird. Quesnay: Ein Teil der Ausgaben teilt "sich innerhalb der steril ausgebenden Klasse selbst auf Unterhaltskosten und auf die Rückerstattung der Vorschüsse" auf[4]. Wir setzen hier der Einfachheit halber 1 Mrd. M als eigene Vorleistungen an (V_s^s = 1 M), wenngleich der von Quesnay dafür ins Auge gefaßte Betrag erheblich geringer ist.

Die Sollseite des Produktionskontos sieht wie folgt aus. Neben den Vorleistungen von Rohstoffen, die vom produktiven Sektor stammen (V_s^p), werden auch selbst produzierte Vorleistungen eingesetzt (V_s^s) Obgleich Quesnay ausdrücklich dem sterilen Sektor (daher der Name) keine Wertschöpfung (kein Nettoprodukt) zubilligte, stellt sich für uns eine Wertschöpfung ein (WS_s), die in Höhe von 1 Mrd. dem Sektor selbst als Faktoreinkommen zufließt. Dieses Faktoreinkommen wird auf dem Einkommenskonto des sterilen Sektors vollständig für Konsumgüter (N) verausgabt ($Y_s^s = C_s^p$). Ersparnisse gibt es nicht, auch keine Investitionen, so daß das Vermögensänderungskonto entfällt.

Der distributive Sektor (d)

Der Grundeigentümer produziert nicht, sondern lebt von der Bodenrente - die soziale Wirklichkeit des Feudalsystems. Die ökonomischen Aktivitäten werden allein auf dem Einkommenskonto festgehalten, da eine Vermögensbildung im Sinne der Bildung von Produktivkapital nicht existiert.
Die Einnahmen dieses Sektors sind die Renten, die aus der Verpachtung des Bodens resultieren, also vom produktiven Sektor erwirtschaftet werden. Das Faktoreinkommen (Y_p^d) beträgt 2 Milliarden. Es wird zu gleichen Teilen für Nahrungsmittel und Manufakturen verausgabt. Da dieser Sektor nicht produziert und investiert, kann er nur konsumieren. Quesnay: Seine "Revenuen gibt der Grundeigentümer zur Hälfte bei der Klasse mit den produktiven Ausgaben für Brot, Wein, Fleisch usw. aus, die andere Hälfte bei der Klasse mit den sterilen

[3] Quesnay, F.: Tableau Economique, Berlin 1965, S. 44 - 46.
[4] ebenda, S. 47.

Ausgaben für Kleidung, Mobiliar, Utensilien usw."[5] . Die Ersparnisse sind Null ($C_d^p = 1$ N) ($C_d^s = 1$ M).

Das <u>gesamtwirtschaftliche Ergebnis</u> (vgl. Schaubild 20-1) ist auf den aggregierten Produktionskonten der produktiven und sterilen Klasse und den aggregierten Einkommenskonten aller drei Klassen sowie dem Vermögensänderungskonto der produktiven Klasse abzulesen.

Die <u>Kreislaufdarstellung</u> bildet für die produktiven und sterilen Sektoren jeweils die laufenden Konten als Pole ab. Das sind die zusammengefaßten Produktions- und Einkommenskonten dieser Sektoren. Der dritte Pol ist identisch mit dem Einkommenskonto der Grundeigentümer.

<u>Die Bedeutung des Tableau Économique läßt sich in sechs Punkten zusammenfassen:</u>

1. Das Tableau économique ist die erste makroökonomische Darstellung des Wirtschaftskreislaufs, die wir besitzen. Alle späteren Behandlungen des Gegenstandes knüpfen an sie direkt oder indirekt an.
2. Das Tableau économique gibt zum erstenmal eine Vorstellung der großen, im ökonomischen Gesamtzusammenhang in bezug auf Einkommensbildung und Einkommensverwendung, vorhandenen Interdependenzen.
3. Das Tableau économique gibt nicht nur eine theoretische Darstellung des Kreislaufs der französischen Wirtschaft des 18. Jahrhunderts. Quesnay versucht darüber hinaus zu einer numerischen Analyse vorzudringen.[6]
4. Quesnay führte die Entstehung des "Reichtums der Nation" auf die <u>Produktion von Gütern</u> zurück und nicht wie die Merkantilisten ausschließlich auf den <u>Handel mit Gütern</u>. Für das damalige feudale Frankreich mag die Einschränkung auf die Landwirtschaft als allein produktiver Sektor verständlich erscheinen.
5. Die Unterscheidung in produktive und unproduktive Wirtschaftsaktivitäten setzte bei der Verwendung der Produktion an: Die Manufakturen produzieren in erster Linie nur Güter für den "Luxusbedarf" und den "Pomp des Adels und der Geistlichkeit". Diesen Produktionssektor "steril" zu nennen, scheint massive Kritik an dem herrschenden Gesellschaftssystem zu sein, verkennt aber die ökonomische Bedeutung dieses Sektors in bezug auf die Leistungsfähigkeit der Volkswirtschaft.

---

5 Quesnay, F.: Tableau Économique, Berlin 1965, S. 44.

6 Schneider, E.: Einführung in die Wirtschaftstheorie, IV. Teil, 1 Bd., Tübingen 1965, S. 21.

6. Der Sektor der Grundbesitzer wurde von Quesnay (politisch entschärft) als "classe distributive" bezeichnet. Jedoch wird deutlich, daß durch seinen parasitären Charakter bedingt, dieser Sektor der eigentlich "sterile" Teil der Volkswirtschaft ist. Das Einkommen dieses Sektors resultiert allein aus den Eigentumsrechten an Grund und Boden und ist nicht das Ergebnis eines eigenen produktiven Beitrages.

Legende zum Tableau Économique als Volkswirtschaftliche Gesamtrechnung

V : Vorleistungen
D : Abschreibungen
WS : Wertschöpfung
PW : Produktionswert
Y : Faktoreinkommen
C : Konsumausgaben
I^b : Bruttoinvestitionen

Bei der Indexierung sind die Symbole als monetäre Ströme zu verstehen, die vom unten indexierten zum oben indexierten Sektor fliessen.

p : produktiver Sektor
s : steriler Sektor
d : distributiver Sektor

Schaubild 20 - 2: Tableau Économique als Volkswirtschaftliche Gesamtrechnung

Produktionskonten

Produktive Klasse

	$V_p^p = R$	$R = V_p^p$
	$D_p = M$	$R = V_s^p$
WS_p	Y_p^d	$N = C_p^p$
		$N = C_s^p$
	Y_p^p	$N = C_d^p$

$PW_p = 5$ Mrd.

Sterile Klasse

$V_s^s = M$	$M = V_s^s$
$V_s^p = R$	$M = C_d^s$
$WS_s = Y_s^s$	$M = I_p^b$

$PW_s = 3$ Mrd.

Aggregiertes Produktionskonto

V	V_p^p	V_p^p			PW
V	V_s^p	V_s^p			PW
V	V_s^s	V_s^s			PW
	D_p	C_p^p	C	Y^b	PW
Y	Y_p^d	C_s^p	C	Y^b	PW
Y	Y_p^p	C_d^p	C	Y^b	PW
Y		C_d^s	C	Y^b	PW
Y	Y_s^s	I^b		Y^b	PW

PW = 8 Mrd.

Konsolidiertes Produktionskonto

Y	Y_p^d	C_p^p	C
Y		C_s^p	C
Y	Y_p^p	C_d^p	C
Y	Y_s^s	C_d^s	C
	D_p	I_p^b	

BSP = 5 Mrd.

Einkommenskonten

Produktive Klasse

$C_p^p = N$	Y_p^p

Sterile Klasse

$C_s^p = N$	Y_s^s

Distributive Klasse

$C_d^p = N$	Y_p^d
$C_d^s = N$	

Gesamtwirtschaftliches Einkommenskonto

C	C_d^p	Y_p^d	Y
C	C_d^s		Y
C	C_s^p	Y_s^s	Y
C	C_p^p	Y_p^p	Y

C = Y = 4 Mrd.

Vermögensänderungskonten

Produktive Klasse

$I^b = M$	$M = D_p$

Sterile Klasse

——	——

21 Die Reproduktionsschemata von Karl Marx

Karl Marx (1818-1883) hat das zwischenzeitlich fast vollkommen in Vergessenheit geratene Tableau Économique wiederentdeckt und es als "die unbestreitbar glänzendste Idee, die in der politischen Ökonomie bisher zu finden ist" bezeichnet. Karl Marx behandelt in seinem Hauptwerk "Das Kapital" im zweiten Band, Kapitel 19 f., sehr ausführlich die Kreislaufbeziehungen eines kapitalistischen Wirtschaftssystems. Dabei greift er ganz ausdrücklich auf die Lehre der Physiokraten und das Tableau Économique von Francois Quesnay zurück:

"Quesnay`s Tableau Économique zeigt in wenigen großen Zügen, wie ein dem Werte nach bestimmtes Jahresergebnis der nationalen Produktion sich so durch die Zirkulation verteilt, daß, unter sonst gleichbleibenden Umständen, dessen einfache Reproduktion vorgehen kann, d.h. Reproduktion auf derselben Stufenleiter ... Quesnay selbst und seine nächsten Schüler glaubten an ihr feudales Aushängeschild. So bis zur Stunde unsere Schulgelehrten. In der Tat aber ist das physiokratische System die erste systematische Fassung der kapitalistischen Produktion. Der Repräsentant des industriellen Kapitals - die Pächterklasse - leitet die ganze ökonomische Bewegung. Der Ackerbau wird kapitalistisch betrieben, d.h. als Unternehmung des kapitalistischen Pächters auf großer Stufenleiter; der unmittelbare Bebauer des Bodens ist Lohnarbeiter. Die Produktion erzeugt nicht nur die Gebrauchsartikel, sondern auch ihren Wert; ihr treibendes Motiv aber ist Gewinnung von Mehrwert, dessen Geburtsstätte die Produktions-, nicht die Zirkulationssphäre. Unter den drei Klassen, die als Träger des durch die Zirkulation vermittelten gesellschaftlichen Reproduktionsprozesses figurieren, unterscheidet sich der unmittelbare Ausbeuter der 'produktiven' Arbeit, der Produzent des Mehrwerts, der kapitalistische Pächter, von dessen blossen Aneignern."[1]

Mit der Entwicklung der Reproduktionsschemata hat Karl Marx auch einen wesentlichen Beitrag zur theoretischen Entwicklung einer modernen

---

1 Auf der Basis dieses Modells entwickelt Marx seine Reproduktionsschemata auf einfacher und erweiterter Stufenleiter, wir würden heute sagen: für stationäre rsp. wachsende Volkswirtschaften. Vgl. Karl Marx, Das Kapital, Band 2, Kapitel 19, Berlin 1983, S. 359/360.

volkswirtschaftlichen Gesamtrechnung für kapitalistische Marktwirtschaften geliefert[2]. In seiner Kapitalismus-Analyse zerfällt die Gesellschaft in zwei soziale Klassen, nämlich die Arbeiter und die Kapitalisten. Die Produktionssphäre unterteilt er in eine Produktionsmittelabteilung (Abteilung I) und in eine Konsumgüterabteilung (Abteilung II). Der zentrale Wirtschaftssektor ist nicht die Landwirtschaft wie noch bei Quesnay, sondern die Industrie und innerhalb der Industrie die Arbeitskraft. Zur Schaffung der Produkte konkurrieren in jeder Abteilung Kapital und Arbeit. Es geht Marx zunächst um die Fragen: "Wie wird das in der Produktion verzehrte Kapital seinem Wert nach aus dem jährlichen Produkt ersetzt und wie verschlingt sich die Bewegung dieses Ersatzes mit der Konsumtion durch die Kapitalisten und des Arbeitslohns durch die Arbeiter?"[3]
D.h.: Wie verteilt sich das Produktionsergebnis auf Arbeiter und Kapitalisten (die sozialen Klassen) und wie verteilt sich die Produktion auf Investitions- und Konsumgüter (die Produktionsabteilungen)?
Diesen Fragen geht Marx getrennt nach für eine stationäre und für eine wachsende Wirtschaft. Das Modell einer stationären Wirtschaft heißt bei Karl Marx "einfache Reproduktion". Eine wachsende Wirtschaft ist hingegen durch Kapitalakkumulation gekennzeichnet. Bei Marx heißt dieses Modell "erweiterte Reproduktion".

Das Modell der einfachen Reproduktion

Karl Marx faßt die wirtschaftlichen Produktionsaktivitäten in zwei Aggregaten zusammen: Der Abteilung I, die ausschließlich Produktionsmittel produziert, und der Abteilung II, die ausschließlich Konsumgüter produziert. Die Produktionswerte der beiden Abteilungen werden jeweils durch den Einsatz folgender Inputfaktoren produziert:

1. Den Einsatz von Materialien (Roh-, Hilfs-, Betriebsstoffe, Halbfabrikate),
2. den Einsatz von Betriebsanlagen, gemessen durch ihren Verschleiß,
3. den Einsatz von Arbeitskräften, ausgedrückt durch die Lohnzahlungen,
4. den Gewinnen, die für Marx als "Mehrwert" identisch sind mit der Ausbeutung der Arbeiter durch die Kapitalisten.

In der Marx'schen Terminologie heißen die ersten beiden Faktoren konstantes Kapital (c).

[2] Daraus darf natürlich nicht der Umkehrschluß abgeleitet werden, daß die Entwicklung des VGR-Systems etwa das zentrale Anliegen von Karl Marx in seinem Hauptwerk "Das Kapital" wäre.
[3] Marx, Karl, a.a.O., S. 392.

Marx: "Konstantes Kapital, d.h. den Wert aller zur Produktion in diesem Zweig angewandten Produktionsmittel. Diese zerfallen ihrerseits wieder in fixes Kapital: Maschinen, Arbeitswerkzeuge, Baulichkeiten, Arbeitsvieh usw.; und in zirkulierendes konstantes Kapital: Produktionsmaterialien, wie Roh- und Hilfsstoffe, Halbfabrikate usw."[4]

Das Entgelt für die eingesetzte Arbeitskraft ist bei Marx variables Kapital (v).

Marx: "... Dies, dem Wert nach betrachtet, ist gleich dem Wert der in diesem Produktionszweig angewandten gesellschaftlichen Arbeitskraft, also gleich der Summe der dafür gezahlten Arbeitslöhne."[5]

Der Gewinn, d.h. die Residualgröße, die sich aus der Differenz zwischen dem Produktions-"Wert" und dem eingesetzten Kapital (konstantes plus variables) ergibt, nennt Marx Mehrwert (m).

Marx: "Der Wert des mit Hilfe dieses Kapitals in jeder der beiden Abteilungen erzeugten gesamten Jahresprodukts zerfällt in einen Wertteil, der das in der Produktion aufgezehrte und seinem Wert nach auf das Produkt nur übertragene konstante Kapitel c darstellt, und in den durch die gesamte Jahresarbeit zugesetzten Wertteil. Dieser letztere zerfällt wieder in den Ersatz des vorgeschossenen variablen Kapitals v und in den Überschuß darüber, der den Mehrwert m bildet. Wie der Wert jeder einzelnen Ware, so zerfällt also auch der des gesamten Jahresprodukts jeder Abteilung in c + v + m."[6]

Die "buchhalterischen Kategorien" sind damit, wie in einer modernen volkswirtschaftlichen Gesamtrechnung, erfaßt. Die Terminologie ist zweifelsohne verschieden, jedoch ohne größere Verständnisprobleme übertragbar. Gravierender allerdings sind Unterschiede in der theoretischen Begründung der einzelnen Kategorien sowie der theoretischen Schlußfolgerungen aus dieser Kategorienbildung. Doch wurde bereits eingangs zu diesem Kapitel gesagt, daß hier nicht der Versuch gemacht werden soll, die Marx'sche Theorie in komprimierter Form zu behandeln, sondern lediglich diejenigen Elemente herauszugreifen, die die Entwicklung der volkswirtschaftlichen Gesamtrechnung vorangebracht haben.[7]

---

[4] Marx, Karl, a.a.O., S. 395.
[5] Ebenda, S. 395.
[6] Ebenda, S. 395.
[7] Bei der Marx'schen Definition des Mehrwerts zeigt sich u.a., daß er die Arbeitswertlehre zugrundelegt, die besagt, daß die gesamte Wertschöpfung ausschließlich auf den Produktionsfaktor Arbeit zurückzuführen ist.

Schauen wir uns jetzt das Schema der einfachen Reproduktion bei Karl Marx genauer an. Es gelten folgende Beziehungen:

(1) Der Produktionswert der Abteilung I

Er besteht aus Produkten, die noch im Produktionsprozeß derselben Periode entweder in der Abteilung I oder II eingesetzt werden (Vorleistungen), und aus Produkten, die den im Zuge der Durchführung des Produktionsprozesses entstandenen Verschleiß an Produzentensachkapital beider Abteilungen wertmäßig ausgleichen (Bruttoinvestition in Höhe der Abnutzungen).

$$w_1 = c_1 + v_1 + m_1$$
$$6000 = 4000 + 1000 + 1000$$

(2) Der Produktionswert der Abteilung II

Diese Abteilung produziert ex definitione die Konsumgüter für Arbeiter und Kapitalisten beider Abteilungen.

$$w_2 = c_2 + v_2 + m_2$$
$$3000 = 2000 + 500 + 500$$

(3) Der gesamtwirtschaftliche Produktionswert

$$w = w_1 + w_2$$
$$9000 = 6000 + 3000$$

Der Produktionswert der Abteilung I, bestehend aus Vorleistungen und Bruttoinvestitionen, geht vollständig im Produktionsprozeß beider Abteilungen auf. Es ist also:

(4) $$w_1 = c_1 + c_2$$
$$6000 = 4000 + 2000$$

Der Produktionswert der Abteilung II wird vollständig konsumiert, d.h. Arbeiter und Kapitalisten geben ihr gesamtes Einkommen zum Zwecke der Konsumgüternachfrage aus.

(5) $w_2 = v_1 + v_2 + m_1 + m_2$

$3000 = 1000 + 500 + 1000 + 500$

oder

(6) $w_2 = v + m$

$3000 = 1500 + 1500$

Der Produktionswert w_2 der Gleichung (2) ist natürlich identisch mit dem Produktionswert w_2 wie er in der Gleichung (5) definiert wurde. Setzen wir die rechten Seiten beider Gleichungen gleich, erhalten wir folgende Beziehung:

(7) $c_2 + v_2 + m_2 = v_1 + v_2 + m_1 + m_2$

(8) $c_2 = v_1 + m_1$

Diese Beziehung gibt folgendes an: Die Vorleistungen plus Abnutzungen des Kapitals, die in die Konsumgüterproduktion eingehen (das konstante Kapital c_2) müssen größengleich sein der Wertschöpfung des Produktionsmittelsektors der Abteilung I. Die Wertschöpfung ist ja die Summe aus Löhnen und Gewinnen (also dem variablen Kapital v_1 plus dem Mehrwert m_1).

Im Modell der einfachen Reproduktion ergeben sich folgende fundamentale Zusammenhänge:

(a) die Investitionsgütererzeugung der Abteilung I ist größengleich dem produktionsbedingten Verschleiß in beiden Sektoren (Gleichung 4),

(b) das gesamte Einkommen(v + m) ist gleich den Konsumgüterausgaben (dem Produktionwert der Abteilung II) (Gleichung 6) und

(c) die Wertschöpfung des Sektors I ist größengleich dem Werteverzehr in der Abteilung II (Gleichung 8).

Wir fassen diese Zusammenhänge noch einmal in einem Kreislaufschaubild und einem Kontenschema zusammen (vgl. Schaubild 21-1 und 21-2).

Schaubild 21 - 1: Kreislaufmodell auf einfacher Stufenleiter (Reproduktion)

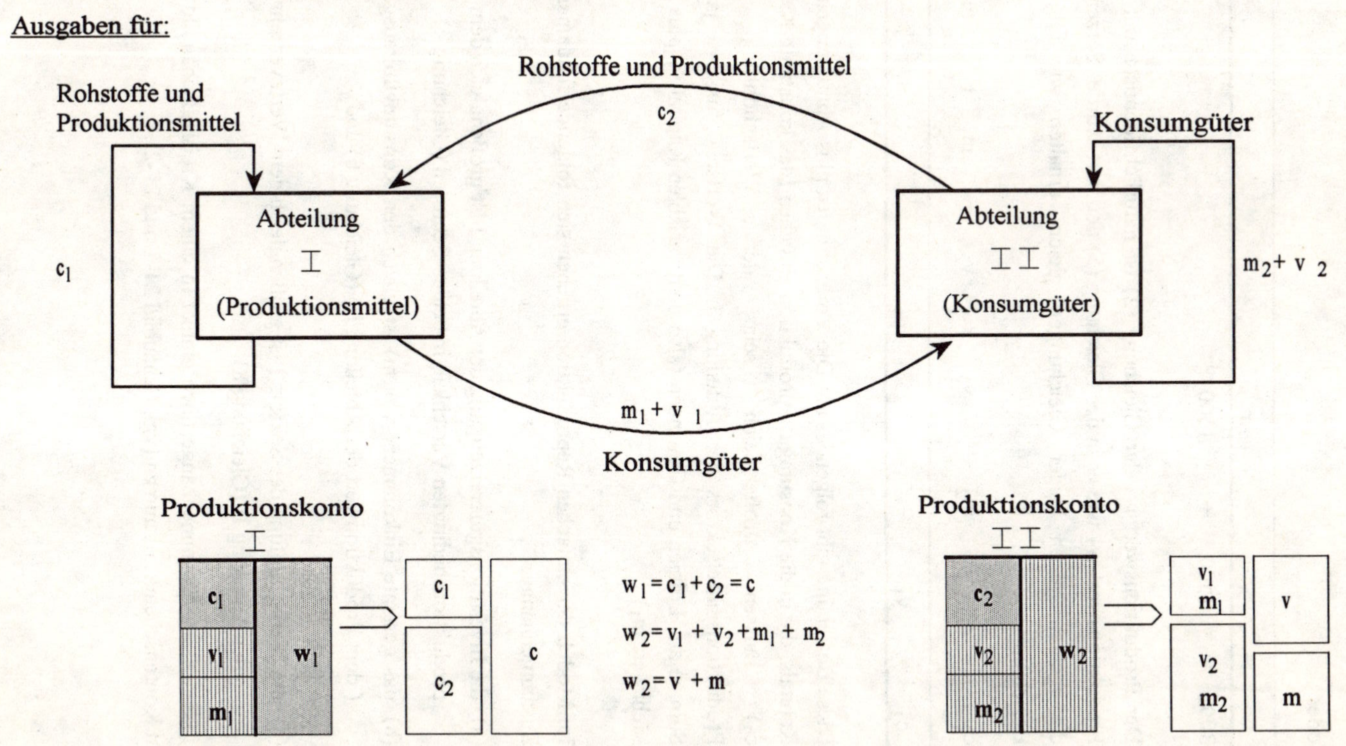

Schaubild 21- 2: Einfache Reproduktion als VGR

Produktionskonto Abteilung I

	Soll		Haben		
c_1	V_1^1	2000	2000	V_1^1	w_1
	D_1	2000	1000	V_2^1	
v_1	Y_1^A	1000	2000	I_1^b	
m_1	Y_1^K	1000	1000	I_2^b	
		6000	6000		

Produktionskonto Abteilung II

	Soll		Haben		
c_2	V_2^1	1000	1000	C_A^1	w_2
	D_2	1000	1000	C_K^1	
v_2	Y_2^A	500	500	C_A^2	
m_2	Y_2^K	500	500	C_K^2	
		3000	3000		

Gesamtwirtschaftliches Produktionskonto

	Soll		Haben	
	V	3000	3000	V
Y^b	D	3000	3000	I^b
	Y	3000	3000	C
		9000	PW = 9000	

Einkommenskonto der Kapitalisten

Soll		Haben		
C_K	1500	1000	Y_1^K	m
		500	Y_2^K	
	1500	1500		

Einkommenskonto der Arbeiter

Soll		Haben		
C_A	1500	1000	Y_1^A	v
		500	Y_2^A	
	1500	1500		

Gesamtwirtschaftliches Einkommenskonto

Soll		Haben			
C	3000	1500	Y^K	v + m	Y
		1500	Y^A		
	3000	3000			

Gesamtwirtschaftliches Vermögensänderungskonto

Soll		Haben	
I^b	3000	2000	D_1
		1000	D_2
	3000	3000	

c = konstantes Kapital
v = variables Kapital
m = Mehrwert
w = Wert

C = Konsum
K = Kapitalisten
A = Arbeiter
PW= Produktionswert
D = Abschreibungen

Obgleich Marx das konstante Kapital sehr wohl begrifflich in fixes und zirkulierendes konstantes Kapital unterscheidet, was nach heutigen Begriffen den Abschreibungen bzw. Re-Investitionen und Vorleistungen entspricht, benutzt er diese Differenzierung für das von ihm selbst gewählte Zahlenbeispiel nicht. In der Tat ist diese Unterscheidung nicht erforderlich, wenn es lediglich um die Fragen der gesamtwirtschaftlichen Wertschöpfung und der Beziehungen zwischen den Abteilungen geht. Nur wenn wir den heutigen Begriff des Bruttosozialproduktes ermitteln wollten, müßten wir eine Annahme über die Aufteilung des konstanten Kapitals treffen. Wir unterstellen in diesem Falle eine Aufteilung im Verhältnis 1:1 auf zirkulierendes und fixes Kapital.

Das Modell der erweiterten Reproduktion

Während das erste Modell der einfachen Reproduktion auch von Marx primär zum Zwecke der begrifflichen Klarstellung der Zusammenhänge und der didaktischen Vereinfachung ihrer Präsentation diente, geht es ihm bei der erweiterten Reproduktion um den Kern der kapitalistischen Wirtschaft: der Kapitalakkumulation. Im Gegensatz zum ersten Modell konsumieren die Kapitalisten (Unternehmer) nicht ihren gesamten Mehrwert (Gewinn), sondern akkumulieren einen Teil davon, so daß über die gebildeten Nettoinvestitionen die Wirtschaft wächst. Die Arbeiter hingegen konsumieren weiterhin ihr gesamtes Einkommen, da ihre Löhne auf dem Existenzminimum liegen und gerade die Aufrechterhaltung der Arbeitskraft sichern.

Danach ergibt sich im Ausgangsschema der erweiterten Reproduktion folgende Beziehungen:

Abteilung I:

$$w_1 = c_1 + v_1 + m_1$$
$$6000 = 4000 + 1000 + 1000$$

Abteilung II:

$$w_2 = c_2 + v_2 + m_2$$
$$3000 = 1500 + 750 + 750$$

In einer wachsenden Wirtschaft gelten mithin folgende Zusammenhänge: Die Wertschöpfung muß größer sein als die Konsumgüterproduktion und die Produktionsgüterproduktion muß größer sein als das konstante Kapital, nämlich die Summe aus den in beiden Abteilungen eingesetzten Vorleistungen und

Abnutzungen des bestehenden Produzentensachkapitals. Mithin gelten folgende Ungleichungen:

(9) $v + m > w_2$

(10) $c_1 + c_2 < w_1$

Im folgenden werden diese Zusammenhänge wiederum allgemein in einem Kreislaufmodell und mit den von Marx angegebenen Zahlen in einem Kontenschema dargestellt (vgl. Schaubild 21-3). Auch hier wird das von Marx vorgegebene Zahlenbeispiel vereinfacht, indem wir die von ihm unterstellte Nettoinvestition in das variable Kapital weglassen. Dadurch tritt jedoch der Prozeß der Kapitalakkumulation im engeren Sinne (nämlich bezogen auf das Produzentensachkapital bzw. in der Marx'schen Terminologie das angewandte konstante Kapital) um so deutlicher hervor. Im Gesetz vom "Sinken der Profitrate"[8] spielen diese Zusammenhänge noch eine bedeutende Rolle: Je mehr Kapital im Laufe der Zeit akkumuliert wird, desto kapitalintensiver wird die Produktion. Die organische Zusammensetzung des Kapitals, d.h. das Verhältnis von c zu v, wächst im Zeitverlauf wegen des Wachstums des konstanten Kapitals. Bei gegebenem Ausbeutungsgrad (das Verhältnis von m zu v) muß dann die Profitrate sinken (das Verhältnis m zu c + v), da c zunimmt. Die Kapitalisten sehen sich daraufhin gezwungen, ihren Mehrwert zu steigern und einen immer größeren Anteil davon zu akkumulieren, um den tendenziellen Fall der Profitrate durch eine höhere Profitmenge zu kompensieren. Disproportionalitäten zwischen den Produktionssektoren und den Nachfragekomponenten sind die Folge der kapitalistischen Produktionsweise. Verbunden mit periodischen Freisetzungen von Arbeitskräften stellt sich das kapitalistische System als ein krisengeschütteltes Wirtschaftssystem dar, das letztlich an seinem eigenen Bewegungsgesetz zugrunde gehen muß. Die heftigen Konjunkturschwankungen im ausgehenden 19. Jahrhundert, der imperialistische Erste Weltkrieg, die Weltwirtschaftskrise der 30er Jahre dieses Jahrhunderts schienen ihm einerseits Recht zu geben, führten andererseits aber nicht zu der von ihm vermuteten Konsequenz des endgültigen Zusammenbruchs des Kapitalismus.

---

8 Die Profitrate ist nach Marx folgendermaßen definiert: Profitrate = $\frac{m}{c+v}$, wobei $\frac{m}{v}$ die Mehrwertrate und $\frac{c}{v}$ die organische Zusammensetzung des Kapitals darstellen.

Schaubild 21 - 3: Kreislaufmodell auf erweiterter Stufenleiter

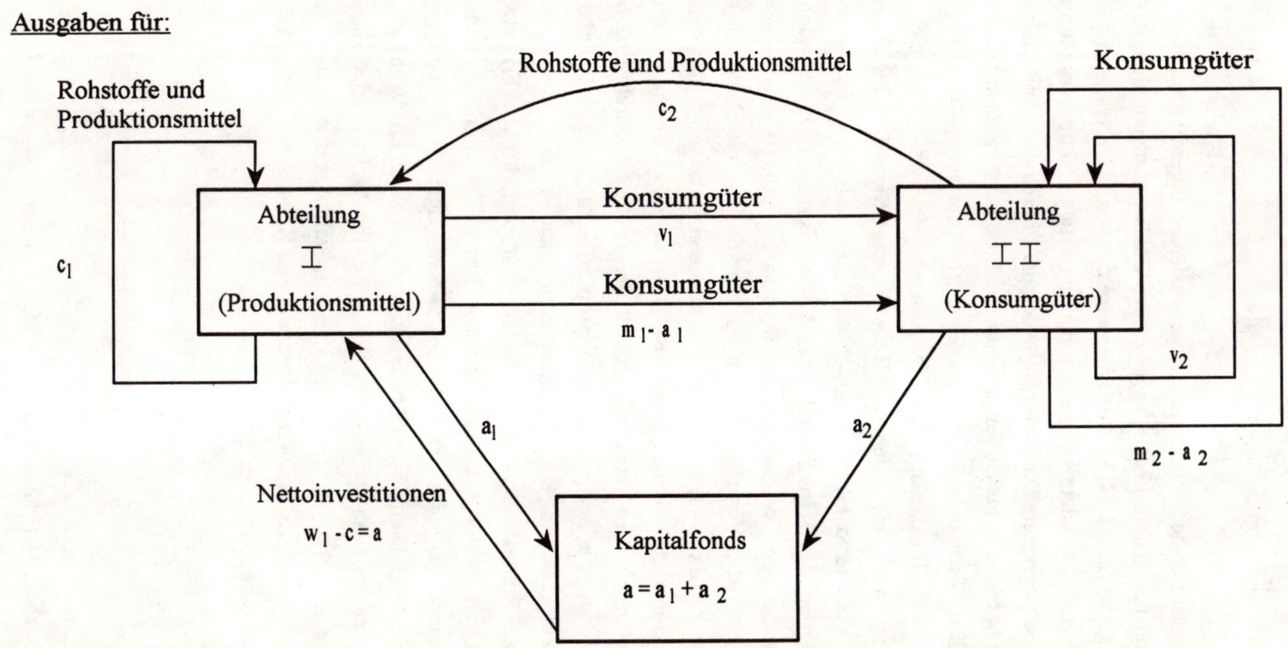

a_1 = Akkumulation bzw. Ersparnis der Abteilung I

a_2 = Akkumulation bzw. Ersparnis der Abteilung II

Schaubild 21-4: Erweiterte Reproduktion als VGR

Produktionskonto Abteilung I

c_1	4000	w_1
v_1	1000	6000
m_1	1000	
	6000	6000

Produktionskonto Abteilung II

c_2	1500	w_2
v_2	750	3000
m_2	750	
	3000	3000

Gesamtwirtschaftliches Produktionskonto

c	$c_1 + c_2$ 5500	w_1	6000
v	$v_1 + v_2$ 1750	w_2	
m	$m_1 + m_2$ 1750		3000
	9000		9000

Einkommenskonto der Kapitalisten

w_2^K	1250	$m_1 + m_2$ (m)	
a	500		1750
	1750		1750

Einkommenskonto der Arbeiter

w_2^A	$v_1 + v_2$ (v)
1750	1750
1750	1750

Gesamtwirtschaftliches Einkommenskonto

w_2^K	1250	1750	v
w_2^A	1750	1750	m
a	500		
	3500	3500	

Gesamtwirtschaftliches Vermögensänderungskonto

$w_1 - c$ = Netto-investitionen 500	500	a
500	500	

w_2^K = Konsumgüternachfrage der Kapitalisten

w_2^A = Konsumgüternachfrage der Arbeiter

$w_2 = w_2^K + w_2^A$ = Produktionswert der Abteilung II, der ausschließlich aus Konsumgütern besteht

a = Kapitalakkumulation bzw. Ersparnis der Kapitalisten

22 Die VGR nach John Maynard Keynes

a) ...inhaltlich

John Maynard Keynes (1883-1946) hatte aus den Erfahrungen der Weltwirtschaftskrise seine Einkommens- und Beschäftigungstheorie entwickelt. Aus dieser Theorie wurden wirtschaftspolitische Instrumente abgeleitet, die zeitweise in fast allen Industrieländern zum Einsatz kamen und kommen. Zur Absicherung dieser Theorie und vor allem der darauf basierenden Wirtschaftspolitik - die das kapitalistische Wirtschaftssystem durch staatliche, makroökonomische Nachfrageimpulse funktionsfähig und vollbeschäftigt halten sollte - wurde eine adäquate empirisch-statistische Grundlage benötigt.

Die von Keynes gewählten makroökonomischen Aggregate bestehen aus den Sektoren der Unternehmungen, der Haushalte und des Staates. Die Marx'schen Kategorien sozialer Klassen (Kapitalisten und Arbeiter) gehen hier unter in funktionalen Aggregaten: "bürgerlichen" Haushalten und Unternehmen. Das Aggregat Haushalt faßt bei Keynes sowohl Unternehmer - als auch Arbeitnehmer-Haushalte zusammen. Das Interesse an den beiden Abteilungen ist geblieben, auch wenn sie im Unternehmenssektor zunächst unterzugehen scheinen. Im Zentrum steht bei Keynes wie bei Marx die Kapitalakkumulation. Beide Theoretiker stimmen darin überein, daß kapitalistische Wirtschaften wachsen. Während Marx von einer wachsenden Wirtschaft erwartet, daß sie eines Tages an ihren inneren Widersprüchen zugrunde gehen wird, sieht Keynes eher, daß sie wachsen muß, wenn sie nicht untergehen will, und daß staatliche Wirtschaftspolitik gegebenenfalls für geeignete Wachstumsimpulse zu sorgen hat.

Das wirtschaftspolitische Instrumentarium à la Keynes setzt zentral bei den Investitionen an, die im Zweifelsfall (sollten die privaten Unternehmer nicht genügend investieren) vom Staat durchzuführen sind. Während Marx aus dem Kreislaufschema der erweiterten Reproduktion die Krisenanfälligkeit diagnostizierte (bei Disproportionalitäten der beiden Abteilungen) und über diese Krisentheorie schließlich zur Zusammenbruchsthese gelangte, geht Keynes bis zur Krisendiagnose mit Marx konform, entwickelt dann aber ein wirtschaftspolitisches Instrumentarium zur Überwindung dieser Krisen und zur Stabilisierung der kapitalistischen Marktwirtschaft. Die moderne Volkswirtschaftliche Gesamtrechnung ist dafür die empirische Datenbank. Und wie diese aussieht, siehe Kapitel 1 folgende dieses Buches ...

Haben Sie den Unterschied der Produktionskonten bei Quesnay, Marx und Keynes bemerkt? Zu Beginn dieses Buches sprachen wir ganz neutral von den Nutzungen, die die Produktionsfaktoren (Boden, Kapital, Arbeit) in den Produktionsprozeß abgeben. Auf dem Produktionskonto haben wir dann die Nutzung des Kapitals gleich mehrfach wiedergefunden:

- in den Abschreibungen, die dem tatsächlichen, produktionsbedingten Werteverzehr des Kapitals entsprechen,

- in den ausgewiesenen Zinsen, Mieten, Pachten und Gewinnen, die mit den Abschreibungen nichts zu tun haben, sondern auf Eigentumsrechte zurückgehen.

Dieser letzte Teil wird von Marx "Mehrwert" genannt und als Ausbeutungskategorie kritisiert. Bei Quesnay versteckt er sich in den Pachteinnahmen der "besitzenden Klasse" (Adel, Klerus) und wird von ihm indirekt gesellschaftskritisch gewürdigt. Für Keynes stellt auch dieser Teil der Wertschöpfung ganz einfach Faktoreinkommen dar. Sie entstehen im Zuge des Produktionsprozesses und sind das Äquivalent für die Leistungen, die die jeweiligen Faktoren an den Produktionsprozeß abgegeben haben, also Leistungseinkommen.

Doch für welche Leistungen wird dieses Faktoreinkommen gewährt? Zinsen fließen an denjenigen, der "Geld"-Kapital (Kredite) zur Verfügung stellt, Mieten gehen an diejenigen, denen Gebäude gehören, Pachten an die Bodenbesitzer. Das Rechtsinstitut "privates Eigentum" und das Erbrecht gestatten die private Aneignung dieser Faktoreinkommen, ja ermöglichen überhaupt erst die Existenz dieser Faktoren. Adam Smith aber auch Karl Marx führen die ursprüngliche Kapitalakkumulation allein auf den Faktor Arbeit zurück - allein die Milliarden-Vermögen einiger Industriellen- oder Herrscherfamilien (einschließlich der Eigentumskonzentration an Grund und Boden) lassen sich kaum auf Ersparnisse aus Arbeitseinkommen zurückführen...

Gewinne werden als Entgelt für die unternehmerische Fähigkeit legitimiert, die Produktionsfaktoren in geeigneter Weise zu kombinieren. Eine sehr gelungene Kombination wirft hohe Gewinne ab, eine mißglückte Kombination führt zu Verlusten. Noch im feudalen Mittelalter und zu Quesnay's Zeiten hat der Adel die

Ressource Land als private Unternehmung angesehen, deren Gewinne allein ihm als Eigentümer zufließen. Noch heute werden ganze Volkswirtschaften von selbsternannten Kaisern oder "Caudillos" als private Beute betrachtet - und ausgebeutet. Die Gewinne der "Unternehmung Staat" werden von diesen Herrschern privatisiert und häufig aus Ländern der Dritten Welt in die Industrieländer als Kapital exportiert.

b) ...zeitlich

Erste international vergleichbare Berechnungen bzw. Schätzungen der Nationaleinkommen veröffentlichte der Völkerbund (Vorläufer der Vereinten Nationen) im Jahre 1939 für 26 Länder. Nach dem zweiten Weltkrieg publizierte die OEEC[1] nach einer zwei-jährigen empirischen Erprobung in den Mitgliedsländern 1952 das "Standardized System of National Accounts" (SSNA). Die Vereinten Nationen legten ihr erstes "System of National Accounts" (SNA) im Jahre 1953 vor, ihr zweites 1968 und ihr letztes 1993.[2] Diese Volkswirtschaftliche Gesamtrechnung wird weltweit als verbindliche Vorgabe für die Mitgliedsländer der Vereinten Nationan angesehen. Auch das Europäische System volkswirtschaftlicher Gesamtrechnungen (ESVG) und die deutsche VGR werden an das SNA 1993 angepaßt.[3]

An die internationale Vergleichbarkeit der empirischen VGR-Daten insbesondere der Aggregate "Sozialprodukt" und "Sozialprodukt pro Kopf" werden heuzutage hohe Anforderungen gestellt, da diese Aggregate wichtige Referenzgrößen für internationale Wirtschaftspolitiken darstellen:

- Mitgliedsbeiträge von Staaten an internationale Organisationen (z.B. die von Ländern gezeichneten Quoten im Internationalen Währungsfonds und der Weltbank) knüpfen u.a. an die Höhe des Sozialproduktes an.
- Für Entwicklungsländer ist der Zugang zu zinsverbilligten Krediten oder anderer Entwicklungshilfe häufig an eine bestimmte Höhe des Pro-Kopf-Einkommens gebunden.

1 OEEC: Organization for European Economic (1948-61), danach OECD: Organization for Economic Co-operation and Development.

2 System of National Accounts 1993, unter Beteiligung der Europäischen Gemeinschaft (EG), des Internationalen Währungsfonds (IWF), der Organisation für Wirtschaftliche Zusammenarbeit und Entwicklung (OECD), den Vereinten Nationan (UN), der Weltbank.

3 Vgl.Lützel, H.: Revidiertes System Volkswirtschaftlicher Gesamtrechnungen; in: Wirtschaft und Statistik 10/1993, S. 711-722.

- Die Länder der Europäischen Gemeinschaft leisten einen Teil ihrer laufenden Zahlungen an die EG-Behörde in Brüssel in Abhängigkeit zur Höhe ihres Bruttosozialproduktes.
- Für die EG selbst ist die Obergrenze ihrer Eigenmittel auf 1,2% des gemeinschaftlichen Bruttosozialproduktes festgelegt.
- Auch der Maastricht Vertrag zur Bildung einer Europäischen Union greift auf VGR-Daten als Konvergenzkriterien zurück.

Das SNA verfolgt mehrere Zwecke: es dient der Wirtschaftsanalyse, der wirtschaftspolitischen Entscheidungsfindung und der Erfolgskontrolle wirtschaftspolitischer Maßnahmen. Die Nutzer dieses Systems sind vor allem Regierungen, Universitäten und Forschungsinstitute, die Presse sowie die allgemeine Öffentlichkeit. Das System kann nicht allen Zielen aller Nutzer gleichzeitig gerecht werden, insbesondere ließen sich die bekannten Defizite zum Zwecke der Wohlstandsmessung nicht abbauen. Das System beschränkt sich selbst (und zwar expressis verbis) auf die Erfassung ökonomischer Daten, die zwar den modernen Anforderungen besser angepaßt aber im Kern doch traditionell ökonomie-zentriert geblieben sind. Es reflektiert stärker als die Vorgänger-Systeme insbesondere:

- die wirtschaftspolitisch gewachsene Bedeutung der Inflation,
- das verstärkte Gewicht der Dienstleistungen,
- den veränderten staatlichen Einfluß auf den Konsum und
- die substantiellen Innovationen der Finanzmärkte.

Das SNA ist erheblich detaillierter als das hier vorgestellte Kontensystem der VGR, entspricht aber in wesentlichen Teilen dem VGR-System des Statistischen Bundesamtes. Das SNA enthält drei Kontenkategorien, die jeweils mehrere Aktivitätskonten zusammenfassen:

Die <u>laufenden Konten</u> bestehen aus

- Produktionskonten,
- Einkommensentstehungskonten,
- primären Einkommensverteilungskonten,
- sekundären Einkommensumverteilungskonten,
- Einkommensverwendungskonten,

Vermögensänderungs- und Finanzierungskonten

- Vermögensänderungskonten,
- Finanzierungskonten,
- Konten sonstiger realer Vermögensänderungen,
- Umbewertungskonten,

Vermögensbilanzen

- Eröffnungsbilanz,
- Veränderungsbilanz,
- Schlußbilanz und ein Konto
- "Rest der Welt"

Der Saldo des jeweils vorangehenden Kontos wird auf dem nachfolgenden übernommen: so schließt das Produktionskonto z.B. als Saldo mit der Brutttowertschöpfung ab, die auf das folgende Einkommensentstehungkonto im Haben übernommen wird. Der Beitrag zum Volkseinkommen findet sich als Saldo des primären Einkommensverteilungskontos, das verfügbare Einkommen auf dem sekundären und die Ersparnis auf dem Einkommensverwendungskonto usw. Auf diese Art und Weise ergibt sich ein genaueres Bild als es die Aggregation in nur vier Aktivitätskonten ermöglicht. Aber auch bei der Gliederung der Sektoren geht das SNA detaillierter vor und unterteilt den Sektor Unternehmungen in Nichtfinanzielle- und Finanzielle Kapitalgesellschaften, die noch weiter in öffentliche, ausländische und national private Unternhmen differenziert werden.

Eine ausführlichere Beschreibung dieses Systems verbietet sich allerdings im Rahmen dieser "Einführung in die VGR". Der interessierte Leser sei auf das "System of National Accounts, 1993" verwiesen, das auf über 700 Seiten einen umfassenden Einblick vermittelt und zu speziellen Fragen ergänzende Handbücher bereithält. Sobald die dort entwickelten Änderungsvorschläge auch auf die deutsche VGR durchschlagen, wird auch diese Einführung angepaßt werden, doch läßt sich jetzt schon feststellen, daß der Anpassungsbedarf relativ gering sein wird und die hier vorgestellte VGR in ihrem weitaus überwiegenden Teil unverändert erhalten bleiben wird. Einige Abgrenzungen werden neu gezogen werden. Z.B. werden die Ausgaben des Staates für militärische Güter nicht mehr als Vorleistungen in den staatlichen Konsum fließen, sondern Investitionen darstellen, wenn diese Güter auch zivil genutzt werden können wie beispielsweise Kasernen.

Literaturverzeichnis

A) Einführende Literatur

Baßeler, U.: Grundsystematik der Volkswirtschaftlichen Gesamtrechnung: Die einzelwirtschaftliche Perspektive, in: WISU 4/91, S. 313-318.

Bomsdorf, E.: Vom Umsatz zum Volkseinkommen, WISU-Studienblatt, in: WISU 1/91.

Brümmerhoff, D.: Gesamtwirtschaftliches Rechnungswesen, 3. Auflage, München: Oldenbourg 1991.

Ders.: Grundsystematik der Volkswirtschaftlichen Gesamtrechnung: Die gesamtwirtschaftliche Perspektive, in: WISU, 5/91, S. 390-395.

Frenkel, Michael und John, Klaus Dieter: Volkswirtschaftliche Gesamtrechnung, München: Vahlen 1991.

Haslinger, F.: Volkswirtschaftliche Gesamtrechnung, neueste Aufl., München: Oldenbourg.

Hübl, Lothar: Wirtschaftskreislauf und Gesamtwirtschaftliches Rechnungswesen, in: Vahlens Kompendium der Wirtschaftstheorie und Wirtschaftspolitik, Bd. 1, 5. Aufl., München: Vahlen 1992, S. 49-86.

Schneider, E.: Einführung in die Wirtschaftstheorie, Teil I: Theorie des Wirtschaftskreislaufs, 14. Auflage, Tübingen 1969, Teil 4: Ausgewählte Kapitel der Geschichte der Wirtschaftstheorie, 1. Bd., 2. Auflage, Tübingen 1970

Stobbe, A.: Volkswirtschaftliches Rechnungswesen, neueste Aufl., Berlin.

B) Empirische Quellen

Deutsche Bundesbank: Geschäfts- und Monatsberichte, Frankfurt a. M.: Deutsche Bundesbank.

Ders.: Ergebnisse der gesamtwirtschaftlichen Finanzierungsrechnung der Deutschen Bundesbank 1982 bis 1991, Ergänzungslieferung, Sonderdruck der Deutschen Bundesbank Nr. 4, Frankfurt a. M.: Deutsche Bundesbank 1992.

Ders.:Wirtschaft und Statistik, jeweilige Ausgaben, Wiesbaden: Statistisches Bundesamt.

Europäische Gemeinschaft: Ergebnisveröffentlichungen des 'Statistischen Amtes der Europäischen Gemeinschaft', neueste Auflage.
Institut der deutschen Wirtschaft: Zahlen zur wirtschaftlichen Entwicklung 1991, Köln 1991.

Internationaler Währungsfonds: International Financial Statistics, 1991.

Sachverständigenrat zur Begutachtung der gesamtwirtschaftlichen Entwicklung: Jahresgutachten 1984/85, 1991/92.

Statistisches Bundesamt: Statistisches Jahrbuch für die Bundesrepublik Deutschland, jeweilige Jahrgänge, Fachserie 18, jeweilige Ausgaben.

United Nations: Ergebnisveröffentlichungen des 'Statistical Office of the United Nations', neueste Auflage.

C) Spezielle und weiterführende Literatur

... zu den Kapiteln 1 - 14

Bombach, G.: Kreislauftheorie und Volkswirtschaftliche Gesamtrechnung, in: Jahrbuch für Sozialwissenschaft, 11, S. 217-242 und S. 331-350.

Ders.: Soziale Indikatoren, Konzepte und Forschungsansätze, Bd. III, Frankfurt a. M.: Campus 1975.

Deutsche Bundesbank: Statistische Beihefte, Reihe 3.

Deutsches Institut für Wirtschaftsforschung: Wochenberichte 39-40/91, 42-43/91, 46/91, 51-52/91, 58 Jg, Berlin 1991.

Eisner, R.: Extended accounts for national income and product, in: Journal of Economic Literature, 26, S. 1611-1684.

Fröhlich, Hans-Peter/Schnabel, Claus: Gesamtwirtschaftliche Quoten in der volkswirtschaftlichen Praxis, in: WiSt, Heft 7, S. 357-360, Juli 1993.

Heise, Michael: Das volkswirtschaftliche Produktionspotential, Berechnungsmethoden und Aussagewert, in: WiSt, Heft 11, November 1991, S. 553 ff.

Institut der Deutschen Wirtschaft: Zahlen zur wirtschaftlichen Entwicklung der Bundesrepublik Deutschland, Köln 1991.

IWD: Dienstleistungen Ost, Deutscher Aufwärtstrend, Nr. 35, S. 8, 29. August 1991.

IWD: West-Ost-Transfers 1992, Grenze in Sicht, Nr. 42, S. 4f, 24. Oktober 1991.

IWD: Lohnstückkosten Westdeutschland - Im harten Wettbewerb, Nr. 32, 11. August 1994, S. 4-5.

IWD: Westdeutsche Lohnstückkosten - Das Handikap im Wettbewerb, Nr. 39, 30. Sept. 1993, S. 4-5.

Müller, F.: Volkswirtschaftliche Gesamtrechnung und Preisveränderung, Königstein 1984.

Statistisches Bundesamt: Sozialprodukt im Gebiet der ehemaligen DDR im 2. Halbjahr 1990, in: Wirtschaft und Statistik, 5/1991.

Statistisches Bundesamt: Länderberichte.

Zamf, W. (Hrsg.): Soziale Indikatoren und Forschungsansätze, Bd. I, Frankfurt a. M.: Harder 1974.

... zum Kapitel 15

Holub, H.-W./Schnabl, H.: Input-Output-Rechnung: Input-Output-Tabellen, 2. Aufl., München: Oldenbourg 1985.

Hujer, R./Cremer, R.: Methoden der empirischen Wirtschaftsforschung, Kapitel 3, München 1978.

Krengel, R. (Hrsg.): Die Weiterentwicklung der Input-Output-Rechnung in der Bundesrepublik Deutschland, Sonderheft zum Allgemeinen Statistischen Archiv 1981, Heft 18.

Oberhofer, W.: Lineare Algebra für Wirtschaftswissenschaftler, München 1978.

Reich, U. P./Stahmer, C.: Darstellungskonzepte der Input-Output-Rechnung, Schriftenreihe: Forum der Bundesstatistik, Band 2, Stuttgart 1984.

Schumann, J.: Input-Output-Analyse, Berlin 1968.

Skolka, J.: Anwendung der Input-Output-Analyse, Stuttgart 1974.

Statistisches Bundesamt: Volkswirtschaftliche Gesamtrechnungen, Fachserie 18, Reihe S. 12: Ergebnisse der Input-Output-Rechnung 1970-1986, Stuttgart 1989.

Statistisches Bundesamt: Volkswirtschaftliche Gesamtrechnungen, Fachserie 18, Reihe 2, Input-Output-Tabellen, Stuttgart und Mainz 1990.

... zum Kapitel 16

Deutsche Bundesbank: Sonderdruck Nr. 4: Zahlenübersichten und methodische Erläuterungen zur gesamtwirtschaftlichen Finanzierungsrechnung der Deutschen Bundesbank 1960-1989, Frankfurt a. M., 1990.

Deutsche Bundesbank: Die Vermögensbildung und ihre Finanzierung in der Bundesrepublik Deutschland, Monatsbericht Mai 1990, 1991, Frankfurt a. M. 1990, 1991.

Schäfer, D.: Wert des Gebrauchsvermögens der privaten Haushalte, in: Wirtschaft und Statistik, S. 110-118, 1985.

Stahmer, C.: Reproduzierbares Anlagevermögen nach Wirtschaftsbereichen, in: Wirtschaft und Statistik, S. 611-624, 1979.

Statistischen Bundesamt: Volkswirtschaftliche Gesamtrechnung, Fachserie 18, Reihe 1.3: Konten und Standardtabellen 1988, Hauptbericht, Stuttgart 1989.

... zum Kapitel 18

Dieckheuer, Gustav: Internationale Wirtschaftsbeziehungen, München: Oldenbourg 1990.

Dluhosch, B./Freytag, A./Krüger, M.: Leistungsbilanzsalden und internationale Wettbewerbsfähigkeit, Köln 1992.

Funck, Rolf: Zahlungsbilanz, in: Handwörterbuch der Sozialwissenschaften, Bd. 12, Stuttgart 1965, S. 376-385.

Issing, O./Masuch, V.: Zur Frage der normativen Interpretation von Leistungsbilanzsalden, in: Kredit und Kapital, Bd. 22, 1989, S. 1-17.

Konrad, Anton: Zahlungsbilanztheorie und Zahlungsbilanzpolitik, München: Vahlen 1979.

Nienhaus, Volker/Suntum, Ulrich van: Zahlungsbilanzausgleich, in: WiSt, Heft 9, September 1985, S. 447-452.

Rose, Klaus/Sauernheimer, Karlhans: Theorie der Außenwirtschaft, 11. Auflage, München Vahlen 1992.

Schneider, Erich: Zahlungsbilanz und Wechselkurs, Tübingen: Mohr 1986.

Siebert, Horst: Außenwirtschaft, 4. Aufl., UTB 212, Fischer 1989.

Wolff, Roland: Zahlungsbilanz II: Statistik, in: Handwörterbuch der Wirtschaftswissenschaften, Bd. 9, Stuttgart 1982, S. 562-568.

... zum Kapitel 19

Deutsche Bundesbank: Die Zahlungsbilanzstatistik der Bundesrepublik Deutschland, Inhalt, Aufbau und methodische Grundlagen, 2. Aufl., Sonderdruck der Deutschen Bundesbank Nr. 8, Frankfurt a. M.: Deutsche Bundesbank 1990.

Dorow, F.: Grundprogramm für ein Statistischen Umweltberichtssystem, in: Hölder E. u. Mitarbeiter: Wege zu einer Umweltökonomischen Gesamtrechnung, Stuttgart 1991.

Dorow, F.: Einige Bemerkungen zu umweltpolitischen Zielsetzungen und zur Ableitung von Öko-Margen im Rahmen der Umweltökonomischen Gesamtrechnung, in: Hölder, Egon und Mitarbeiter, Wege zu einer Umweltökonomischen Gesamtrechnung, Stuttgart 1991.

Hölder, E. und Mitarbeiter: Wege zu einer Umweltökonomischen Gesamtrechnung, Stuttgart 1991.

Klaus, Joachim: Erweiterung der Volkswirtschaftlichen Gesamtrechnung aus umweltökonomischer Sicht, in: WISU 1/92, S. 56-62.

Leipert, Christian: Die andere Seite der Wachstumsmedaille, in: Diefenbacher, H.: Wachstum und Wohlstand, S. 21-41.

Leipert, Ch.: Die heimlichen Kosten des Fortschritts, Frankfurt a. M. 1989.

Leipert, Ch.: Die Volkswirtschaftlichen Kosten der Umweltbelastung, in: Aus Politik und Zeitgeschichte, B10/91, S. 26-36.

Leipert, Ch., Simonis U. E.: Umwelt und volkswirtschaftliche Gesamtrechnung, Wissenschaftszentrum Berlin für Sozialforschung.

Lutz, E., Munasinghe, M.: Die Bilanzierung der Umwelt, in: Finanzierung & Entwicklung, März 1991, S. 19-21.

Sablotny, H.: Gesamtwirtschaftliche Vermögensrechnung, Frankfurt a. M.: Campus 1977.

Simonis, U. E., Weizsäcker, E. U. von: Globale Umweltprobleme, Wissenschaftszentrum Berlin für Sozialforschung.

Stahmer, Carsten: Vom BSP zum Ökosozialprodukt?, in: Diefenbacher, H.: Wachstum und Wohlstand, S. 43-60.

Statistisches Bundesamt: Umweltökonomische Gesamtrechnung. Ein Beitrag der amtlichen Statistik, Wiesbaden 1990.

Stichwortverzeichnis

Anhang

Erläuterung
von Begriffen der Volkswirtschaftlichen Gesamtrechnungen
für die Bundesrepublik Deutschland

1. Sektoren der Volkswirtschaft

Die inländischen wirtschaftlichen Institutionen sind in den Volkswirtschaftlichen Gesamtrechnungen zu Sektoren zusammengefaßt. In der Grundeinteilung werden drei Sektoren unterschieden, nämlich Unternehmen, Staat sowie private Haushalte und private Organisationen ohne Erwerbszweck.

Zu den **Unternehmen** rechnen alle Institutionen, die vorwiegend Waren und Dienstleistungen produzieren bzw. erbringen und diese gegen spezielles Entgelt verkaufen, das in der Regel Überschüsse abwirft, zumindest jedoch annähernd die Kosten deckt. Im einzelnen handelt es sich hierbei um Produktionsunternehmen, Kreditinstitute und Versicherungsunternehmen. Hierzu gehören aber auch Institutionen, die im allgemeinen Sprachgebrauch nicht oder nicht immer als Unternehmen bezeichnet werden, wie landwirtschaftliche Betriebe, Handwerksbetriebe, Ein- und Verkaufsvereinigungen, Arbeitsstätten der freien Berufe, die Deutsche Bundesbahn, die Deutsche Bundespost und sonstige Unternehmen, die dem Staat gehören, unabhängig von ihrer Rechtsform, ferner die gesamte Wohnungsvermietung einschließlich der Eigennutzung durch den Eigentümer.

Zum **Staat** gehören die Gebietskörperschaften und die Sozialversicherung. Im einzelnen: Bund einschließlich Lastenausgleichsfonds und ERP-Sondervermögen, Länder einschließlich Stadtstaaten, Gemeinden und Gemeindeverbände (Ämter, Kreise, Bezirks- und Landschaftsverbände usw.) sowie Zweckverbände und die Sozialversicherung (die Rentenversicherungen der Arbeiter und Angestellten, die knappschaftliche Rentenversicherung, Zusatzversorgungseinrichtungen für den öffentlichen Dienst, die Altershilfe für Landwirte, die gesetzliche Krankenversicherung, die gesetzliche Unfallversicherung und die Arbeitslosenversicherung). Nicht zum Sektor Staat rechnen die im Eigentum der Gebietskörperschaften und der Sozialversicherung befindlichen Unternehmen, unabhängig von ihrer Rechtsform.

In den Sektor der **Privaten Haushalte** (Ein- und Mehrpersonenhaushalte sowie Anstaltsbevölkerung) sind auch die privaten Organisationen ohne Erwerbszweck eingeschlossen, wie Kirchen, religiöse und weltanschauliche Organisationen, karitative, kulturelle, wissenschaftliche sowie im Erziehungswesen tätige Organisationen, die sich zu einem wesentlichen Teil aus freiwilligen Zahlungen von privaten Haushalten und aus Vermögenserträgen finanzieren, politische Parteien, Gewerkschaften, Vereine, Institute usw. Aus statistischen Gründen sind in diesem Sektor auch Organisationen ohne Erwerbszweck einbezogen, die überwiegend vom Staat finanziert werden und vor allem im Bereich von Wissenschaft und Forschung tätig sind.

2. Das Sozialprodukt und seine Entstehung

Das **Sozialprodukt** gibt in zusammengefaßter Form ein Bild der wirtschaftlichen Leistung der Volkswirtschaft.

Von seiner Entstehung her gesehen wird das Sozialprodukt über das **Inlandsprodukt** berechnet. Inlandsprodukt und Sozialprodukt werden im allgemeinen sowohl „brutto" als auch „netto" (das heißt nach Abzug der Abschreibungen) berechnet und dargestellt. Ausgangsgröße für die Ermittlung des Inlandsprodukts sind in der Regel die Produktionswerte (Wert der Verkäufe von Waren und Dienstleistungen aus eigener Produktion sowie von Handelsware an andere Wirtschaftseinheiten ohne die in Rechnung gestellte Mehrwertsteuer, Bestandsveränderung an Halb- und Fertigwaren aus eigener Produktion, selbsterstellte Anlagen) der einzelnen Wirtschaftsbereiche. Zieht man hiervon die Vorleistungen ab, das heißt den Wert der Güter (ohne Umsatzsteuer), den inländische Wirtschaftseinheiten von anderen Wirtschaftseinheiten bezogen und im Berichtszeitraum im Zuge der Produktion verbraucht haben, so erhält man die **Bruttowertschöpfung** der Wirtschaftsbereiche. Die Addition der Bruttowertschöpfung der einzelnen Wirtschaftsbereiche ergibt zunächst die unbereinigte Bruttowertschöpfung insgesamt. Zieht man von der unbereinigten Bruttowertschöpfung insgesamt die gegen unterstellte Entgelte erbrachten Bankdienstleistungen ab, erhält man die bereinigte Bruttowertschöpfung der Volkswirtschaft. Unter Hinzurechnung der auf den Gütern lastenden nichtabziehbaren Umsatzsteuer (Kassenaufkommen des Staates an Mehrwertsteuer, Einfuhrumsatzsteuer sowie die einbehaltene Umsatzsteuer) und der Einfuhrabgaben (Einfuhrzölle, Verbrauchsteuer auf Einfuhren, Abschöpfungsbeträge und Währungsausgleichsbeträge auf eingeführte landwirtschaftliche Erzeugnisse, jedoch ohne Einfuhrumsatzsteuer), die vom Staat oder von Institutionen der Europäischen Gemeinschaften auf eingeführte Güter erhoben werden, erhält man das **Bruttoinlandsprodukt**. Dieser Rechenschritt läßt sich nur für die Gesamtwirtschaft vollziehen, da eine Aufgliederung der nichtabziehbaren Umsatzsteuer und der Einfuhrabgaben nach einzelnen Wirtschaftsbereichen nicht erfolgt.

Erhöht man das Bruttoinlandsprodukt um die Erwerbs- und Vermögenseinkommen, die inländische Personen bzw. Institutionen von der übrigen Welt bezogen haben, und zieht man davon die Erwerbs- und Vermögenseinkommen ab, die an die übrige Welt geflossen sind, ergibt sich das **Bruttosozialprodukt zu Marktpreisen**.

Zieht man vom Bruttosozialprodukt zu Marktpreisen die verbrauchsbedingten, zu Wiederbeschaffungspreisen bewerteten Abschreibungen ab, erhält man das **Nettosozialprodukt zu Marktpreisen**; nach Kürzung um die indirekten Steuern (Produktionssteuern, nichtabziehbare Umsatzsteuer — Kassenaufkommen und aufgrund gesetzlicher Sonderregelungen einbehaltene Umsatzsteuer sowie Einfuhrabgaben) und nach Addition der für die laufende Produktion gezahlten staatlichen Subventionen das **Nettosozialprodukt zu Faktorkosten**. Es ist identisch mit dem Volkseinkommen.

3. Verteilung des Volkseinkommens

Das **Volkseinkommen** ist die Summe aller Erwerbs- und Vermögenseinkommen, die Inländern letztlich zugeflossen sind. Es umfaßt — in der Gliederung nach Sektoren — die Erwerbs- und Vermögenseinkommen der privaten Haushalte und privaten Organisationen ohne Erwerbszweck, die Vermögenseinkommen des Staates und die unverteilten Gewinne der Unternehmen mit eigener Rechtspersönlichkeit.

In der Verteilungsrechnung des Volkseinkommens werden zwei wichtige Einkommensarten unterschieden, nämlich die Einkommen aus unselbständiger Arbeit und die Einkommen aus Unternehmertätigkeit und Vermögen.

Die **Bruttoeinkommen aus unselbständiger Arbeit** umfassen die Bruttolohn- und -gehaltssumme und die tatsächlichen und unterstellten Sozialbeiträge der Arbeitgeber.

Die **Bruttoeinkommen aus Unternehmertätigkeit und Vermögen** enthalten die Einkommen der privaten Haushalte und des Staates aus Zinsen, Nettopachten und immateriellen Werten, aus Dividenden und sonstigen Ausschüttungen der Unternehmen mit eigener Rechtspersönlichkeit sowie von Unternehmen ohne eigene Rechtspersönlichkeit (Entnahmen und nichtentnommene Gewinne), und zwar nach Abzug der Zinsen auf Konsumentenschulden bzw. auf öffentliche Schulden. Dazu kommen die unverteilten Gewinne der Unternehmen mit eigener Rechtspersönlichkeit (Kapitalgesellschaften, Genossenschaften usw.). Die Anteile der Sektoren am Volkseinkommen enthalten einerseits noch die aus den Einkommen zu leistenden direkten Steuern, derjenige der privaten Haushalte außerdem die Sozialbeiträge; andererseits sind die von den privaten Haushalten empfangenen Renten und übrigen laufenden Übertragungen noch nicht einbezogen. Nach Hinzurechnung der empfangenen laufenden Übertragungen von anderen Sektoren und von der übrigen Welt (ohne Subventionen) und nach Abzug der geleisteten laufenden Übertragungen an andere Sektoren und an die übrige Welt (ohne indirekte Steuern) erhält man die Summe der verfügbaren Einkommen der Volkswirtschaft, das heißt aller Sektoren.

Erhöht man den Anteil der privaten Haushalte (und privaten Organisationen ohne Erwerbszweck) am Volkseinkommen um die Renten, Pensionen, Unterstützungen und ähnliches, die die privaten Haushalte vom Staat und von den anderen Sektoren sowie von der übrigen Welt bezogen haben, und zieht man von dieser Summe die von ihnen an den Staat geleisteten direkten Steuern sowie die an alle Sektoren und die übrige Welt geleisteten Sozialbeiträge und sonstigen laufenden Übertragungen ab, ergibt sich das **verfügbare Einkommen** des Haushaltssektors. Das verfügbare Einkommen der privaten Haushalte kann sowohl einschließlich als auch ohne nichtentnommene Gewinne der Unternehmen ohne eigene Rechtspersönlichkeit dargestellt werden. Dasselbe gilt für die **Ersparnis** der privaten Haushalte, die man erhält, wenn man vom verfügbaren Einkommen den Privaten Verbrauch abzieht.

4. Verwendung des Sozialprodukts

Das Bruttosozialprodukt zu Marktpreisen ist, von seiner Verwendung her gesehen, gleich der Summe aus Privatem Verbrauch, Staatsverbrauch, Bruttoinvestitionen und Außenbeitrag.

Der **Private Verbrauch** umfaßt die Waren- und Dienstleistungskäufe der inländischen privaten Haushalte für Konsumzwecke und den Eigenverbrauch der privaten Organisationen ohne Erwerbszweck. Neben den tatsächlichen Käufen sind auch bestimmte unterstellte Käufe einbegriffen, wie zum Beispiel der Eigenverbrauch der Unternehmer, der Wert der Nutzung von Eigentümerwohnungen sowie Deputate der Arbeitnehmer. Der Verbrauch auf Geschäftskosten wird nicht zum Privaten Verbrauch gerechnet, sondern zu den Vorleistungen der Unternehmen. Nicht enthalten sind ferner die Käufe von Grundstücken und Gebäuden, die zu den Anlageinvestitionen zählen.

Der **Staatsverbrauch** umfaßt die der Allgemeinheit ohne spezielles Entgelt zur Verfügung gestellten Verwaltungsleistungen der Gebietskörperschaften und der Sozialversicherung. Er ergibt sich nach Abzug der Verkäufe sowie der selbsterstellten Anlagen vom Produktionswert des Staates, der anhand der laufenden Aufwendungen der Institutionen des Staatssektors gemessen wird. Zu den laufenden Aufwendungen für Verteidigungszwecke wird auch der Erwerb von militärischen Bauten und dauerhaften militärischen Ausrüstungen gerechnet. Sachleistungen der Sozialversicherung, der Sozialhilfe usw. an private Haushalte zählen zum Staatsverbrauch und nicht zum Privaten Verbrauch.

Die **Bruttoinvestitionen** setzen sich aus den Anlageinvestitionen (Ausrüstungen und Bauten) und der Vorratsveränderung zusammen.

Die **Anlageinvestitionen** umfassen die Käufe neuer Anlagen sowie von gebrauchten Anlagen und Land nach Abzug der Verkäufe von gebrauchten Anlagen und Land. Als Anlagen werden in diesem Zusammenhang alle dauerhaften reproduzierbaren Produktionsmittel angesehen, mit Ausnahme dauerhafter militärischer Güter und derjenigen dauerhafter Güter, die in den Privaten Verbrauch eingehen. Als dauerhaft gelten diejenigen Produktionsmittel, deren Nutzungsdauer mehr als ein Jahr beträgt und die normalerweise aktiviert und abgeschrieben werden; ausgenommen sind geringwertige Güter.

Die Anlageinvestitionen werden unterteilt in **Ausrüstungsinvestitionen** (Maschinen und maschinelle Anlagen, Fahrzeuge usw.) und **Bauinvestitionen** (Wohngebäude, Verwaltungsgebäude, gewerbliche Bauten, Straßen, Brücken, Wasserwege usw.).

Die **Vorratsveränderung** wird anhand von Bestandsangaben für Vorräte berechnet, die zunächst auf eine konstante Preisbasis (1991) umgerechnet werden. Die Differenz zwischen Anfangs- und Endbeständen wird anschließend mit jahresdurchschnittlichen Preisen bewertet. Die so ermittelte Vorratsveränderung ist frei von Scheingewinnen und -verlusten, die aus preisbedingten Änderungen der Buchwerte resultieren.

Der **Außenbeitrag** ergibt sich als Differenz zwischen der Ausfuhr und Einfuhr von Waren und Dienstleistungen (einschließlich der Erwerbs- und Vermögenseinkommen von bzw. an die übrige Welt). Erfaßt werden also die Waren- und Dienstleistungsumsätze zwischen Inländern und der übrigen Welt sowie die Erwerbs- und Vermögenseinkommen, die Inländer von der übrigen Welt bezogen haben bzw. an die übrige Welt geflossen sind.

Beim Vergleich mit entsprechenden Positionen der Zahlungsbilanz ist zu beachten, daß in den Volkswirtschaftlichen Gesamtrechnungen die übrige Welt neben dem Ausland auch die neuen Bundesländer und Berlin-Ost umfaßt.

5. Die drei Berechnungsarten in den Volkswirtschaftlichen Gesamtrechnungen

I. Entstehungsrechnung

Produktionswert
– Vorleistungen

= Bruttowertschöpfung (unbereinigt)
– Unterstellte Entgelte für Bankdienstleistungen

= Bruttowertschöpfung (bereinigt)
\+ Nichtabzugsfähige Umsatzsteuer
\+ Einfuhrabgaben

= Bruttoinlandsprodukt
± Saldo der Erwerbs- und Vermögenseinkommen zwischen Inländern und der übrigen Welt

II. Verwendungsrechnung

Privater Verbrauch
\+ Staatsverbrauch
\+ Ausrüstungsinvestitionen
\+ Bauinvestitionen
± Vorratsveränderung
\+ Ausfuhr
– Einfuhr

= Bruttosozialprodukt zu Marktpreisen
– Abschreibungen

= Nettosozialprodukt zu Marktpreisen
– Indirekte Steuern
\+ Subventionen

= Nettosozialprodukt zu Faktorkosten = Volkseinkommen

III. Verteilungsrechnung

Volkseinkommen

Bruttoeinkommen aus Unternehmertätigkeit und Vermögen
– Öffentliche Abgaben auf Einkommen aus Unternehmertätigkeit und Vermögen (direkte Steuern, u. ä.)
± Sonstige Zu- und Absetzungen

= Nettoeinkommen aus Unternehmertätigkeit und Vermögen

Bruttoeinkommen aus unselbständiger Arbeit
– Tatsächliche Sozialbeiträge der Arbeitgeber
– Unterstellte Sozialbeiträge

= Bruttolohn- und -gehaltssumme
– Lohnsteuer
– Tatsächliche Sozialbeiträge der Arbeitnehmer

= Nettolohn- und -gehaltssumme

6. Das Sozialprodukt in konstanten Preisen und die Preisentwicklung des Sozialprodukts

Das Sozialprodukt und die wichtigsten Teilgrößen der Entstehungs- und Verwendungsrechnung werden auch in konstanten Preisen (von 1991) berechnet. Man spricht in diesem Fall auch vom realen Sozialprodukt im Gegensatz zum nominalen, das in jeweiligen Preisen ausgedrückt ist. Dividiert man nominale durch die entsprechenden realen Größen, erhält man Preisindizes auf der Basis 1991. Diese Preisindizes haben eine wechselnde Wägung, das heißt, ihnen liegt der „Warenkorb" des jeweiligen Berichtsjahres zugrunde. Sie zeigen den Preisstand im Berichtsjahr verglichen mit dem von 1991; die Preisentwicklung gegenüber dem jeweiligen Vorjahr ist aus ihnen — wegen der wechselnden Wägung — nur mit Einschränkungen abzulesen.